구운몽의 비밀

설성경 Sul Sunggyung

연세대학교 국어국문학과 졸업. 동 대학원 수료(문학박사)
계명대학교, 한양대학교, 연세대학교 교수 역임. 현재 연세대학교 명예교수

저서

『구운몽 연구』, 『구운몽의 통시적 연구』, 『서포소설의 선과 관음』, 『윤씨부인의 삶과 그 정신』, 『춘향전의 형성과 계통』, 『춘향전의 역사적 연구』, 『춘향전의 통시적 연구』, 『춘향전의 비밀』, 『홍길동의 삶과 홍길동전』, 『홍길동전의 비밀』, 『한국고전소설의 본질』, 『춘향예술사 자료총서(1-8)』, 『신소설 연구』, 『춘향전 비교연구』(공저), 『고소설의 구조와 의미』(공저), 『옥루몽의 작품세계』(공저), 『북한의 고전문학』(공저), 『근대전환기 소설연구』(공저), 『근대전환기 시가 연구』(공저), 『미디어문학의 이해』(공저), 『세계 속의 한국문학』(공저)

구운몽의 비밀

A Mystery of Kuunmong

펴낸곳 서울대학교출판문화원
펴낸이 오연천
지은이 설성경

초판 1쇄 인쇄 2012년 5월 25일
초판 1쇄 발행 2012년 5월 30일

출판등록 제15-3호
주소 서울특별시 관악구 관악로 1 우편번호 151-742
대표전화 02-880-5252 팩스 02-888-4148
마케팅팀(판매상담) 02-889-4424, 02-880-7995
이메일 snubook@snu.ac.kr
홈페이지 www.snupress.com
영문홈페이지 eng.snupress.com

ISBN 978-89-521-1330-6 93810

구운몽의 비밀

설성경 지음

九雲夢

서울대학교출판문화원

책머리에

이 책은 필자가 1999년 『구운몽 연구』, 2007년 『구운몽의 통시적 연구』에 이어 세 번째 출간하는 「구운몽」 연구에 관련된 저술이다. 그리고 『춘향전의 비밀』, 『홍길동전의 비밀』에 이은 고전소설의 비밀을 푸는 세 번째 저술이다. 그러기에 한 쪽은 『구운몽 연구』이고, 다른 한 쪽은 3대 고전소설에 대한 비밀을 푸는 연구이기에, 이 연구로서 한국 17세기 소설 연구에 대한 두 가지 동심원이 그려지는 셈이다.

고전소설의 비밀 시리즈를 완간하면서 느끼는 심정은 「홍길동전」이나 「춘향전」과 달리, 서포 김만중이 17세기 말에 유배지 선천에서 창작한 「구운몽」은 한국 고전소설, 더 확대하면 한국 고전문학 중에서는 세계문학사에 내놓아 가장 높은 평가를 받을 수 있는 작품이라는 것이다.

일찍이 위당 정인보는 1930년에 집필한 「조선문학원류초」에서 "우리나라의 문화가 가장 역사가 오래니 곡식, 목숨, 질병, 형벌, 선과 악을 주장하여 모든 생물을 다스리던 상고(上古) 신시로부터 깃발이 날리어 서경(西京) 장당(藏唐)의 치교가 점점 드러남에, 이 영향으로 문학의 문지방 또한 홀로 닫히지 못하였을 것이라. 악본(樂本)이 전하지 못하고 고기(古記)의 잔잎이 없어 사설은 말할 것도 없고 곡보조차 물을 데 없으니 아득한 옛날 것을 더듬고자 함에 이 어찌 한

(恨)할 바가 아니냐? 유순(柔順)하고 인자(仁慈)하던 덕성(德性)으로부터 울려나온 것, 경건(敬虔)하고 독지(篤至)한 신념으로부터 우러나온 것을 아끼노라. 혹 고석(古昔)을 멸시도 하고 얼마 더듬어도 거치는 것이 없을 때 충실(忠實)한 학인(學人)으로도 자연 긴 탄식(歎息)을 금하지 못하는 것이 이 오직 고문학(古文學)에 대한 결함이 아니라 본줄기의 귀함을 모른 업보(業報)가 오늘날에 미치게 됨이니 이 거듭 느껴웁다."[1]고 하였다.

위당 선생이 안타까워하였듯이 당대에는 있었던 고전문학 자료의 인멸에 대한 아쉬움에 더하여, 남겨진 작품에 대한 해석 또한 일본식의 연구, 구미식의 연구를 극복할 방법을 찾아내지 못한 통한을 해소하고자, 필자는 한국식 방법으로 한국의 고전문학의 진면목을 밝힐 수 있는 주체적인 방법을 개발하고자 노력하였다. 그 결과 나라를 잃은 슬픔 속에서도 암울한 시대를 탓하지 않고, 한국문학의 찬연한 빛을 학문으로 밝혀 광복의 한 줄기 여명에 보태고자 하였던 선학들의 뜻을 따라 〈한국의 탐구〉 총서에 들어갈 「홍길동전」의 소재 찾기, 「춘향전」의 작가 찾기에 이어서 「구운몽」의 주제 찾기에 그동안 집중하게 되었다. 이제 12년에 걸쳐 진행된 『고전소설의 비밀』 탐사의 여정을 마치면서, 필자의 스승인 나손 김동욱 교수, 연민 이가원 교수의 고전문학 강의에서, 그리고 산여 박창해 교수, 갈음 김석득 교수의 국어학과 언어학의 강의에서 시작된 「구운몽」에 대한 감동과 해석의 지혜 얻기의 순간순간들을 추억하게 된다. 특히, 심재 한태동 박사의 『금강경』의 공사상을 시간성 이중부정으로 해석한 논문은 「구운몽」의 서사구조를 분석해 내는 돌파구가 되었다.

---

1 정인보, 「조선문학원류초본 제일편」, 『연희전문학교 연구논집』 제1집, 1930, 1쪽. (한자어는 일부 풀어 씀)

필자는 우리 문화사, 특히 문자와 문학사로 볼 때, 15세기에 창제된 훈민정음이 세계문자의 역사에 우뚝 솟은 위대한 업적이라면, 17세기 말에 서포 김만중이 창작한 「구운몽」 또한 세계문학의 역사에 우뚝 솟는 고귀한 업적이라고 믿고 있다. 물론, 「구운몽」은 다른 고전소설과는 달리, 19세기에 이미 중국과 일본에 수출되었고, 20세기 초인 1922년에는 영국의 런던에 있는 Daniel O'Connor사에서 *The Cloud Dream of the Nine*으로 출간되었다. 이 번역서에서 Elspet Keith Robertson Scott는 J. S. Gale 박사의 번역에 대한 서문에서, "「구운몽」은 진면목한 극동 지식의 계시며, 그 문장과 어구가 기묘한 것 이상으로 극동적 사상과 취향의 종교적인 해석에서 한층 더 문학적 성과를 발휘하고 있다[2]"고 하였다. 또, 1930년에 최초의 한국소설사인 『조선소설사』를 집필한 천태산인 김태준은 "「구운몽」이 조선인이 보여준 정신생활의 총 발로요, 계급사회의 전면경이라"고 하였다. 여기에 더하여 필자는 「구운몽」은 한국고전 문학의 전범이 되는 명작일 뿐만 아니라, 동양사상과 철학을 담아낸 세계적인 고전이라고 평가하게 되었다.

필자는 이제 이 저술에서 「구운몽」의 주제에 감추어진 비밀을 풀어냄으로써 「구운몽」이 세계 소설문학사에 우뚝 설 수가 있는 확실한 계기가 마련되었다고 믿는다. 그러하기에 「구운몽」은 동아시아의 문학, 철학, 역사를 기저로 한 조선시대의 명작이며, 문학과 정치의 측면에서는 중국 굴원의 『이소경』을 잇는 『성진경(性眞經)』이라 일컬을 만한 수준의 작품으로 평가해도 무난하다고 판단한다. 나아가서는 1001년의 역사를 지닌 일본의 최대 고전 『겐지 모노카타리(源氏物

---

2 J. S. Gale, *The Cloud Dream of the Nine*에서 Elspet Keith Robertson Scott의 서문.

語)』와 쌍벽을 이룰 수 있는 한국형 궁정문학 내지 정치문학의 한 전형으로 평가할 수 있다고 본다.

이 저술의 출간에는 기이한 인연들이 얽혀 있다. 1976년에 서울대학교를 졸업하신 김동욱 교수의 조교를 하면서 연세대학에서 「구운몽」 연구에 몰두하고 있을 때, 서울대학교 사범대학 김윤식 교수는 필자에게 일지사에서 『구운몽의 구조적 연구』를 출간할 수 있는 기회를 마련해 주었다. 또, 같은 대학의 김병국 교수는 『한국학보』에 발표한 「구운몽 연구사」에서, 필자의 주장대로 「구운몽」이 단테의 「신곡」이나 밀턴의 「실낙원」 이상으로 복잡한 의장(意匠)이나 난해한 구조를 가진 명작이라면 하루 빨리 책으로 출간하여 학계에 소개해 보라는 평가를 해 주기도 하였다. 그러나 막상 출간에 임하여, 필자는 「구운몽」의 특징을 더욱 분명히 입증할 때까지 보완 연구를 하기로 하고 출간을 미루었다. 그 이후 35년이 지난 시점에서 출간을 결심한 이번에는 공교롭게도 김윤식 교수의 제자로 그 학맥을 이으면서 현재 서울대학교 사범대학에서 연구 활동을 하고 있는 우한용 교수로부터 추천의 글을 받게 되었으니 겹겹의 인연이라 아니할 수 없다. 이 자리를 빌려 귀한 추천의 글을 써 준 우한용 박사에게 깊은 감사의 뜻을 전합니다.

이 책이 이루어지는 데에 토론을 통하여 직접적인 도움을 준 서현경 박사와, 학술그래픽을 통하여 독자들의 이해를 도와준 최영 실장에게 감사를 전합니다. 특히, 학술그래픽은 인문학의 논증 결과를 독자들이 한눈에 조감할 수 있게 표현한 학술디자인의 특화된 한 영역이 되었다. 이러한 학술그래픽은 서울대학교 〈한국의 탐구〉 시리즈에서 처음 등장한 것으로, 『춘향전의 비밀』, 『홍길동전의 비밀』에 이어 세 번째로 활용되고 있으니, 이제 학술그래픽도 10년의 역사를 가지게 되었다.

끝으로, 필자의 〈고전소설 비밀 시리즈〉를 마감할 수 있도록 배려해 준 김종서 서울대학교 출판문화원장과 출판위원들, 출판문화원의 형난옥 운영본부장을 비롯한 정성숙 팀장과 실무진 여러 분에게 감사의 뜻을 전합니다.

2011년 12월 21일
남해군 상주면 노도에서
설 성 경

차 례

제1장
들머리

1-1. 「구운몽」 주제의 비밀은?

이 책은 「구운몽」 연구의 새로운 모델을 지향한다. 필자는 「구운몽」을 대표작으로 하는 서포 김만중(1637-1692)이 대표적 한국의 문화인물로 지정되었듯이, 이제 「구운몽」의 작품세계 및 그 본질적인 주제도 일반 독자들이 제대로 이해할 수 있는 연구 성과가 대중들에게 제공되어야 한다고 생각한다. 이러한 필자의 목적에 따라서, 이 저술에서는 그동안 작가가 의도한 「구운몽」의 창작 동기, 그리고 작품의 심오한 서사구조와 그 속에 자리하고 있는 은유적인 주제를 객관적으로 분석하여 제시하게 된다.

여기서 제시하는 「구운몽」의 주제는 지금까지 우리들이 통념으로 생각해 온 것과는 전혀 다른 것으로 나타난다. 그것은 당시대 최고의 학자요, 관인으로서 판서를 역임하고, 대제학과 지경연사로 경연을 주도하던 조정의 중신으로서, 참다운 유학자의 길을 가로막는 군주 숙종과의 심각한 갈등을 유배지에서 소설 「구운몽」으로 형상하였다는 것을 중시하였기 때문이다. 그 결과 이 책에서는 윤씨부인의 효자로 높이 추앙되던 작가 김만중이 굴원 같은 충신의 자세로, 송강 정철 같은 충신의 연군문학의 차원에서 창작된 것이 「구운몽」이기 때문에, 표면에 나타난 불가적 의미의 기저에 자리한 본질적인 주제가 은유적으로 표현된 비밀을 풀어내어 작품의 실상을 독자들 앞에 제공하여, 「구운몽」이 지닌 세계적 고전으로서의 진면목을 제시하게 된다.

표제를 왜 『구운몽의 비밀』이라 했는가?

수론과 암호학에서는 송신자가 수신자에게 보내고 싶은 일반 통신문을 평문이라 하고, 평문을 이해할 수 없는 형태의 암호문으로 변환하는 과정을 암호화라 한다. 그 역으로, 암호문을 본래의 평문으로 바꾸는 과정을 복호화라 한다. 이런 복호화 작업은 어렵기는 해도, 흥미로운 주제가 될 수 있다. 이런 복호화 작업의 하나로 비유될 수 있는 작업이 『구운몽의 비밀』에서 다룰 핵심 과제다. 「구운몽」의 창작 동기를 밝히고, 서포 김만중이 「구운몽」에서 구현한 기묘한 구조를 탐색하는 것이 비밀 찾기의 핵심인 주제에 얽힌 비밀 풀기의 대상이다. 이런 작업은 좀 어렵고 지루한 작업일 수도 있지만, 생각하기에 따라서는 흥미로운 탐색이 될 수도 있다.

이 저술에서 제공하는 비밀의 핵심은 주제의 비밀로서, 「구운몽」이 완성도 높은 고전임을 입증하는 근거가 되는 본질적인 주제를 구축하는 선몽구조와 그 속에 내재한 주제망에서 구현되는 은유적인 주제가 작가의 혼미한 군주인 숙종의 각성 염원이라는 데에 집중되어 있다.

이제 『구운몽의 통시적 연구』의 바코드 속에 이 책에 관한 필요정보가 기호로 압축되어 있듯이, 고전문학사의 뒤안길로 접어든 「구운몽」의 주제에 얽힌 비밀을 풀어 보기로 하자.

1-2. 비밀의 문을 열며

서포 김만중은 17세기 후반에 활동한 한국의 대표적인 정치가요 학자다. 그는 문화관광부에서 주관하는 1996년도 1월의 문화인물로 공인을 받았다.[1] 그가 이토록 초기에 대표적 문화인물로 추천된 배경에는 『서포만필』 속의 평론, 『서포집』 속의 한시, 『선비정경부인 윤씨행장』과 같은 저작들보다는 그의 소설, 특히 유배지에서 창작한 「구운몽」의 작품세계의 위대함과 더불어, 이 작품의 영향력이 문학사 내에서만이 아니라, 문화사와 정치사에까지 강력하게 미쳤기 때문이다.

이처럼, 「구운몽」은 이미 그 문학적 가치를 높이 평가받아서, 조선시대 창작된 고전소설의 전형적인 작품이라는 것이 1976년에 처음으로 나온 김병국의 「구운몽 연구의 현황과 문제점」[2]을 비롯하여 박병원[3], 김광순[4] 교수 등의 연구사 평가와, 다양하고 풍성한 연구

---

1 시기적으로는 문화인물 선정이 1995년 시작되어, 앞선 인물들이 있었으나, 문학을 주축으로 한 문화인물로는 서포가 처음이다.

2 김병국, 「구운몽 연구의 현황과 문제점」, 『한국학보』, 일지사, 1976.

3 박병원, 「구운몽 연구사적 고찰」, 『고전문학연구』 3집, 한국고전문학회, 1986.

4 김광순, 「구운몽의 연구사」, 『고전문학』 7집, 1984.

성과[5]가 입증하고 있다. 그러나 필자가 막상 『구운몽의 비밀』을 풀어낸 상황에서 볼 때는, 그동안 다수의 연구 성과들에서 나온 「구운몽」의 주제에 대한 여러 학설들은 오히려 「구운몽」의 진가를 파악하는 데에는 방향감각을 잃게 하는 부작용을 자아내면서 작품의 진면목을 가리는 역작용도 하였다고 판단된다.[6] 그러므로 이제 그동안의 통념에서 과감하게 벗어나서, 어떤 선입관이 없이 작가 서포가 여러 차례가 유배를 가게 된 치열한 삶의 궤적, 특히 2차 유배인 선천으로 유배를 가게 되는 당시의 상황을 집중적으로 조명하면서, 대제학 출신의 문장가라는 점을 고려한 해석을 하고자 한다. 또 가정적으로는 유복자를 키워 낸 윤씨부인에 대한 효심이, 국가적으로는 군주에 대한 충성심이 어떻게 조화를 이루면서 유배지에서 창작한 「구운몽」에 형상되었는가를 텍스트 문맥 속에서 구체적으로 살펴보고자 한다.

이런 측면에서 작품을 분석해 보면, 서포 김만중의 남겨진 두 소설 작품 중에서도 「구운몽」에는 여타의 조선조 작품들과는 달리 창의적인 작품세계가 다차원의 시공간 세계 위에서 전개되고 있으며, 최고 수준의 불가 철학과 성리 철학이 조화와 융합을 이루고 있고, 유가철학의 본질은 주인공인 성진과 양소유의 두 가지 모습이나 성격의 중용을 통하여 그 독특한 서사미학을 형상하고 있다. 그러함에도 불구하고 그동안의 필자를 포함한 선학들은 이러한 점을 간과하였기에 「구운몽」의 본질에는 접근하지 못한 채, 표면적인 주제나 본질적인 주제를 형상하는 주변적인 의미를 작품의 핵심 주제로 잘못

---

5 김병국, 「구운몽, 그 연구사적 개관과 비판」, 『김만중연구』, 새문사, 1983, IV-61쪽.
6 사재동, 『한국고전소설의 실상과 전개』, 중앙인문사, 1999, 697쪽.

판단해 왔다.

필자는 필자 스스로도 지난 연구사에서 범했던 해석의 착오를 과감히 벗어나면서, 이제 보다 도전적이고 본격적인 해석을 감행하고자 한다. 그 결과 「구운몽」의 본질적인 주제를 밝혀내어 이 작품의 진정한 의미를 재발견하여, 「구운몽」이야말로 한국 고전문학 중에서 세계문학 속에 가장 자신 있게 우뚝 세울 수 있는 명작임을 이 책을 통하여 제시하고자 한다.

이런 사실을 독자들 앞에 입증해 내는 순서로서는, 먼저 선행 연구사를 검토하면서, 「구운몽」의 주제론에서 주류를 이루었던 불교적 주제설과 유교적 주제설, 그리고 절충적인 위치에 있었던 불교적 주제설과 유교적인 주제설의 상호성 논의를 살펴보고자 한다. 필자는 그 토대 위에서 표면적인 서사나 직설적인 주제의 형상으로 본 관점을 벗어나서 『금강경』의 공관 철학에 근거한 선적인 몽유구조 위에서 전개되는 표면적인 서사에서는 불가적인 대각을 제시하고 있으며, 그 기저에서 은유적인 방식으로 형상되는 본질적인 주제는 혼미한 숙종의 각성이라는 정치적 의미가 핵심적인 주제로 설정되어 있음을 제시한다.

이런 주제에 얽힌 비밀을 푸는 순서로는 서포의 창작 현실과 선몽의 서사체계로 본 은유적 의미와 주제를 밝히고, 불가의 수행 방식을 차용한 선적인 몽유와 용궁방문 화두를 통하여, 양원수와 백능파의 환상적인 결연의 힘을 밝히고, 서포를 은유한 백능파와 숙종을 은유한 양원수의 결연에 대한 서포의 염원을 입증하는 순서로 접근한다.

그 순서를 요약하면, 「구운몽」을 제대로 이해하기 위한 첫 관문은 우선 표제의 비밀을 밝혀내는 데 있고, 표제의 비밀을 근거로 하여, 두 번째의 관문인 창작 동기를 찾아내고, 이 둘을 토대로 작품의 핵심이 되는 은유적인 주제를 찾아내게 된다. 이러한 논증 과정과 주제의 탐색을 통하여, 필자는 「구운몽」의 소재, 표제와 연관된 주제망에 의해서 형상되는 본질적인 주제를 담고 있는 지성소설 「구운몽」의 세계적인 위상을 높이고자 하는 데에 집필의 목표를 두었다.

제2장

「구운몽」 연구사로 본 주제 탐색의 큰 방향

2-1. 「구운몽」 주제에 대한 여러 견해들

2-2. 필자가 제안하는 숙종의 각성 염원설

空論과 心論으로 본 심층적 주제

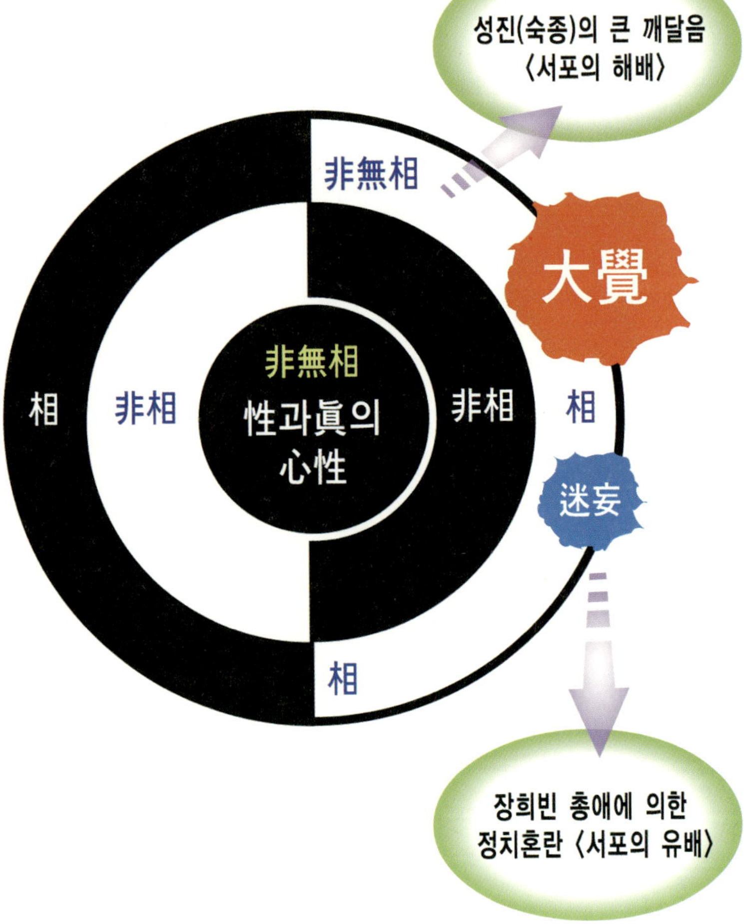

「구운몽」 연구사에서 볼 때, 「구운몽」은 어느 작품보다 주제를 둘러싼 논란이 많았던 작품이다. 빼어난 명작이라는 핵심적인 근거로 탁월한 구성과 사상 및 주제를 내세우는 것은 연구자들 사이에 의견이 일치하지만, 구체적인 논의에서는 성진을 서사의 중심으로 본 부귀공명 일장춘몽설, 성진과 양소유를 함께 서사의 중심으로 평가하는 『금강경』의 공사상설, 양소유를 서사의 중심으로 접근하는 사대부의 이념과 욕망 실현설, 교육적 주제로서의 해방과 희망설, 불가의 깨달음과 유가의 충효 제시설 등은 그 이견의 진폭이 상당히 크게 나타난다.

또 주제를 지원하는 사상적 배경 쪽에서 접근한 연구자들의 주제 제시는 「구운몽」에는 유불도 3교사상의 제반 요소가 골고루 들어 있다는 주장과, 세 사상 중에서 불교사상이 가장 중심을 이루고 있다는 주장으로 견해가 맞서고 있다. 그뿐만 아니라, 불교사상이 가장 중심에 있다고 보는 연구자들 중에서도 초보적인 공사상의 수준에 머문 작품이라는 주장과, 공사상과 윤회사상, 또는 공사상과 유가의 역리철학의 교묘한 접목을 이루고 있다는 등으로 그 이견의 차이가 크게 나타나고 있다.

이러한 구운몽 연구사 70년 동안에 진행된 다양한 논의들은 때로는 논쟁에 이르는 대립을 이루기도 하면서 거듭 조정되기도 하였지만, 「구운몽」의 주제 형상에는 수준 높은 불교의 공사상이 기여하고 있다는 주장과 그렇지 못하다는 주장의 거리는 여전히 좁히지 못하고 있다. 게다가 평범한 유가의 부귀공명이나 가문 창달로 설명되는 유가사상이 내포되어 있다는 주장과, 수준 높은 성리철학이 기저에 자리하고 있다는 주장의 거리는 더욱 이견이 증폭되고 있는 혼미의 상황을 초래하고 있는 것이 연구사의 현실이다.

이러한 다채로운 주장 사이에서 필자는 「구운몽」에는 수준 높은 불교의 공사상이 기저에 자리하고 있음을 강조하면서, 그 근거로 육관대사의 제자인 사미승 성진이 꾸는 꿈은 단순한 설화 차원의 환몽이 아닌 참선을 변형시켜 설정한 선적인 몽유임을 내세웠다. 특히 선몽(禪夢)이라는 학술 용어를 만들어, 이 선몽의 개념으로 성진의 꿈이 지닌 철학적인 서사담론을 풀어내는 작업을 지속하였다. 그 과정에서 육관대사의 제자인 성진이 남악 연화봉에서 세속 생각을 한 후에, 곧 선적인 몽유를 통해서 양소유로 환생하여 성진이 추구하던 세속적인 욕망을 실현하지만 그것이 허망한 줄 깨달았을 때 다시 선몽을 마치게 된다. 성진은 현실로 환원한 후에 『금강경』 설법을 듣고 대각을 하게 되므로 『금강경』의 비무상이라는 공관철학을 이중의 몽유 형식인 선적인 몽유로 서사화한 것에서 「구운몽」의 주제 형상의 특징이 있다고 보았다.

이제 이러한 필자의 논지를 심화시켜서 「구운몽」의 주제에 얽힌 비밀을 제시하는 첫 순서로, 선행한 여러 연구자들의 「구운몽」 주제에 대한 다양한 업적들을 주제 탐색의 큰 방향인, 성진 중심으로 본 부귀공명 일장춘몽설, 『금강경』의 공사상설, 성진과 양소유 중심으로 본 가문의 창달과 깨달음설, 교육적 측면에서의 해방과 희망설, 우의적 주제로서의 거대 효심과 우국충절설을 중심으로 차례차례 살펴보고자 한다.

2-1. 「구운몽」 주제에 대한 여러 견해들

(1) 부귀공명 일장춘몽설

조선조 시대부터 「구운몽」의 주제를, 부귀영화는 한바탕의 꿈으로 보는 단편적인 평가들이 있어 왔다. 즉, 서포 김만중의 종손인 김양택이 1756년 이후 1776년 사이에 편찬한 것으로 추정[1]되는 『서포년보』에는 「구운몽」의 주제에 대한 견해를 다음과 같이 서술하였다.

> 글을 지어 부쳐서 [윤부인의]의 소일거리를 삼게 하였는데, 그 글의 요지는 '일체의 부귀와 영화가 모두 몽환이다'는 것이었으니, 또한 [부군이] 뜻을 넓히고 슬픔을 달래기 위한 것이었다.[2]

17세기 말의 유학자 삼협 김창협의 제자인 도암 이재는 『삼관기』에서 「구운몽」의 주제에 대하여 다음과 같이 서술하였다.

---

1 김병국 · 최재남 · 정운채(역주), 『서포년보』, 서울대학교출판부, 1992, 7쪽.

2 『西浦年譜』, 又著書寄送 俾作消遣之資 其旨以爲一切富貴繁華 都是夢幻 亦所以廣其意而慰其悲也

패설에 『구운몽』이란 것이 있는데, 곧 서포가 지은 것이다. 그 요지는 '공명과 부귀가 일장춘몽으로 돌아간다'는 것이니, 대부인의 근심을 위로하고 풀어 드리기 위한 것이었다. 그 책은 여인들 사이에 성행하였다. 내가 어렸을 적에 흔히 그 이야기를 자주 들었는데, 대개 석가세존의 말에 의지하였으며, 그중에는 초나라 이소에서 나온 뜻도 많다고 한다.[3]

18세기의 유학자 심재는 조선조 후기의 사회상을 담은 필기잡록인 『송천필담』에서 「구운몽」의 주제에 대하여 다음과 같이 서술하였다.

패사에 「구운몽」이란 것이 있는데, 곧 서포가 지은 것이다. 그 요지는 '공명과 부귀가 일장춘몽으로 돌아간다'는 것이니, 대부인의 근심을 위로하고 풀어 드리기 위한 것이었다. 그 책은 여인들 사이에 성행하였는데, 대개 석가세존의 말에 의지하였으며, 그중에는 초사에서 나온 뜻도 많다고 한다.[4]

18세기 후반에서 19세기 전반에 활동한 반계 이양오는 「구운몽」의 주제에 대하여 다음과 같이 서술하였다.

初如燦燦無根花　처음엔 찬란하기 뿌리 없는 꽃 같더니
復如恍恍空中閣　다시 읽으니 황홀하기 공중의 누각 같네

---

3 李綷, 『三官記』, 『耳上』, [稗林]에는 "稗說有九雲夢者 卽西浦所作 大旨以功名富貴 歸之於一場春夢 要以慰釋大夫人憂思 其書盛行閨閤間 余兒時慣聞其說 盖以釋迦寓言 而中多楚騷遺意云"

4 沈綷, 『松泉筆譚』, "稗史有九雲夢者 卽西浦所作 大旨以功名富貴 歸之於一場春夢 要以慰釋大夫人憂思. 其書盛行閨閤間 盖以釋迦寓言 而中多楚辭遺意云"

詩言志也何奇截	시는 뜻을 말함인데 어찌 이렇게도 기묘한가
箇箇眞珠出蚪胎	진주는 알알이 개구리알처럼 나오는구나
十二峯頭雲雨深	무산 열두 봉우리엔 사랑 얘기가 깊었는데
夢中入去夢中來	꿈속에 떠난 사람 꿈속에서 돌아오네
出入有無無痕迹	나고 들고 있고 없고는 흔적조차 없으니
黃粱未熟經劫灰	좁쌀밥이 익기도 전에 긴 세월 지났네

위의 인용에서 보면, '십이봉두운우심 몽중입거몽중래[5]'에서, 성진과 여덟 선녀들이 꿈속에서 깊은 사랑에 빠졌음과, 한바탕의 꿈을 꾸었다가 다시 깨어남을 표현하고 있다. '출입유무무흔적[6]'에서는 꿈속의 일이란 원래 아무 흔적이 없다는 것이고, '황량미숙경겁회[7]'에서는 성진과 여덟 선녀가 한바탕의 짧은 꿈속에서 파란만장한 인생사를 치렀다는 뜻을 담고 있다.[8]

또, 유학자 이우준은 『몽유야담』에서 「구운몽」의 주제에 대하여 다음과 같이 서술하였다.

> 또, 소위 「구운몽」은 공이 유배 때에 지은 것이다. 곧, 육관대사의 제자 성진이 남악 팔선녀와 더불어 서로 즐기다 죄를 얻어 인간으로 적강하여 양씨 가문에 환생한 이야기다. 양소유는 문장과 공훈 업적이 20대에 일세에 날려서, 나가서는 장수요 들어와서는 정승으로 몸이 극히 부귀를 누리고, 인하여 팔선녀와 서로 만나서 일생의 기쁨을 즐기니, 마침내 인연을 다하고 불문에 되돌아갔다.

---

5 十二峯頭雲雨深 夢中入去夢中來

6 出入有無無痕迹

7 黃粱未熟經劫灰

8 이문규, 『고전소설 비평사론』, 새문사, 2002, 177쪽.

> 그 뜻은 대개 공명과 부귀는 일장춘몽의 경지라는 석가세존의 말에 의지하였으며, 초사의 이소가 남긴 뜻을 체득하게 한다.[9]

이처럼, 「구운몽」에 대한 평가는 비교적 초기부터 이루어졌는데, 소위 '부귀공명 일장춘몽'으로 보는 평가는 한결같이 나오고 있다. 그러나 또 다른 특징은 이러한 방향과는 구별되는 굴원의 「초사」가 남긴 뜻이 있다는 평가도 한편에는 보인다는 점이다. 즉, 이재와 심재로부터, 19세기의 문인 이우준의 『몽유야담』에 이르기까지 이어지는 「구운몽」에는 소위 '부귀공명 일장춘몽' 내지 '부귀번화 일장춘몽'이라는 줄거리 측면의 평가와 더불어, 보다 깊이 있는 주제로서 굴원이 「이소」를 통해 전하는 충신의 연주지사의 정신이 흐르고 있다는 것이다.

조선조의 문인 유학자들이 이미 바라보기 시작한 굴원이 「이소」를 통해 전하는 충신의 연주지사의 정신에 대한 평가는 20세기에 들어와서 본격적인 연구자들의 주목을 크게 받지 못하였다.

또, 「구운몽」의 주제를 사상적인 측면에서 접근한 유교·불교·도교의 삼교 화합설은 Elspet K. Robertson Scott의 J. Gale의 구운몽 영역본 *The Cloud Dream of the Nine*의 서문을 비롯하여 김태준의 『조선소설사』[10], 주왕산의 『조선고대소설사』[11], 박성의의 『한국고대소설사』[12] 등에서 거듭 거론되었다.

---

9 이우준, 『夢遊野談』, "又所謂九雲夢 公在謫時所作 卽六觀大師徒弟 性眞 與南岳八仙女相戲得罪 謫下人間 幻生於楊家之事也 楊少遊文章勳業 冠于一世 出將入相 身極富貴因與八仙女相會 做緣一生懽洽終而限滿 還歸佛門 其意 盖以功名富貴之於一場夢境 以釋迦寓言 體得楚離遺意"

10 김태준, 『조선소설사』, 학예사, 1939.

11 주왕산, 『조선고대소설사』, 정음사, 1950.

이들 중에서 최초의 소설사를 집필한 김태준은 1933년에 출간한 『조선소설사』에서 「구운몽」에 대하여 다음과 같이 평가하였다.

> 九雲夢은 조선人의 精神生活의 總發露요 階級社會의 全面鏡이다. 宇宙間의 모든 存在는 上流階級의 享樂材料에 지나지 못하며 그와 같은 社會에는 여러 가지 封建的 矛盾이 無難히 容認되고 總和되어 있나니 一夫多妻主義는 社會組織에 重要한 壘壁이여서 女權이란 當初부터 問題가 되지 못하고 女子는 婦女된 羞恥를 잘 堪忍함으로써 前生의 罪惡을 贖하는 줄로 믿고 六畜과 같이 寶玉과 같이 主人에게 無條件으로 驅使되고 玩弄될 것으로 알고 있는 故로 一夫多妻의 表面的 和合과 男主人公의 得意滿滿한 心境이 標紙에 흘은다. 楊少游의 富貴繁華야말로 南海配所에서 多年 呻吟하든 西浦의 理想이요 慾望이다. 그렇나 所詮 人間의 享樂은 假現이오 夢幻이라는 것을 그는 알엇다. 그리고 夫婦의 因緣도 過去에서 現在에 現在에서 未來에 永遠히 連續된 것으로 佳緣은 天定한 것이라는 信念이 所謂 「四柱八字」라는 信念과 함께 堅固한 宿命的 觀念을 일러서 性眞과 八仙女는 벌서 前生에 結緣되여 現世에 換生하야 다시 夫婦가 되여 가진 苦樂과 休戚을 함께 하다가 다시 녯날의 性眞과 八仙女로 變하여 갓다고 하는 心理小說에 引導한 것이다.[13]

이처럼, 초기 연구에서는 대체적으로 「구운몽」의 주제를 몽환설화와 같은 맥락에서 부귀와 공명은 한바탕의 꿈이라는 쪽으로 파악하였다.

또, 박성의는 『한국고대소설사』에서 다음과 같이 「구운몽」의 주

12 박성의, 『한국고대소설사』, 일신사, 1958.

13 김태준, 『조선소설사』, 학예사, 1933, 78쪽.

제에 대하여 서술하였다.

> 「九雲夢의」 要旨는 요컨대, 「松泉筆譚에서 말한 바와 같이 人間의 富貴 榮華와 功名이란 一場春夢에 지나지 않는다는 뜻이다.[14]
>
> 이 小說의 主題는 著作 動機에서 말한 바와 같이 人間의 富貴功名이란 한바탕 꿈에 지나지 않는다는 것이 要旨이다. 그것은 佛敎的인 諸行無常觀에서 온 것이므로 本小說은 佛敎思想을 中心으로 한 佛敎小說이라고도 할 수 있다.[15]

위에서 볼 수 있듯이, 박성의는 동양의 대표적인 종교, 즉 유교, 불교, 도교의 삼교사상이 교묘히 융합되어, 유교사상인 공리주의 및 현실주의와 불교의 세속적인 부귀영화를 부정하는 은둔사상과 도교의 향락주의가 혼연일치가 된 소설로, 인간이 누리는 부귀와 공명은 한바탕의 꿈으로 보았다.

이러한 방향은 조윤제가 『국문학사』에서 평가한 서술을 통하여 다음과 같은 방향의 주제 파악의 분위기가 더욱 확산되었다.

> 母夫人은 또한 賢夫人으로 子弟敎育을 깊이 留意하야 親히 小學 十八史略 唐詩 等書를 그 子弟들에게 가르쳐 주었던 것이니, 西浦는 古史異書를 모으고 稗官雜記로써 日夜 左右에 談說하여 一笑에 資하게 하였다. 西浦의 이러한 孝誠은 늙어서도 衰하지 않았으니 그가 小說에 뜻을 두고 工夫를 하며, 또 많은 小說을 지었다는 것도 그動機는 오로지 母夫人에 대한 孝誠에서 나왔다고 할 수 있다. 傳하는

---

14 박성의, 『한국고대소설사』, 일신사, 1958, 278쪽.

15 박성의, 「구운몽의 사상적 배경 연구」, 『아세아연구』 36호, 고려대학교 아세아문제연구소, 1969, 51쪽.

말에 依하면 그의 傑作 九雲夢도 其實은 그가 母夫人을 떠나 謫所에 가 있을 때 我母를 慰勞하기 爲하여 지었다고 한다.

그러면 九雲夢부터 그의 作品을 紹介하겠는데, 먼저 梗概를 紹介하면 다음과 같다.

衡山에 衛夫人이 仙童玉女를 다리고 鎭山하여 있고, 여기에 六觀大師가 西域으로부터 와서 草庵을 지어 놓고 說法을 하니 洞庭龍王조차 法席에 來參하였다. 하루는 大師가 龍王에 回謝次로 그 弟子 性眞을 洞庭水府로 보냈더니 때마침 衛夫人은 또 八仙女를 大師에게 보내어 花果를 擎進하였다. 그리하여 이들 使者가 各其 職責을 다하고 돌아오는 便인데 偶然히도 途中 石橋上에서 서로 만나게 되어 柔弱한 情으로 한번 戱弄함이 없지 않을 수 없었다. 그러나 그것이 罪가 되어 그들은 드디어 閻王에 押送되어 各各 人間에 내친 바가 되고 말았다. 여기에 性眞은 楊少遊로 八仙女는 各各 華州 秦彩鳳 洛陽名妓 桂蟾月 江北名妓 狄驚鴻 京師 鄭小姐 鄭小姐 侍婢春雲 皇妹 蘭陽公主 吐藩刺客 沈裊煙 龍女 白凌波로 人生에 還生하여, 楊少遊는 少年及第로 立身揚名하고 八夫人을 또한 次例로 만나 一家和樂하니 富貴功名이 一世에 震動하였으며 人間享樂을 마음껏 누리었다. 그러다가 하루는 九人이 한데 모이어 人生의 虛無함을 論하고 將次 佛道로써 永生을 求하려 하였더니, 때마침 胡僧이 來訪함이 있어 서로 주고받는 말 가운데 楊少遊 大覺하여 이 人間輪回의 꿈을 깨고 지금 大師의 앞에 서 있음을 깨달았다. 그리하여 前非를 謝하고 悟覺을 빌었더니, 그때 또한 八仙女 俱來하여 大師에게 明教를 特垂하기를 빌었다. 여기에 大師는 그들을 爲하여 講說經文하니 性眞과 八尼姑가 모다 本性을 頓悟하여 寂滅의 道를 大得하고 後에 極樂世界에 돌아갔다.

이것이 九雲夢의 簡單한 그 梗概가 될 것이다. 要컨댄 人間世上의 富貴功名을 一場春夢에 돌리고 만 것인데, 말하자면 그 慈堂이 青春에 寡婦가 되어 가난한 家庭에서 오직 두 子息에 마음을 부처

> 精誠껏 길러 餘生을 질길랴 하였던 것이 늦게 그 長子 萬基를 잃어 버리고, 또 萬重조차 謫所에 보내어 虛無한 人生을 咀呪하고 있는 그 마음을 慰釋하고자 한 것이다. 그러나 이것은 그 어머니를 慰勞할랴는 것뿐만이 아니라 確實히 無常한 人生의 一面을 如實히 그린 點도 있을 것이다.[16]

위에서 볼 수 있듯이, 조윤제는 「구운몽」을 소설 유형 분류로는 운명소설로 규정하면서 주제를 인간세상에서 누리는 부귀와 공명은 한바탕의 꿈으로 서술하였다.

또, 이가원도 「구운몽」 주석서의 해설 부분에서 제시한 주제 설명에서 다음과 같이 서술하였다.

> 당시 동방 제국의 봉건사회는 삼교가 병행하는 동시에 특히 불교적인 인과설에 의한 이 현실적인 영화는 전생의 수행에서, 고뇌는 전생의 죄악에서 받는 것임을 일일이 증명할 수 있다는 것이다. 성진화상의 용궁음주와 석교수작 등의 죄악은 천상의 천정한 세계를 하직하고 흑동동지인 지옥을 거쳐 인간의 혼탁한 세계에 환생되었다. 인간 양소유는 갖은 곤핍 번뇌 쾌락 비애를 거침없이 맛본 뒤에 선과를 얻어서 극락세계로 다시금 환원되었다. 그러나 결론적으로 보아서 인간 만종의 고와 락은 모두가 일장춘몽에 지나지 않는다는 것이었다. 그리하여 서포는 자기 일가의 고락성쇠도 모두가 숙명적이어서 하등의 슬퍼할 것도 없으려니와, 또는 하등의 기뻐할 것도 없음을 말하여 자기가 스스로 마음을 위안하며, 모부인의 인간 역경을 위안한 일종의 숙명론을 주제로 한 소설이 곧 「구운몽」이었다.[17]

---

16 조윤제, 『국문학사』, 동국문화사, 1959, 255-256쪽.

17 이가원, 『구운몽 역주』, 연세대학교출판부, 1970, 21-22쪽.

이처럼, 이가원은 여러 인간들이 겪는 고통과 즐거움이라는 것은 모두가 한바탕의 꿈에 지나지 않으므로 「구운몽」은 작가 서포가 모부인의 인간 역경을 위안하고자 창작한 일종의 운명론을 주제로 한 작품으로 보았다.

정주동은 『고대소설론』[18]을 비롯하여 「구운몽의 불교관적 고찰」[19] 등에서 「구운몽」을 소설 유형 분류에서는 환상소설에 넣고, 도교와 불교 사상을 바탕으로 하여 인생은 운명적이며, 모든 부귀영화는 무상한 환상에 지나지 않는 것으로 보면서도 불교사상과 주제의 연계성을 높여서 부귀와 공명이 한바탕의 꿈이라는 것 이상의 불교적 무상관으로 해석을 강화하였다.[20]

이러한 입장은 다음에 제시한 이재수, 차용주, 김춘택, 림호권 등의 견해에서도 유사한 내용으로 서술되었다.

> (1) 가령 「구운몽의 주제는 유불선 혼연일체의 사상이다.」 하고 제가들이 이구동성으로 주장하고 있는 것은 그 혼란의 대표적 표현이니 마땅히 수정되어야 할 것이다. (중략)
>
> 이는 성진이 용궁에서 돌아와 자기의 선방에 앉아서 자신의 불가 수업에 대하여 회의하고 유가의 사업을 동경하는 대목이다. 흔히 이 대목을 들면서 구운몽에 유교사상이 내포되어 있다고 한다. 그리고 성진은 꿈에 소유로 환생하여 그의 동경을 완전히 실현하고 있으니 또 그것으로 유교사상이 있다고 말할 수도 있다 할지 모른다. 그러나 이런 관찰은 아주 피상적이다. 왜냐하면 이 작품의 종결부,

---

18 정주동, 『고대소설론』, 1966, 형설출판사, 273쪽.

19 정주동, 「구운몽의 불교관적 고찰」, 『동양문화』 6·7집, 영남대학교 동양학연구소, 1968.

20 정주동은 「구운몽의 불교관적 고찰」에서 불교사상의 측면에서는 『금강경』으로 나아가는 주장도 더불어 제시하였다.

즉 성진이 꿈을 깨는 장면에서 이런 유교적 입신양명은 완전히 부정되고 있기 때문이다. (중략)

양처사 집에 환생한 양소유는 입신양명하였으나 결국 그의 「부귀영화와 남녀 행락이 다 허망한 줄」 깨닫게 되었으니, 이는 분명한 유교사상의 부정이라고 봄이 마땅할 것이다. 뿐만 아니라 앞에 말한 바와 같이 성진이 불가에 대한 회의와 번뇌가 있은 뒤 그 자리에서 그는 다시 깨닫고 천불을 염하다가 잠이 든다. 유가의 입신출세에 대한 동경은 그의 순간적인 심리 상태에 불과했던 것이다. (중략) 사실 주인공 성진이 유교의 공명에 유혹되고 또 꿈에 그 유혹의 실현이 이루어지고 하는 것은 성진으로 하여금 불교를 보다 깊이 깨닫게 하는 하나의 계기에 지나지 못하는 것이다. 불교의 공사상을 강조하기 위한 한 방편으로 일시 현실적인 유교사상을 이용했다고 보는 것이 타당할 것이다. 이렇게 보면 구운몽에는 이조의 국시와는 반대되는 배유숭불적 사상이 들어 있다고 보아도 무방할 것이다. (중략)

이처럼 많은 대소 사건들이 도선사상을 바탕으로 하고 있지마는 전체작품의 주제사상은 어디까지나 불교다. 선교는 작품 내에서 하등의 강요나 호소력이 없이 단순히 사건의 바탕으로만 있었지마는 불교는 작품 내에서 작자의 어떤 주장을 표시하고 있고 독자들에게 강력한 호소를 하고 있다. 전말로 보아 「부귀영화는 일장춘몽이니 우리는 영원한 생명을 불교에서 구해야 한다」는 것이니, 곧 「인생의 허무를 대각하고 영생불멸의 세계에 귀의한다」는 것이 이 작품의 구체적 주제라 하는 것이 당연한 고찰일 것이다.[21]

(2) 구운몽이 구조적으로 특수하다는 것은 꿈을 소재로 하여 현실에서 꿈으로, 다시 꿈에서 현실로 전환하는 특성을 지니고 있기 때문이다. 이것은 바로 性眞→楊少游→性眞으로 循環 回歸하는

21 이재수, 『한국소설연구』, 선명문화사, 1969, 256-259쪽.

것을 의미한다고 보겠는데, 九雲夢의 주제는 이러한 구성에 연계시켜 고찰되어야 할 것으로 생각된다.

九雲夢의 주제를 이러한 구조적인 특성에 입각하여 고찰하면 性眞이 龍宮에 갔다 오던 길에 돌다리 위에서 八仙女를 본 후에 수도에 회의를 느끼며 현실의 공명을 동경하다가 지쳐 자게 되며, 꿈속에서 楊少游로 환생한 것이다. 그리고 楊少游가 성취한 것은 앞서 性眞이 팔선녀를 본 후 동경했던 현실의 功利性을 그대로 구현한 것이다. 그런데 九雲夢은 夢字類小說의 구성상의 특징에 따라 현실세계에서 생각했던 功利性을 꿈속에서 체험하는 것으로 만족하고자 한 것이 아니다. 性眞이 꿈을 깬 후 여덟 사람의 妻妾들은 간 곳이 없고 자신은 포단 위에 앉아 있는 少和尙임을 발견하고 부귀영화와 남녀정욕이 모두 환몽과 같은 것임을 깨닫게 되었다. 그 후 性眞은 현실세계의 功利에 대한 미련을 버리고 수도에 정진했다. 이로써 볼 때 九雲夢의 주제는 楊少游의 일생에서 찾을 것이 아니라, 性眞이 꿈을 체험한 후 현실의 공리성에 허무를 느끼고 수도에 정진하는 것에서 찾아야 할 것이다. 그러므로 구운몽의 주제는 현실세계의 공명을 春夢과 같이 허무한 것으로 부정하고 불교적인 허무의 세계에서 일생의 의의를 찾고자 한 것으로 보는 것이 타당할 것이다.[22]

(3) 장편소설 구운몽은 하늘에서 불도를 닦던 주인공 성진이 금욕적인 계율을 이겨 지옥에 떨어졌다가 다시 인간세상에 양소유로 태어나 온갖 부귀공명을 누리는 이야기다. 이러한 이야기를 통하여 작품은 양반들의 부귀공명은 한바탕 봄꿈에 지나지 않는다는 주제를 제기하고 있다. 그러나 작품의 사상은 매우 복잡하다. 소설은 '인생은 한바탕의 꿈'이며 영원한 행복은 오직 불도에서 찾아야 한다는 불교교리를 설교하고 있으며, 봉건귀족들의 생활을 위주로 하면서

---

22 차용주, 『한국한문소설사』, 아세아문화사, 2003, 282쪽.

그것을 이상화한 본질적 약점을 가지고 있다. 그러나 작품은 전반을 통하여 부화 타락한 양반 계급의 생활을 적나라하게 드러내고 있으며, 주인공 양소유의 형상을 통하여 고루한 유교적 구속에서 벗어나려는 개성 해방의 지향을 강하게 반영하고 있다.[23]

(4) 〈구운몽〉은 랑만주의적 수법으로 씌여진 작품으로 불교적 세계관에 기초하여 현세의 부귀공명이 하나의 꿈에 지나지 않는다는 사상을 표현하고 있다. 〈구운몽〉은 주인공 양소유의 천상세계로부터 지상세계에서의 '리상적'인 생활의 묘사를 통하여 봉건적인 정치도덕 규범을 합리화하고 있는 동시에 작품의 끝에서는 이른바 현세의 부귀공명은 다 꿈과 같은 것이라고 인정하면서 천상세계에 대한 동경을 표시함으로써 결국 불교적 래세사상을 긍정하고 있다. 그것은 천상에서 불도를 닦던 주인공 성진이가 현세를 동정한 죄로 인간세상에 양소유로 태어나 이 세상의 온갖 '재미'를 다 맛본 다음에 그것을 다시 부정하고 불교세계로 돌아가며 그가 과거에 급제하여 벼슬을 하자 봉건관료로서 행동하는 데서 표현되고 있다.[24]

위의 인용에서 살펴볼 수 있듯이, (1)의 이재수와 (2)의 차용주, (3)의 북한학자 림호권도 조선시대 학자들의 단편적인 비평에 따라 부귀공명 일장춘몽설을 수용하면서 사상과 주제의 상관성을 고려하여 부귀공명 일장춘몽을 토대로 하면서도 성진 중심의 불교사상 쪽에서 주제를 파악하였다.

또, 북한 학자 김춘택은 『조선고전소설사 연구』에서 「구운몽」의 내용에서 불교적이며 유교적인 것이 적지 않게 나온다고 하여 곧

23 림호권, 『구운몽』, 겨레고전문학선집, 문예출판사, 2007, 442쪽.

24 설성경 · 유영대, 『북한의 고전문학』, 고려원, 1990, 236쪽.

유불사상을 설교하거나 합리화하고 있다고 말할 수는 없으며, 유불적인 것과 결부된 이야기 형식을 이용한다는 것과 유불적인 것을 설교한다는 것은 꼭 같은 문제는 아님을 강조하였다. 또, 그는 「구운몽」에서는 신선사상과 불도를 닦는 연화도장에서 죄를 짓고 쫓겨난 양소유와 팔선녀가 인간세상에 다시 태어나서 서로 사랑하는 것을 통하여 불교의 이른바 금욕주의와 유교의 도덕규범의 불합리를 드러내고 사람들은 자기들의 의사에 따라 서로 사랑할 수 있다는 것을 보여주는 동시에 현실생활에서 양반사대부들이 내세우는 부귀공명은 하나의 꿈과 같이 허망한 것이라는 것을 보여주고 있다.[25]고 평가하였다.

지금까지 검토해 본 「구운몽」의 주제에 대한 다수의 학자들이 피력한 견해들을 종합해 보면, 도암 이재가 『삼관기』에서 내놓은 「구운몽」에 대한 주제, 즉 '인생의 부귀공명이 일장춘몽'이라는 설, 그리고 더불어 제시한 굴원과 관련된 단편적인 논의를 크게 벗어나지 못하였다는 사실을 확인할 수 있다.

이러한 견해들은 얼핏 보면 대승불교의 중심 경전인 『금강경』의 공관(空觀)은 현실을 부정하는 데 있는 것 같지만, 이면적으로는 불교의 무상관을 소박한 수준에서 인생만사를 허무한 것으로 수용하는 수준에서 머문 것으로 파악할 수 있다. 그러나 「구운몽」의 텍스트 내에서 강하게 부각시키고 있는 『금강경』을 설화적 수준의 소박한 무상관으로 격하시켜 수용하였다는 점에서는 작가가 제시한 진정한 주제의 접근까지에는 많은 한계를 지닌다.

그 이유는 일장춘몽설에서는 공사상으로 전환시키는 전후 주제

25 김춘택, 『조선고전소설사연구』, 김일성종합대학출판사, 1999, 260쪽.

전개의 유기성을 제시하지 못하고 있다. 그 때문에 말년에 양소유는 삶에 대한 비관 단계에서 멈추지 않고, 부정적인 감정을 계기로 새로운 수행의 길을 모색하게 됨으로써 성진은 양소유로서의 일생을 부정하게 된다. 성진의 생각 또한 육관대사에 의해 부정되는 사실[26]을 부각시키는 것은 성진이 선몽을 깬 후에 양소유로서의 일생을 부정한 것은 몽환설화 차원의 수준이 아닌 거듭 부정으로 나아가는 『금강경』의 논리임을 배재하였다는 한계를 가지고 있다.

「구운몽」의 주제를 논하면서, 이 작품이 당나라 시대 설화의 주제를 벗어나지 못한 채 여전히 반복하고 있고, 이 작품이 창작된 직후의 문인들이 평가한 아주 단편적인 주제론을 반복한 수준의 평가에 머무는 답보 상태는 한국의 17세기 소설사에서만이 아니라 최상의 고전작품에 대한 세계문학사적 위상을 격하시키는 결과를 낳게 될 것이다. 그러하기에 이런 평가에서 벗어나, 「구운몽」이 지닌 주제의 가치를 높이는 적극적인 해석이 절실히 필요한 것이다.

(2) 『금강경』의 공사상설

「구운몽」의 주제를 성진 중심으로 본다는 점에서는 부귀공명 일장춘몽설과 상통하면서도, 불교사상적 측면을 더욱 중시하여 『금강경』의 공사상임을 내세우는 다수의 연구자들이 주제 연구사의 주류를 이루었다. 이 계보로는 박성의의 「구운몽의 사상적 배경 연구」[27], 김

---

26 이강옥, 『구운몽의 불교적 해석과 문학치료교육』, 소명출판, 2010, 254쪽.

27 박성의, 「구운몽의 사상적 배경 연구」, 『아세아연구』 36호, 고려대학교 아세아문제연구소, 1969.

기동의 「국문학상의 불교사상연구」[28], 문상득의 「구운몽소고」[29], 구본혁의 『한국문학신강』[30]과 김동욱의 『국문학사』[31] 등이 있다.

(1) 「九雲夢」을 플로트로 봐서는 理想小說이라 할 수 있으나 主題上으로 봐서는 理想小說이 아니다. 그렇다면 「九雲夢」의 主題는 무엇인가 하는 것이다. 主題를 살펴보기에 앞서서 이 作品의 著作動機를 알아야 할 것이다. 왜냐하면 動機의 具體的인 表現이 主題이기 때문이다. 이 作品의 執筆 動機에 對해서는 前述한 바와 같이 病中에 있는 老母를 慰勞하기 爲하여 이 作品을 지었다고 하였으므로, 作者가 어떠한 小說을 써서 읽힘으로써 老母를 慰勞코져 하였던가 하는 具體的인 方法을 알아야 할 것이다.

사랑하던 아들과 孫子들을 絕海 孤島로 流配 보내고, 거기에다 宿患으로 呻吟하고 있는 老母는 人生의 虛無와 無常을 切實히 느끼고 있었을 것을 짐작하였을 것이며, 虛無와 無常의 現實世界에서 벗어나 永遠한 安住의 世界를 希求하고 있었을 것도 짐작하였을 것이다. 이와 같은 생각은 死境에 들어선 老人들의 共通的 心情이라 하겠다. 老境에서 死後의 世界를 근심하는 사람들을 慰安시키는 方法은 宗敎的인 人生觀을 가지게 하는 方法밖에는 없을 것이다.

以上과 같은 具體的인 動機를 가지고 쓴 作品이 「九雲夢」일 것이다. 그러면 「九雲夢」에 나타난 宗敎的인 人生觀은 무엇인가. 그것은 佛敎的인 人生觀이라 하겠다. 「九雲夢」의 프로트를 살펴보면 道敎的인 享樂主義와 儒敎的인 功名主義를 가지고 事件을 展開시켜 놓았으나, 結尾에 가서는 道敎的인 享樂主義나 儒敎的인 功名主義

28 김기동, 「국문학상의 불교사상연구」, 『불교학보』 2집, 1968.

29 문상득, 「구운몽소고」, 『피천득선생화갑기념논총』, 1971.

30 구본혁 외, 『한국문학신강』, 개문사, 1978.

31 김동욱, 『국문학사』, 일신사, 1985.

를 否定하고, 佛教的인 來世主義로써 結尾를 지어놓았음을 알 수 있다. 그리고 作者 自身이 佛教的인 人生觀을 가지고 있었던 것이니, 作品은 곧 作者의 人生觀이 反映되는 것이기 때문에 우리는 容易하게 「九雲夢」의 主題가 佛教的인 人生觀에 있음을 알 수 있을 것이다.

그러면 佛教的 人生觀이란 어떠한 人生觀인가. 그것은 곧 人間世界에 있어서의 富貴와 功名을 否定하며 諸行無常의 現實生活을 超脫하고, 永遠히 安住할 수 있는 佛教의 來世인 極樂世界를 追究하는 人生觀이라 하겠다. 「九雲夢」에서는 이러한 佛教的 人生觀이 잘 表現되어 있다. 主人公 楊少游가 人世에 謫降해서 戀愛나 或은 仲媒의 過程을 通하여 三妻五妾이라는 여러 女性을 거느리고 一家和樂한 가운데 世上에서의 富貴와 功名을 마음껏 누리다가 晩年에 이르러, 하루는 九人이 會同하여 人間世界의 虛無와 無常을 論하고는 將次 佛道를 닦아 永生을 希求하고져 한다. 마침내 人間輪廻의 꿈을 大悟하고 本來의 性眞과 八仙女로 돌아간 그들은 六觀大師의 佛法을 듣고 極樂世界로 들어갔다는 것은, 佛教的인 人生觀을 表現해 보고져 하는 主題下에서 結構된 結尾라 하겠다. 要컨대 「九雲夢」을 主題性으로 본다면 佛教的인 宗教小說의 性格을 띄고 있는 作品이라고 볼 수 있다.[32]

⑵ 하나의 文學作品이 갖는 思想性이란 主題 意識에 比例하는 것이리라. 구운몽의 작품 전체 플로트의 10分 9는 性眞의 還生인 楊少游가 人生의 歡樂을 즐기는 것을 그리고 있다. 그러나 테마는, 이러한 人生의 歡樂이 無常한 것이라 함을, 辨證法的으로 처리한 곳에 있다. 胡僧의 얼굴과 六觀大師의 얼굴이 겹쳐져 大師의 앞에 叱責을 받고 있는 性眞의 本然의 모습을 통하여 우리는 이를 볼 수 있다. 이 장면에서는 『九雲夢』의 전체 主題는 鮮明히 浮刻된다. 그러므로,

32 김기동, 『이조시대소설론』, 정연사, 1959, 285쪽.

『九雲夢』에서는 人生의 哀歡에 대해서 李朝人들이 經驗하고 意識하고 있었던 生活相을 토대로, 이에 대한 否定的 意圖에 그 테마가 集中하고 있는 것이다.

儒教 立國의 李朝에서, 儒教人에 의해서 집필된 『九雲夢』에 어째서 이러한 主題가 설정되었을까. 사실에 있어서는 이 小說이 넓은 讀者層을 가지게 되리라고 意識하지 않고, 개인적인 범위에서 쓰였을지도 모르며, 作者는 限定된 讀者의 意識 세계를 念頭에 두고 있었을 것이다. 이리하여 『九雲夢』이 그의 母親 尹氏를 위해 쓰였다고 하는 文學史家들의 論證이 근거 있어 보인다. 그렇다면, 이 小說은 그의 母親을 中心으로, 兩班階級에 서리고 있는 어떤 不安意識에 대한 救援을 意圖하고 지어진 것이라 해도 좋을 것이다. 그것은 丙子胡亂에 自殺한 부친의 落胤으로 태어난 그를 기르면서 孤閨 속을 살아온 어머니 尹氏의 無意識的인 希求를 『九雲夢』의 佛教的인 꿈 속에 옮겨, 兩班들의 意識 속에 깃들인 그들의 理想이 덧없음을 그리고 있는 것이리라.[33]

위에서 제시한 자료를 통해서 살펴본다면, 인용문(1)은 1959년의 김기동의 견해로서, 불교적인 종교성을 강조한 작품으로 평가하고 있다. 인용문(2)는 1976년 김동욱의 견해로, 유가 양반들의 이상을 불교적인 꿈속의 이야기로 표현하여 모친에 대한 종교적인 구원이 담긴 것으로 보았다.

또, 정규복은 불교사상을 보다 구체적으로 거론하면서 육관대사가 성진에게 전하는 『금강경』에 초점을 맞추어 『금강경』의 핵심 사상인 공사상(空思想)을 「구운몽」의 주제로 내세웠다고 보았다. 즉, 그는 1960년대에 이르러 「구운몽의 근원 사상고」[34]에서 김태준, 박성

33 김동욱, 『국문학사』, 일신사, 1976, 180-181쪽.

의 등이 주장하던 유불도 삼교사상의 혼합 내지 화합이라는 견해를 비판하고, 「구운몽」의 근원사상은 삼교사상이 수렴되면서 『금강경』이 바탕이 된 공사상에 있음을 제시하였다.[35]

또, 정규복 교수는 그 후, 1970년대에 들어서서는 1차로 「구운몽」의 구조가 '꿈 이전→꿈→꿈 이후'의 구조로 인간의 부귀공명이 간원되다가 이것이 꿈으로 실현되나, 꿈이 깨어남과 동시에 그 부귀공명이 일장춘몽으로 돌아간다는 환몽구조로 파악되는 불교의 공사상이 바탕이 되어 그 구체적인 질서인 오지연설(五支緣說)로 실현된다는 결론[36] 등을 제시하면서 다음과 같이 주제를 소개하였다.

> (1) 「구운몽」이 공사상을 토대로 하여 『금강경』을 중심으로 이루어진 작품이라 함은 앞에서 누누이 언급한 바 있거니와, 그러면 「구운몽」을 『금강경』과 대조하여 이를 실증해 보기로 하겠다.
>
> 앞에서 언급한 바 있는 「구운몽」의 줄거리에서 주인공 성진이 양소유로 환생하여 인간의 부귀공명을 마음껏 누렸으나 만년에 그

34 정규복, 『아세아연구』 28호, 고려대학교 아세아문제연구소, 1967.

35 정규복은 「구운몽의 근원사상고」(『아세아연구』 28호, 1967)에서는 "구운몽은 금강경을 바탕으로 공사상을 중심으로 한, 말하자면 인생의 부귀영화를 일장춘몽으로 보는 그 주지에 바탕된 작품이다. 즉 육관대사의 제자 성진이 용왕에게 회사하러 갔다가 돌아오는 길에 석교에서 팔선녀와 수작하였다. 성진은 귀선한 후에도 팔선녀의 미모를 잊을 수 없어 마침내 불가의 적막을 느끼고 유가적인 부귀공명을 꿈꾸게 된다. 이것이 연이 되어 풍도에 출척되었다가 인생으로 환생하여 팔선녀의 환생인 진채봉, 계섬월, 정경패, 가춘운, 적경홍, 이소화, 심요연, 백능파 등의 미녀와 인연을 맺고, 또한 대승상 위국공에까지 봉작되어 인간의 부귀영화를 마음껏 누렸으나 깨어 보니 일장춘몽이었다. 그 후 성진은 더욱 대도에 힘써 팔선녀와 함께 극락세계로 갔다는 것이다."라고 하였다.

36 정규복, 『한국 고소설사의 연구』, 보고사, 2010, 163쪽. 그는 "〈구운몽〉이야말로 문학작품의 이상을 이룬, 말하자면 내용과 형식의 조화의 극을 이룬 대작이다. 다시 말하거니와 〈구운몽〉은 인생의 부귀와 영화를 일장춘몽으로 돌리는 주지 밑에 『금강경』을 바탕으로 한 空사상으로 일관된, 한국 고소설 중에서 주요한 불교소설이다."라고 했다.

의 생일을 맞이하여 취미궁 高臺에서 인생의 무상을 느낀 것은 『금강경』에 이른바 모두가 幻이라 한 바[37]와 같이 一切有爲法이 幻夢인 것이다.

그리고 양소유가 인생의 무상을 느껴, 『금강경』에 이른바 幻夢을 통하여, 앞에서 언급한 바대로 覺한 후, 양소유는 없어지고 다시 성진으로 되돌아가는데, 이것은 『금강경』에 '佛告須菩提 凡所有相 皆是虛妄 若見諸相非相 卽見如來'라고 한 바와 같이 무릇 相 있는바 모두 허망한 것이니, 諸相을 相 아닌 것으로 본다면 如來를 본 것과 같다고 한, 즉 성진이 과거에 양소유로 환생하여 인간의 부귀공명을 마음껏 누린 것은 실상이 아니요 일체를 환몽으로 보고 覺한 후에는 相 아닌 것으로 본 것이다. 즉 성진은 팔선녀의 미모와 부귀공명을 실상으로 받아들이려 했다. 여기서 성진은 혼미한 현상 가운데 헤매는 것이다. 그의 스승 육관대사는 꿈을 통하여 성진을 양소유로 환생시켜 인간의 부귀공명을 마음껏 누리게 하고 나서 각몽하여 인간의 모든 부귀영화가 일장의 환몽임을 깨닫게 한다. 이로 인하여 성진은 양소유 이전의 성진으로 환원하되 그것은 제 자리에서의 성진이 아니라 360°로 변한 성진인 것이다. 즉, 迷한 성진과 覺한 성진은 가장 가까이 있으면서도 가장 먼 거리에 있는 것이다. (중략)[38]

「구운몽」이 迷에서 환몽을 통하여 覺하기까지의 과정을 그렸다는 것은 전술한 바와 같다. 이것은 『금강경』의 주제일 뿐만 아니라, 「구운몽」의 주제인 것이다. 「구운몽」과 『금강경』은 모두 迷에서 幻을 통하여 覺하기까지의 과정을 그린 것이다. 覺한 이후의 세계는 「구운몽」에도 언급되어 있지 않으려니와, 『금강경』에도 언급이 없다. 이것이 「구운몽」과 『금강경』이 공통하는 空사상인 것이다. 覺한 이

37 "須菩提 若有人 滿無量阿僧祇世界 七寶持用布施 若有善男子善女人 發菩提心者 持於此經乃至 四句偈等 受持讀誦 爲人演說 其福勝彼 云何爲人演說 不取於相 如如不動 何以故一切有爲法 如夢幻泡影 如露亦如電 應作如是觀"

38 정규복, 『구운몽연구』, 고려대학교출판부, 1974, 240쪽.

후의 세계는 眞空妙有인 것이다. 覺하면 眞空妙有이다. 즉 「구운몽」은 眞空妙有에서 스토리는 끝나는 것이다.[39]

(2) 「구운몽」은 불교사상 중 도대체 어떤 사상이 주류를 이루고 있는가? 한 마디로 말하자면, 「구운몽」은 『金剛般若波羅密經』을 중심으로 한 空사상으로 이루어진 것이다. 『금강경』은 空사상이 중심으로 된 般若經 중 中心經이거니와, 「구운몽」이 『금강경』을 중심으로 이루어졌다 함은 「구운몽」 전체 스토리의 전개가 『금강경』의 풀이라고 할 만큼 『금강경』과 부합할 뿐만 아니라, 「구운몽」 가운데 『금강경』에 대한 언급이 누누이 출현하고 있다는 것이다. 예를 들면, 「구운몽」 초두에 육관대사가 전도차 서역으로부터 중국에 들어와 南岳衡山 蓮花峰 위에 암자를 짓고 전교할 때에 오직 『금강경』을 가지고 있다는 것이다. (중략)

그리고 성진이 꿈에서 大覺한 꿈과 현실을 일직선으로 연결한다. (중략) 이와 같이 육관대사는 꿈과 현실의 한계에 어두운 성진으로 하여금 『금강경』 大法으로 大覺하게 한 후, 성진이 비로소 正果를 얻은 것을 보고 다시 그에게 『금강경』을 전수하고 서역으로 가 버리는 것이다. (중략)

육관대사가 성진에게 준 袈裟나 一鉢淨甁 및 錫杖은 스승이 도통을 제자에게 전하는 상징이다. 그중에 많은 불경 중 『금강경』을 주었다는 것은, 그만큼 『금강경』이 「구운몽」 작품에 그 차지하는 비중이 얼마나 무거운 것인가를 말해 주는 것이다. (중략) 空사상은 迷에서 幻을 통하여 覺에 도달하는 과정을 말한다. 覺의 세계가 말하자면 眞空妙有인 것이다. 그런데 본시 모든 중생은 불성을 가진 覺體이며 만물은 실상을 나타내고 있는 如如다. 이것은 見思想에서 생기는 偏執 때문에 미처 깨닫지 못하고 있는 것이다. 이 覺과 迷의

39 정규복, 『구운몽연구』, 고려대학교출판부, 1974, 241-242쪽.

차이는 0°는 360°라는 이론과 같다. 즉 부처와 범부의 차이는 가장 멀면서도 가장 가까운 거리에 있는 것이다. 결국 인간은 모두 부처이다. 다만 一念의 迷로 覺의 자리를 발견하지 못하고 있을 따름이다. 覺은 먼 데 있는 것이 아니라 비로 자신의 심성의 본자리에 있는 것이다. (중략)

이렇게 有無는 자신의 불완전성을 깨닫고 各己의 半邊的인 존재를 합하여 중도로 나가지 않을 수 없게 되는 것이다. 각기는 자기의 존재 조건을 상대에서 구하여, 일체가 화해와 會通을 가져와야 함을 깨닫게 되는 것이다. 이것은 만물의 차별지어지는 특징을 지양, 극복해서 무분별로 되는 것이니, 차별을 抽出해 내면 남는 것은 空이다. 그러나 이 空은 전체의 總相이어서 다시 분별되지 않을 뿐이지 허무의 空은 아니다. 말하자면 虛, 空은 가장 충실한 實相인 것이다. 여기서 중요한 일체가 有의 諸法相이 실재가 아니라는 것을 깨닫고 실재하는 相을 구하는 進行인데, 이것은 자기 부정에서부터 시작해서 他의 일체까지 부정하여 더 부정할 수 없는 데까지 도달해야 하는 것이다. 이 최후의 부정 뒤에 오는 것이 바로 최대의 긍정인 實相의 현현인 것이다. 그런데 이때까지도 境의 實相과 我의 般若는 대립 교섭되고 있는 것이 되는데, 이 境我의 분별마저 멸절해야만 如如한 實相體로 귀일되는 것이다. 그래서 佛學의 최고 경지에서는 三空을 주장하는 것이다. 즉 我空, 法空, 空亦空인 것이다. '나'라는 一念이 아직 있게 되면 이는 곧 住요, 著이요, 得이요, 相이므로 『금강경』에서는 최후의 一念까지도 부정해야 한다고 보고 있다.

그러면 이것은 일체를 一로 統攝한 것이요, 時空을 永恒과 無窮면에서 洞察한 것이 되어 완전히 空도 아닌 空이 되는데 이것이 바로 實相이요 眞空이 되는 것이다. 그렇다고 세상의 허무나 정지의 상태로 민멸되는 것이 아니다. 왜냐하면 '實相' 그것이 결코 有와 대립되는 無의 空이 아니고, 이것은 有相無相을 왕래하는 '妙', 즉 無有無相이기 때문에 緣生 그 자체는 영원불변하게 행해지고 있으므로 역시 妙有의 實相인 것이다. 그러므로 眞, 空은 실상을 형용한 것이고, 妙有는 작용을 지칭한 것으로, 우주의 如如함은 실상 그것이 작용하고 있다는 것이 된다. 이것이 體用의 합일인 것인데, 본체의 현상을 어디까지나 같은 一로 본 것은 자기의 원인을 자기 안에서 구하려고 한 동양적 사유 방식의 특징이라 하겠다. 그러므로 자기부정은 자기 원인을 밖에서 긍정하는 것이 아니라, 바로 그것이 자기 안의 實我를 얻는 것에 있다는 것이니, 역시 가장 먼 데서 가장 가까운 것을 구하고, 또 가장 가까운 데서 가장 먼 것을 얻게 되는 것이다. (중략)

이것이 바로 백척간두에서 진일보하는 최후의 찰나이다. 여기에서 大勇이 필요한 것이다. 大勇은 지혜의 소산이다. 智는 결단이요, 慧는 簡擇이다. 俗諦를 아는 것이 智요, 眞諦를 아는 것이 慧이다. 여기에 我法一切를 부정하고 진일보하게 되면, 그 도달한 곳은 바로 본 위치요, 도달 후에 발견한 것은 實我 그것이다. 말하자면 불성은 일체중생의 生俱的인 것이다. 그러나 그는 自我心識에 대한 迷悟의 차이가 가장 가까우면서도 가장 먼 것이다. 迷하면 일체가 虛요 空이요, 覺하면 일체가 眞實이다. 일체는 如如한 實相이요, 妙用이다. 이를 가장 가까운 名相으로 표현한 것이 眞空妙有이다.[40]

위의 인용을 보면, 성진이 행하는 선몽은 사미승인 성진이 대각을 향해 진행해 나가는 수행상의 한 과정으로서, 표면적인 서사는 대각을 위한 공론이고, 은유는 유가의 심성론의 실천을 위한 군자의 행동을 보여주는 「구운몽」의 특질을 제대로 설명해 내는 데에까지는 나아가지 못하고 있다. 즉, 「구운몽」이 지닌 수평적인 서사구조에서는 불가의 성진이 환생하여 양소유가 되고, 양소유는 성진과 달리

40 정규복, 『구운몽연구』, 고려대학교출판부, 1974.

유가적 삶으로 나아가게 되고, 다시 양소유는 환몽을 통하여 양원수로서 유가의 길과 더불어 불가에 귀의하는 삶으로 일시적이나마 나아가게 된다. 이러한 성진의 심리적인 추이를 선몽을 깬 성진이 반추해 봄으로써 대각으로 나아가게 되는 심리적인 여정을 백척간두에서 진일보하는 최후의 찰나에 맞는 큰 용기로, 또 이 큰 용기는 지혜의 소산이기에 지의 결단과 혜 선택이 필요하다는 설명을 하고 있다. 그 결과 자아와 현상계에서 존재하는 일체를 부정하고 진일보하게 되면, 근본의 위치에 도달하게 되고, 그 후에 진정한 자아를 발견하게 되어 불성은 곧 일체의 중생의 생래적으로 구비하고 있는 것이 된다는 것이다. 그러하기에 자아의 심식에 대한 혼미와 깨달음의 차이가 가까우면서도 먼 것이기에, 미망에 머물면 일체가 허요공이지만, 대각하여서 보면, 일체가 진실이므로 일체는 있는 그대로 실상이요, 교묘한 운용임을 성진이 대각하게 된다는 것이다. 그러나 정규복의 이러한 설명에도 불구하고, 「구운몽」에서 보여주는 성진의 삶을 통한 설명이라기보다는 『금강경』의 공사상을 난해하게 해설을 하면서도, 작품 전개의 실상과 쉽게 대비하여 설명하지는 못하고 있다. 그 결과, 정규복은 『금강경』의 공사상을 충분히 설명해 낸 것 같지만, 실은 수평적인 성진이 보여주는 불가의 삶인 제1단계가 양소유가 보여주는 유가적 삼인 제2단계로 나아가고, 다시 제3단계에서는 양원수가 되어 유가적 삶과 불가적인 삶을 공유하는 경지에 이르고, 다시 제4단계에서는 유가적 삶을 살고, 다시 제5단계에서는 성진이 각몽한 후에 『금강경』 청법을 통하여 대각의 경지에 이르게 된다는 설명을 해내지는 못하였다.

또, 정규복은 이 글을 발표한 이후에도 「구운몽」의 주제를 재론하면서 「구운몽」의 구성상 특징은 성진에 의한 두 번째의 부정의 단계인 '혼미에서 환몽으로, 다시 환몽에서 각성'의 과정을 통해서 인간의 모든 부귀영화가 일장의 환몽임을 깨닫게 한 것으로 설명하였다. 이러한 『금강경』의 공사상에 근거한 해석 수준은 김일렬이 발표한 「구운몽 신고찰」[41]을 통해서 비판되었다. 「구운몽 신고찰」에서 제시된 『금강경』의 공사상은 실제 작품에서는 미숙한 공관인 일차적 단계에 머물렀음을 다음과 같이 비판하였다.

> 금강경의 내용은 겹겹의 역설로 이루어져 있으며, 처음부터 역설의 논리로 일관되어 있다. 가장 가까운 감각적 대상으로부터 부정하기 시작하여 부정된 대상을 단계적으로 거듭 부정해 나감으로써 최후의 긍정을 이끌어 내며, 이리하여 무한한 깊이의 인식을 유도한다. (중략) 중생은 흔히 색에 집착한다. 집착은 그 대상이 무엇이든 그것을 바로 인식하는 데 큰 장애가 된다. 따라서 인간은 색을 부정해야 한다. 색을 부정하고 나면 공밖에 없다. 그러나 공에 대한 집착도 집착이므로 공을 다시 부정해야 한다. (중략) 이번에는 색과 공의 경계를 부정해야 한다. 곧 색과 공이 다르다는 집착으로부터 벗어나야 한다. 이러한 가르침이야말로 바로 불법일 것 같다. 그러나 석가는 이것마저 부정하라고 했다. 불법이 따로 존재한다는 생각 자체가 미망이라는 것이다. (중략) 이리하여 최후에 가서는 모든 것이 다시 긍정된다. 이는 색과 공이 다르지 않고 공과 색이 다르지 않은 무애자재의 절대적 경지이다. 색에 대한 인식이 아무리 깊고 공에 대한 인식이 아무리 깊어도, 색과 공에 대한 경계를 짓는 장벽이 인식 속에서 완전히 허물어지지 않으면 공사상을 인식할 수 없다.[42]

---

41 김일렬, 「구운몽의 신고찰」, 『한국고전산문연구』, 동화출판사, 1981.

42 같은 책, 157-158쪽.

또 성현경도 정규복의 주장처럼 「구운몽」의 주제가 공사상이라는 해석에 입각하여 다음과 같이 서술하였다.

> 「구운몽」이 숙명론으로부터 탈피하여 造命論에 근접하고 있다고 하는 것은 퍽 주목된다. 당대사회의 유가적 사상이나 이념 혹은 통념을 부정 내지 비판하면서 佛家의 사상을 수용하고, 性眞의 삶을 가치 있는 삶으로 역설한다고 하는 것은 그리 쉬운 일이 아니다. 〈구운몽〉은 이와 같은 새로운 삶 의식의 지평을 대우주의 광활한 공간과 무궁한 시간을 배경으로 해서 펼치고 있는바, 더욱 값진 것이다.
>
> 그런데, 「구운몽」은 불교를 수용하되, 그것을 소승적 차원에서 수용하고 있다고 하는 점이 특징이다. (중략) 「구운몽」의 경우에는 양소유의 삶보다는 성진의 삶이 더 의의와 가치를 지닌다고 보고 있는데, 이 역시도 삶이나 현실을 대하는 태도가 소극적이요, 소승적인 데 기인하는 것이라 하겠다. 따라서 우리는 「구운몽」에 수용된 불교사상이 소승적 차원의 것임을 재확인할 수 있다. 이와 같은 사실은 곧 불교라고 라는 것이 김만중에 있어서 단지 관념적으로만 수용되었음을 입증해 주는 것이다. 이와 같은 의미에서 볼 때, 「구운몽」에 수용된 불교사상 혹은 空사상은 다분히 한계점을 지닌다.[43]

이어서 조동일도 「구운몽과 금강경, 무엇이 문제인가」[44]에서 「구운몽」은 『금강경』의 공사상을 구현하는 데 상당한 한계를 가지고 있음을 다음과 같이 거론하였다.

43 성현경, 「구운몽과 김만중의 삶 의식」, 『김만중연구』, 새문사, 1983, Ⅱ-17-19쪽.
44 조동일, 「구운몽과 금강경, 무엇이 문제인가」, 『김만중연구』, 새문사, 1983.

(가) 무릇 상이 있는 것은 모두 허망하다는 것이 첫째 내용이다. (나) 둘째 불법 또한 허망하다는 것이 그 다음 내용이다. (다) 그렇다면 모두 허망하니 절망뿐이겠는가 할지 모르나, 사실은 그 반대라고 하는 것이 세 번째 내용이다. 모두가 허망하니 잠자코 있기만 할 것이 아니라, '머무르는 데 없이 생각을 하라.'는 말이 수보리의 물음에 대한 부처의 최종적인 대답이다.[45]

(2) 양소유가 삶이 허망하다는 것을 깨닫자 성진으로 되돌아갔는데, 이런 전개가 뜻하는 바는 (가)에서 모든 상이 허망하다는 사상과 상통한다. 인간세상에 태어나서 팔선녀와 인연을 차례로 이루고, 모든 부귀공명을 모자람 없이 누려도, 한 번 죽고 나면 그만이니 오직 적막할 따름이라고 한 것은 첫 단계의 경험적 각성이어서 누구나 가질 수 있는 생각이다. 꿈을 깨서 성진이 자기 자신으로 되돌아간 다음에 육관대사의 가르침을 다시 받자 몽중의 경험을 정리할 수 있었는데, 그 단계에서도 말로는 크게 깨달았다 하지만 그 결과 극락세계로 갔다는 것이 결말이다. 모든 상이 허망하다는 것을 어느 정도까지 아는 데 그쳤을 뿐이지, 위에서 (나)라고 요약한 사상을 체득할 수 있었던 것은 아니다.

"일체 함 있는 법은 꿈이나 허깨비" 같다고 한 대목이 「구운몽」과 특별한 관계를 가진 것처럼 보이지만, 그런 것도 아니다. 그 말은 불법의 길에 들어섰으면서도 불법을 잘못 이해해서 자기를 위하는 마음을 버리지 않은 채 생각을 하고, 보시를 하고, 중생 제도를 하겠다는 착각을 격파한 것이지, 양소유 같은 인물이 누리는 부귀영화가 꿈이요 허깨비라는 상식적인 차원의 설법은 아니다. 그런 차원은 이미 다 넘어선 데서 『금강경』 사상이 시작되며, (가)라고 한 것은 (나)라고 한 것의 근거이기 때문에 의미를 가진다. 그런데 「구운

45 조동일, 「구운몽과 금강경, 무엇이 문제인가」, 『김만중연구』, 새문사, 1983, Ⅲ-2쪽.

몽」은 (가)에서 (나)로 넘어가지 않았으니, (나)가 (다)로 연결될 수 없었음을 물론이다. “각한 이후의 세계는 「구운몽」에도 언급되어 있지 않으려니와, 『금강경』에도 언급이 없다”라고 했는데, 이 말이 「구운몽」에는 타당해도 『금강경』에는 해당되지 않는다. (가)를 알고서 다시 (나)마저 깨달으면 (다)의 행동을 하게 되고 또한 마땅히 해야 한다는 것이 『금강경』에서 역설한 바이다. 머무르는 데 없이 생각을 하며, 보시를 하고, 중생을 제도하는 것이 깨달은 사람의 실천임을 분명하게 말했다. 그래서 끝없는 선행을 하지만, 악행도 염두에 두지 않는데 하물며 선행을 염두에 두겠는가 하는 것으로 그 실천적 윤리가 요약된다. 그런데, 「구운몽」에서의 성진은 이러한 실천이라고는 전혀 하지 않은 채 극락세계에 갔다고만 한다. 이 세상에서 온갖 부귀를 다 누리다가 그 한계를 깨달은 성진과 팔선녀가 다시 불법을 닦아 극락세계로 갔다는 것은 도무지 보살행일 수는 없다. 보살은 두루 중생을 제도하면서 “나라는 생각(我相)” “남이라는 생각(人相)” “중생살이라는 생각(衆生相)” “오랜 산다는 생각(壽者相)”은 전혀 없어야 보살일 수 있는데, 양소유가 자기를 내세우고 남을 낮추며, 중생살이의 욕망을 성취하고 수명을 한없이 연장하지 못해서 안타까워했던 그런 생각이 양소유가 성진으로 바뀌었을 때에도 형태를 달리해서 다시 나타났다. 자기는 도를 닦아 다른 사람이 이르지 못하는 경지에 이르렀다고 하고 중생을 제도하려고 나서지도 않은 채 출가한 사람으로서의 모든 복록을 누려 생명을 극락세계로까지 연장했던 것이다. 네 가지 잘못된 생각은 범부만 가지지 않고 출가 수행자도 가진다고 했는데, 그중에 삶의 고통을 싫어하고 하늘나라에 태어나고자 하는 것이 바로 출가자가 지닌 중생살이라는 생각이라고 명시된 바 있다.

결국 작품 속에서 육관대사가 『금강경』을 가르치고, 성진에게 전해 주었다고는 하지만, 성진이 『금강경』 사상의 높은 차원의 것을 실행하지는 않았고, 다른 방법으로 그 사상이 작품에 나타나 있

는 것도 아니다.[46]

이처럼 조동일은 『금강경』의 공사상은 첫째, 무릇 상이 있는 것은 모두 허망하다는 것, 여기서 상은 있는 것이라면, 법은 생각하는 것인데, 무엇을 한다는 유위법이어서는 안 된다는 것이고, 둘째, 불법 또한 허망하다는 것, 셋째, 머무르는 데 없이 생각을 하라는 것으로 보았다. 이러한 『금강경』의 공사상은 「구운몽」에서는 꿈을 깨서 성진이 자기 자신으로 되돌아간 다음에 육관대사의 가르침을 다시 받자 몽중의 경험을 정리할 수 있었는데, 그 단계에서도 말로는 크게 깨달았다고 하면서 그 결과로 극락세계로 갔다는 결말은 다만 모든 상이 허망하다는 것을 어느 정도까지 아는 데에 그쳤을 뿐이므로 세 단계 중에서 첫 단계인 상에 대한 부정에 머물고 만 것으로 보았다.

이 경우는 「구운몽」의 작가 서포 김만중은 『금강경』의 공사상을 작품에 제대로 투영하려 하였지만 실제의 텍스트 안에서는 현실 부정에만 그쳤다고 설명함으로써 선행한 논자들이 주장하던 『금강경』의 공사상이 「구운몽」의 주제라는 주장들에 대해서 제한적으로나마 비판을 가한 경우에 해당한다.

> 「구운몽」은 현실을 부정하는 작품인데, 현실을 부정하는 것이 공사상인 것은 아니다. 현실을 부정하는 것도 공사상의 한 단계인 것도 사실이지만, 그 한 단계가 곧 공사상이 될 수는 없다. 그 단계는 단지 공사상만의 것도 아니고 불교사상 일반의 것이며, 불교사상 일반의 초보단계이다. 「구운몽」엔 역설이 없다.[47]

46 조동일, 「구운몽과 금강경, 무엇이 문제인가」, 『김만중연구』, 새문사, 1983, Ⅲ-12-14쪽.

> 그러나 六관대사의 말에 대해, 성진은 결국 대오하여 六관대사의 후계자가 되었다는 보고식 서술이 이루어져 있을 뿐 위에서 말한 논리 자체가 행위로 실현되지는 않았다. 설사 성진이 색과 공이 다르지 않다는 인식에 이르렀다 하더라도 그것과 『금강경』의 핵심 사상 사이에는 여전히 먼 거리가 존재한다.[48]

또, 위의 논의를 살펴보면, 긍정 부정의 판단을 벗어나 있는 그대로 본다는 『금강경』의 공사상은 「구운몽」의 서술에서 충분히 제시되었지만, 다만, 독자 및 연구자들의 수용 수준이 그에 미치지 못하였기 때문에 대각한 성진이 받는 충격을 제대로 받지 못하였다는 선적인 체험 인식의 차이가 있음을 찾아볼 수 있다.

정규복은 다시 3차로 발표한 「구운몽의 공관 시비」[49]에서, 김일렬, 조동일이 비판적 시각에서 제기한 미숙한 공관, 내지 일차적 공관이라는 지적에 대하여 성진과 양소유, 그리고 육신과 마음이라는 이분법을 넘어선 대각의 장면을 예로 들면서 「구운몽」의 공관은 완숙된 공관임을 다음과 같이 거듭 강조하였다. 특히, 「구운몽」의 결미에서 제시된 '六관대사에 의한 세 번째의 부정' 단계에 주목하여 다음과 같은 논지를 펴게 되었다.

> 네가 흥을 타고 갔다가 흥이 다하여 돌아오니 내가 무슨 간여할 일이 있겠는가 네가 또 이르기를 제자가 인간의 윤회한 일을 꿈꾸었다 하니 이는 네가 꿈과 인간세상을 나누어 둘이라 함이니 너는 아직도 꿈에서 깨어나지 못한 것이다. 莊周가 꿈에 나비가 되고 나

47 김일렬, 『고전소설신론』, 새문사, 1991, 160쪽.

48 같은 책, 208쪽.

49 정규복, 「구운몽의 공관 시비」, 『수여 성기열 박사 회갑기념논총』, 1989, 125쪽.

비가 또 변하여 莊周가 되니 莊周가 말하기를 莊周의 꿈에 나비가 된 것인지 나비의 꿈에 莊周가 된 것인지 종시 이를 분별치 못하니 어느 것이 꿈인지 어느 것이 사실인지 누가 알겠는가 이제 네가 성진이 네 몸이라 하고 꿈이 네 몸의 꿈이란 한즉 너는 또한 몸과 꿈을 一物이 아니라고 말하는 것과 같다. 성진과 소유 어느 것이 꿈이며 어느 것이 꿈이 아니뇨

위의 육관대사의 말은 성진이 色의 허망성을 깨달음을 통해 아직도 꿈과 현세, 또는 양소유와 성진을 위의 가점 부분 '제자가 인간의 윤회한 일을 꿈꾸었다 하니 이는 네가 꿈과 인간세상을 나누어 둘이라 함이니 너는 아직도 꿈에서 깨어나지 못한 것이다'에서와 같이 장주의 호접몽에서 깨어나지 못하였음을 힐난하는 장면이다. 그러나 위와 같은 육관대사의 힐난에 성진은 "제자 성진은 모든 것이 아득하여 꿈이 사실이 아니며 사실이 꿈이 아닌지 분별치 못하오니 바라옵건대 사부님께서는 法을 베풀어 제자로 하여금 이를 깨닫게 하옵소서" 하여 大覺에서 大悟를 희구한다. 드디어 육관대사는 『금강경』의 大法을 베풀어 성진뿐만 아니라 도가를 떠나 육관대사에게 귀의한 여덟 선녀도 함께 大悟가 이루어진 후, 육관대사는 최후로 『금강경』의 四句偈를 읊고 성진에게 불가 계승의 상징이라 보아지는 金剛經 · 淨瓶 · 錫杖 등을 인수하고 그의 고향인 西域으로 돌아갔다는 것으로 「구운몽」의 大尾를 이루게 된다.

위에 인용된 바 있는 성진의 大覺을 계기로 제시된 身과 夢, 또는 性眞과 楊少游 등 장주의 호접몽의 이분법적 성진의 分辨을 지우기 위하여 금강경의 설법으로 성진과 여덟 선녀를 大悟케 한 것은 한 장 한 장이 구체적으로 소설화는 이루어지지는 않았지만, 『금강경』이 궁극적으로 지닌 '法엔 진실도 없고 허망도 없다'와 상합하는 것이라고 보아진다. 말하자면 이는 김 교수가 「구운몽」에 결핍되었다는 소위 『금강경』의 '色과 空의 境界는 否定되어야 한다'는 것을 채워 줄 것이고, 그리고 조 교수가 역시 「구운몽」에 결핍되었다

> 는 소위 『금강경』의 '佛法 또한 허망하다'와 '머무는 데 없이 생각을 하라'를 채워 줄 것이라 생각된다. 즉 「구운몽」에 빠졌다고 생각된 『금강경』의 핵심이 연계될 때, 또한 김 교수가 「구운몽」 말미에 삽입된 『금강경』의 四句偈도 『금강경』의 것이 단계적인 역설의 논리인데 대하여 '현실적인 것을 부정하는 염세적 세계관'과는 달리, 역시 「구운몽」의 四句偈도 『금강경』의 것과 동일의 달관적인 경지를 제시한 空觀의 경지로 마무리한 大尾로 보아야 할 것이다. 그러나 위의 장주의 '호접몽'을 제시하여 『금강경』의 본격적인 空觀을 제시만 하여 독자들이 이를 감지 못할 정도로 구체적으로 소설화시키지 않고 있는 것은 佛家의 일차적 논리인 '凡所有相 皆是虛妄'이 집중적으로 소설화된 나머지 이차적 문제를 작품화시키지 못하였거나, 아니면 너무나 구체화된 일차적 空觀의 제시로 이차적 空觀인 본격적인 것에 대체하려는 의도가 작용된 것이 아닌가 한다. 환언하면 불가적 大悟는 물론 시비분별을 떠나는 데 있지만, '凡所有相'이 허망하다는 것을 大覺할 때, 자연 그 大覺은 大悟에 이르게 되는 것이므로 大覺에 이르는 장면이 구체적으로 소설화된 것이라 생각된다.50

한편, 장효현은 「구운몽의 주제와 그 수용사에 관한 연구」에서 다음과 같이 「구운몽」의 주제에 대하여 서술하였다.

> 독자들에게 받아들여진 「구운몽」의 주제는 다음의 두 층위로 형성됨을 볼 수 있다. 그 하나는 「구운몽」의 궁극적 주제를 '양소유의 삶으로서 추구되는 현세의 부귀공명을 일장춘몽으로 돌리는' '꿈속 세계의 부정'으로서 이해하는 것이며, 또 다른 하나는 꿈 이전과 꿈 이후의 성진의 존재는 이렇다 할 의미를 지니지 못하는 것으로 보고 「구운몽」을 다만 '부귀공명을 성취해 가는 양소유의 영웅적 일대

50 정규복, 「구운몽의 공관 시비」, 『수여 성기열 박사 회갑기념논총』, 1989, 284-285쪽.

> 기'로서 이해하는 것이다.
>
> 먼저, 「구운몽」의 궁극적 주제가 '양소유의 삶으로서 추구되는 현세의 부귀공명을 일장춘몽으로 돌리는' '꿈속 세계의 부정'으로서 이해된 경우는 그 원인을 두 가지로 볼 수 있겠는데, 그 하나는 '텍스트' 「구운몽」의 독서 과정에서 육관대사의 설법 부분에 담겨 있는 내용을 간과함으로써 오독이 이루어진 경우이며, 다른 하나는 육관대사의 설법 부분이 불완전하게 옮겨지거나 혹은 빠지게 된 이본이 대중에게 유통되면서 「구운몽」의 주제에 새로운 이해가 형성된 경우이다.[51]

위의 인용에서처럼, 장효현은 「구운몽」의 주제를 부귀공명을 일장춘몽으로 파악한 선학들의 견해는 「구운몽」의 독서 과정에서 육관대사의 설법 부분에 담겨 있는 내용을 간과하였거나, 이 부분이 훼손되거나 누락된 이본이 독자들에게 유통되면서 「구운몽」의 주제에 오해가 형성된 경우를 지적하기고 하였다.

유병환은 「구운몽 연구에 대한 반성적 연구」[52]에서, 「구운몽」이 허구의 소설 작품임을 전제로 하여 주로 기존의 공관에 대하여 작품의 구체적인 분석을 통해 윤회사상을 강하게 부각시키고 있음을 지적하였다. 즉, 윤회와 작품과의 긴밀한 연계를 통하여 보면, 공관에 대한 견해도 「구운몽」의 근원, 중심, 귀결을 이룬 것으로 보아 기존의 공관이 부정될 수는 없다고 보았다.[53] 그는 「구운몽 연구」[54]에

51 장효현, 「〈구운몽〉의 주제와 그 수용사에 관한 연구」, 『김만중 문학연구』, 국학자료원, 1993, 123쪽.

52 유병환, 「구운몽 연구에 대한 반성적 연구」, 『김기동박사화갑논문집』, 1986, 98쪽.

53 정규복, 『한국 고소설사의 연구』, 보고사, 2010, 169쪽.

54 유병환, 「구운몽 연구」, 동국대학교 박사학위논문, 1989.

서도, 종래의 유불도 삼교화합설이나 불교사상설 내지 공사상설을 더욱 심화시키면서 작가 서포의 『서포만필』 등에서 보이는 여러 불전 자료 등과 작품 내적인 증거들을 내세워 공관 등과 같은 부분적인 사상의 풀이를 극복하는 '원융상징'을 중시해야 함을 부각하였다.[55]

또, 사재동은 공사상과 그 외연 사상의 포용에 「구운몽」의 주제적 특징이 있음을 다음과 같이 서술하였다.

> 「九雲夢」의 주제를 보면, 그것은 현상적 차원에서 실상적 차원으로 조화되어 있는 것을 알게 된다. 『三官記』에서 「九雲夢」의 大旨로 '功名富貴之於一場春夢'이라고 지적한 이래, 그 주제를 인생무상, 제법공허 등의 측면에서 파악하는 것은 현상적 차원이다. 무상한 일체 현상을 여실히 직관하라는 것이 「九雲夢」의 주요한 명제다. 그것은 「九雲夢」이 표현하고 있는 요체요, 작가의 창작 의식이므로, 표면적이나마 그 주제의 일면을 드러내는 것이라 하겠다. 이러한 주제해석이 '一切有爲法 應作如是觀'하라는 불교의 현실적 명제와 직결되어 있음은 결코 우연한 일이 아니다. 그런데, 이러한 현상적 차원과 상즉한 채로 진일보하여, 이 작품의 주제를 正覺 涅槃, 妙有 極樂 등의 측면에서 검토하는 것은 실상적 차원이다. 무상 공허한 현상계를 如是觀하여 無上正覺, 無餘涅槃, 極樂往生을 성취하는 것이 「九雲夢」의 최상 명제다. 그것은 이 작품의 본원적 핵심이요 작가의 究竟的 의도이기에 본질적으로 그 주제의 진면목을 보여주는 터라 하겠다. 이러한 주제정신이 成佛濟世, 解脫涅槃, 淨土安樂 등 불교의 이상적 명제와 직통하고 있는 것은 당연한 일이라 하겠다. 그런데도, 現實直視 實相參究가 불교의 완전한 명제이듯이 「九雲夢」에서

55 정규복, 『한국 고소설사의 연구』, 보고사, 2010, 169쪽.

> 는 현상적 표면주제와 실상적 본질주제기 상즉 융화를 이룬 데에서 그 원만한 면모를 찾아볼 수 있을 것이다.
>
> 이러한 주제를 뒷받침하고 있는 배경사상은 禪敎 간에 매우 광범하고 종합적일 수밖에 없다. 실질적으로 원융한 주제를 둘러싸고 직접 보증하기 위해서는 불교사상 전체가 총동원되어야 했을 뿐만 아니라 불교 외적인 사상들의 보조까지 받아야 되었기 때문이다. 여기서 「九雲夢」의 핵심 사상이나 근원 사상을 空思想 등의 특정 분야에서 찾으려고 노력하는 것은 집착에 가까운 일이다. 이 작품의 주제가 그 핵심주체로서 모든 사상체계를 제대로 통합 중화시킬 수만 있다면, 그 사상들을 폭넓고 다양할수록 튼튼하고 필수적인 바탕이 되어 줄 것이기 때문이다.[56]

위에서 인용한 바와 같이, 『금강경』의 공사상을 「구운몽」의 주제로 내세우는 논의들은 1970년대 초기의 정규복의 논의가 나오던 당시부터, 이미 필자의 논문에 의하여 『금강경』이 제시하는 공사상의 핵심인 시간성 이중부정의 인식에까지는 나아가지 못하고 있다는 비판을 받기도 하였다.

1990년대에 들어서, 장효현은 「구운몽의 주제와 그 수용사에 관한 연구」에서 불가적인 주제론과 유가적인 주제론의 병행을 주장하였다. 그는 특히, 세 차례의 부정에 따른 두 차례의 긍정으로 양쪽 세계를 모두 관통하는 이치를 강조하는 것이 곧 『금강경』의 공사상이라고 보았다. 즉, 성진과 양소유의 삶에서 구현되는 문제를 유교와 불교라는 두 가지 사상의 조화에서 비롯되는 양자 긍정의 주제론을 통하여 다음과 같이 제기하였다.

---

56 사재동, 『한국고전소설의 실상과 전개』, 중앙인문사, 1999, 703-705쪽.

> 「구운몽」이 독자에게 받아들여지면서 형성한 또 하나의 층위는, 「구운몽」을 다만 '양소유사', 즉 꿈 이전과 꿈 이후에 전개되는 불가의 성진의 존재는 이렇다 할 의미를 지니지 못하는 것으로 보고 작품의 궁극적 의미를 '부귀공명을 성취해 가는 양소유의 영웅적 일대기'로서만 이해하는 것이다.[57]

위의 인용처럼, 장효현은 주인공 성진에 의한 두 번에 걸친 부정, 즉 불가의 적막고담을 회의하고 세속의 부귀공명을 희구하는 첫 번째의 부정과 속세의 부귀공명을 회의하고 불가의 세계를 희구하는 두 번째의 부정을 차례로 보여주고, 마지막에 육관대사에 의한 세 번째의 부정, 즉 그 어느 세계도 참도 아니고 꿈도 아니라는 사실을 제시함으로써 공사상을 문학적 상상력의 구조 속에 시현하였다고 하였다.[58]

필자가 판단하기에는, 지금까지 살펴본 「구운몽」의 주제를 『금강경』의 공사상에서 찾으려는 다양한 견해들은 부귀공명 일장춘몽설보다는 주제론의 본질에 접근하였지만, 필자가 주장해 온 「구운몽」이 지닌 서사구조상의 특징인 선적인 몽유의 논리에 입각하여 표면구조에서 파악되는 성진이 불가적인 대각이라는 현상적인 주제를 넘어서는 내면적인 구조에서 표출되고 생성되는 본질적이고 은유적인 주제를 분석해 내지는 못하였다는 한계를 지닌 것으로 판단된다.

57 장효현, 「〈구운몽〉의 주제와 그 수용사에 관한 연구」, 『김만중 문학연구』, 국학자료원, 1993, 133쪽.

58 같은 책, 122쪽.

(3) 사대부의 이념과 욕망 실현설 등

「구운몽」의 주제 연구사에서 대세를 이루고 있던 성진 중심의 주제론과는 달리, 양소유 중심의 유가적인 측면에서 주제를 탐색하는 경향이 이에 맞서고, 다시 여기서 더 나아간 불가적인 측면과 유가적 측면을 함께 고려하여, 양소유의 삶을 중심으로 하면서도 성진의 대각 장면이 지닌 의미를 수용하는 사대부의 이념으로서의 가문의 창달과 깨달음의 복합적인 주제, 그리고 다시 자율과 구제, 해방과 희망설 등의 새로운 주장도 제기되었다.

「구운몽」의 특징을 파악함에 있어서, 성진보다는 양소유의 삶을 중시하는 해석 성향은 조동일이 소설의 유형 분류에서 「구운몽」을 영웅소설의 하나로 규정한 것에서도 찾아볼 수 있다. 즉, 그는 「영웅소설 작품구조의 시대적 성격」[59]에서, "작자 김만중은 성진을 내세우기 위해서 양소유를 그렸다고 할지 모르나 그런 것은 아니다. 양소유는 꿈속의 인물이라고 하지만 양소유의 일생에서 일어나는 사건이 참으로 자세하고 실감 있게 그려져 있고, 자세하고 실감 있다고 인정되는 정도에 따라서 사실은 '양소유전'인 이 작품의 성패가 결정된다. 작자와 독자 그 어느 쪽에서든지 양소유가 더 깊은 관심을 가지게 하는 인물임에 틀림없다"[60]고 평가하였다.

또, 정출헌은 「구운몽」의 주제에 관한 논의에서 양소유를 중심으

59 조동일, 『한국소설의 이론』, 지식산업사, 1977, 126쪽.

60 김석회는 「서포소설의 주제 시론」(『선청어문』 18집, 서울대학교, 1989, 235쪽)의 주에서, "필자는 연화도장에서의 성진 설정은 액자 형태로 보고, 구운몽을 기본적으로 '양소유전'으로 해석하고자 한다."라고 하였다.

로 바라보면서, 다음과 같은 논지를 전개하였다.

> 불교의 공사상을 활용해 성진이 추구하는 초월적 삶과 양소유가 누리던 현세적 삶을 대립적으로 파악해서는 안 된다는 작품 내적 논리를 확인할 수 있었다. 그 같은 작품구조에 기반해, 김만중은 양소유가 이루어 가던 결연에 17세기 후반 이후 심화되고 있던 가문벌열의 욕망을 내장시켰던 것이다. 나아가 그는 미천한 신분의 여인과 맺어 가는 결연을 기리면서 상하 안분으로 조화로운 세계를 이룰 수 있다고 강조했던바, 이는 임병양란 이후 첨예하게 드러나던 신분모순에 대한 상층 사대부들의 대응방안을 여실히 보여주는 것이기도 하다.[61]

위의 인용처럼, 정출헌은 「구운몽」의 주제와 관련하여 논하면서 성진보다는 양소유의 삶에 주목하였다. 우선 "부친께서 승천하던 날 문호의 책임을 저에게 맡겼는데 지금 살림이 매우 빈궁하여 노모께서 힘들게 일을 하고 계십니다."는 등에서 보면, 양소유의 현실적 처지와 삶의 과제를 쇠락한 가문집안을 일으켜 세우는 것으로 보았다. 자기 가문의 창달을 이루어 가는 양소유의 성취 과정으로서 「구운몽」은 가문 극대화의 욕망이라는 틀 안에서 8여인과의 사랑 성취의 욕망을 실현하고 있다. 즉, 가부장적 가정의 성취를 배경으로 애정갈등 및 남성 주인공이 계층상승 문제가 낭만적인 형태로 형상화되어 있다[62]고 평가하였다.

또, 그는 양소유가 차별적으로 결연을 맺은 8여인들은 조화롭게

---

61 정출헌, 「〈구운몽〉의 작품세계와 그 이념적 기반」, 『김만중 문학연구』, 국학자료원, 1993, 196-197쪽.

62 같은 책, 1993.

관계 맺는 데 이에 대해 논자는 표면적으로는 화해로운 것 같지만, 그 안에는 결코 넘어서는 안 되는 금을 그어 놓고 있으며, 아래에 처한 자는 스스로 명분을 지키어 분수에 맞게 행동하고, 위에 처한 자는 그들을 자애롭게 보살펴야 하는 상하명분의 자발적인 준수를 강조하게 하여 신하나 후궁들의 처지를 은유적으로 표시하는 것으로 보았다. 이처럼 자기의 분수를 지키는 인물을 강조한 것은 「구운몽」의 주제, 즉 성진의 삶과 양소유의 삶을 함께 긍정적으로 형상화하면서 숙종 당대의 시대적인 주제의 제시이며, 작가 서포 김만중의 이념적 기반을 제시한 것[63]으로 보았다.

한편, 강상순은 17세기 후반에 창작된 「구운몽」의 욕망은 가부장제와 가문 이데올로기의 강화라는 역사적 변동 하에서 고찰할 때 보다 구체적으로 해명될 수 있기 때문에 「구운몽」에서는 이러한 이데올로기의 중압에서 일탈하고자 하면서도 동시에 이러한 이데올로기 하에서 꿈꿀 수밖에 없는 아이러니가 나타나며, 욕망이 그 시대의 지배적인 이데올로기의 억압의 일탈을 꿈꾸면서도 그 이데올로기의 구조를 고스란히 체화하는 '욕망의 역사적 현상학'이야말로 「구운몽」의 정치적 욕망의 소설적 전개를 이해하는 데 핵심적 관건이 된다[64]고 하였다.

그는 또, 성진의 세계와 양소유의 세계와의 관계를 꿈속에서 전개되는 서사 내적으로는 성진이라는 한 젊은 수도승의 내면에서 역동하던 욕망의 완전한 자기 전개로 보았다. 그래서 깨달음보다는 환몽의 의미를 더 중시하면서 화용론적인 차원에서 독자들에게 중세

---

63 정출헌, 같은 책.

64 강상순, 「〈구운몽〉과 영웅소설의 소설사적 상관성」, 『김만중 문학연구』, 국학자료원, 1993』, 230쪽.

사회 내에서 도달 가능한 욕망의 극한을 꿈꾸어 보게 하는 의식적인 전면화의 환상으로 나타난 양소유의 세계는 사대부 남성의 일탈적 욕망의 형상화로 평가하였다.[65] 이러한 양소유의 세계는 환몽이라고 하는 소설적 이완의 공간에서야 노출될 수 있는 성격의 것으로 「구운몽」에서 성진의 각몽과 공사상은 욕망 달래기나 승화로 파악해야 한다는 점을 강조하였다. 특히, 환몽을 통한 이완구조가 현실적으로 실현 불가능한 욕망을 자유롭게 드러낸다면, 공사상은 이러한 욕망의 실현 불가능성을 함께 위로하며 달래는 데 의미가 있다고 보았다. 그래서 양소유의 삶에 대해 공감과 연민의 시선을 담은 것은 작가 서포 김만중이 창작 당시에 전개되었던 예송을 중심으로 한 당쟁과, 사대부층의 정신적 억눌림, 시대적 광기 등에 연유한 것이므로 주제의 이해도 역사적, 심리학적 지평 아래에서 이해해야 함[66]을 제기하였다. 그는 특히, 양소유의 조서 한 장에 반역하던 조나라와 위나라가 항복하고, 조공을 바치게 되는 사건에서 양한림의 이러한 능력에 대하여 천자는 문장의 힘이 10만의 군사보다 더 큰 힘을 발휘하고 있음을 거론할 정도로 빼어난 양소유의 문장력은 그가 펼치는 여덟 여성과의 인연 맺기에서 그의 재주를 드러내는 도구일 뿐만 아니라 적절한 교제 수단으로 사용되기도 하였다[67]는 점을 들어 작품과 작가의 상관성을 부각하였다.

또, 강상순은 양소유의 남성적 영웅성은 여덟 여성을 거느릴 수 있는 자질로 나타나고, 여기에서는 축첩의 현실적 모순과 불만은 간

---

65 강상순, 「김만중 소설 다시 읽기」, 『배달말』 27호, 2000, 300쪽.

66 강상순, 「〈구운몽〉과 영웅소설의 소설사적 상관성」, 『김만중 문학연구』, 국학자료원, 1993, 219쪽.

67 같은 책, 230쪽.

과되고 여성들과의 결연과 군담을 통한 출장 입공이 강조됨은 부모와의 분리 하에서 진행되는 가문 형성과 창달의 과정[68]으로 해석하였다. 그리고 「구운몽」의 서사적인 특징으로 나타난 이러한 모순적인 속성이 있기 때문에 환몽담이 지닌 개방된 허구성과, 환몽의 주체마저 허구적으로 그리는 이중의 허구성을 주목해야 한다고 보았다. 「구운몽」이 지닌 개방된 허구성은 자유로운 허구적 공간을 제공하여 성진이란 허구적 인물은 작가가 소설을 하나의 허구로 받아들이고, 이러한 허구의 세계에서 성진의 세계를 그려 내어 성진으로 하여금 허구의 꿈을 꾸게 만듦으로써 현실의 소설적 이완을 성취하고자 한 것[69]으로 설명하였다.

또, 황패강은 「구운몽」의 주제를 자율과 구제라는 면에서 파악하여 다음과 같이 서술하였다.

> 「구운몽」은 인간의 운명이 前生의 業으로 말미암아 轉轉하여 이루어져 나가는 것이라는 유의 因果的 運命論의 관점에서 씌어진 작품은 아니다. 물론 양소유와 여덟 여인의 현세에서의 만남은 前生의 사건인 성진과 여덟 선녀의 만남과 결코 무관한 것이 아니다. 그럼에도 불구하고, 작가는 인생의 운명을 결코 宿命에다가 내맡겨 버리지는 않았다. 오히려 작가는 운명 결정의 계기를 인간 자신의 자율성에 주고 있다. "네 흥을 타고 갔다가 흥이 다하여 돌아왔으니 내 무삼 간예함이 있으리오." 이 말은 세속적인 경험 끝에 돌아온 성진에게 육관이 한 말이다. 성진이 양소유가 된 것은 풍도옥에서 염왕의 분부로 그리된 듯이 형상화되었으나, 실제로는 '가고져 하는 대로'간 것이요, '가고져 하는 곳'으로 갔던 성진 자신의 결정이요, 선

68 강상순, 같은 책, 230쪽.

69 같은 책, 216쪽.

택이 강조되어 있다. 즉 여덟 선녀로 향한 성진의 染着이 그 자신을 바로, 그 染心의 化身이나 다름없는 양소유로 변신하게 하였고, 염착한 세계를 마음껏 살아 버린 끝에 양소유는 본래의 자기 모습, 자기 자리, 즉 성진으로 돌아왔다. 이 모든 것은 바로 그 자신의 결정이요, 선택이었다. 성진은 운명의 노예로서가 아니라, 운명의 주인으로서 양소유를 마음껏 살고 그 끝에 양소유로 살기를 그만두고 본래의 自性인 성진으로 돌아와 다시 살기 시작한 것이다. 성진이 자기 운명에 대하여 선택의 자유와 결정의 권한을 가진 것은 그가 근본에 있어 자율적인 善意의 求道者였다는 데 있지 않아서는 안 된다. 양소유의 경우, 이른바 '好色'조차도 인간적인 선의가 언제나 계기가 되어 있으며, 그 자신의 약점이나 실수도 흔히 인간적인 선의의 소치로 이해될 만한 것이었다. 「구운몽」은 하나의 인간이 너무나 인간적이었던 까닭으로 비록 일시나마 애욕과 榮辱이 엇갈리는 세속적, 본능적 세계에 스스로를 投企하기는 하나, 그 인간적인 선의와 求道的 순수 때문에 최종적인 救濟가 약속되어 있다는 확실한 희망을 준다. 그런 의미에서 「구운몽」은 인간에게 있어 하나의 救濟가 아닐 수 없다.70

이러한 해석학적인 주제 논의와는 달리, 「구운몽」의 주제를 교육적 측면에서 접근한 주제론이 등장하기고 하였다. 즉, 교육적 측면에서 주제론을 전개한 이강옥은 「구운몽」의 주제를 해방과 희망이라고 파악하여 다음과 같이 서술하였다.

(1) 지금까지의 「구운몽」 교육은 구운몽 관련 연구들을 바탕으로 하였다고 볼 수 있다. 특히 '일장춘몽설'이나, '공사상 미달설'이 「구

70 황패강, 『조선왕조소설연구』, 단국대학교출판부, 1986, 174쪽.

운몽」 교육을 이끌었다. 세속 삶의 경험이 꿈속 일인 양 부정되기에, 학습자들은 은연중 세상살이가 허무하다는 생각을 내면화하게 되었다. 또 '이념과 욕망의 자기 전개설'에 따라서 양소유의 삶을 사대부 이념과 욕망의 실현으로 해석한다면, 「구운몽」 교육은 학습자들의 일상으로부터 멀어지게 된다. 사대부의 이념이나 욕망의 실현자인 양소유를 학습자들이 동일시하기 어렵기 때문이다.

「구운몽」의 공사상설은 어느 한 편의 세계에 대한 치우친 긍정 또는 부정이 아니라, 이 두 편의 세계를 모두 긍정하려는 동기를 느끼게 한다는 점에서 다른 설명법과 구분된다. 그런데 문제는 성진을 긍정하는 것과 양소유를 긍정하는 것이 공존할 수 있는 매개 고리를 제시해 주지 못한다는 점이다. 양소유를 부정하는 성진을 다시 부정하는 것은 형식 논리로써 학습자들에게 실감을 주기가 쉽지 않다. 막연히 설명된 공사상은 학습자들에게는 '텅 빈 것'이라는 느낌 이상을 부여하기 어렵다. (중략)

「구운몽」은 환몽을 그 자체로서 인정할 수 있게 한다. 꿈과 가상으로 점철되었으며 또 그 자체가 환몽이기만 한 양소유의 삶이 허망한 것만은 아니고 그 자리에서 불생불멸의 가르침을 바로 찾을 수 있다는 「구운몽」의 암시는 학습자로 하여금 세속 삶에서 소중한 가치와 의의를 찾을 수 있는 기반을 마련해 준다. 양소유의 일생은 어떤 희생이나 어려움도 없이 마음먹은 대로 욕망을 충족할 수 있는 이상적 경지를 보여준다. 그 경지는 현실에서 있기 어려운 것이다. 그것은 학습자들에게 현실적인 불행에 대한 위안을 주고, 현실의 가능태에 대한 희망을 갖게 한다. 옳고 그름의 상대적 분별을 넘어선 절대적 높음, 남성성과 여성성의 상대적 분별을 최소화한 남성성과 여성성, 나와 남의 분별을 넘어선 형제애, 혹은 동성애, 이런 특별한 요소들이 양소유의 세계를 구성한다. 그것은 위대한 평등 세계다.

말년의 양소유는 모두가 선망하는 이상적 현실에 머물지 않고 집착하지 않는다. 말년의 양소유는 밤마다 참선하는 자신의 모습을 떠올리고 마침내 부귀영화를 뒤로 하고 출가를 결심하여 이별을 고한다. 이 광경이야말로 환몽 속에 깨달음의 씨가 있다는 진실의 오묘한 표징이다. 「구운몽」의 교육이 이런 관점과 방식으로 진행된다면, 「구운몽」은 우리 일상적 인생의 위대한 가치를 발견하고 인생을 예찬하는 소설이 될 수 있다. 「구운몽」은 절망과 허무의 서사가 아니라 해방과 희망의 서사인 것이다.[71]

⑵ 「구운몽」의 꿈을 속임수에 의한 가상, 환(幻) 등과 연관시켜 해석하였다. 여기서는 능엄경, 〈견도분(見道分)〉에서 부처님은 환망(幻妄) 그 자체가 여래장의 묘진여성(妙眞如性)이라 설법하고 아난존자가 그 점을 깨닫지 못한다고 꾸중한 점을 육관대사가 성진을 꾸중한 것과 같은 취지에서 다루고 있다. 따라서 환망 속에서 불생불멸의 본체를 보아야 한다면, 가상적 존재인 양소유로서의 환상적 경험도 고귀한 것으로 다루고 있다. 진망론(眞妄論)을 파기하고 살활론(殺活論)을 가져와 자기 삶의 허망함을 떠올린 성진에게는 활을, 남녀애욕과 부귀영달에 빠진 양소유에게는 살을, 양소유의 일생이 일장춘몽이라 부정하는 성진에게는 활을 시시각각 경험하고 인식하게 함으로써 자유로운 삶을 수행하게 해 준 것이라 본다. 따라서 꿈이나 환은 허망한 것이 아니라 그 자체가 깨달음의 경지인 것으로 다루었다. 양소유의 일생이 성진의 망상에 의해 구성된 것이기는 하지만, 독자들이 자기의 세속 삶과 동일시하는 대상이다. 환몽가상으로 점철되었으며, 또 그 자체가 환몽 가상인 양소유의 삶이 허망한 것만은 아니고 그 자리에서 불생불멸의 가르침을 바로 찾을 수 있게 해 준다는 점에서 「구운몽」의 주제를 절망과 허무의 서사가 아닌 해방과 희망의 서사라고 보았다.[72]

---

71 이강옥, 『구운몽의 불교적 해석과 문학치료교육』, 소명출판, 2010, 294-295쪽.

위의 인용에서 확인되듯이, 이강옥은 「구운몽」의 주제를 절망과 허무의 서사가 아닌 해방과 희망의 서사라고 봄으로써, 「구운몽」 주제론의 새로운 지평을 열었다.

또, 정병설은 「한국고전소설의 주제」에서 「구운몽」은 유교적 현실을 포함한 제반 현실의 초극을 보여주는 작품[73]으로 판단하고, 불가적 주제나 유가적 주제와는 다른 측면에서 「구운몽」 주제를 찾아내었다.

> 주인공 성진은 용궁을 찾아갔다가 얻어 마신 술로 한순간의 취기를 이기지 못하여 위부인의 수하 선녀들과 희롱을 하고 그 바람에 세상으로 내쳐진다. 성진은 양소유로 세상에 태어나자마자 그곳의 사회 질서에 구속된다. 당나라의 신민이 되었으며, 양처사의 아들이 된 것이다.
>
> 하지만 그의 현세적 삶은 유교적 예교에 별 구애받지 않는 듯하다. 그의 삶에서 진지성이라든가 엄숙성 같은 것은 찾아보기 어렵다. 인생을 마치 소풍 나온 어린이마냥 둘러보고 있으며, 게임을 즐기듯 하나하나 예정된 것처럼 팔선녀를 부인으로 받아들인다. 시련이 있다면 부마되기를 거부하다 옥에 갇힌 일인데, 이 역시 황제의 총애에서 비롯된 것으로 위기라기보다는 오히려 그의 출세의 상징처럼 보인다. 세상은 모두 그를 위해 준비된 듯, 때맞추어 토번이 침략하고 국난 극복의 일등공신이 되면서 부귀영화는 극에 달한다.
>
> 최고의 부귀영화를 누리던 그가 생일을 맞아 종남산에 올라가 잔치를 벌이다가 역대 영웅들의 황폐한 무덤을 보면서 문득 인생의 무상함을 느끼고 비회에 잠긴다. 양소유는 처첩 8명과 인간세계의

---

72 이강옥, 「구운몽의 환몽 경험과 주제」, 『고소설연구』 28호, 한국고소설학회, 2009, 105－141쪽.

73 정병설, 「한국고전소설의 주제」, 『한국 고전소설의 세계』, 돌베개, 2005, 141－143쪽.

무상과 허무를 논하면서 장차 불도를 닦아 영생을 구하고자 하는데, 이때 꿈이 깨면서 성진은 육관대사 앞에 오게 된다.

성진은 양소유로서의 경험을 말하며, 마땅히 인간세상에 윤회하는 벌을 받을 것을 하룻밤 꿈으로 대신하게 한 것에 대해 스승에게 사례하지만, 육관대사는 다음과 같은 유명한 말을 남긴다.

"네 흥이 일어 갔다가 흥이 다하여 돌아왔으니 내가 무슨 간섭함이 있으리오. 네 또 이르되 인간세상에 윤회한 것을 꿈을 꾸었다 하니, 이는 인간세상과 꿈을 다르다 함이니, 네 오히려 꿈을 채 깨지 못하였도다. 장주가 꿈에 나비가 되었다가 나비가 장주 되니, 어디가 가짜인지 어디가 진짜인지 분변치 못하나니, 이제 성진과 소유가 어디가 꿈이요 어디가 꿈이 아니뇨."

육관대사의 이 훈계에서는 인식 대상으로서의 현실과 꿈이 전혀 별개가 아님을 일깨우고 있다. 육관대사는 성진이 아직도 현실과 꿈이라는 인식 대상에 의해 인식 주체가 좌우되고 있다고 꾸짖으면서, 문제는 대상이 아니라 주체라는 가르침을 내리고 있는 것이다.

「구운몽」은 작품의 대부분을 양소유의 재자가인적이며 화려한 삶을 보여주는 데 치중하면서, 성진의 각몽 과정을 통해서는 그런 현세의 부귀한 삶이 일장춘몽에 불과하다는 깨달음을 제시하고 있다. 또한 육관대사의 말을 통해서는 이것마저 부정하고 외부 환경에 의해 흔들리지 않는 자기 발견이라는 고도의 깨달음을 제시하고 있다. 『서포년보』에는 김만중이 선천 유배지에서 「구운몽」을 지어 어머니에게 보낸 경과가 적혀 있는데, "또 책을 지어 보냈는데 소일거리로 삼게 하고자 함이었다. 그 뜻은 일체 부귀와 번화가 도무지 몽환이라는 것이었으니, 또한 자신의 뜻을 넓혀서 자신의 슬픔을 달래기 위함이기도 했다." 하고 한다. 인생을 꿈으로 봄으로써 현재의 슬픔을 딛고 서며, 이를 통해 자신을 재발견하여 새 출발의 전기로 삼고자 했던 것이다.

「구운몽」의 서두에 성진이 양소유로 태어나는 순간 성진이 내지

르는 외마디는 작품의 주제와 관련하여 아주 시사적이다. "나를 구하라(救我 救我)"는 성진의 이 외침은 양소유라는 갓난아기의 "응아 응아"로밖에 들리지 않지만, '자신을 구하고 찾으라'는 주문은 '거듭남'의 순간을 자기 갱신으로 제시하는 「구운몽」의 주제를 압축적으로 드러낸다고 할 수 있다.[74]

지금까지 살펴본 이러한 견해들, 즉 사대부의 이념과 욕망 실현설 등은 「구운몽」의 주제를 찾아가는 새로운 방향으로, 서사전개상의 분량에서 절대다수를 차지하는 양소유의 일생을 주목하면서, 양소유의 삶이 대각 후의 성진에게는 몽환 속의 사건일지라도 작가가 의도한 내면적인 논리에서는 주제 형상의 토대가 된다는 점에 입각하여, 자율과 구제, 희망과 해방과 같은 쪽으로 주제를 분석해 낸 연구 성과들이다. 그러나 종래의 주류적인 주제론이 표면적인 서사에서 부각된 성진의 대각과의 연계성을 이러한 주장들이 적극적으로 분석해 내지 못하였다는 연구사적인 한계는 남겨 놓았다.

74 정병설, 「한국고전소설의 주제」, 『한국 고전소설의 세계』, 돌베개, 2005, 141-143쪽.

2-2. 필자가 제안하는 숙종의 각성 염원설

그간 이루어진 「구운몽」에 대한 주제 연구사를 종합해 보면, 한편으로는 성진 중심에 입각한 부귀공명은 일장춘몽설, 『금강경』의 공사상설 등 불교사상 쪽에서 찾으려는 경향이 있었다. 다른 한 편으로는 성진은 양소유로 윤회 환생하여 시골 출신이지만 서울에 가서 장원급제를 하고, 나아가면 장수가 되고 들어가면 정승이 되어 온갖 부귀를 누리면서 연화봉에서 만났던 팔선녀를 두 아내 여섯 첩으로 맞이하고, 부귀와 공명을 획득하는 평생을 자상하게 다루었고, 양소유의 욕망 추구가 허망하다는 것은 작품의 결말에서나 강조되기 때문에 양소유 중심에서 가문의 창달 쪽에서 찾으려는 경향도 있었다. 또, 『금강경』의 공사상의 쪽에서는 초기에는 현실과 꿈의 이원세계로 구축된 몽환의 형식에 주목하여 성진의 현실 쪽에서 파악하는 수준이었으나, 다음 시기에 접어들어서는 『금강경』의 공사상이 지닌 양자 부정 및 긍정이란 해석에 입각하여 성진과 양소유의 삶을 함께 긍정하는 불가적 측면과 유가적 측면을 함께 포용하는 쪽에서 주제를 찾으려는 경향도 있었다.

후자의 경우인 제3의 경향은 불가적인 주제와 유가적인 주제를 조화시키는 절충적인 성격을 가지면서 동시에 전체적인 서사의 균

형을 중시하는 입장이었다. 즉, 거시적으로 보면, 성진의 이야기와 양소유의 이야기 가운데 어느 쪽의 이야기를 중심적인 이야기로 선택할 것인가에 선 것이 전자의 불가적인 주제론과 유가적인 주제론이라면, 제3의 경향은 조선조의 유가의 사대부들이 살아가는 두 길인 출사와 은일, 특히 은둔 내지 선비로서의 산림 생활이라는 진퇴의 문제[75]를 성진과 양소유의 삶에 대응시켜서 중용적 자세로 풀어보고자 한 것이 작가 김만중의 창작 심리에 근거해서 탐색해 보는 주제론으로 성립된 것이다.

필자는 이러한 제3의 경향에 속하는 입장에 서서 1970년대부터 「구운몽」의 서사구조가 지닌 특징을 선몽으로 분석하였고, 이를 근거로 하여 2000년 초반에는 「구운몽의 주제와 표제의 의미망」[76]과 「구운몽의 창작 동기와 주제의식」 등을 통하여 「구운몽」은 불가의 깨달음과 유가의 충효를 아우르고 있음을 주제상의 특징으로 제시하였다.

필자가 이러한 주장을 하게 된 근원은 1972년에 발표한 「구운몽의 구조적인 연구(1)」[77], 「구운몽의 구조적인 연구(2)」[78]와, 1986년의 「구운몽에 구현된 사상과 주제」[79] 등 일련의 논문에서, 이미 「구운몽」에 구현된 『금강경』은 텍스트 내에서 구현되는 서사적 시공간의 전환이 3층위에서 전개가 되며, 그 3층위의 구성은 이중의 몽환 형식을 근본으로 하여 설정된 것으로, 성진의 '〈현실〉-〈사유(思惟)상

75 조동일, 『한국문학통사』 3집, 지식산업사, 1994, 121쪽.

76 설성경, 「구운몽의 주제와 표제의 의미망」, 『한국민족문화』 19·20집, 부산대학교 한국민족문화연구소, 2002, 143-161쪽.

77 설성경, 「구운몽의 구조적 연구(1) — 시간론」, 『인문과학』 27·28호, 연세대학교 인문과학연구소, 1972.

78 설성경, 「구운몽의 구조적 연구(2) — 소재와 시간적 요소」, 『국어국문학』 58-60호, 1972.

79 설성경, 「구운몽에 구현된 사상과 주제」, 『고소설의 구조와 의미』, 새문사, 1986.

의 현실〉-〈사유(思惟)상의 꿈〉-〈사유(思惟)상의 현실〉-〈현실〉'로 전개된다는 점을 강조하였다.

이러한 사실은 필자가 1974년에 「A Structural Study on Kuunmong」으로 발표한 논문의 다음과 같은 서술에서 확인할 수 있다.

(1)

The point to be discussed here is how the concept of void, which is basic to Buddhist thought, is related to the concept of time in the structure of the story. Traditionally it has been regarded as a question of which of three possible patterns in the time structure of the Kuunmong is the most fundamental. In other words, Songjin being transformed into Yang So-yu and then being transformed back into himself can be interpreted in terms of three different time patterns, as shown in the accompanying chart.

Time Sequence Pattern	I	II	III
A	reality	Zen	reality
B	reality	reverie	reality
C	facts in the eavenly world	reality in the human world	facts in the heavenly world

In the above table, the time structure of A and B emphasises I and II, while the space structure of C emphasises I. However, the important point here is the relationship between the theme and the time structure of the story, that is, the interrelationship between the thought of prajna-paramita in the Diamond Sutra and the structure of the story.

Note that the sequence in B is from confused reality to reverie, to enlightenment, thereby establishing a link with the idea of void in prajna-paramita. However, B has the weakness of not establishing a link with the essence of the thought of prajna-paramita. As a result the idea of void is treated as fantasy and not reality. A, on the other hand, looks on sequence II as pure dream and as a result does not get beyond the popular interpretation of life as a transitory, empty dream. The different traditional interpretations presented in A, B and C arise from the dual structure of the story, realistic and unrealistic, and while they emphasise the structural excellence of the Kuunmong it must also be noted that they fail to eliminate the legendary element. So, it seems necessary in this paper to clarify the triple time structure of the Kuunmong.

Treating Songjin's transformantion into Yang so-yu as a dream indicates that insufficient attention has been given to Songjin's psychological state and to external influences on him.

Songjin met eight heavenly attendants at the stone bridge, returned to his Zen room and began to long for a life of wordly fame. Soon, however, he freed himself of wordly concerns and fantasies, repented, and in order to purify his mind, began to be devoted to Buddhist truth should come to nothing.

Songjin at this time was burning incense, sitting on a mat in the attitude for Zen and telling his beads. These may be regarded as the external attitudes for Zen. When the internal attitude, namely, the psychological attitude of recollection and contemplation of Buddha, is in harmony with the external attitudes, then the monk is performing perfect Zen. This is in no way meant as a description of conditions which lead one into a Zen state. Such a device would demand far too much use of pure coincidence. Perhaps it can be said that Sonjin's ten year devotion to religious practices was not the normal one, but what is important here is that at this stage he was approaching the conclusion of his course and that his psychological state was one of great stress. For this reason, it seems contradictory to assert that Songjin attained enlightenment by an understanding of the concept of void acquired in a dream. Furthermore, in view of the fact that the author had a profound knowledge of Buddhism, it would seem impossible that he should disregard the method of sequential double negation as the method for attaining perfect Zen, and choose to develop the story through a dream within a Zen meditation structure.[80]

(2) 둘째 층위의 꿈은 첫째 층위의 꿈에 대응되는 현실이 곧 새로운 꿈의 층위를 형성하는, 첫째 꿈의 층위보다 상위의 꿈의 층위로, 다음과 같은 꿈을 나타낸다.

① 성진사미의 꿈 ② 팔선녀의 꿈

이 꿈은 성진의 참선에 의한 사유상의 의식 내용 또는 꿈 중의 의식 내용으로, 사유 또는 꿈속의 존재인 성진과 그 환생의 인물인 양소유의 현실이다. 이는 도입 과정으로서는 사유의 전개 쪽이 우세하고 종결 과정으로서는 꿈을 깨는 형식을 취하고 있어 결과적으로는 몽유의 개념이 우세하다. 이와 아울러 전개 과정은 환생을 통한 윤회의 삶이란 의미를 강조하여 성진사미와 양소유가 겪는 구체적 현실이란 점이 우세하고, 그 결과에서는 환생상의 성진사미와 양소유가 겪는 구체적 현실도 깨어나고 보면, 단순한 꿈에 지나지 않는다는 서두와 결미, 진행과 결과란 접근 시점에 따른 판단의 다양성

80 설성경, 「A Structural Study on Kuunmong」, 『한국학연구』 2집, 1974, 98쪽.

을 제시하는 포괄적 의미로서의 꿈이다. 이러한 복합 개념으로서의 둘째 층위의 꿈은 작품 전체 내용의 8할 이상이 되고, 이 층위의 꿈은 첫째 층위의 꿈도 내포하고 있으므로 첫째 층위의 꿈까지 포함하면, 작품 전체의 9할을 넘는 방대한 내용이 이 층위의 꿈의 이야기다.

셋째 층위의 꿈은 둘째 층위의 꿈에 있어서의 현실 주체인 성진사미의 의식을, 셋째 층위의 주체인 완전히 깨달은 상태인 대각한 성진대사의 의식 층위에서 본 꿈의 층위로 다음과 같은 꿈이 있다.

① 성진사미의 꿈 ② 팔선녀의 꿈

이는 성진의 측면에서 보면, 성진대사의 의식 층위에 비해, 대각의 상태에 이르지 못한 둘째 층위의 세속적 현실 의식의 차원에 있는 성진사미의 층위는 둘째 층위의 꿈에서는 깨우쳤으나, 셋째 층위의 꿈에 자기의 의식이 존재하고 있다는 것을 자의식하지 못한 깨우침 이전의 층위에 있는 상태다. 이로 보면 성진대사의 꿈속의 꿈속의 꿈속의 층위에 있는 꿈이 양소유의 꿈을 비롯한 7회의 첫째 층위의 꿈이다.

이러한 꿈의 층위에서 보면 깨달음의 층위에 있는 형산 연화봉의 위부인, 육관대사, 성진대사, 팔니고에 비해, 성진사미와 팔선녀의 꿈의 꿈속에 진행되는 시간은 영원과 순간의 대립상이며, 선계 시간과 속계 시간의 대립의 구체적 양상이다. 즉, 양소유의 꿈인 첫째 층위의 꿈의 행위가 지속되는 시간의식의 속도와, 양소유의 꿈의 층위에서 깨어남을 깨어나고, 그 깨어남을 깨어남에서 다시 깨어난 성진대사의 시간 층위 속도는, 속계 존재의 속계 시간과 선계 존재의 선계 시간으로 인식될 수 있는 인식의 한 비유적 대상이 되는 것이다. 이러한 두 시간 의식은 진인, 선인, 각자로서의 완전 깨달음의 경지에 이른 성진대사를 비롯한 완전자에게는 시간의 있고 없음 그 자체조차 극복해 버리는 시간 의식, 곧 탈시간 의식의 경지에 이른다. 이것이 바로 꿈의 층위를 통한 선계 시간 및 속계 시간과 구별되는, 선계 시간과 속계 시간의 구별을 초월한 탈시간 의식의 세계로 일원상의 묘용으로서의 영원성의 지향이다. 이러한 꿈의 층위를 통한 선계의 인식은 생각의 초월에 그 초점이 있다. 꿈이 있으면 꿈에서 깨어남이 있듯이, 태어남이 있으면 죽음이 있음이 현상계의 법칙이나 태어남을 기뻐하고 죽음을 싫어함이 인간 일반의 생각이다. 보통 죽음이라면 무서운 암흑의 구렁 속이라 생각한다. 따라서 죽음은 돌이킬 수 없는 생의 파멸이라 생각하여 매우 두려워한다. 그러나 우주의 실상을 크게 관찰하면 모든 일은 영겁으로 흘러 대자연의 운행상 일어나는 일시적 현상이다. 생사도 이 현상의 하나에 불과하다. 그러면 생과 사는 현상계의 상대적 관계상에서 나타나는 것으로 본체에 합일한 처지에서 보면, 결코 생도 사도 없는 셈이다. 이처럼 늘 있으며 소멸하지 않는 절대적 세계에 편안히 살며 생사를 초월하려는 생사관을 궁극적으로 설명함이 초월시간관의 바탕이다. 이러한 생사관은 인생을 꿈과 같다고 관찰함에서 유래된다. 인생은 사람의 꿈 가운데 꿈을 꾸고 있는 듯한 것이다. 깨달은 뒤에 모두 꿈인 것을 인식하게 된다. 인간에게는 대각이란 크게 깨닫는 경지가 있고, 이 경지에 들어가서 비로소 지금까지 깨달았다는 인생은 실상 큰 꿈이었던 것을 인식하게 된다. 인생의 부귀영화도 모두 환상이요 그림자이므로 의지할 것이 못 된다. 한 잠의 꿈을 생애에 비하면 일순간에 불과하고, 이를 다시 영겁의 죽음과 비교하면 짧은 인생은 깜빡 하는 꿈이라 할 수밖에 없다. 즉, 죽은 후가 정말 깨닫는 것이고, 살아 있는 동안에는 꿈을 꾸고 있는 것이고, 사람이 죽는 것을 꿈을 꾸다가 깨는 것이다.

이러한 장자의 생사관은 바로 성진과 양소유는 꿈의 층위를 통한 혼미와 깨달음의 대응이요, 이는 곧 죽음과 삶의 대응이다. 이 죽음과 삶의 대응을 통한 새로운 층위로서의 지양인 완전 깨어남은 곧 선계의 시간 내지 유한한 시간의 세계에서의 극복인 영원함에의 참여이다. 이 영원한 시간에의 참여를 얻은 존재는 신인, 진인, 상인, 해탈자로서 생사를 달관하고 현실의 미망에서 깨어나므로 유한하고 상대적인 세계를 벗어나 무한하고 절대적 세계에서 영원히 존재한다는 시간 의식 내지 탈시간 의식을 지니는 것이다.

또 이러한 무한 절대의 세계로서의 선계 시간은 무한 절대의 세계가 또 다른 초월 공간에만 존재하는 것이 아니고 인간의 시간 의식의 층위에 따라 성진의 본원적 세계, 성진의 현세계인 남악 형산 또는 양소유의 현세계인 남전산 또는 양소유의 꿈속의 세계인 용궁과 남악 형산에도 존재한다는 선계와 속계의 원융적 존재도 아울러 보여준다. 그 결과 성진의 현실공간인 남악 형산은 성진의 꿈속의 꿈인 양소유의 꿈에서 동일한 현실공간이 등장한다. 이 점이 노장의 의식구조와 금강경의 공사상이 만나는 세계다. 이는 동시에 선계 시간과 속계 시간의 대립을 극복하고 지양되는 시간 의식의 한 정점이 된다.81

위의 인용에서 볼 수 있듯이, 필자는 (1)과 (2)에서 『금강경』의 공사상이 「구운몽」의 서사적 구조로 전환되면서 성진의 '〈현실〉-〈꿈(禪夢)〉-〈꿈속의 꿈〉-〈꿈(禪夢)〉-〈현실〉'로 전개되는 것은 『금강경』의 공사상의 핵심인 비무상(非無相) 내지 비비상(非非相)론으로 결국 성진이 인식 추이가 참선 내지 명상으로서의 사유에 의하여, 심리의식의 이중부정을 통한 의식세계의 내적인 전환에 의해서 도달하게 되는 선경(禪境)을 서사적으로 표현한 것이라고 주장하였다.

또, 필자는 「구운몽」의 주제를 성진의 불가적인 삶이 보여주는 것을 염두에 두면서도, 성진이 윤회상이나 참선상에서 보여주는 유

81 설성경, 「구운몽에 나타난 시간 인식의 양상」, 『배달말』 6호, 1981, 120쪽.

가적인 삶에서 구현되는 사건 등을 분석하여 유가적 측면의 주제를 다음과 같이 제시하기도 하였다.

(1) 서포 김만중은 이 구운몽을 통해 표현할 수 있는 사친소설의 내면적인 의미망은 결코 모친 윤씨부인의 한가함을 풀기 위한 기능과 더불어 모친이 평생 안고 온 극심한 당쟁 시기의 숙종을 에워싼 혼란상, 장희빈을 둘러싼 숙종의 여총과 거기에서 파생된 정승 선발의 인사 문제 등을 암시하고 있는 비유적인 의미망을 통한 대국적 해한의 문제였을 것이다. 그중에서도, 유배생활 중에도 서포 김만중은 군왕에 대한 충성심을 거두지 않고 다시 소설 구운몽을 통해 자신이 전하고 싶은 상소문으로 표현해 내고 있다는 것은 모친 윤씨부인에게는 장한 아들로서의 기쁨을 제공하는 것이다. 성진의 선몽 속의 존재인 양소유가 황제에게 올리는 상소문은 실은 유배지에서 작가 서포 김만중이 자신의 군왕인 숙종에게 올리는 또 하나의 역사적 상소문에 해당하는 것이다. 비록 허구적인 작품 속의 양소유가 올리는 상소문의 형태를 취하고 있지만, 대표 독자인 윤씨부인이 독서 행위를 통해 느끼게 될 실질적인 반응은 단순한 파한거리의 이야기도, 당나라 시대의 옛 이야기도 아닌 유배를 보낸 국왕 숙종과 유배를 당한 자신 사이에서 일어나는 혼미한 군주와 충신 간에 오고가는 비장한 예송논쟁과 같은 상소문으로 인식될 수 있었을 것이다.82

(2) 이소화와 백능파는 각자 맞은 정치적 상황을 나름의 처지에서 훌륭하게 수행했다. 각각 順의 和와 節의 義를 실현하여 문제를 해결하였다. 다시 말하면 이소화는 이소화 나름대로 최선을 다해 문제를 해결했다. 백능파 또한 백능파 나름대로 최선을 다해 문제를

82 설성경, 「구운몽의 창작 동기와 주제의식」, 『한국고소설의 이해』, 박이정, 2008, 208쪽.

해결했다. 白凌波는 張眞人이 예언한 天定配匹에 대한 信을 저버리지 않고, 淸水潭으로 避身하여 節義를 실현했고, 李簫和는 황태후가 강행한 강제파혼의 부당함을 인정하고, 제2부인으로 양보하여 和順을 구현한다. 여기서 현실과 소설 간의 대비적 우의성이 형성되는 것이다. 작가는 각기 봉착한 문제 상황에 대해 자기 처지에서 무엇을 해야만 하는가에 대한 해답을 여기에 제시해 놓고 있다. 즉, 無所不爲의 힘을 가졌더라도 이소화처럼 문제 상황에 대해 자신 쪽의 잘못이 없는가를 살펴 아랫사람의 처지를 헤아려야 함을, 해결의 능력을 가진 자로서의 숙종에게 촉구하고 있다. 한편, 작가 자신은 신하로서 대항할 힘을 가지지 못했지만 백능파처럼 문제 상황에 굴복하지 않고 불의에 항거할 수밖에 없었음을 피력해 놓고 있는 것이다. 작가의 이상이 투영된 이소화와 백능파는 서로 처지를 바꾸었더라도 역시 마찬가지였을 것이다. 이것을 들어 저기에 놓아도 약속을 한 듯 그렇게 해야 하는 것이 바로 바꿀 수 없는 군신간의 도리인 것이다. 이른바 이것이 작가가 꿈꾼 이상적인 '各得其所'의 모습이다.83

이처럼 필자는 성진의 '꿈속의 꿈'에서 일어나는 양장군과 백능파의 혼사 사건은 「구운몽」이 지닌 중층구조의 은폐된 정치성 위에 제시하는 풍자나 비유적 제안으로서의 혼사 사건으로 분석하였다. 즉, 풍자의 관점에서 본다면 작가 당대의 가장 절실한 문제인 젊은 숙종이 인현왕후와 장희빈을 두고 일으킨 궁중의 왕비 혼사 문제에 대한 비판이나 풍자가 있음을 지적하였다. 그리고 이러한 우의적 내지 비유적 방식으로 은밀히 제시된 주제는 숙종이 인현왕후와 장희빈의 갈등 관계가 예법의 실현과 조화로 나아가도록 각성하게 함이

---

83 설성경, 『구운몽 연구』, 국학자료원, 1999, 253쪽.

문제 해결의 근본적인 방법임을 제시한 것으로 보았다. 즉, 독창적인 중층구조 위에서 전개되는 양소유의 혼사담은 숙종의 비빈 관리 문제를 은유적으로 표현한 것으로 보았다. 이러한 설정은 작가 김만중이 이 작품을 젊은 국왕 숙종의 비빈과 관련된 정승 제배 문제를 직간하다가 숙종의 분노를 사서 유배된 상황에서 창작하였기 때문에 당시에 처한 작가 자신의 정치적인 상황을 고려하여 우의적이고 은유적인 기법으로 숙종의 비빈 문제를 주제화하였다는 것이었다.[84]

필자는 또 「구운몽」은 유배지의 작가 서포가 모친을 위해 창작한 작품이므로 거대한 효심이 투영된 측면이 있는가 하면, 모친이 염려하는 것은 개인적인 문제 이외에도 국가적인 차원의 문제를 포함한 것이며, 작가 자신이 국가적으로는 조정의 중신으로서의 신하가 구현하는 숙종에 대한 충정의 정신이 적절히 표현된 충효소설이라는 점을 강조하였다.[85] 특히, 필자는 작가 서포 김만중이 유배 중에서 이 작품을 창작하면서 충효소설로서의 주제를 구현하는 방식으로는 『금강경』의 공사상에서 원용한 격조 높은 이중 몽환의 원리로 전환시켜 은유적인 수법으로 정치성을 구현하였다고 보았다. 즉, 「구운몽」은 『금강경』을 핵심 소재로 하여 구축한 선적인 몽유의 서사구조로 형상화시킨 작품이라고 주장하였다.[86] 그 결과, 성진의 꿈속의 꿈인 이중적인 꿈속에서 전개되는 양원수와 백능파의 혼사 사건은 표면적인 서술과 더불어 이면적이고 은유적인 방식으로서 작가가 당면하고 있었던 정치적 사건인 숙종과 비빈 관계로서의 인현왕후와 장희빈, 그리고 숙종과 군신 관계로서의 작가 자신의 처지와 심

84 설성경, 『구운몽의 통시적 연구』, 새문사, 2007, 271-273쪽.

85 설성경, 대전 유성구 전민동에 세워진 「서포 충효 소설비」의 비문.

86 설성경, 『구운몽의 통시적 연구』, 새문사, 2007, 272-273쪽.

리를 「구운몽」 속에 본질적인 주제로서 투사시켜 놓은 것으로 평가하였다.

이처럼, 필자는 이 저술에서는 성진 중심과 양소유 중심의 주제론을 포용하면서도 표층적이고 현상적인 서사 뒤에 자리한 심층적이고, 본질적인 주제가 은유적으로 형상화되는 방식을 분석해 내고자 한다. 즉, 「구운몽」의 창작 동기, 시어 '구운몽'과 소설 표제 「구운몽」의 거리, 선몽구조를 구축하는 소재 원천, 선몽의 서사체계로 본 표면적인 주제와 은유적 주제에 대한 논의를 단계적로 거치면서 최종적으로는 거대 주제망 속에 은밀히 자리하고 있는 유가적 주제요 본질적인 주제인 '작가의 참회를 전제로 한 숙종의 각성 염원'이라는 점을 본론에서 제시하고자 한다.

제3장

「구운몽」의 창작 동기와 선몽구조의 세 가지 소재 원천

3-1. 창작 동기에 관한 여러 견해들

3-2. 필자가 제안하는 효심과 충렬의식을 담은 세계적 명작 지향설

3-3. 주제망을 구축하는 선몽구조의 세 가지 소재 원천

핵심소재의 三和合

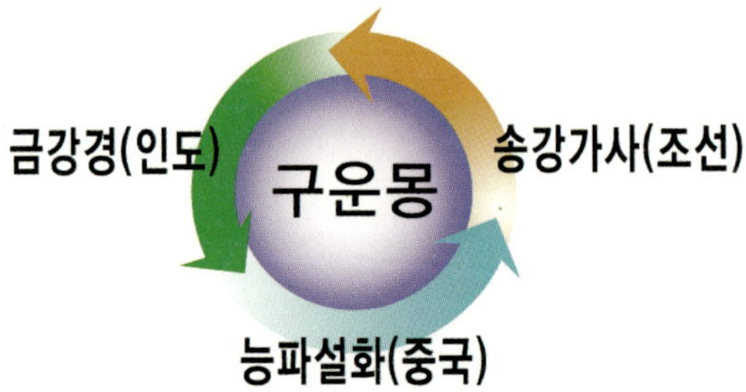
금강경(인도)
구운몽
송강가사(조선)
능파설화(중국)

九雲夢
天上界
(임금/미인)
금강경(인도)
相
非相
非無相
현실
꿈
능파설화(중국)
"꿈의 꿈"
(동정호/백능파)
地上界
(송강/작가)
송강가사(조선)

3-1. 창작 동기에 관한 여러 견해들

「구운몽」의 작가 서포 김만중은 대제학을 역임한 당대 최고의 지식인이었다. 그는 정통적인 성리학자이면서도 불가나 도가 등의 여러 사상이나 철학, 나아가서는 천문학과 지리학 등도 서구에서 새로 들어오는 새로운 지적 정보를 중국의 서적을 통하여 학문이나 독서의 대상으로 삼은 개방적인 입장에 선 학자요 독서가였다. 그는 그 외에도 중국의 역사서, 역사 연의물, 심지어는 다양한 패설 잡기까지 독파를 하였기 때문에, 조선의 문학과 중국의 문학을 함께 향수하는 문학인으로서의 폭도 넓히고 있었다.

게다가 「구운몽」 창작 이전에도 소설을 창작한 경험이 있었던 것으로 추정되기 때문에, 「구운몽」의 창작에 임하여서는 독창적 서사장치와 우의적 방식에 의한 주제 표현의 방식을 개발해 낼 수 있었던 것으로 판단된다. 그러므로 이 논문에서는 주제와, 표제, 그리고 창의적 서사구조 속에 담겨 있는 갖가지 표현들이 지닌 미묘한 의미망을 탐색해 보고자 한다.

지식인들이 패설 내지 소설을 폄하하던 당대의 분위기 속에서도 서포 김만중은 모친 윤씨부인이 패설이나 소설을 즐겨 읽었기 때문에 모친의 독서 취향을 따라서 『태평광기』를 비롯한 여러 중국 문헌에 있는 패설 내지 단편적인 소설과 장편의 통속소설을 평소에 탐독할 수 있었다.

서포 김만중은 평소에 이미 이러한 독서 경험에서 소설이 지닌 감동의 힘을 인지하고 있었고, 특히 굴원의 「이소」, 송강 정철의 가사 등을 애호하고 있었기 때문에, 선천 유배지에서 개인적으로는 한양에 계신 모친 윤씨부인을 위로해 드리고, 국가적으로는 여총에 빠진 숙종의 마음을 바로잡게 하고자 하는 염원을 담은 명작소설을 지으려는 목표 하에 「구운몽」을 창작한 것으로 추정된다.

그러므로 「구운몽」 주제의 비밀을 찾기 위한 제1단계의 창작의 동기를 탐색하는 길에서는 첫째, 그는 왜 『금강경』을 내세운 작품을 창작했는가에 대한 궁금증을 푸는 데에 목표를 두었다. 그것은 창작의 핵심적인 동기와 작품 텍스트의 실상이 일치하여야 하기 때문이다. 또, 「구운몽」의 주제는 작품의 창의적 서사체계 속에서 밝혀질 수 있으며, 그 체계와 배경으로서의 사상 내지 철학에 힘입어 구축될 수 있기 때문이다. 그러하기에 주제로서의 사상과 그 주제사상에 내재한 본질적 주제를 찾아내려면 서사체계의 내부적 유기성을 포괄적이면서 면밀하게 탐색해야 한다. 그래야만 작가가 원래 의도했던 본질적인 주제를 완벽하게 분석해 낼 수 있다.

이제 이런 관점에 따라서 그간 선행 연구에서 제시된 서포 김만중의 「구운몽」 창작 동기에 관한 대표적인 주장들을 살펴보면 다음과 같다.

(1) 파한 효심설

「구운몽」의 창작 동기가 모친을 위한 소일거리에 있었다는 기록들이 다행하게도 남아 있다. 그 대표적인 기록이 『서포년보』인데, 여기에는 다음과 같은 기록이 있다.

> 멀리 어머님께서 아들을 그리며 눈물 흘리실 것을 생각하니 하나는 죽어 이별이요, 하나는 생이별이라. 또 글을 지어 부쳐서 윤씨부인의 소일거리를 삼게 하였는데, 그 글의 요지는 일체의 부귀번화가 모두 몽환이라는 것이었으니, 또한 부군의 뜻을 넓히고 슬픔을 달래기 위한 것이었다.[1]

이 기록은 서포가 선천에서 유배 생활을 하고 있을 때, 부귀공명이 '몽환'이라는 내용을 담은 소설을 창작하여 한양의 모친에게 보냈다는 내용이 중심을 이루고 있다. 그러나 이 기록은 이런 내용과 더불어 서포 김만중이 자신의 모친 윤씨부인의 파한을 위한 것이라는 내용, 서포 김만중 자신의 "뜻을 넓히고 슬픔을 달래기 위한 것"이라는 내용도 포함하고 있다.

이러한 조선조의 기록에 근거하여, 「구운몽」의 창작 동기에 대하여 박성의와 이가원은 다음과 같이 서술하였다.

> (1) 西浦가 政治的 波動에 휩쓸려 西遷南竄을 거듭하는 중에도

1 『西浦年譜』, "又著書寄送 俾作消遣之資 其旨以爲一切富貴繁華 都是夢幻 而慰其悲也" 김병국·최재남·정운채(역주), 『서포년보』, 서울대학교출판부, 1992, 227쪽. 인용 원문 중의 한자어는 편의상 한글로 교체하였다. 이하에서도 동일하게 적용함.

그 母夫人의 罔極한 恩意는 잊을 수 없는 同時에 一生을 靑孀寡婦로 늙고 一縷의 慰安이던 자식조차, 형 萬基는 夭折하고 萬重은 遠竄을 당한, 母夫人의 末年 情景을 慰安하기 위하여 孝誠에서 우러나온 피눈물로 얽은 일편 小說이 곧 「九雲夢」이라 하겠다.[2]

(2) 서포는 일찍이 유복동의 몸으로 자모 윤씨의 슬하에 자라나서 그 부공의 얼굴을 보지 못하였음이 평생의 유한이 되지 않을 수 없었던 것이다. 그러나 윤씨는 실로 고금에 드물게 보는 현부인인 동시에 자제의 교육에 자엄이 병행하였으며, 가난한 살림살이에서도 자녀의 공부를 위해서는 서책을 보면 값을 헤이지 않고 손수 짜고 있던 피륙의 중반을 끊어서라도 사서 주기도 했으려니와, 이웃에 살고 있는 홍문관 서리를 통하여 관중의 서적을 빌려 내어 손수 베껴서 만기·만중 형제를 가르쳤으되 「小學」·「史略」·「唐詩」 등은 친히 구수하였다 한다.

그 뒤 서포는 정치 파동에 휩쓸려서 서천·남찬을 거듭하는 중에도 그 모부인의 망극한 은의를 잊을 수 없는 동시에 일생을 과부의 가난한 생활에다 형 만기의 요절과 자기의 원찬을 당한 모부인의 임년 정경을 위안하기 위하여 한 편의 소설 곧 「구운몽」은 다정다한의 피눈물을 겨우면서 쓴 작품이다.[3]

위의 인용에서 볼 수 있듯이, (1)에서 박성의는 "모부인의 말년 정경을 위로하기 위하여 효성에서 우러나온 피눈물로 얽은" 소설로 보았고, (2)에서 이가원은 "일생을 과부의 가난한 생활에다 형 김만기의 요절과 자기의 원찬을 당한 모부인의 아픈 심정을 위안하기 위하여 쓴 한 편의 소설"로 평가하여, 「구운몽」은 모친이 파적거리로

2 박성의, 『구운몽·사씨남정기』, 정음사, 1959, 263-264쪽.

3 이가원, 『구운몽 역주』, 연세대학교출판부, 1970, 15쪽.

삼는 수준의 위안을 위하여 창작한 작품이라는 사실만을 부각시켰다.

또, 김무조를 비롯하여, 이재수, 정규복, 이복규는 「구운몽」의 창작 동기에 대하여 다음과 같이 서술하였다.

> (1) 「九雲夢」은 前述한 바와 같이 端的으로 孝心에서만 著作의 動機가 있는 것이 아니고 西浦가 恒常 處世하고 오던 宗敎觀의 確立을 위한 意義가 적잖이 內包되어 있는 바다.
>
> 儒·佛·道 三敎의 融合을 人生觀의 極致로 삼고 있는 西浦는 佛敎의 來世觀的 因果論과 道敎의 神仙思想의 實踐과 儒敎의 隱遁的 諦念을 同時에 實踐해 보고자 한 것이 곧 理想的 小說 九雲夢인 것이다. 勿論 이러한 点 等은 이미 幽明을 달리한 先考 伯氏의 冥福과 母堂의 來世와 언제 賜死 當할지도 모르는 自身의 運命을 宗敎的 乃至 人生觀의 直接的 體系化가 이 作品의 産出의 副次的 條件이지만 오히려 直接的인 條件 孝心 醱酵의 動機보다도 結果的 比重이 크다고 아니할 수 없다.[4]

> (2) 「구운몽」의 저작동기에 대해서는 대체로 서포가 유배지에서 그의 자모를 위로하기 위해서 이를 지었다는 것이 정설로 되어 있다. (중략) 서포는 모친을 지효했다든가, 평소에도 모친을 위하여 패관잡기를 일야 담설하여 일소에 자 하였다든가, 특히 그가 유배를 당한 후, 노모의 우환을 걱정하는 마음에서 이러한 작품을 지었다고도 추측할 수 있다.[5]

> (3) 「구운몽」의 제작 동기에 대하여는 일찍이 이규경이 "閭巷間流行者 只有九雲夢 西浦金萬重所撰 稍有意義 …… 世傳西浦竄荒時

4 김무조, 『서포소설연구』, 프린트판, 1962, 156쪽.

5 이재수, 『한국소설연구』, 선명문화사, 1969, 239쪽.

> 爲大夫人鎖愁 一夜製之"라 한 바와 같이, 서포가 모부인 윤씨의 파한을 위해 저작하였다는 것은 숙종시인 이재도 「要以慰釋大夫人憂思」라고 言及한 데서도 알 수 있다. 이는 「구운몽」이 지닌 불가적인 공사상을 바탕으로 이루어졌다는 데서 더욱 수긍이 가는 것이다. 즉 「구운몽」이 모부인의 고단을 풀어 주기 위해 저작되었다는 것은 문헌적으로는 이미 영조 때부터 있어 온 설화이다.[6]
>
> (4) 첫 번째와 두 번째 자료에서는 '어머니의 근심을 풀어 주거나 위로하기 위해서' 「구운몽」을 창작하였다고 하였다. 세 번째 자료에서는 '어머니의 소일거리를 삼도록 하기 위해서는 물론 자신의 뜻을 넓히고 슬픔을 달래기 위한 것'이라고 하였다. 이상의 사실이 의미하는 바는 무엇인가. 그것은 소설 「구운몽」이 소설의 작용과 기능에 대한 김만중의 뚜렷한 인식하에 창작되었음을 입증한다 하겠다. 김만중은 어머니 윤씨부인에게도 감동을 주어 근심을 잊게 하고 소일할 수 있도록 할 뿐만 아니라, 작가인 자신의 뜻을 넓히고 슬픔을 달래는 효과도 발휘하리라는 확신 하에 「구운몽」을 창작하였음을 확인할 수 있는 것이다.[7]

위의 인용처럼, (1)에서 김무조는 창작의 동기를 효심의 발로와 더불어 종교적인 확립을 함께 제시하였다. 이재수는 (2)에서 "유배를 당한 후, 노모의 우환을 걱정하는 마음에서" 작품을 지었다고 보았고, 정규복은 (3)에서 이규경이 전하는 일야에 제작하였다는 기록을 여과 없이 전하고 있다.[8] 그리고 "모부인의 고단을 풀어 주기 위해

---

6 정규복, 『구운몽연구』, 고려대학교출판부, 1974, 211쪽.

7 이복규, 『우리 고소설 연구』, 역락, 2004, 204쪽.

8 이규경의 「소설 변증설」에는 "세상에 전하기를 서포가 귀양살이할 때 그 어머니의 쓸쓸함을 달래기 위해 하룻밤 사이에 지었다"고 되어 있지만, 이 말은 19세기에 활동

저작되었다는 것은 문헌적으로는 이미 영조 때부터 있어 온 설화"로서 받아들였다. 이복규는 (4)에서 모친의 근심을 들어 주기 위한 것과 더불어 "작가인 자신의 뜻을 넓히고 슬픔을 달래는 효과도 발휘한" 것으로 평가하였다.

이러한 연구자들의 입장은 거의 통설이 되어 교육 현장이나 교양물의 해설에서도 다음과 같이 서술하고 있다.

> 이 「구운몽」을 창작할 당시에도 서포는 평북 선천의 유배지에서 쓸쓸하게 지내고 있었다. 그곳에서 서포는 어머니 윤씨부인의 생일을 맞아 생이별의 눈물을 흘린다는 비장한 시를 남겼다. 그리고 서포는 한 편으로 어머니를 위로하고 다른 한 편으로는 자신의 복잡한 심사를 담기 위해 일체의 부귀영화가 모두 헛된 것이라는 주제의 글을 지었다고 한다. 그 글이 바로 「구운몽」이었을 가능성이 대단히 높다.9 (중략)
>
> 도암 이재의 말이다. 「구운몽」을 읽고, 세상의 부귀영화가 한순간 꿈과 같이 허무한 것임을 느꼈다고 했다. 불교의 분위기와 굴원이 지은 「이소」의 분위기를 느꼈다고 했다. 굴원은 중국 전국 시대 초나라의 정치가이자 시인인데 주위의 시기와 음모로 끝내 뜻을 펴지 못하고 불우하게 생을 마감한 사람이다. 그러한 심정이 「이소」에 표현되어 있다. 「구운몽」이 현실 세계의 영욕이 헛된 것임을 주장하고 있기 때문에 평생을 수절한 윤씨부인을 위로함은 물론이고, 정치적 곤경에 처한 서포 자신의 심사 또한 위로할 수 있었다는 말이다. 성실한 불제자였던 성진이 잠시 마음을 잘못 먹어 인간세상에 환생

한 이규경에 와서 비로소 첨가된 것으로, 하룻밤 사이에 지었다는 진술은 「구운몽」이 조선조 소설 작품으로서는 장편에 속하는 긴 분량의 작품인데, 이런 작품을 하룻밤만에 지었다고 하는 것은 사실에서 크게 벗어난 것이다.

9 송성욱, 『구운몽』, 민음사, 2003, 239쪽.

하고, 상상할 수 없을 정도로 부귀영화를 누리다가 결국은 그것이 허무한 것임을 깨닫는 꿈을 꾸는 과정이 「구운몽」이다. 그렇다면 「구운몽」은 확실히 이재의 말과 같은 분위기와 주제를 담고 있음이 확실하다.[10]

이와 같이 전문 연구가가 아닌 일반 독자를 위한 대중 교양물에서도 작가 서포 김만중이 유배지에서 「구운몽」을 창작한 동기는 한양에 있는 늙은 모친 윤씨부인을 위한 파한거리로 창작하였다는 것이 통설로 제공되고 있다.

이와는 달리, 사재동은 서포 김만중이 창작 당시에 모친을 위하겠다는 동기에만 집착하지 않았을 것이고, 그 이상의 동기로 난세의 처신을 고려해 보면 작가 자신의 생애적 이상과 종교적 염원을 원만하게 성취하는 방편으로 이 작품을 창작하여 자신과 같은 사람들의 이상과 염원을 실현시켜 주는 본보기가 되었을 것이고, 나아가서는 출가 수행자에게 큰 진리를 안내하는 지표가 되었을 것으로 보기도 하였다.[11] 즉, 사재동은 모친을 위한 창작 행위 그 이상의 동기를 대중 포교를 위한 것이라는 주장을 다음과 같이 서술하였다.

서포로서는 그처럼 외형적 명분론에 따라 개인적인 위친 동기에만 집착하지는 않았을 것이다. 비록 개인적 차원이라 하더라도 그 내면적인 동기가 보다 절실하게 작용했을 것이 확실하기 때문이다. 그는 우선 난세의 처신을 여러모로 가늠하면서 자신의 생애적 이상과 종교적 염원을 백일몽적으로 원만성취하는 방향에서, 「구운몽」의 세계를 창조해 냈으리라 보아진다. 그 작품은 결과적으로 자화상

10 송성욱, 『구운몽』, 민음사, 2003, 240-241쪽.

11 사재동, 『한국고전소설의 실상과 전개』, 중앙인문사, 1999, 701-702쪽.

의 조각처럼 전형화되어, 서포와 같은 모든 사람들에게는 각자의 이상 염원을 실현시켜 주는 좋은 본보기가 되었을 터이고, 출가 수행자들에게는 하나의 경종이 되어 무상대도를 체득케 하는 표시가 되었을 것이다.

이러한 제작 동기는 자연스럽게 확대 승화되어 드디어는 대중 교화의 포교적 방편으로 〈구운몽〉을 제작하는 데까지 진전될 수밖에 없었을 것이다. 그것은 서포 자신의 대승적 사명감과 당시 불교인들의 의욕에 찬 불교 중흥적 기대가 합치됨으로써 필연적으로 나타났던 것이라 하겠다. 실로 숭유배불의 관념을 근본적으로 청산하면서 백일하에 불교를 혁신, 발전시키는 영웅적 존재의 출현, 그것을 감당할 수 있는 혁신적인 불교문학, 기상천외의 포교소설을 창조해 내려는 승속 간의 비원이 「구운몽」을 성취해 냈다고 보아진다. 그것은 일단 불교를 무조건 멸시하고 탄압하려는 상류계급을 겨냥한 교화의 포석이라고 할 만하다.[12]

이처럼 사재동은 작가 자신의 생애적 이상과 종교적 염원을 꿈의 형식으로 성취하는 방향에서, 나아가 종국에는 대중 교화의 포교적 방편으로 「구운몽」을 활용하려는 데에까지 창작의 동기가 나아갔다고 보았다.

(2) 중국 사행 창작설

서포 김만중의 문중에서 전해 오는 「구운몽」의 저작 동기에 관한

---

12 사재동, 「사씨남정기의 몇 가지 문제」, 『서포문학의 새로운 탐구』, 중앙인문사, 2000, 247-248쪽.

일화로, 서포가 중국 사행 도중에 모부인을 위해 창작했다는 말이 전해 왔다. 즉, 서포가 중국에 사신을 갔을 때 중국의 소설을 구해 달라는 모친의 부탁을 들어 드리기 위해 지었다는 견해이다.

이러한 주장은 다음과 같은 서포 김만중의 문중을 통하여 구전되어 온 것에 근거하고 있다.

> 서포가 중국으로 사신으로 가게 되었다. 패서를 좋아한 윤씨는 서포에게 중국에 가면 소설을 사다 줄 것을 부탁하였다. 서포는 이를 깜빡 잊어버렸다가 귀로에 생각이 나, 이를 돌아오는 길에 부랴부랴 써서 중국소설이라고 윤씨에게 바쳤다. 그랬더니 윤씨는 이를 다 읽고 나서 중국소설이 아니라고 했다는 것이다.[13]

이러한 서포 김만중의 문중에서 전하는 일화에 대하여, 정규복은 다음과 같이 해설하고 있다.

> 위 일문을 통해 보면, 대개 서포문중엔 일찍부터 다음과 같은 네 가지 사항이 신봉되어 왔다는 것을 알 수 있다. 첫째, 서포의 모부인 윤씨는 소설을 퍽 좋아하였다는 것, 둘째, 「구운몽」은 윤씨를 위해 저작되었다는 것, 셋째, 「구운몽」은 속성으로 이루어졌다는 것, 넷째, 「구운몽」은 한문소설이라는 것이다.
>
> 위의 네 가지 사항 중, 첫째, 둘째, 셋째는 『삼관기』, 『송천필담』, 『오주연문』 등에 나타난 기록으로 보아 사실과 부합된다. 그러나 「구운몽」이 한문소설이라는 것은 아직껏 문헌상으로는 나타나 있지 않고 있다. 그렇다고 「구운몽」이 국문으로 되었다는 것에 대하여 뚜렷

---

13 西浦 十代孫 金熙中, 金大中氏 談, 정규복의 『구운몽연구』, 고려대학교출판부, 1974, 212쪽.

한 전거가 없다는 것은 이미 앞에서 논술하였다. 그러면 서포문중에 전래할 뿐 아니라, 여항에도 돌아다니는 서포 문중설화, 즉 서포가 중국소설이라고 모부인 윤씨에게 바쳤다는 구운몽의 한문소설 설은 뚜렷한 문헌이 없는 이상 이를 긍정할 도리도 없고, 또한 부정할 근거도 없는 것이다.[14]

이러한 중국 사행 창작설을 제시한 정규복[15]은 이 일화를 거론한 의도가 「구운몽」을 창작한 배경에 주목적이 있는 것이 아니라, 「구운몽」의 원전은 한문소설이라는 사실을 입증함에 있었다. 그래서 이 일화의 핵심 내용이 보여주는 근거에 대한 비판을 가하지 않았다는 한계를 가지고 있다. 즉, 『서포년보』나 『서포집』 등을 살펴보아도, 서포 김만중이 중국으로 사행을 간 기록이 없다. 그렇다면 중국으로 간 사실이 없는 서포 김만중에 대한 중국 사신행과 관련된 이런 일화는 비록 문중의 전언이라 하더라고 창작 동기를 거론하는 자료로서는 적절하지 않은 것이다.

다만, 이런 일화가 어느 시기에 성립되어 문중에 전한다는 것은 서포 김만중이 소설 「구운몽」을 창작한 것이 필화 사건이 될 가능성에 대한 예비적 조치에서 나왔을 가능성은 높아진다. 그 까닭은 「구운몽」이나 「사씨남정기」 속에는 숙종 당시의 시대 상황을 비유한 내용이 주제의 일부로 내포되어 있기 때문에, 정적들인 남인 계보의 인물들에 의해 서포 자신은 물론 후손들이 공격을 받을 수 있었기 때문이다.

이러한 중국 사행 창작설이 근본적인 문제를 안고 있음에도 불구

14 정규복, 『구운몽연구』, 고려대학교출판부, 1974, 212쪽.

15 같은 책, 212쪽.

하고, 뒷사람들에게는 창작 동기의 하나로 본격적인 비판이 없이 다음과 같이 수용되기도 하였다.

(1) 「구운몽」은 「교중기」란 말이 있듯이 중국을 다녀오다가 어머니를 위하여 하룻밤에 지었다느니 하는 전설이 있기는 있지만, 「구운몽」같이 잘 짜여진 소설을 하룻밤이나 며칠 동안에 지었다는 것은 있을 수 없는 일이요, 중국 사신행에서 익힌 중국의 지소와 대만주족관 같은 것이 배경이 되어 있는 치밀한 작품이라는 사실은 이를 읽는 자는 누구나 간취할 수 있을 것이다.[16]

(2) 김만중은 어머니의 자애로운 교양과 은의에 남다른 감사의 념을 가지고 있었으며 특히 부친의 얼굴도 보지 못한 유복자의 설움도 있어 어머니에게 자기의 정성을 다 기울였다. 따라서 그는 어머니를 기쁘게 하는 일이라면 무엇이나 다하여 드렸다. 그리하여 그는 어머니가 좋아하는 옛 이야기 책들, 이를테면 조선의 고대로부터 내려오는 이야기책들은 물론 중국의 소설책까지 구하여 드렸으며 또 그가 직접 어머니에게 옛말 책들을 읽어 드리기도 하였다. 그러므로 김만중이 유배지에서 그의 어머니를 위로하기 위하여 이 「구운몽」을 썼다거나 또는 김만중이 중국에 사신으로 들어갈 때 자기 어머니가 중국의 이야기책을 사 가지고 오라는 당부를 잊었다가 압록강을 건너와서야 생각하고 가마 속에서 썼다고 하여 「교중기」라고 불렀다 하는 것은 다 아주 자연스러운 일이다.[17]

(3) 「구운몽」의 창작 경위에 대해서는 김만중이 숙종 13년의 선천 유배시기에 지었다는 설과 숙종 15년의 남해 유배시기에 외로운

16 김동욱, 「김만중의 문학세계」, 새문사, 『김만중연구』, 1983, 3-6쪽.

17 홍림·안옥당, 『김만중작품집』, 북경 민족출판사, 1984, 5-6쪽.

어머니를 위로하기 위해 하루 저녁에 지었다는 설도 있다. 그런가 하면 일설에는 김만중이 중국에 사신으로 들어갈 때 어머니가 중국의 이야기책을 사 가지고 오라고 하였던 것을 총망한 가운데 잊어버리고 압록강을 건너서야 갑자기 생각나 가마 속에서 임기응변으로 지었다는 것이다 하여 「구운몽」을 일명 『교중기』라고도 한다.[18]

위의 인용 중에서, 인용문(1)은 김동욱의 해설로서 "「교중기(轎中記)」란 말이 있듯이 중국을 다녀오다가 어머니를 위하여 하룻밤에 지었다느니 하는 전설"이 있음을 소개하였고, 인용문(2)는 홍림과 안옥당의 해설로서, "김만중이 중국에 사신으로 들어갈 때 자기 어머니가 중국의 이야기책을 사 가지고 오라는 당부를 잊었다가 압록강을 건너와서야 생각하고 가마 속에서 썼다고 하여 「교중기」라고 불렀다 하는 것은 아주 자연스러운 일"로 보았다. 인용문(3)은 문일환의 해설로서, 김만중이 중국에 사신으로 들어갈 때 어머니가 중국의 이야기책을 사 가지고 오라고 하였던 것을 총망한 가운데 잊어버리고 압록강을 건너서야 갑자기 생각나 가마 속에서 임기응변으로 지었다는 사실을 전하고 있다.

이러한 평가들을 종합해 본다면, 중국 사행 창작설의 근거가 된 서포 문중의 일화, 즉 「구운몽」을 일명 「교중기」라는 것은 서포가 중국을 사행한 적이 없다는 사실로 보면, 역사적 사실에 전혀 부합하지 않는 것이다. 그러나 서포의 문중에서만 이러한 이야기가 전해 왔다는 사실은 「사씨남정기」만이 아니라 「구운몽」도 비록 깊은 은유적인 수준에서 정치적인 문제를 다루고 있기 때문에, 이로 인한 필화 문제에 대한 방어적 심리가 작용한 결과로 추정할 수 있다. 즉,

18 문일환, 『조선고전문학사』, 민족출판사, 1997, 417쪽.

「구운몽」에 담긴 본질적인 주제에는 숙종 관련의 시사 문제도 제기될 수도 있기 때문에 여기서 야기될 수도 있는 정적들의 공격을 차단하기 위하여, 표면적인 서사에서는 중국을 배경으로 한 「구운몽」이므로, 정적 내지 대립하는 당인들의 편향적인 비판이나 공격에 대한 문중 차원에서의 방어용 일화를 만들어 전파한 것으로 판단된다.

3-2. 필자가 제안하는 효심과 충렬의식을 담은 세계적 명작 지향설

(1) 작가의 거대 효심을 투사시킨 사친형 소설

일찍이 도암 이재가 전하는 「구운몽」의 창작 동기의 설명에 대하여 깊이 살펴보자. 유학자인 도암 이재는 농암 김창협의 제자로서[19] 서포 김만중과 동일한 당파인 노론에 속했고, 그의 모친은 민씨 가문과 인척이었다. 그의 사촌 중의 한 명은 서포 김만중의 손자인 김광택에게 출가하였다. 또 그는 서포 김만중의 묘표의 음기를 지은 문인[20]이기 때문에 그의 증언은 신뢰도가 높다.[21]

이러한 조건을 갖춘 도암 이재가 전하는 「구운몽」 저작 동기에 관한 기록은 크게 두 가지 내용을 담고 있다. 첫째는 "패설에 「구운몽」이란 것이 있는데 서포가 지은 것으로 대개 공명부귀를 일장춘

19 김창협, 『농암집』, 「雜識」, "然唐人自唐人 令人自令人 相去千載之間 而欲其聲音氣調無一不同 此理勢之所必無"

20 김병국·최재남·정운채(역주), 『서포년보』, 서울대학교출판부, 1992, 341쪽.

21 다니엘 부쉐, 「구운몽의 제목에 대하여」, 『동방학지』 136집, 연세대학교 국학연구원, 2006, 388쪽.

몽으로 돌려보냄으로써 대부인의 근심을 위로함이다. 그 책이 세상에 많이 돌아다니니 내 어린 시절 익히 그 말을 들었다."라고 한 것이다. 그리고 둘째로는 "대개 석가의 말을 비유하여 뜻을 드러내었다. 그 가운데 『초사』, 「이소」의 뜻이 많다[22]"고 한 것이다. 둘째의 이야기는 이규경도 "대개 부처의 우언을 표현한 것인데, 그 속에 『초사』에 유의가 많다[23]"고 거듭 전하고 있다. 그뿐만이 아니라, 이재가 처음으로 부각시킨 "석가의 말을 비유하였고, 그 가운데 굴원의 「이소」의 뜻이 많다"는 이야기는 이규경을 거쳐서 19세기의 문인인 이우준의 『몽유야담』에서는 "『초사』 속의 「이소」에 남겨진 뜻을 함께 구비하고 있다(帶得楚騷遺意)"라고까지 극찬하여, 국운을 탄식하며 멱라수에 몸을 던져 순국한 굴원의 글에다 「구운몽」을 나란히 한 것이다.[24]"고 하였다.

필자는 작품 내에서 이를 뒷받침할 수 있는 내용들을 함께 고려하여 「구운몽」의 핵심적 의미는 유가적 의미망으로 구축되는 충효의 주제를 부각시킴에 있음을 이미 제시하였다.

필자는 이러한 견해를 최초의 소설 비석인 「서포 김만중 충효소설비」의 비문[25] 중에서 다음과 같이 서술하였다.

"예부상서 신 양소유는 돈수백배하옵고 말씀을 폐하께 올리나이

22 李縡, 『三官記』, 「耳上」, [稗林]에는 "稗說有九雲夢者, 卽西浦所作, 大旨以功名富貴, 歸之於一場春夢, 要以慰釋大夫人憂思. 其書盛行閨閣間, 余兒時慣聞其說, 盖以釋迦寓言, 而中多楚騷遺意云"로 기록되어 있다.

23 『宋泉筆譚』 권3, 稗史有九雲夢者, 卽西浦所作, 大旨以功名富貴, 歸之於一場春夢, 要以慰釋大夫人憂思. 其書盛行閨閣間, 盖以釋迦寓言, 而中多楚辭遺意云'로 기록되어 있다.

24 간호윤, 『아름다운 우리 고소설』, 김영사, 2010, 371쪽.

25 이 소설비는 대전광역시 유성구 전민동 선비골 충정공 김익겸 묘소 입구에 있다.

다. 복이 윤기는 왕정지본이요, 혼인은 인륜지시라. 그 근본을 한번 잃은즉 풍화 크게 무너져 그 나라가 어지럽고, 그 비롯함을 삼가지 아니한즉 그 가도 오래지 못하여 그 집이 망하나니, 국가 흥망성쇠에 관계됨이 어찌 현저하지 아니하리이까? 그러므로 성인군자와 인군 명주 이에 유의하사 그 나라를 다스리고자 하시매 반드시 그 윤기를 붙드는 것으로써 중함을 삼고, 그 집을 가지런히 하고자 하매 혼인을 바르게 함으로써 으뜸을 삼는지라."

서포 김만중 선생은 조선조 최고의 문학 영웅이다. 선생은 유배지에서도 「구운몽」과 「사씨남정기」를 지어 그의 소설이 당대에는 군왕과 대신, 궁인들, 거리의 서민들을 감동시키고, 후대에는 한국 최초의 세계적 소설로 우뚝 서게 하였다.

17세기 후반은 남인과 서인 간의 치열한 당쟁으로 집권 세력의 교체가 빈번하던 시기였다. 이러한 정치적인 소용돌이 속에서 왕실의 인척이요, 서인의 중진이었던 선생의 25년여에 걸친 벼슬길은 파직과 복직이 반복되는 영욕의 삶이었다.

20대의 젊은 국왕 숙종이 여총에 빠져 국정에 혼란을 가져왔을 때, 50대의 서포 선생은 충정어린 상소와, 경연을 통한 면전 직간을 피하지 않았다. 서포 선생의 충언과 직간을 수용하지 못한 숙종은 분노 끝에 선생을 유배시켰지만 서포 선생은 충군애국의 정신을 접을 수 없었다. 그러기에 서포선생은 유배 중에도 지성소설 「구운몽」과 「사씨남정기」로 세계문학사상 초유의 '소설 형식의 거대 상소문'으로 혼미한 군왕을 깨닫게 하였다.[26]

위에 제시하였듯이, 필자는 「구운몽」의 창작 동기는 거대한 효심과 군왕 숙종에 대한 충렬의식을 투사시킨 세계적인 명작을 창작하고자 함에 있다는 사실을 제기한 바 있었다.

---

26 대전광역시 유성구 전민동 선비마을에 세워진 〈西浦金萬重先生 忠孝小說碑〉

또, 서포 김만중의 인품에 대해서는 그가 관료로서 활동하고 있을 때에 영의정을 지냈던 김수항의 아들 삼연 김창흡이 내린 서포의 평가를 살펴보면 다음과 같다.

> 그는 "부귀에 처해 있으면서도 부귀에 얽매이지 않고, 환난을 겪으면서도 환난의 질곡에 빠지지 아니하였다. 그래서 어디에도 얽매이지 않으므로 천지의 맑고 통창한 기운을 얻은 사람이다. 그는 성령이 간직된 것이 영롱하여 천혈하고, 사물과 더불어 간격이 없으니, 성령이 발휘되어 문사를 지어서 하늘의 천진을 움직이고 흔들기 때문에 의도하지 않아도 저절로 공교롭게 된다. 이처럼 맑고 통창한 기운이 오묘함을 발한 문장이기에 그의 문장은 특별히 귀중하다.[27]

여기서 평가하는 서포의 인간됨은 서포가 대제학으로서 문형을 맡고, 병조판서에 임명되어 병권을 잡기도 하였으나 그러한 높은 작위와 봉록에 연연하지 않았음에서 드러난다는 것이다. 그는 난관의 극복에는 용맹하여 뭇사람이 놀라고 감복하게 하였기에 그의 용모는 한 조각 빙옥 같고, 자색 비단옷을 입고 조정의 반열에 놓더라도 마주치면 고귀한 귀인이란 사실을 모르게 된다는 것이다. 그리고 그가 국왕에게 직언을 하고 유배를 당하여 그곳에서 세상을 떠난 사실을 근거로 문 앞에 있는 지초와 난초는 뽑아 버리지 않을 수 없기에 옥살이와 귀양살이를 하다가 도깨비 날뛰는 귀양지에서 돌아갔으므로 그 슬픔은 멱라강에 빠져 죽은 굴원보다 심하다고 표현한 것이다. 그리고 서포가 남해 유배지에서 『주자요어』들을 정리한 사실을 염두에 두고는, 그는 현실의 우울하고 분통 터지는 심정이 있

---

27 김창흡, 『西浦集』 序.

을지라도 어찌 할 수 없는 것은 넓은 하늘에 맡겨 버리고, 열심히 해야 할 일인 주자서를 편찬하여 가학을 잇는 일은 죽을 때까지 하기로 기약하였다는 것이다. 그리고 그는 부귀에 있을 때나 환난에 있을 때나 부귀나 환난을 스스로 바꾸었지 그 부귀와 환난에 굴림을 당하지는 않았다. 그의 기예는 이러한 가슴속에서 유출되어 나오지 않은 것이 없을 것이다. 그리고 그는 지혜와 이해력이 특출하여 어려운 책 읽기를 매우 쉽게 하였다. 경서와 자서의 요의로부터 구류의 학술과 많은 방기, 산수, 율려, 상위, 여지 등속에 이르기까지 책을 펼치면 즉시 비밀까지 활연히 이해한 사실을 크게 부각시키고 있는 것이다.[28]

이처럼, 서포 김만중은 고매한 인격과 다양하고 정치한 학문을 가진 것만이 아니라, 예학 가문의 후손답게 특출한 효심을 실현했던 인물이란 점을 그의 인물에 대한 총제적인 평가에서도 강조되고 있을 정도로 그에 남다른 효행의 실현자였다. 이러한 윤씨부인을 향한 서포 김만중의 효가 그의 문학적 특징을 가장 적절히 보여주는 효행문학과 밀접한 관계가 있음은 이미 선행 연구사, 특히 선천 유배 중에 창작한 소설 「구운몽」의 창작 동기를 설명하는 데에서 특별히 부각되어 왔다.

이런 점은 서포의 소설을 창작하게 된 근본적인 배경을 이해하는 전제가 되었기에 이가원은 「구운몽」의 문학사적인 의미를 거론하면서 다음과 같이 서술하였다.

이조시대에서는 성리학이 극성하였고, 그 말폐가 문학작품 특히

28 김창흡, 『西浦集』 序.

> 소설에 대하여 심지어는 이단시·사갈시하였으며, 소위 문인으로 이름이 높은 이들도 순정문학을 운위하고 사장은 해도적인 마물로 배격하였다. 그리하여 실학파로 이름이 높은 성호 이익은 「수호전」을 평하였으되, 水滸傳者, 羅貫中小作 (중략) 後爲賊寇祖. 其害彌亘 (중략) 余謂作是書者, 其必有陰賊之心乎. 〈「성호사설유선」 권칠 하〉"라 하였고, 아정 이덕무는 연의소설은 작간·회음의 서라고 공격하여, "演義小說 作奸誨淫. 不可接目. 切禁子弟, 勿使看之. 或有對人娓娓誦說, 勸人讀之, 惜乎人之無識, 胡至於此乎 〈『청장관전서』〉"라 하였으니, 그 이외 제가의 구구한 악평은 이루 다 열거할 수 없을 정도이다. 상문 「학문적 조예」에 말한 바와 같이, 서포는 사계의 삼전적 통임에도 불구하고 그러한 악착한 유자의 과구에 초탈한 것은 실로 과감한 일이 아닐 수 없는 것이다.[29]

서포 김만중은 남다른 가족사를 가진 상황 하에, 다시 가혹한 시련의 현장인 선천 유배 중에 「구운몽」을 창작한 것이다. 그는 생존해 있는 모친 윤씨부인에 대한 효심만이 아니라, 이미 자신이 태어나기도 이전에 강화도에서 순절한 부친 김익겸에 대한 효자로서의 마음가짐이 특출하였음은 "자신이 난리 때에 태어나서 나면서부터 아버지 얼굴을 알지 못함을 종신토록 지극한 아픔으로 여겼다"는 『서포년보』의 기록[30]을 통해서도 확인된다. 즉, 서포 김만중은 청나라의 침공에 무너진 강화성에서 부친 김익겸과 조모 서씨부인이 순절한 직후에 강화도 앞 피난하는 해상의 뱃전에서 태어났기에 붙여진 '뱃동(船童)'이란 별명에서 짐작되듯이, 출생 때부터 가족과 국가적 비극의 절정이 함께하고 있었다. 게다가 서포의 모친 윤씨부인은 남

---

29 이가원, 『구운몽 역주』, 연세대학교출판부, 1970, 43쪽.

30 『서포년보』

편과 일찍 사별하고 혼자 힘으로 자녀를 키웠다. 그녀는 무남독녀로 이조참판이었던 부친 윤지가 일찍 세상을 떠나고, 모친 홍부인도 세상을 떠나자 조모 정혜옹주 밑에서 성장하였다. 그 때문에 그녀는 예의범절이 뛰어나고 학문과 재주가 남다른 여성이 되었다. 그녀는 청나라 군사들에 의해서 강화도가 함락당할 때 순절한 충정공의 유복자로 서포를 낳았다. 그녀는 남편이 순절한 이후 소복만 입고 살았으며 잔치나 즐거운 모임에는 발을 들이지 않았으며 두 아들을 훌륭하게 키우는 데 전념하였다. 특히, 그녀는 한학과 경서를 아들들에게 직접 가르치기도 하면서 자식들을 위해서는 한 권의 책이라도 더 구해 주려고 밤낮으로 베를 짜기도 하였고, 수를 놓아 받은 삯으로 식구들의 생애를 이어갔다. 그런 와중에도 두 아들이 남에게 자신의 떳떳한 덕성을 지키기를 권면했으며, 자식들이 공부를 게을리 할 때는 가차 없이 매를 들었다.

이러한 교육을 받으며 성장한 서포 김만중이기에 나라에 대한 충으로써, 자식에 대한 자애로써 평생토록 희생적인 활동을 하고 있는 모친에 대한 효심이 남다를 수밖에 없었다.

당시의 상황은 『서포년보』의 다음과 같은 대목에서 알 수 있다.

> 윤부인이 이미 흉한 소식을 받고 졸도하였다가 깨어나 말하기를 "내가 죽는 것이 참으로 시원하나 남은 어린 것들로 하여금 입신케 하지 못하면 어떻게 군자를 지하에서 보리오." 하고, 드디어 부군 형제를 데리고 서울로 돌아와 아픔을 참으며 길러내니, 그곳은 곧 외할아버지 하빈공의 집으로 회현방 소공주동이었다.[31]

31 『서포년보』

서포 김만중의 효친의 마음이 남다르게 나타난 것은 모친으로부터 직접 유가의 기본 경서를 배우고 예절을 배우면서 성장한 사실도 중요한 영향을 끼친 결과일 것이다. 이러한 점은 다음과 같은 기록들에서도 확인이 된다.

> (1) 부인이 명석하여 경서와 사기에 통달하였으므로 부군이 젖먹이 때부터 구송하여 글을 가르쳤다. 부군도 슬기롭고 숙성하여 곁에서 서석공이 읽는 것을 듣기만 하고서도 문득 그 대강의 뜻을 깨쳤다. 『소학』과 『사략』과 『당시』 같은 것들도 부인이 다 스스로 가르쳤는데, 비록 자애로움이 매우 남달랐으나 읽기를 부과함이 지극히 엄하였다. 늘 말하기를 "너희들은 다른 사람에게 견줄 게 아니니 반드시 다른 날에 재주와 학문이 남보다 한 등급은 뛰어나야 겨우 남과 나란히 설 수 있다. 사람들이 행실 없는 이를 꾸짖을 적에 반드시 '과부의 자식'이라 하니, 이 말을 너희들은 마땅히 뼈에 새겨야 한다." 하였다.[32]

> (2) 불초 형제가 어려서 배울 때 밖의 스승이 없었고, 『소학』, 『사략』, 『당시』 등은 태부인이 가르치시니 자애는 특이 했으나 공부의 과정은 지극히 엄격하였다. 항상 말씀하시기를 "너희들은 다른 사람과는 같지 않으니, 남보다 한층 더해야 겨우 남의 유에 들리라." 하시고, "사람들은 행실이 없는 자를 꾸짖으며 말하기를 반드시 과부의 자식이라 하니 이 말을 너희들은 마땅히 각골하라." 하였다.
>
> 불초 형제가 허물이 있으면 반드시 손수 매를 잡고 울면서 말씀하시기를 "너희 아버지가 너의 형제로서 나에게 부탁하고 세상을 버렸으니, 네가 만약 이와 같이 한다면 내가 무슨 면목으로 너의 아

---

32 『서포년보』

버지를 지하에서 보겠는가. 학문을 아니하고 살려면 빨리 죽는 이만 같지 못하다." 하였다.

그 말씀의 애통 박절함이 이와 같으므로 선형의 문장이 비록 천품적이긴 하나 그 공부가 일찍 성취된 것은 태부인의 격려한 힘이 많았고, 만중은 어둡고 미련하여 스스로 포기할 정도이지만 가르침이 지극하였기 때문이다.

이때 난리가 지난 지 얼마 되지 아니하여 서적을 구하기 어려웠다. 『맹자』, 『중용』 같은 모든 책을 태부인이 곡식으로 구입하였고 『좌전』을 파려는 자가 있으니, 선형이 마음으로 심히 애중히 여겼으나 권수가 많으므로 값을 감히 묻지 못했다.

태부인은 곧 베틀에 있는 명주를 베어 그 값을 갚으니 이후로는 아무런 저축이 없었다. 이웃사람 중 옥당의 아전이 된 자에게 부탁하여 홍문관 내의 사서와 『시경언해』를 빌려 모두 손수 등초했는데 자획이 정교하고 섬세함이 구슬을 끼운 것 같아서 한 획도 방필함이 없었다.[33]

(3) 큰애는 낭랑히 『시경』과 『예기』를 외고, 작은애는 글 배우는데 아직 젖먹이라.

왼손엔 미음 그릇, 오른손에는 회초리, 가르침으로 사랑 삼음에 어머님 마음 아파라.[34]

(4) 다박머리 이갈이가 한창인 어릴 때부터 문재가 이미 드러났다. 사람들은 윤부인이 뜻을 가다듬어 아이들을 잘 기르는 것과 부군 형제의 재능이 뛰어난 것을 탄복하였다.[35]

---

33 김만중, 『선비정경부인 윤씨행장』.

34 김만중, 『서포집』.

35 『서포년보』

(5) 참판공과 하빈공의 상을 잇달아 당하면서 윤부인은 가난이 더욱 심해져서 때로는 아침저녁 끼니를 잇지 못하기도 하였다. 몸소 베 짜고 수놓아 자급하고 혹 땔나무가 없어서 술통을 쪼개어 땔 형편이었으나, 언제나 태연히 지내며 근심스러운 모습을 보이지 아니하였다. 또한 부군 형제로 하여금 알아채지 못하게 하였으니, 이것은 자식들이 일찍부터 집안일에 골몰하여 배움에 방해됨이 있을까 염려하였기 때문이었다. 부군은 자질이 훌륭한데다 더구나 게으르지 아니하였으니 해숭공과 창주공을 좇아 경서와 사기를 배웠고, 또 서석공을 따라 시짓기를 익혔다.[36]

(6) 처음으로 태학의 시험을 보았다. 이즈음 글짓는 재주가 이미 성취되었으므로, 윤부인은 몸소 쌍상투를 매어 주고 홍단령을 입혀서 학교시험에 들여보내고 종일토록 작은 수레에 앉아서 눈물을 흘리며 기다렸다. 부군은 마감 전에 짓기를 마치고 손으로 베껴 답안지를 제출하고 나왔다. 부인이 그 지은 것을 보니 아주 훌륭하므로 매우 흐뭇해하였다고 한다.[37]

(7) 부군이 앞뒤에 오래도록 홍문관직에 몸담고 있으면서 매양 법연에서 임금을 모시고 글을 읽을 적에는 목소리가 맑고 밝으며 말씨가 온화하였고, 강설을 할 적에는 부석이 명석하고 인유가 개절하였으므로 당시의 강관들이 부군을 학문이 깊은 이로 받들었다. 정상국 태화는 일찍이 함께 입시하였다가 물러나와 사람들에게 말하기를, "참 학사가 나왔다" 하였다. 인선대비께서는 우연히 바라지 틈으로 현종의 경연을 구경하시다가 부군이 진강함을 보시고, 윤부인이 아들을 잘 가르쳤다는 칭찬을 자주 하시었다.[38]

36 『서포년보』

37 『서포년보』

여기서 보면, 인용문 (1), (2)는 『서포년보』, 인용문(3)은 『서포집』의 기록이다. 여기서는 자애로우면서도 엄격한 윤씨부인이 경서와 사기에 통달하였기 때문에 서석과 서포 형제는 젖먹이 때부터 직접 모친에게 글을 배웠기에 슬기롭게 숙성하였다고 한다. 특히, 『소학』과 『사략』, 『당시』 같은 것도 직접 배웠는데, 늘 서포에게 재주와 학문이 남보다 한 등급은 뛰어나야 함을 깨우쳐 주었다. 또, 서포가 허물이 있으면 손수 매를 잡고 울면서 학문을 하지 않고 살려면 빨리 죽는 것만 못하다고 하였다. 당시에는 난리 직후이기에 서적을 구하기 어려웠지만, 모친이 자식의 학문을 위해서는 어떤 어려움이 있어도 고가의 책도 사거나 필사하여 구해 주었음을 알 수 있다.

또, 인용문 (4), (5), (6), (7)도 『서포년보』의 기록으로서, 여기서는 서포는 어릴 때부터 문재가 뛰어났으며, 모친 윤씨부인은 가난이 심한 속에서도 몸소 베를 짜고 수를 놓아 생활을 꾸리어 가면서도 학문에 방해가 될 것을 염려하여 자식들 앞에서는 근심스러운 모습을 보이지 않았으며, 윤지와 김익희 같은 친가, 외가의 학자에게 자식들이 글을 배울 수 있도록 주선하였다. 서포가 시험을 보러 갈 때는 윤씨부인이 시험장 밖에서 종일 기다리면서 성원을 하면서 정성을 다하였음을 보여준다.

이처럼, 윤씨부인은 세상에서 서포 형제를 순국한 부친의 자식으로 보기보다는, 부친 없이 성장한 과부의 자식으로 평가하기 쉬운 세태 속에서도 당당하게 자신의 길을 걸어가야 함을 두 아들에게 교육시켰다.

또, 모부인 윤씨가 자식들에 평생토록 베풀어 준 지극한 훈육과

38 『서포년보』

자애는 자식으로서의 당연한 도리인 서포의 변함없는 효행의 근간이 되었음은 다음과 같은 모친 윤씨부인의 성품에서도 입증된다.

> 정묘년 봄에 선형이 어머니 슬하를 영원히 떠나게 되었는데 태부인의 나이는 칠십이 넘었다. 자손들은 차마 최복을 드리지 못했다. 태부인이 묻기를 "어이하여 상복을 만들지 아니하느냐" 하였다. 대답하기를 "우리나라 풍속에 부녀자들은 오직 삼년상에 최복을 갖추고 기복 이하는 다만 의대로써 성복하는데 이 또한 기년복에 해당되므로 최복을 만들지 않은 것입니다." 하였다.
>
> 태부인이 말씀하시기를 "장자의 복을 어찌 다른 기년복에 비하겠는가." 하고 드디어 예문과 같이 성복하였다. 불초는 태부인이 상측에 계시면서 조석으로 애읍하여 병환이 되실까봐 염려되어 내 집에 모시고자 하였다.
>
> 태부인이 울면서 말씀하시기를 "내 비록 늙고 병들어 제사에 참여하지 못하지만 조석으로 곡성을 들으면 내가 참제함과 같은 생각이 드는데 만약 너의 집에 간다면 어떻게 마음을 진정하겠는가. 또한 여러 손자를 보면 그 아비를 보는 것 같은데, 만일 너희 집에 가면 저 손자들이 어떻게 나를 자주 와 보겠는가." 하고 여러 번 간청해도 이에 따르지 않았으니 비록 비애중에 있으면서도 예문에 돈독하심이 이와 같았다.[39]

위의 인용을 종합하여 살펴보면, 서포 김만중은 이러한 모친 윤씨부인의 사랑을 받으며 성장하여 출사의 길을 나섰지만, 자신의 강직한 성품과 군주와 나라를 사랑하는 정통 유가 집안에서 군자의 길을 연마한 언행 때문에 현종 때에는 금성에, 그리고 숙종 초년에

---

39 김만중, 『선비정경부인 윤씨행장』.

는 다시 선천에 유배되는 장벽에 부딪치게 되었다.

또, 서포 김만중의 효심에 대하여 후손들이 편찬한 『서포년보』와 관찬 역사 기록인 『조선왕조실록』과 등의 자료들을 통해서 살펴보면 다음과 같다.

> (1) 우상 김창집이 연석에서 아뢰어 말했다. "고 판서 김 아무개는 효행이 뛰어나서 나이가 늙어갈수록 더욱 어린아이처럼 그리워하였으니 노래자가 병아리 가지고 노는 놀음과 다름이 없었습니다. 분가하고 나서도 일찍이 하루도 모친을 떠나지 아니하였으니, 반걸음을 걸을 동안에도 모친을 잊은 적이 없었습니다. 적중에 모친상을 당하여 조석으로 피눈물을 흘린 정상은 사람들이 모두 감동하고 슬퍼하였습니다. 손가락을 잘라 피를 내어 먹이고 허벅지 살을 베어 먹이는 일이 어찌 지극한 효행이 아니겠습니까마는 선유들이 혹은 폐단이 있다고 말하였거니와 이러한 일은 순연하고 지극한 행실이니 더욱 귀하다 하겠습니다. 대신들에게 물으시어 정표하심이 어떠하겠습니까?" 영상 최석정이 말했다. "고 판서 김 아무개는 신도 역시 익히 알고 있습니다. 그가 노모를 봉양할 적에 기쁜 낯빛과 부드러운 모습으로 함은 사람들이 미치기 어려운 바여서 모두들 칭송하고 있습니다. 여러 대신들에게 물어 의논하시어 정표하시면 어찌 좋지 아니하겠습니까?" 좌상 서종태가 말했다. "고 판서 김의 효행은 진실로 아뢴 바와 같으니 온 세상이 다 알고 있습니다. 소신도 역시 일찍이 익히 알고 있었으니 우상이 아뢴 바는 모두 실상입니다. 나이가 이미 늙어 가고 벼슬이 경재에 이르렀어도 홀어미를 봉양함이 지극해서 낮에는 어머니를 떠나 자기 집에 머물러 있던 때가 없었고 조석으로 곁에서 모실 적에 깊은 사랑이 저절로 드러나니 사람들이 누가 귀하게 여기지 않겠습니까? 문학 이외에도 사람 됨됨이가 맑고 소탈해서 겉에서 보아도 그 사람됨을 알 수 있었습니다. 밖

에 있는 대신들에게 물으시어 품처케 하심이 옳을 듯합니다."[40]

(2) 부군이 평소에 돌아가신 어머니를 몹시 그리워하느라고 지나치게 마음 상하여 병이 되었다. 게다가 남녘땅이 찌는 듯 덥고 습해서 부습과 해수와 혈담 등 증세가 갈수록 차차로 심해졌다. (중략) 병이 심해져서 모시고 있던 사람이 약을 바치면 물리치며 말했다. "내 병이 어찌 약을 쓸 병이겠는가?" 마침내 이날 고복하였다.[41]

위의 인용문 (1)과 (2)는 『서포년보』의 기록으로, 조정 대신들도 서포는 효행이 뛰어나서 늙은 모친을 극진히 섬기는 것을 세상이 다 알고 있으며, 그의 지극한 효행을 귀하게 여기도 있었기에 나라에서 표창할 것을 주장하고 있다. 또 서포는 유배 생활 중에 모친이 세상을 떠났기에 모친 사후에도 그 그리움에 지치고 병이 심해져서 세상을 떠났다고 하였다.

(1) 「영의정 김수흥이 또 차자를 올려 남구만을 석방할 것을 청하고 인하여 김만중은 집에 노모가 있으므로 인정과 도리상 불쌍히 여길 만한 정상을 말하니, 임금이 답하기를 "차자의 사연이 이에 이르니, 남구만은 특별히 삭출하여 방송하고 여성제는 삭직하며, 김만중은 죄를 짓고 법을 범한 것이 밉기는 하니 편배된 지 한 해를 지났고, 모자의 정리가 다른 사람과는 다름이 있으니 특별히 석방하라." 하였다.[42]

---

40 『서포년보』

41 『서포년보』

42 『조선왕조실록』, 숙종 13년 11월 16일.

(2) 이튿날 영상 김수흥이 차자를 올려 다시 더 은혜를 베푸시라 청하고 또 말하였다. "김 아무개는 지은 죄명의 경중은 잠시 놔두고 논하지 않겠습니다. 그러나 그의 집에는 나이 여든에 가까운 편모가 있는데 다른 형제 없고 그는 천리나 떨어져 있어서 정리로 보아 딱하기 그지없음을 사람들이 다 불쌍히 여겨 걱정하고 있으니, 전하께서는 틀림없이 굽어 살피고 계실 것입니다. 왕자께서 탄생하신 이러한 때를 당하여 어찌 옛일을 생각하여 불쌍히 여기시는 마음이 없으시겠습니까. 변읍으로 멀리 귀양을 보낸 지 거의 두 해가 되어 가니 설사 그에게 그러한 죄가 있다 해도 서리와 이슬 같은 무서운 가르침이 또한 그의 죄를 뉘우치게 하기에 족할 것입니다. 바라옵건대 평온한 마음으로 너그러이 살펴주십시오." 대답하여 말씀하시기를 "남구만을 삭출하고 여성제는 삭직하라. 김 아무개는 지은 죄가 실로 가증스럽지만 편배한 지 해를 넘겼고, 모자의 정리가 남다르니 특별히 방송하라" 하였다.[43]

위에 제시한 인용문 (1)과 (2)에서는 영의정 김수흥은 서포 김만중의 유배를 풀어 주자는 차자를 올리면서 "집에 노모가 있다"는 표현 속에 효심이 특출한 서포임을 부각시켰고, 이에 답하는 국왕 숙종도 서포의 효심을 직접적인 언술로 인정하면서 윤씨부인과 서포 모자의 정리가 남다른 점을 특별히 참고하여 특별히 유배를 해제시키게 된다.

국왕 숙종이 서포의 효심에 남다른 관심을 보인 것은 그가 조정 중신 내지 측근으로서 국정을 보좌할 때에도 숙종이 남다른 예우를 하는 다음과 같은 대목에서도 나타난다.

43 『조선왕조실록』, 숙종 1688년 11월.

호조 참판 김만중이 부친의 묘를 살펴보기를 청하니 특명으로 타고 갈 말을 주고 제물로 올릴 물품을 주었다. 또 도승지 홍만용의 성묘에도 이러한 명이 있었다. 사간원에서 논계하기를 "재신들의 사적인 행차에 갑자기 규정 밖의 은전을 베풀 수는 없습니다. 아울러 모두 도로 거두어들이기를 청합니다." 하였으나 윤허하지 않았다.44

위의 인용은 호조참판으로 있는 서포 김만중이 부친 충정공 김익겸의 산소가 있는 대전 유성의 전민동에 성묘를 하려는 상황에서, 공무 집행 중에도 성묘를 허락하는 것만이 아니라, 말과 제수까지 마련해 주는 특별한 배려를 하고 있음을 보여준다. 숙종은 서포의 성묘는 단순한 효자의 행동 수준에서 하는 것이 아니라, 국가를 위해 순국한 충신에 대한 호조참판의 성묘라는 의미를 부여한 배려인 것이다. 숙종은 이런 판단을 하였기 때문에, 사간원에서 사적인 행차이기에 규정 밖의 은전이라는 견해를 꺾고, 자신의 태도를 관철시켰던 것이다.

(1) 전 판서 김만중이 남해의 적소에서 사망했는데, 나이는 56세이었다. 김만중의 자는 중숙이고 김만기의 아우이다. 사람됨이 청렴하게 행동하고 마음이 온화했으며 효성과 우애가 매우 돈독했다. 벼슬을 하면서도 언론이 강직하여 선이 위축되고 악이 신장하게 될 때마다 더욱 정직이 드러나 청렴함이 다른 사람들보다 뛰어났고, 벼슬이 높은 품계에 이르렀지만 가난하고 검소함이 유생과 같았다. 왕비의 근친이었기 때문에 더욱 스스로 겸손하고 경계하여 권세 있는 요로를 피하여 멀리했고, 양전과 문형을 극력 사양하고 제수 받지

44 『조선왕조실록』, 숙종 9년 2월 29일.

않으므로, 세상에서 이를 대단하게 여겼었다. 글 솜씨가 기발하고 시는 더욱 고아하여 근세의 조잡한 어구를 쓰지 않았으며, 또한 재주를 감추고 나타내지 않았는데, 사람들이 그의 천품이 도에 가까우면서도 공력을 들이지 못한 것을 한스럽게 여겼었다. 적소에 있으면서 어머니의 상사를 만나 분상(奔喪)할 수 없으므로, 애통해 하며 울부짖다가 병이 되어 사망하게 되었으므로, 한때 슬퍼하며 상심하지 않는 사람이 없었다.45

(2) 전 판서 김만중이 남해의 적소에서 사망하였다. 김만중은 문사에 능하였고 효성과 우애가 돈독하여 어미를 잘 섬긴다고 소문이 났었다. 그러나 식견이 없어 요직에 있을 적에 지론이 지극히 준엄했고, 훈척에게 붙어 청의를 매우 힘써 공격했으며, 이사명의 종용을 받아 그가 도리어 어긋나게 속이는 말을 가지고 경솔하게 계문하여 사류들에게 화를 끼치려는 계획을 하다가, 부자가 형벌을 받았었다. 해도로 귀양 가서 어미의 상사를 만났지만 분상하게 되지 못했는데, 이때에 이르러 졸한 것이다. 2대를 지나서는 또한 흉악한 역적이 생겨나 온 가문이 살육을 당하였으므로, 세상 사람들이 '김만중의 헌악하게 편당하던 의논이 앙갚음을 받게 된 것이다'고들 하였다.46

숙종 18년 4월 30일자의 기록인 (1)은 『조선왕조실록』의 사료이고, (2)는 『조선왕조실록숙보』의 사료이다. 전자의 역사편찬은 노론이 권력을 잡았을 때는 우호적인 측면에서 평가한 것이고, 후자는 남인이 권력을 잡았을 때의 수정보완한 적대적인 측면에서 평가한 것이다. 동일한 인물을 대상으로 4월 30일자의 서포 졸기에 대한 정

45 『조선왕조실록』, 숙종 18년 4월 30일.

46 『조선왕조실록』, 숙종 18년 4월 30일.

사인 실록의 기록도 그를 평가 기술하는 실록 편찬 사관들의 관점에 따라 그 내용이 이토록 달랐다. 그런 와중에도 전자에서는 서포의 효심을 "사람됨이 청렴하게 행동하고 마음이 온화했으며 효성과 우애가 매우 돈독했다." "적소에 있으면서 어머니의 상사를 만나 분상할 수 없으므로, 애통해 하며 울부짖다가 병이 되어 사망하였다"고 하였고, 후자에서는 "문사에 능하였고 효성과 우애가 돈독하여 어미를 잘 섬긴다고 소문이 났었다" "해도로 귀양 가서 어미의 상사를 만났지만 분상하게 되지 못했다"고 하였다.

이는 그가 평소 모친 윤씨부인에 대한 지극한 효성을 보인 것을 공통적으로 인식하고 있지만, 그런 효심이 있음에도 불구하고 유배지에 있었기 때문에 임종과 분상을 하지 못했다는 이유를 각각 당파적인 관점을 반영하여 서술한 것이다. 그러나 서포 김만중의 효심에 대해서는 당대의 역사 기술을 맡은 사관들까지도 의견이 일치하는 초당파적 평가로서의 서포 효심인 것을 확인할 수 있다.

또, 도암 이재의 문집인 『삼관기』에서는 서포 김만중의 효심을 다음과 같이 전하고 있다.

> 김만중 공은 성품이 지극히 효도스럽고 유복자로서 부공의 얼굴을 보지 못함을 평생의 아픔으로 생각하였다. 거기서 모부인 섬기기를 심히 사랑으로 한 나머지 모부인의 뜻을 즐겁게 하는 것이 있으면 옛날의 효자 노래자가 하던 병아리 울음소리와 어린이 울음소리까지 연출하였고, 모부인이 즐겨하신 옛 역사와 신기한 책으로부터 패관잡기에 이르기까지 이들을 모아 밤낮으로 모부인의 좌우에서 읽혀 드려 웃음거리로 삼았고, 젊어서부터 늙을 때까지 공사가 아니고서는 모부인 곁을 떠난 적이 없었으며, 매일 아침저녁의 신성을 한 번도 차질이 없었음을 이웃 사람들이 모두 알았다. 김공의 지성

스런 효도가 이와 같았다.[47]

여기서는 서포 김만중이 평소에 행한 효성의 구체적인 언행들을 제시한다. 즉 서포 김만중은 유복자로 태어났기 때문에 부친 충정공 김익겸의 얼굴을 보지 못함을 평생의 아픔으로 생각하였다는 사실과, 그런 사연 때문에 자신을 홀로 키운 모친 윤씨부인에 대한 효심이 다르기에 삼강행실의 사례를 들 때 효행의 모범으로 거론되는 노래자처럼, 모친을 즐겁게 하려고 "병아리 울음소리와 어린이 울음소리까지 연출"하기도 하고, "옛 역사와 신기한 책으로부터 패관잡기"를 밤낮으로 옆에서 읽혀드려 웃음거리로 삼게 하였으며, 매일 아침저녁의 신성에도 한 번의 차질도 없었음을 강조하였다는 것이다.

이처럼, 윤씨부인이 갖가지 어려움 속에서도 자식들을 정성껏 양육하였기 때문에, 이런 위대한 모친 밑에서 성장한 서포 김만중은 그 효심이 남다를 수밖에 없었던 것이다. 그래서 파벌이 극심한 시기였지만 조정의 대신들로 서포 김만중의 효심은 누구나 인정하게 되었다.

이 밖에도 서포 김만중으로부터 직접 강학을 받은 그의 종손 북헌 김춘택은 그의 효심에 대하여 자신의 『북헌집』[48]에도 전하는 등 윤씨부인에 대한 그의 뛰어난 효심을 두루 알려진 사실이다.[49] 이러한 여러 문헌들의 기록으로 확인되는 효자로서의 서포 김만중에 대한 당대의 인식은 숙종 32년에는 효행에 관한 정표로 그에게 문효공이라는 시호가 내려진 것으로도 확인이 된다. 이는 그가 문학을 통

47 이재, 『삼관기』.

48 김춘택, 「서포유사별록」, 『북헌집』, 권16.

49 정규복, 1월의 문화인물, 『김만중』, 문화관광부, 1999, 12-13쪽.

한 효심을 발휘한 작가라는 것을 공인받았음을 입증해 주는 것이다.[50]

서포의 모친에 대한 효행은 작품을 통해서도 확인이 된다.

> 귀양 갈 때에 윤부인이 전송하면서 말했다. "영해로 귀양을 가는 것은 선형들도 면하지 못했던 바이니 가거라. 몸조심하고 내 걱정일랑 말아라." 이 말을 들은 이들이 눈물을 흘리지 않는 이 없었다. (중략) 부군이 이미 귀양지에 이르러 윤부인의 생신을 맞이하였다. 시를 지어 이렇게 말했다. "멀리 어머님께서 아들을 그리며 눈물 흘리실 것을 생각하니, 하나는 죽어 이별이요, 하나는 생이별이라. (중략) 또, 글을 지어 부쳐서 소일거리를 삼게 하였는데, 그 글의 요지는 '일체의 부귀영화가 모두 몽환이다'는 것이었으니, 또한 뜻을 넓히고 슬픔을 달래기 위한 것이었다.[51]

> 윤부인이 남성 밖 막차에서 부군을 전송하게 되었는데 금오랑이 자기네들만 먼저 출발하겠다고 청하여 말했다. "들으니 대부인께서 나오셨다 하니 오늘은 잠시 머무르시고 내일 아침에 따라오셔도 무방합니다." 하였다. 부군은 옳지 않다 생각하고 함께 출발하자고 하였다. 윤부인이 말하기를 "나는 차마 네가 길 떠나는 것을 보지 못하겠으니 먼저 돌아가야겠다." 하고 가마에 올랐다. 부군은 가마 앞에서 절하여 하직하고 손수 가마의 주렴을 매어 드리고 문 곁에 서서 바라보다가 길이 구부러져서 가마가 보이지 아니하자 눈물이 흘러 문득 얼굴에 가득해져서 비로소 자리에 들어가 앉았다. 부인도 또한 거리가 약간 멀어진 뒤에야 가마 안에서 소리 나지 않게 울어 우는 소리가 부군에 들리지 않도록 하였다.[52]

---

50 사재동, 「문효공서포선생휘만중 효행숭덕비문」, 1999.

51 『서포년보』

이처럼 남달리 깊은 효심을 지닌 서포였기 때문에, 그는 평안도 선천으로 유배를 떠날 때에도, 유배지에서도 모친의 생일이 되면 즐겁게 해 드리던 위로를 해 드리지 못하게 된 신세와 불효의 고통을 사친시 내지 효행시로 표현하였다.[53]

지난해 오늘은 어머니 모시고
형제가 나란히 장수하시라 잔을 올렸네.
한번 적소에 떨어지니 소식은 끊기고
노산의 새 무덤엔 어느덧 가을 서리 내리네.

인간 화복의 인연 아득해 헤아리기 어려우니
노래와 울음, 슬픔과 기쁨 단 한 해에 일어나네.
멀리서 어머니가 자식 생각하는 눈물을 생각하니
반은 사별 때문이요 반은 생이별 탓일세.

변방 성문에 지는 달은 반나마 창에 밝은데
온갖 일 관심사에 잠 못 이루네.
밤마다 수풀 속 까마귀 소리 끝없이 들리고
다시금 구름 밖 애끊는 기러기 소리 이겨내야 하리.[54]

위의 시를 살펴보면, 서포 김만중은 평안도 선천의 유배 중에 모친의 생신을 맞아서 큰아들은 먼저 세상을 떠났고, 둘째 아들인 자

52 『서포년보』

53 김만중, 『서포집』, 〈봉사영남 구월이십오일작〉.

54 『서포집』, 〈九月二十五日謫中作〉, "去年今日侍萱堂 兄弟聯翩奉壽觴 一落塞垣音信斷 蘆山新塚已秋霜 人間倚伏莽難推 歌哭悲歡只一朞 遙想北堂思子淚 半緣死別半生離 塞門殘月半窓明 萬事關心睡不成 夜夜林鳥聽未了 更堪雲外斷鴻聲"

신은 유배를 당하고 상심해 있을 노모를 그리워하는 안타까운 심정을 읊고 있다. 즉, 작년 생신 때에는 형제가 모친에게 술잔을 올리면서 만수무강을 축원했지만, 올해는 이토록 상황이 달라졌지만 원망하지 말자고 자위하려고 해 보아도 자신을 그리며 눈물 흘리고 계실 모친을 생각하면 비통함을 달랠 길이 없음을 표현하고 있다.[55]

또, 서포 김만중은 유배지의 고통을, 고향과 오가는 서신들로 달래면서 계절의 시물에 감상하는 낭만적 애상으로 표현하기도 하였다.

한시 「근득」[56]에서는 모친의 편지를 받아 본 심정을 표현하면서, 늦가을의 황혼녘에 깃들 곳을 찾아 날아드는 까마귀와 마구간에서 울어대는 말, 그리고 떠다니는 구름에 자신의 심경을 빗대어 표현하고 있다. 특히, 까마귀를 인용하여 보은의 효심을 드러내면서 자신의 유배 생활을 마구간에 갇힌 말처럼 자유롭지 못하여 노모가 병고에 시달리고 있지만 곁에서 보살피지 못함을 슬퍼하고 있다.

또, 서포 김만중은 모친에 대한 그리움을 꿈을 소재로 한 한시 「기몽」[57]에서 이러한 심정이 더욱 절실하고 구체적으로 묘사하였다. 즉, 「기몽」에서는 꿈에 나비가 되어 바람과 천둥에 휩쓸려서 고향집을 찾아가서 모친을 비롯한 가족들과 만나는 기쁨을 묘사하고 있다. 모

55 김병국, 『김만중의 생애와 문학』, 서울대학교출판부, 2001, 107쪽.

56 『西浦集』, <近得>, 近得慈親信 衰年疾病嬰 極知難送我 何以慰傷情 日暮城鴉亂 天寒櫪馬鳴 浮雲無意緒 杳杳只東征

57 『西浦集』, 〈記夢〉, 夜闌羣動息 一燈伴孤客 纔化夢裡蝶 似遶雲間鵲 俯視丘陵出 去與風霆逐 上堂拜慈親 執手淚雙滴 俄然一笑粲 已失離懷慼 長公色敷愉 喜我歸來速 子女與衆姪 競來環我側 細君素抱恙 別來淸羸劇 中廚促午膳 飯漿間肴蔌 京洛氣候早 春色紛盈矚 小杏方綴紅 新篁亦抽綠 時物感余懷 坐久成悽惻 羈魂易振蕩 幻境漸變易 俯仰曾未改 夢寤飜相續 有如池中星 躔次初歷歷 風來水生鱗 破碎失舊迹 又如晨後月 宛轉雙影落 東隅旣陽光 西汜遂斂魄 起坐久惝怳 垂首勞抽繹 亦知是妄想 有淚滋枕席 念昔登仕途 擬躡前修躅 平生百鍊鐵 磨礪亦云熟 意欲窺衡湘 一發氣抑塞 日月曾幾何 遽爾就銷鑠 伊洛有微言 夢寐卜所學 題詩志吾陋 聊用替鞭策

친은 손을 잡고 눈물을 흘리며 반가워하고, 아내는 여윈 모습으로 점심상을 내온다. 다시 꿈에서 깨어 일어나 앉아서 꿈속의 일과 지난 날 행복했을 때를 회상하면서 현재의 자신을 채찍질한다.[58] 특히, 회상 대목에서는 형산과 상수를 엿보고자 마음먹었는데 한순간의 직간을 때문에 갑자기 유배객의 신세가 되어 선비다운 은거도 하지 못하는 신세가 되어서 모친을 봉양치 못하는 처지를 마음 아파한다. 비록 그러하지만 정주학에 잠심하면서 시를 지어 허물을 기록하여 자성의 채찍으로 삼겠다고 다짐한다.[59]

서포는 이처럼 자신이 신하된 위치에서 젊은 숙종을 분노하게 하여 끝내 유배까지 당하게 된 상황을 반성하면서, 자신이나 군왕 숙종이 '군자는 자신에게서 구하고 소인은 남에게서 구한다'[60]는 것과 같은 기본으로 돌아가야 할 것을 유배지에서 새삼 뼈아프게 확인하고 있음을 보여주기도 한다.

평소에 서포 김만중의 모친 윤씨부인은 궁중 생활 속에서 독서를 즐겼을 조모 정혜옹주와 문학을 특별히 즐기던 부친의 영향을 받아서 노년이 되었을 때에는 패설류를 감상하기를 즐겨하였다.

> 부군이 윤부인을 섬기는 데 있어서 어릴 적부터 늙어서까지 특별한 일이 없으면 잠시도 곁을 떠나지 아니하였고, 그 상냥한 모습으로 기분을 맞추어 드리는 것이 마치 옛적에 노래자가 병아리를 가지고 놀고 어린애처럼 우는 것과 같았다. 부인이 책을 좋아했으므

58 설성경, 『구운몽의 통시적 연구』, 새문사, 2007, 74쪽.

59 같은 책, 78쪽.

60 『論語』, "衛靈公 第十五", '子曰君子求諸己小人求諸人'楊氏曰 君子雖不病人之不己知 然亦疾沒世而名不稱也 雖疾沒世而名不稱 然所以求者 亦反諸己而已 小人求諸人 故違道干譽 無所不至 『孟子』, "公孫丑上"反求諸己而已矣 (중략) "離婁上"皆反求諸己

로 고사에 관한 이서와 패관소설까지 구해다가 곁에서 밤낮으로 이야기해 드려 한 번 웃을 수 있는 자료를 삼았다. 멀리 떨어져 있을 적에는 그리워하는 생각이 지극해서 옆에 있는 사람으로 하여금 측은한 느낌이 들게 하였다. 딴 집 살림을 하게 되자 날마다 가서 뵙고 서석과 함께 모시면서 문학과 역사를 담론하였는데, 아침에 가서는 인정 때가 되어서야 비로소 돌아오기를 하루도 거르지 아니하였다. 이웃에 부군과는 가는 길을 달리하는 이가 살고 있었는데 평소에 효우로써 칭찬을 듣고 있는 터였다. 그 사람이 자기 아우더러 "아무개의 이런 일은 능히 할 수 있는 이가 없다."고 말했다 한다.[61]

이처럼, 서포는 자애로운 윤씨부인에 보답하기 위하여 평소에는 고사에 관한 이서와 패관소설까지 구해다가 곁에서 이야기해 드려 잠시나마 노모의 마음을 위로하기를 즐겨 하였다. 이러한 사실을 숙지하고 있는 유배지의 서포는 효심을 담아내는 하나의 방식으로 한시 「기몽」의 수준을 넘어서는 「구운몽」과 같은 소설을 창작하게 된다.

창작의 배경을 추정해 보면, 서포 김만중이 송강 정철의 우의적인 가사를 주목하고 자신의 소설 창작에 활용했을 가능성은 서포의 아들인 죽천 김진규가 서포 김만중의 모친이 서포에게 송강의 「사미인곡」과 같은 소설을 창작해 보라는 권고를 하였다는 다음과 같은 사실에서 확인된다.

「사미인곡」을 읽고 나니 그 뜻이 극진하여 읽는 사람으로 하여금 통분함을 금치 못하게 하니 이것이 글의 힘이 아니겠느냐. 너는 이런 글을 한번 써 볼 의향이 없느냐? 만일 의향이 있다면 우리나라 글로 쓰되 이야기체로 써 보아라. 내 생각 같아서는 아녀자들의 섧

---

61 『서포년보』

은 사정을 설원하는 것이 되었으면 좋겠구나.[62]

위의 인용에서 볼 수 있듯이, 서포 김만중에 대한 모친 윤씨부인의 부탁은 아들에게 충신연주(忠臣戀主)의 내용을 담은 「사미인곡」형의 소설을 창작해 볼 것을 권유하는 것이다. 이러한 사실은 서포의 소설의 창작 배경과 작품의 주제가 지향하는 하나의 방향성을 내비치기도 한다. 물론, 빼어난 효자로 정평이 났던 서포 김만중이 이런 모친의 권유가 있었다면, 그의 소설은 분명 송강 정철의 「사미인곡」이나 「속미인곡」과 같은 충신연주형 가사의 내용을 주지로 담아내고자 하였다고 봄이 타당할 것이다.

이러한 인식은, 서포 김만중이 『서포만필』에 전하는 송강 시가의 비평에서, 송강 정철의 가사가 지닌 감동력이 대단한 것임과, 이 작품이 지닌 의미를 굴원의 충신연주의 작품인 『초사』의 「이소」에 비유하여 기술이 있기 때문에 더욱 분명해진다.

> 송강의 「관동별곡」, 「전후사미인곡」은 우리나라의 「이소」이지만 한자로서는 쓸 수가 없기 때문에 오직 악인들이 입으로 전하여 서로 이어받아 전해지거나 혹은 글자로 서서 전해질 뿐이다. (중략) 사람의 마음이 입으로 표현된 것이 말이 되고, 말의 가락이 있는 것이 시가와 문부가 된다. 사방의 말이 비록 같지는 않지만 진실로 말할 수 있는 사람이 각각 그 말에 따라서 가락을 맞춘다면, 다 같이 천지를 감동시키고 귀신을 통할 수 있게 하는 것은 유독 중국뿐만이 아니다. 지금 우리나라의 시문은 자기 말을 버려두고 다른 나라 말을 배워서 이룬 것이니, 설령 매우 비슷하다 하지만 이는 단지 앵무

62 김진규, 『죽헌집』.

새가 사람의 말을 하는 것이다. 여염집의 나무하는 아이들이나 물 긷는 아낙네들이 '어야디야' 서로 주고받는 노래가 비록 저속하다 하지만 그 진가를 따진다면, 참으로 학사·대부들의 이른바 시부와 함께 논할 수가 없다. 하물며 이 세 편의 별곡은 천기의 자발함이 있고 이속의 비리도 없으니, 예부터 우리나라의 참 문장은 이 세 편 뿐이다. 그러나 세 편을 가지고 논한다면, 「후미인곡」이 가장 높고, 「관동별곡」과 「전미인곡」은 오히려 한자어를 빌어 꾸몄을 뿐이다.[63]

위의 인용에서 보면, 서포 김만중이 평하고 있는 핵심 주제는 송강의 가사 작품의 특징은 중국어와 우리말이 각기 지니고 있는 언어적 특징으로 살펴보면 감동을 주는 것은 언어가 지닌 보편적 현상이지 유독 중국어만이 그런 것은 아님을 밝히는 데에 있다. 그러나 그는 우리나라의 사대부들이 우리말의 특색을 무시하고 한문으로 시문을 짓고 있지만, 그 감동의 힘은 시골에서 나무하는 아이들과 물 긷는 아낙 같은 평범한 사람들이 흥얼거리는 노래에 견줄 바가 아니라고 하였다. 그는 특히, 송강 정철의 세 편의 별곡 중에서 「속미인곡」이 가장 우수한 것은 여타 「관동별곡」과 「전미인곡」의 한자어로 꾸며진 것이 능히 뒤따를 수 없기 때문이라는 것이다.

이러한 서포 김만중의 송강 정철이 보여준 연주지사형 가사[64]에 대한 평가가 자신이 창작한 소설에도 투사되었을 가능성을 보여주는 측면들이 「구운몽」의 여러 곳에서 나타난다. 그 한 예를 들어 보

63 김만중, 『서포만필』.

64 서포의 종손 북헌 김춘택은 물론, 홍만종도 『순오지』에서 「사미인곡」이 세상을 걱정하고 임금을 사모하는 뜻을 붙인 작품으로 평하였고, 「속미인곡」도 제갈공명의 출사표와 맞먹는다고 하였다. 이수광도 『지봉유설』에서 "우리나라 노래 중 정철이 지은 것이 가장 훌륭하여 「관동별곡」, 「사미인곡」, 「속미인곡」이 후세에 성행하였다고 하였다.

면, 「구운몽」의 주역들이 활동하는 주요 공간인 형산의 묘사를 들 수 있다. 즉, 「구운몽」의 핵심 공간인 남악 형산을 비롯한 동정호, 구의산, 소상강 등은 성스러운 공간으로서 굴원의 이미지를 준다. 그러하기에 서포 김만중은 평소에 이런 집안에서의 문화적 배경뿐만이 아니라 모친 윤씨부인이 송강가사 형식의 작품을 창작해 보도록 권유한 것도 크게 작용하였을 것이다.

한편으로는 서포가 유배지에서 창작한 소설 「구운몽」에 불경을 담아냄으로써 자신을 키워 준 모친에게 불경 유포나 그에 연관된 창작의 공덕을 되돌릴 수 있는 방식을 선택한 근거가 찾아진다. 왜냐하면, 「구운몽」에서 대표적인 소재로 자리 잡고 있는 『금강경』은 대승불경이기 때문에 깨달음을 얻은 후에 남에게 전파하는 공덕의 중요함을 특별히 강조하고 있기 때문이다.

> "수보리야, 어떻게 생각하느냐? 어떤 사람이 삼천대천세계에 가득한 칠보로써 보시에 쓰면, 이 사람이 얻는바 복덕이 많겠느냐?" 수보리가 말하되, "매우 많습니다. 세존이시여, 왜냐하면 이 복덕이 곧 福德性이 아니기 때문입니다. 때문에 여래가 복덕이 많다고 말씀하셨나이다." "만일 다시 어떤 사람이 경 가운데 사구게라도 지니고 다른 사람을 위해서 법을 말해 주면, 그 복이 저 칠보로 보시한 복덕보다 나으리라. 무슨 까닭이냐? 수보리야, 일체 모든 부처님과 모든 부처님의 아뇩다라삼먁삼보리 법이 다 이 경에서 나왔기 때문이니라."[65]

---

65 『금강경』, 〈제8 依法出生分〉, "須菩提 於意云何 若人 滿三千大千世界七寶 以用布施 是人所得福德 寧爲多不 須菩提言 甚多 世尊 何以故 是福德 卽非福德性 是故 如來說 福德多 若復有人 於此經中 受持乃至四句偈等 爲他人說 其福勝彼 何以故 須菩提 一切諸佛 及諸佛阿耨多羅三藐三菩提法 皆從此經出"

위의 인용처럼 『금강경』에서는 세존이 제자에게 불법을 전승하는 공덕이 크고, 또 그중 사구게만이라도 수지하고 독송하며 남을 위해 설법하면 그 공덕이 삼천대천세계에 가득 찬 칠보나 목숨으로 백천만 억겁을 보시하는 것보다도 복덕이 많음을 알려준다.

이를 구체적인 본문을 통하여 살펴보면, 위에서 인용한 제8회의 〈의법출생분〉 이외에도 제11회의 〈무위복승분〉에서는 "수보리여! 항하 가운데 있는 모래 수만큼이나 이러한 항하의 많은 모래들을 어떻게 생각하느냐? 이 모든 항하의 모래가 많겠느냐?" 수보리가 아뢰었다. "매우 많습니다. 세존이시여! 단지 모든 항하가 많아 그 수를 헤아릴 수 없거늘 하물며 그 모래이겠나이까." "수보리여! 내 이제 진실한 말로 너에게 말하노니, 만약 선남자 선여인이 칠보로써 이런 항하의 모래 수만큼 삼천대천세계에 채워 보시하면 복을 얻음이 많겠느냐?" 수보리가 아뢰었다. "매우 많습니다. 세존이시여!" 부처님께서 수보리에게 말씀하셨다. "만약 선남자와 선여인이 이 경 가운데에서 사구게 등을 받아 지녀 다른 사람을 위하여 말해 준다면 이 복덕은 앞의 복덕보다 수승하니라.[66]"라고 하였다.

제13회의 〈여법수지분〉에서는 "수보리야, 만일 어떤 선남자와 선여인이 항하의 모래와 같이 많은 목숨을 보시하였더라도, 또 어떤 사람이 이 경 가운데서 네 글귀로 된 한 게송만이라도 받아 지녀 다른 사람을 위하여 일러 준다면 이 복이 앞의 복보다 매우 많으리라.[67]"라고 하였다.

---

66 『금강경』, 〈제11 無爲福勝分〉, "須菩提如恒河中所有沙數如是沙等恒河於意云何是諸恒河沙寧爲多不須菩提言甚多世尊但諸恒河尙多無數何況其沙須菩提我今實言告汝若有善男子善女人以七寶滿爾所恒河沙數三千大千世界以用布施得福多不須菩提言甚多世尊佛告須菩提若善男子善女人於此經中乃至受持四句偈等爲他人說而此福德勝前福德'

67 『금강경』, 〈제13 如法受持分〉, "須菩提若有善男子善女人以恒河沙等身命布施若復有

제14회의 〈이상적멸분〉에서는 "수보리야, 미래 세상에 만약 어떤 선남자와 선여인이 능히 이 경을 받아 지니고 읽고 외우면 곧 여래께서 부처님의 지혜로써 이 사람을 다 알고 다 보나니 한량없고 가이없는 공덕을 모두 다 성취하게 되느니라.[68]"라고 하였다.

제15회의 〈지경공덕분〉에서는 "수보리여! 만약 어떤 선남자 선여인이 아침나절에 항하의 모래수와 같은 몸으로 보시하고 점심때에 또 항하의 모래 수와 같은 몸으로 보시하며 저녁때에 또 항하의 모래수와 같은 몸으로 보시하며 이와 같이 헤아릴 수 없는 백천만 억겁 동안에 몸으로 보시하여도 만약 어떤 사람이 이 경전을 듣고 신심이 거슬리지 않으면 그 복이 앞 사람의 복보다 수승하니라. 하물며 이 경을 베껴 쓰고 받아서 지니고 읽고 외워 다른 사람을 위하여 해설하여 줌에야 말할 것이 있겠느냐? 수보리여! 요약하여 말하건대 이 경은 가히 생각할 수 없고, 가히 헤아릴 수 없으며 끝이 없는 공덕이 있으니, 여래는 대승에 발심한 자를 위하여 이 경을 말하고, 최상승에 발심하는 자를 위하여 말하느니라. 만약 어떤 사람이 능히 받아 지니고 읽고 외워 널리 다른 사람을 위하여 말한다면 여래는 이 사람을 다 알고 이 사람을 다 보나니, 이 사람은 헤아릴 수 없고 잴 수 없고 끝이 없는 생각할 수도 없는 공덕을 성취하게 되느니라.[69]"라고 하였다.

人於此經中乃至受持四句偈等爲他人說其福甚多"

68 『금강경』, 〈제14 離相寂滅分〉, "須菩提當來之世若有善男子善女人能於此經受持讀誦卽爲如來以佛智慧悉知是人悉見是人皆得成就無量無邊功德'

69 『금강경』, 〈제15 持經功德分〉, "須菩提若有善男子善女人初日分以恒河沙等身布施中日分復以恒河沙等身布施後日分亦以恒河沙等身布施如是無量百千萬億劫以身布施若復有人聞此經典信心不逆其福勝彼何況書寫受持讀誦爲人解說須菩提以要言之是經有不可思議不可稱量無邊功德. 如來爲發大乘者說爲發最上乘者說若有人能受持讀誦廣爲人說如來悉知是人悉見是人皆得成就不可量不可稱無有邊不可思議功德如是人等卽爲荷擔如

제16회의 〈능정업장분〉에서는 "또 수보리야, 만약 선남자 선여인이 이 경을 받아 지녀 읽고 외우는 데도 다른 사람에게 가벼이 업신여김을 받게 된다면 이 사람은 선세의 죄업으로 마땅히 악도에 떨어질 것이지만, 금세에 다른 사람에게 가벼이 업신여김을 받는 까닭으로 선세의 죄업이 곧 소멸되고 마땅히 아뇩다라삼먁삼보리를 얻을 것이니라.[70]"라고 하였다. 또 "만일 또 어떤 사람이 이다음 말세에, 능히 이 경을 받아 지니고 읽고 외운다면 그 공덕은 내가 모든 부처님께 공양한 공덕으로는 백분의 일에도 미치지 못하고, 천만억분 내지 어떤 수의 비유로도 능히 미치지 못하느니라.[71]"라고 하였다.

제19회의 〈법계통화분〉에서는 "수보리야, 어떻게 생각하느냐? 만일 어떤 사람이 삼천대천세계를 칠보로 가득 채워서 보시한다면, 이 사람은 이 인연으로 받는 복이 많지 않겠느냐?" "그러하옵니다 세존이시여. 이 사람은 이 인연으로 받는 복이 대단히 많겠습니다." "수보리야, 만일 참으로 복덕이 있는 것이라면 여래께서 복덕이 많다고 말하지 않으시겠지만 복덕이 없는 것이므로 여래께서 복덕이 많다고 말씀하시느니라.[72]"라고 하였다.

來阿耨多羅三藐三菩提何以故須菩提若樂小法者着我見人見衆生見壽者見卽於此經不能聽受讀誦爲人解說須菩提在在處處若有此經一切世間 天人阿修羅所應供養當知此處卽爲是塔皆應恭敬作禮圍繞以諸華香而散其處復'

70 『금강경』, 〈제16 能淨業障分〉, "次須菩提善男子善女人受持讀誦此經若爲人輕賤是人先世罪業應墮惡道以今世人輕賤故先世罪業卽爲消滅當得阿耨多羅三藐三菩提"

71 『금강경』, 〈제16 能淨業障分〉, "若復有人於後末世能受持讀誦此經所得功德於我所供養諸佛功德百分不及一千萬億分乃至算數譬喩所不能及須菩提若善男子善女人於後末世有受持讀誦此經所得功德我若具說者 或有人聞心卽狂亂狐疑不信須菩提當知是經義不可思議果報亦不可思議'

72 『금강경』, 〈제19 法界通化分〉, "須菩提於意云何若有人滿三千大千世界七寶以用布施是人以是因緣得福多不如是世尊此人以是因緣得福甚多須菩提若福德有實如來不說得福德多以福德無故如來說得福德多"

제24회의 〈복지무비분〉에서는 "수보리야 만약 어떤 사람이 삼천대천세계 가운데 모든 수미산왕들 만한 칠보 덩어리로 보시하더라도 만약 다른 사람이 이 『반야바라밀다경』에서 네 글귀로 된 한 게송만이라도 받아 지니고 읽고 외우며 다른 사람을 위하여 일러 준다면 앞의 복덕으로는 백분의 일에도 미치지 못하며, 백천만 억분의 일에도 미치지 못하며 온갖 산수나 비유로도 능히 다 미칠 수 없느니라.[73]"라고 하였다.

제32회의 〈응화비진분〉에서는 "수보리야 만일 어떤 사람이 한량없는 아승지세계에 칠보로 가득히 채워서 보시한다고 하더라도, 만일 어떤 선남자 선여인이 보살심을 낸 이가 있어 이 경을 지니되 네 글귀로 된 한 게송만이라도 받아 지녀 읽고 외우며 다른 사람을 위하여 잘 일러주면 그 복은 저 복보다 더 스승하리라.[74]"라고 하였다.[75]

이처럼 모두 32회분 중에서 9회에 걸쳐서 10번에 걸쳐서 "이 경을 지니되 네 글귀로 된 한 게송만이라도 받아 지녀 읽고 외우며 다른 사람을 위하여 잘 일러 주면 그 복은 한량없는 아승지세계에 칠보로 가득히 채워서 보시하는 것보다 많다"는 것을 본문 총 5,203자 중에서, 1,009자가 이러한 복덕론[76]에 직접 관련된 서술이므로 전체

---

73 『금강경』, 〈제24 福智無比分〉, "須菩提若三千大千世界中所有諸須彌山王如是等七寶聚有人持用布施若人以此般若波羅蜜經乃至四句偈等受持讀誦爲他人說於前福德百分不及一百千萬億分乃至算數譬喩所不能及"

74 『금강경』, 〈제32 應化非眞分〉, "須菩提若有人以滿無量阿僧祇世界七寶持用布施若有善男子善女人發菩薩心者持於此經乃至四句偈等受持讀誦爲人演說其福勝彼"

75 설성경, 『윤씨부인의 삶과 그 정신』, 지식과 교양, 2011, 15-20쪽.

76 이 경에서 제시하는 진리, 즉 공론에 입각하여 본다면, 이러한 복덕 또한 무위법의 차원에서 인식하면 복덕이 아닌 것이기에 "복덕이 있는 것이라면 복덕이 많다고 말하지 않겠지만 복덕이 없는 것이므로 복덕이 많다고 한다."는 것이다. 이런 두 가지 측면을 고려해서 보면, 최소한 유위법의 차원에서는, 그 복덕은 "한량없는 아승지세계에 칠보로 가득히 채워서 보시하는 것보다 많다"는 것으로, 이런 복덕으로 바라밀,

내용의 20%에 해당하는 분량으로 거듭 거듭 강조하였다.[77]

이와 같이 『금강경』에서는 세존이 이 경이 지닌 공(空)의 진리에 대한 스스로의 믿음과 타인에 대한 유포의 공덕이 참으로 무량하고 무한함을 수보리를 대표로 하는 제자들과 모든 중생들에게 거듭거듭 역설하고 있다.

대표적인 대승경전답게 『금강경』이 제시하는 이런 진리의 귀함을 작가인 서포 김만중은 자신이 비록 유학자일지언정 진실되게 믿었기 때문에 『금강경』의 전법 내용을 중심 서사체계로 전환시켜 창작한 「구운몽」을 모친에게 바쳐서 그 무한 공덕을 받는 주역으로 삼고자 하는 출천의 효심을 발휘한 것이다. 다시 말하면, 『금강경』의 본질적인 내용을 충실히 담아낸 소설 「구운몽」을 창작하여 모친에게 헌증함으로써, 모친과 군주 숙종을 비롯한 모든 독자들에게 세존이 그토록 역설한 무량하고 무한한 유위법상의 복덕을 제공하고자 한 것이다.

이런 의도의 실천적인 결실은 「구운몽」에서 결미에 『금강경』 사구 게송을 직접 인용하게 하였을 뿐만 아니라, 이 사구 게송의 요체를 요약한 육여(六如)와 육관(六觀)을 「구운몽」의 주역인 성진의 스승의 법명으로 설정하게 된 것이다.[78] 그래서 세존은 『금강경』에서 전체 『금강경』의 요지인 사구 게송으로 주제의 최소 단위를 설정한 것에서 한 발 더 나아가 육관이라는 최소 단위의 최소 단위를 다시 설정한 것이다. 이런 방식의 창안은 대제학 출신의 작가 서포 김만중

즉 저 건너의 세계에 도달하게 되고, 거기에 도달하게 된 것을 그 바탕인 보살이 다 다른 반야의 지혜로 인식하면, 복이라 할 게 없는 공의 세계인 것이다.

77 설성경, 『윤씨부인의 삶과 그 정신』, 지식과 교양, 2011, 14쪽.

78 "一切有爲法 如夢幻泡影 如露亦如電 應作如是觀"에서 핵심 이미를 가져와서 육여화상과 육관대사의 '六如'와 '六觀'의 작명을 하였다.

이 발휘할 수 있는 창의력의 절정이 얼마나 높은 경지에 있는가를 단적으로 보여주는 것이다. 그러므로 「구운몽」을 읽는 독자는 최소한 주인공 성진을 깨달음으로 이끌어 가는 스승 육관대사의 이름을 기억할 수 있고, 이 이름은 곧 『금강경』의 사구 게송이요, 『금강경』의 사구 게송은 곧 전체 『금강경』과 일치하는 것이기에 육관대사라는 법명만이라고 그 진의를 제대로 알게 되는 독자는 무량하고 무한한 복덕을 받게 되는 주체가 되는 것이다.

(2) 삼교사상을 융합시킨 조선형 세계적 명작 지향

서포 김만중과 가까이 있으면서도 그에 대하여 객관적이고 총체적인 평가를 한 사람은 김창흡이다. 그는 서포 김만중의 문집인 『서포집』의 서문에서 서포의 삶과 학문 문학 등에 에 대해서 다음과 같이 평하였다.

> 공은 지혜와 이해력이 특출하여 어려운 책 읽기를 매우 쉽게 하였다. 경서와 자서의 요의로부터 구류의 학술과 많은 방기, 산수, 율려, 상위, 여지 등속에 이르기까지 책을 펼치면 즉시 비밀까지 활연히 이해하였다. (중략) 풍아시의 원류와 시대에 따른 높고 낮음에 이르러서는 더욱 자세하였다. 그분이 지은 시는 근원이 맑고 가락이 원만하여 안배하고 나열하는 공을 들이지 않아도 은밀하게 음률에 맞아떨어졌다. 그 시의 운절유양한 데는 왕왕 문륜서풍의 태가 있었다. 문에서는 스스로 장기가 아니라 하여 평생토록 몇 개의 글밖에 없다 하였으나 실제로는 넉넉하여 글의 왕복에 능하였다.[79]

이러한 김창흡의 평가로 볼 때, 서포는 한시 비평의 역량을 바탕으로 한시로서 표현이 어려운 내용을 소설의 서사를 통하여 표현하여 중국문학을 넘어서는 조선의 명작을 창작하고자 하는 목표를 가지고 창작에 임하였을 것으로 추정된다.

또, 서포 김만중은 시가와 연의소설 같은 문학이 가진 감동력의 효용성을 인식하고 있었다. 그는 시가가 지닌 감동의 힘을 강조하면서, 백사 이항복의 시조가 광해군을 감동시켰다는 사실을 다음과 같이 서술하고 있다.

> 이항복이 유배 가면서 지은 (중략) <고신원루를 비삼아 띄워다가 임 계신 구중심처에 뿌려 볼까 하노라>란 시조를 뒷날 광해군이 궁녀 통해 듣고 슬퍼 눈물 흘리며 감동시켰다. 시가 이렇게 사람을 감동시키니, 광해군 같은 사람도 선정을 할 만하다.[80]

> 향간에 패설을 이야기하는 자가 있어 삼국시대의 역사를 말할 때 유현덕이 졌다고 하면 눈물을 흘리고 조조가 패했다고 하면 통쾌하게 좋아 날뛰었으니, 이것이 나관중의 「삼국지연의」의 힘인지 알 수 없다. 지금은 진수의 「삼국지」나 사마온공의 『통감』 같은 것으로는 울 사람이 없으니, 이것이 통속소설을 쓰는 이유이다.[81]

또, 서포 김만중의 모친 윤씨부인은 경서류는 물론 패설류의 글도 좋아하였음을 다음과 같이 기록에서 확인할 수 있다.

---

79 김창흡, 『西浦集』 序.

80 김만중, 『서포만필』.

81 김만중, 『서포만필』.

> 한가하면 문득 시서를 펴 보아 스스로 지내고, 날로 더욱 널리 하니 참판공[82]이 거의 아들 없는 근심을 잊고 문목공[83]이 한탄하여 가로대, "매양 내 손녀와 더불어 말하면 문득 흉중이 훤출함을 깨달으니 만일 남자이었던들 어찌 우리 집의 한 대제학이 아니리오?"[84]

삼연 김창흡[85]과 도암 이재도 그의 『삼관기』[86]에서 서포가 모친의 파한을 위해 패관잡기를 제공해 주었던 실제 상황을 구체적으로 보여주고 있다. 이런 기록들은 서포 김만중은 모친이 패관잡기를 즐기기 때문에 일반 유학자들과는 달리 패관잡기에 남다른 지식을 가지고 있었고, 통속소설의 감동력을 높이 평가하였음도 보여주고 있다.[87] 특히, 윤씨부인은 "그 학문을 즐겨함이 남자였다면 가문에 한 대제학이었을 것이라고 평가받았다. 평범한 여자들과는 달리 여중군자의 풍도에 재주가 남들에서 빼어난 모친[88]을 위해서 서포는 자신

---

82 윤씨부인의 부친 윤지

83 윤씨부인의 조부 윤신지

84 김만중, 『선비정경부인 윤씨행장』.

85 김창흡, 『서포집』 서문, "패관잡기의 하늘을 이야기하고 용을 조각하는 기담까지도 일일이 꿰뚫어 살피지 않음이 없었다. "稗官小說之叢 談天彫龍 靡不歷歷貫穿"

86 西浦金公性至孝 自以腹子生不識父面 爲終身痛事 母夫人有甚愛 其所以娛悅親意者 殆類古之弄雛兒啼 以夫人好書 聚古史異書 以至稗官雜記 日夜談流左右 以資一笑 自少至老 非有公故 未嘗去其側 仕官之後 每日早朝往省 人定時方還 隣人竊識之 一不蹉失 公之誠孝如此

87 『서포만필』에서, "〈동파지림〉에 이르기를, 閭巷의 小兒들은 천박하고 용렬하여집에서 졸라 얻은 돈을 주고 고담을 듣다가 「삼국연의」에서 유현덕이 패하였다고 하면 체읍하는 자가 있고, 조조가 졌다면 통쾌해 하고 있으니 이것은 작가 나관중이 「삼국지연의」를 만든 동기가 아닌가? 이제 진수의 삼국지나 온공의 통감을 연설한들 아무도 눈물지을 사람은 없을 것이니, 이것이 곧 통속소설을 짓는 까닭이다"라고 평하였다. (東坡志林曰 塗港中 小兒薄劣 其家所壓苦 輒與錢 會聚坐聽說古話 至說三國事 聞劉玄德敗 嚬蹙有出涕者 聞曹操敗 卽喜唱快 此其羅氏演義之權輿乎 今以陳壽史傳 溫公通鑑 衆聚演說 人未必有出涕者 此通俗小說之作也)

88 송백헌, 「서포가문의 여인상」, 『서포김만중 추모 세미나』, 서포기념사업회 발표 요

이 유배지에서 사친의 한시와 더불어 효심과 국왕 숙종을 향한 충렬심이 담긴 소설 「구운몽」과 같은 작품을 창작하였으며, 모친의 사후에는 불효한 자식으로서 회한(悔恨)을 모친의 전기 『선비정경부인 윤씨행장』[89]으로 지었다.

서포 김만중이 「구운몽」을 창작하여 한양에 있는 모친에게 보낼 때 그는 모친 윤씨부인은 나라를 위하여 목숨을 던진 순국열사의 아내이기에 그런 모친의 마음을 위로할 수 있기 위해서는 대국적 차원의 거대한 효와 충을 주제로 담은 작품이어야 한다는 것을 인지하고 있었다. 그래서 호란으로 당한 아픔을 가슴 깊이 간직하고 살아온 모친 윤씨부인를 위로할 수 있는 천하의 영웅 양소유를 설정하여 그의 모친 유씨부인에게 자신의 모친 윤씨부인의 이미지를 투사시켰다. 그러하였기에 양소유가 당나라의 충신으로서 대원수가 토번의 침공을 격퇴시키는 영웅담은 작가 서포의 부친과 모친의 한을 풀어 주는 통쾌한 정신적 승리의 반영이었다.

그뿐만이 아니라, 작가 서포로서는 자신의 유배는 물론 당시에 정국을 혼미 상태로 빠져들게 하는 근본적인 원인과 그 처방은 여총에 빠진 국왕의 성심을 되돌리는 것에 있음을 인지하고 있었다. 그래서 그는 당시 현안으로 자리하고 있던 정치적 갈등의 핵심은 숙종의 후궁 관리와 무리한 정승 임명에서 비롯된 것으로 판단하고, 이 문제를 변형시킨 궁중의 혼사 문제를 중심으로 전개하면서 황가와 대신가의 혼례 갈등과 지혜로운 극복의 방법을 「구운몽」이라는 소설을 통하여 제시하였다. 특히, 황가의 혼례 문제에서 야기된 혼

지, 2002, 5쪽.

89 송백헌, 같은 책, 3쪽.

란은 결국 국가의 위기 국면을 초래함을 토번의 침공을 당나라가 위기에 봉착하는 사건으로 빗대어 표현하였다. 그러면서 외침을 막는 영웅 양소유의 구국적인 행동에 대한 보상을 혼사 갈등의 두 축이었던 정경패와 이소화를 함께 부인으로 맞이하는 것으로 해소시키는 독특한 종결로 맺게 하였다. 그러면서 한편으로는 숙종을 둘러싼 인현왕후와 장희빈의 관계를 유사한 행동의 비유와 상반된 행동의 비유의 대상으로 삼으면서 양소유를 축으로 한 이소화와 가춘운의 아주 특이한 행동으로 묘사하였다.90

이러한 사실들을 놓고 성찰해 보면, 「구운몽」의 주제는 거대한 주제망을 구축하고 있으며, 여기에는 꿈과 사랑을 노래한 낭만적인 측면, 남성의 욕망을 한껏 표출한 흥미 본위의 측면, 불교적인 깨달음을 통해 인생무상을 갈파한 측면과 더불어 주제망의 핵심에는 작가가 군주를 향한 충성의 메시지가 있다. 그것을 일찍이 도암 이재는 굴원이 「이소」에 남긴 뜻이 있다고 한 것으로 판단된다.

---

90 이러한 측면에서 본다면 「구운몽」을 逆行 비유로 표현한 작품은 본격적인 정치 목적 소설로 평가되는 「사씨남정기」다.

3-3. 주제망을 구축하는 선몽구조의 세 가지 소재 원천

(1) 『금강경』의 비무상론에 근거한 다중적 시공간 세계

「구운몽」은 형산 연화봉에서 불법을 전수하고 전수받는 육관대사와 제자 성진에 관한 서사가 중심을 이루고 있다. 그런데 이들이 전하고 배우는 경전은 오직 『금강경』 한 권이다. 이러한 사실을 이 작품에서는 여러 불경 중에서 『금강경』을 가장 중시하고 있다는 사실을 보여준다.

『금강경』은 『금강반야바라밀경』의 준말로, 반야는 범어의 한자어 음역으로 지(智)에 해당하는 것으로서 어리석은 마음이 일어나지 아니하는 상태를 뜻한다. 혜(慧)는 그 방편이요 작용에 해당하는 말이다. 그러므로 바탕에 혜가 있다면 그 혜가 지를 작용하여 어리석지 아니하게 되겠지만, 바탕에 혜가 없다면 그 작용이 어리석어서 지가 없게 된다는 이치로서, 지혜라는 말은 이러한 지혜의 힘을 빌려서 어리석은 마음을 제거하는 것을 뜻하게 된다. 또 반야에 이어지는 바라밀(波羅密)도 범어의 한자어 음역으로, 한자어 도피안(到彼岸), 즉 생사의 강 건너 저쪽 언덕에 이른다는 뜻이다. 생성과 소멸이 이어지는 윤회에서 벗어나서 실상의 세계로 나아가서 불생불멸의 경지에 이른다는 뜻이다. 그러므로 이 말은 큰 지혜를 갖추어 모든 법에서 원만히 생성과 소멸의 유위법의 현상 세계를 벗어난다면 그것이 곧 불생불멸의 세계에 이르는 일이라는 것으로, 이것은 입으로만 말하거나 이해만으로는 되지 않는 마음으로 체득하여 행하여야 그 경지에 이르게 된다는 뜻도 포함한다.[91]

이 『금강경』은 600권의 『대반야바라밀경』 및 많은 반야계의 경전 가운데 가장 중요한 지위를 차지하고 있다. 『금강경』은 스승 석가와 제자 수보리 사이의 대화를 통해 완전한 진리로 일컬어지는 공의 철학을 논리적으로 설명한 대승불교의 경전으로, '무자성의 공(空)'이라고 하는 것은 바로 세간을 초월한 지혜의 입장으로서, 있는 그대로의 진실한 상을 말한 것이다. 그러나 공의 한 면만을 고집한다면 다시 실재론의 입장으로 역전하게 되므로 다시 공도 공해야 한다고 주장한다.

설법 내용은 사고의 바탕을 분석하는 것으로서, 번뇌의 근원은 아집(我執)인데 그 아집의 주체인 욕망은 현상의 이분화에서 나왔고, 그 이분화는 실재하는 것이 아니라 인간들의 인위적 조작에 따른 것임을 대각하게 하는 공의 지혜를 일깨워 주는 것을 핵심으로 하고 있다.[92]

이 경의 서술은, 전체적인 형식으로 보면 전반과 후반으로 구성되는데, 첫 질문은 제2회분의 '바른 큰 깨달음의 지혜'에 대한 제자의 질문에서부터 시작된다. 여기에 대한 세존의 대답은 자신의 일방

---

91 「豫章沙門宗鏡提頌剛要序」, 『金剛經五家解講釋』, 乘龍寺, 1996, 33-38쪽.

92 한태동, 「金剛經과 心經에 나타난 釋伽의 思想」, 『연세춘추』, 1982년 5월 24일.

적인 설명이 아니라, 자신의 설명과 제자에 대한 질문을 병행하여 제자 스스로 문제의 핵심을 찾고, 또 풀어 가는 방법을 택하고 있다. 즉, 제자 수보리는 세존에게 무상(無上)의 정등(正等)한 정각(正覺)의 마음을 어떻게 주강(住降)하느냐는 질문을 하고, 세존은 참지혜의 마음은 공의 본질을 이해하는 것에서부터 얻게 되는 것이라고 설법한다.93

> "부처님께서 수보리에게 이르되, '모든 보살, 큰 보살들이 이렇게 그 마음을 항복할 것이니, 있는바 일체 중생의 무리에 알로 나는 것, 태로 나는 것, 습기로 나는 것, 화하여 나는 것, 형상이 있는 것, 형상이 없는 것, 생각이 있는 것, 생각이 없는 것, 생각이 있어도 있지 않은 것, 생각이 없어도 없지 않은 중생을, 내가 다 남음 없는 열반에 들도록 멸도하리라.' 하여, 이렇게 한량없고 수가 없고 가이없는 중생을 멸도해도 실로는 한 중생도 멸도를 얻은 이가 없어야 하리니."94

> "이 모든 중생이 다시 아상, 인상, 중생상, 수자상이 없을 것이며, 법상도 없고, 또 법 아닌 상도 없나니, 무슨 까닭이냐? 이 모든 중생이 만일 마음에 상을 취하면 곧 아상, 인상, 중생상, 수자상에 집착하는 것이 됨이니, 가령 법상을 취하면 곧 아상, 인상, 중생상, 수자상에 집착하는 것이 된다. 그러므로 마땅히 법의 상도 취하지 말아야 할 것이며, 법 아닌 상도 취하지 말아야 할 것이다. 이런 까닭으로 여래가 항상 말하길, "너희 비구들은 나의 법문이 떼 배의 비유

93 설성경, 『구운몽의 통시적 연구』, 새문사, 2007, 111쪽.

94 『금강경』, 〈제3 大乘正宗分〉, "佛告須菩提 諸菩薩摩薩 應如是降伏其心 所有一切衆生之類 若卵生 若胎生 若濕生 若化生 若有色 若無色 若有想 若無想 若非有想 非無想 我皆令入無餘涅槃而滅道之 如是滅道無量無數無邊衆生 實無衆生得滅度者"

와 같은 줄 알아야 하느니라. 법도 오히려 버려야 하거늘, 하물며 법 아닌 것이야."라고 한 것이다.[95]

이처럼 상(相)에 대한 집착은 대상을 바로 의식하는 데 장애가 되므로, 상이지만 상을 부정해야 한다는 것이다. 그러나 상을 부정해도 비상(非相)이 나오고 비상에 대한 집착도 또한 집착이므로, 그 비상마저 부정하면 비비상(非非相)의 경지가 된다는 것이다. 이렇게 하여 상과 비상의 경계마저 부정해야 비비상의 큰 이치를 인식하는 공의 지혜를 얻는 경지에 이르게 된다는 것이다.[96] 나아가서는 법(法)도 취하지 말고 비법(非法)도 취하지 말며, 법이 비법이므로 이름을 법이라고 하며, 보살에게 아상(我相), 인상(人相), 중생상(衆生相)이 있으면 비보살(非菩薩)이라고 한다는 표현으로 거듭 강조하며, 상과 비상과 비무상을 넘나드는 머무름이 없는 마음이어야 공의 지혜를 얻은 경지가 된다는 것이다.

이러한 『금강경』은 선종과 교종의 원융의 바탕이 되기 때문에 원효, 경흥, 원측 등의 선사는 주를 하였고, 득통화상도 오가해[97]의 설명을 내놓았다. 이런 전통 때문에 조선조 선종과 교종에서도 이 경

---

95 『금강경』, 〈제6 正信希有分〉, "是諸衆生 無復我相人相衆生相壽者相無法相 亦無非法相 何以故是諸衆生 若心取相 卽爲着我人衆生壽者 何以故 若取非法相 卽着我人衆生壽者 是故 不應取法 不應取非法 以是義扉 如來常說 汝等比丘知我說法 如筏喩者 法尙應捨 何況非法."

96 이러한 논리는 '法도 취하지 말고, 非法도 취하지 말며, 법이 비법이므로 이름을 '법'이라고 하며, 보살에게 我相, 人相, 衆生相이 있으면 非菩薩이라고 한다는 표현으로 거듭 강조된다. 이 『금강경』에서 세존이 설법하는 세 차원인 相과 非相과 非無相이 머무름이 없는 마음이어야 함을 제시한다.

97 『금강경오가해』의 五家는 당나라 圭峰宗密이 「金剛經疏論纂要」, 六祖 慧能의 「金剛經解義」, 양나라 傅大士의 「金剛經提綱頌」, 송나라 冶父道川의 着語와 頌, 豫章宗鏡의 「金剛經提剛」이고, 여기에 이들을 엮은 조선시대 涵虛得通의 說誼가 더 포함되어 있다.

을 소의경전으로 택하는 경우가 많았다.98 또한 식심이 움직이지 아니하면 진공에 머물 수 있으니 이는 공색으로 비유할 수 있고 공색은 '공(空)' 가운데 걸어가고 앉을 수 있기 때문이다. 또 식심이 움직이지 아니하여 삼독이 스스로 소멸되니 이는 파란색으로 비유할 수 있으며 파란색은 능히 모든 독을 소멸할 수 있기 때문이다. 공용이 이와 같은 지경에 이르게 되는 까닭은 오직 '상(相)' 없는 경을 호지하고 아만 없는 진리를 깨달아 무아의 행을 행하기 때문이다.

또, 『금강경』에서는 제자 수보리가 스승인 세존에게 무상(無上)의 정등(正等)한 정각(正覺)의 마음을 주강하는 방법을 묻자 세존은 참 지혜의 마음은 공의 본질을 인식함에 있음을 강조하면서 상(相)에서 비상(非相)으로, 다시 비상(非相)에서 비무상(非無相) 내지 비비상(非非相)으로 나아가는 상에 대한 집착을 버리는 지혜를 가르쳐 준다. 그런데 「구운몽」에서는 세존이 수보리에게 마음을 주강하는 방법을 전하는 내용을 원용하여 육관대사가 제자 성진에게 『금강경』 대법을 통하여 마음을 주강하는 방법을 전하는 내용을 골격으로 서술하고 있다.

(2) 『태평광기』 수록 여옹 고사와 능파 고사

「구운몽」의 서사적 전개에 주요한 위치를 차지하는 두 차례의 몽환 중에서, 성진의 1차 환몽은 여옹 고사를 소재적 원천으로, 성진의 2차 환몽은 유의 고사와 능파 고사를 소재적 원천을 삼았다. 이들

98 觀應, 『金剛經五家解講釋』 서문, 승용사, 1996, 98쪽.

설화를 수록하고 있는 송나라 때 이방 등이 편찬한 『태평광기』는 대형의 유서로서, 한대부터 송나라 초기까지의 야사소설을 전문적으로 수집한 책이다. 이 『태평광기』는 한나라 시대로부터 북송 초기에 이르는 소설, 필기, 야사 등의 전적에 수록되어 있는 고사들을 광범위하게 채록하여, 총 500권을 내용에 따라 92대류로 나누고, 150여 소류로 세분했으며, 총 7,000여 조에 이르는 고사를 수록하였다. 『태평광기』에 수록된 고사는 신선귀괴와 인과응보에 관한 것이 비교적 큰 비중을 차지하고 있다.[99]

이들 중에서 먼저 「여옹 고사」를 살펴보면 다음과 같다.

> 개원 19년에 도사 여옹이 한단현을 지나는 도중에 여관에 들렀는데, 평상과 자리가 놓여 있기에 봇짐을 풀어놓고 앉았다. 잠시 후 성읍에 사는 노생이라는 젊은이가 짧은 갖옷을 입고 푸른 망아지를 타고 밭으로 가다가 역시 그 여관에 들러 여옹과 자리를 같이했다. 매우 즐겁게 담소하다다 한참 뒤에 노생이 자기의 옷이 헤지고 더러운 것을 보고 탄식하며 말했다.
>
> "대장부가 세상에 태어나 뜻대로 되지 않고 이렇게 곤궁하다니?"
>
> 여옹이 말했다.
>
> "보아 하니 그대의 살결은 매우 매끄러우며 몸은 살찌고 병이 없는데, 한창 만족스럽게 담소하다가 곤궁함을 탄식하는 것은 어째서인가?"
>
> 노생이 말했다.
>
> "나는 이렇게 구차하게 살고 있을 뿐인데 어떻게 만족스럽다고 하겠습니까?"
>
> 여옹이 말했다.

---

99 김장환(역), 『태평광기』, 학고방, 2000, 13쪽.

"이것이 만족스럽지 않다면 무엇이 만족스럽겠는가?"

노생이 말했다.

"당연히 공명을 세워 조정에 나와서는 장수가 되고 들어가서는 재상이 되며, 요리 솥을 늘어놓고 식사하고 좋은 음악을 골라서 들으며, 일족을 번성하게 하고 집안 살림살이를 풍족하게 한 뒤에야 비로소 만족스럽다고 말할 수 있습니다. 나는 학문에 뜻을 두고 기예를 익혔기에, 한창때에 높은 벼슬을 쉽게 얻을 것이라고 스스로 생각했습니다. 그런데 지금 이미 30세가 넘었는데도 여전히 밭두렁에서 고생하고 있으니, 이것이 곤궁하지 않다면 무엇이 곤궁하겠습니까?"

노생은 말을 마치자 눈이 침침해지면서 잠이 왔는데, 그때 여관 주인이 메조를 쪄서 밥을 짓고 있었다. 여옹은 봇짐 속에서 베개를 꺼내 노생에게 주면서 말했다.

"그대가 이것을 베면 틀림없이 그대의 뜻대로 영화가 이루어질 것이네."

그 베개는 자기로 되어 있고 양끝에 구멍이 나 있었는데, 노생이 머리를 수그려 그것을 베었더니, 꿈속에서 그 구멍이 커지면서 훤하게 밝아졌고 몸을 들일만큼 넓어졌다. 노생은 몸을 들어 그곳으로 들어가 마침내 그의 집에 도착했다. 청하(淸河) 최씨(崔氏)의 딸을 부인으로 맞았는데, 그 여인은 용모가 굉장히 아름다웠고 재산도 매우 많았다. 그래서 노생은 의복과 수레 등이 나날이 화려해졌다. 이듬해 진사(進士)에 응시하여 갑과(甲科)에 급제한 뒤, 첫 벼슬로 교서랑(校書郎)에 임명되었다. 또 제거에 응시하여 위남현위(渭南縣尉)에 임명되었다. 다시 감찰어사(監察御使)·기거사인(起居舍人)으로 전임되어 지제고(知制誥)의 직무를 대행했다. 3년 뒤 실제 직무를 맡아 지방으로 나가 동주(同州)를 다스렸으며, 얼마 뒤 섬주(陝州)로 전임되었다. 노생은 토목공사를 잘하여 섬서(陝西)로부터 운하 80리를 뚫어 막힌 곳을 통하게 했다. 그 지방 사람들은 노생에게 감사하

> 여 기념비를 세우고 공덕을 칭송했다. 노생은 다시 변주영남도채방사(汴州嶺南道採訪使)로 전임되었다가 도성으로 들어가 경조윤(京兆尹)이 되었다. 당시는 신무황제(神武皇帝)가 바야흐로 이적(夷狄)과 전쟁을 하고 있었는데, 토번(吐蕃)의 신낙라(新諾羅)와 용망포(龍莽布)가 과사(瓜沙)를 점령했고, 절도사(節度使) 왕군작이 하황(河隍)에서 그들과 접전하다가 패했다. 황제는 새로 임명할 장수를 생각하다가 마침내 노생을 어사중승(御使中丞)·하서롱우절도사(河西隴右節度使)로 임명했다. 노생은 융로(戎虜)를 대파하여 7천 수급(首級)을 베었고, 땅 900리를 개척했으며, 3개의 큰 성을 쌓아 요충지를 방비했다.[100]
> (하략)

또 환몽전기의 초기작인「황량몽」전기는 도사 운방이 황량몽을 통해 여조에게 선도에 대한 깊은 관심을 갖게 하고, 그 꿈 이후에 10차에 걸친 시험을 통해 득도를 할 수 있는 수련 방식을 터득하게 하였고, 그 후 운방은 천선으로 돌아가고 여조는 여러 제자들과 사람들을 선도로 인도하였다는 내용을 중심으로 하고 있다. 여기에 등장하는 여옹은 선가의 제2대 교조인 종리권과 제3대 교조인 여동빈[101]의 첫 만남으로 시작되는 선가 수련의 상황 내지 수련의 이야기에 등장한 것이다. 그래서 이 전기 다음에는, 이들 두 사람의 역사적 만남 이후에 여동빈이 제3대 교조가 되기까지의 연보가 제시된다. 즉, 여동빈은 그의 자서에 의하면 만년인 63세에 비로소 벼슬자리에 나아간다. 함통 2년에 강주의 덕화현령에 부임했다. 그런데 그는 64세에 강주의 벼슬길에 있으면서 여산의 풍수 위에서 스승인 종리를

100 김장환(역),『태평광기』, 학고방, 2000, 162쪽.

101 여기에 등장하는 여조는 당나라 때의 신선으로 전해졌으나, 사실은 송나라 초기 도사였다. 자는 동빈, 호는 순양으로 전진교 교단의 종조 중의 한 사람이다.

다시 만나게 된다. 여동빈이 6월의 염천에 여산에서 더위를 피하는데, 홀연 종이 울리는 소리가 나더니, 산중에서 나타난 스승 종리권을 만나서 선가 수련의 길에 들어갔다.[102]

이처럼 「황량몽」 전기는 종리권이 여동빈을 선도 수련시키는 부분을 따로 떼어서 「입종남기」에 연결시켜 놓았다. 그러나 「한단몽」은 여동빈의 「황량몽」 사건 이후에, 여조가 선가의 대도를 완성한 73세 이후 황소의 난이 있던 건부년간에 일어난 시기를 사건의 시간적인 배경으로 삼고 있다.

이러한 배경을 가진 당나라 전기로부터 나타나는 여조의 「황량몽」, 노옹의 「침중기」[103] 등은 송나라 때 편찬된 『태평광기』에 수록된 「여옹 고사」를 거점으로 하여 「구운몽」의 육관대사와 그의 제자 성진의 몽환 소재 원천으로 활용된 것이다.

또, 『태평광기』에는 용과 관련된 고사가 많이 소개되고 있다.[104]

---

102 최창록, 『환몽소설과 꿈 이야기』, 푸른사상, 2000, 15-18쪽.

103 「침중기」에서는 여조가 제공한 베개를 베고 꿈을 꾼다는 내용으로 계승된다. 즉, 「침중기」는 노생이 한단에서 여옹의 베개를 베고 80년간의 꿈을 꾼다는 서사물로 여옹이 운방에게 물려받았던 꿈의 비법을 이제 자신의 베개로 노생이 꾸게 하는 다음과 같은 플롯을 지닌 이야기 발전적인 성숙을 보인다. 특히, 침중기의 주제는 오십 년의 부귀영화는 실로 황량일취(黃粱一炊)의 꿈에 지나지 않는다는 것이다. 이는 인생이 허무하다는 것과, 순간적임을 우의적으로 표현한 것이다. 이처럼 『침중기』의 허무감은 도사 여옹의 환술를 부각시키는 도교적 속성도 보여준다. 또, 『침중기』에 의거한 희곡 「한단기」에서는 명나라 탕현조는 노생이 꿈에서 깬 뒤에는 드디어 여옹을 따라서 선경에 들어가서 팔선인을 배한다.

104 『태평광기』에 수록된 용에 대한 고사는 제418권으로부터 제425권까지 총 81개[1]의 고사가 있는데, 제419권의 〈용2〉 항목에 〈유의〉가 실려 있고, 제420권의 〈용3〉 항목에 〈능파녀〉가 실려 있다. 상당히 인접해 게재되어 있는 고사들이다. 즉, 418권에는 〈蒼龍〉, 〈曹鳳〉, 〈張魯女〉, 〈江陵姥〉, 〈甘宗〉, 〈南郭國〉이, 418권에는 〈龍場〉, 〈五色石〉, 〈震澤洞〉, 〈梁武后〉, 〈劉甲〉, 〈宋雲〉, 〈蔡玉〉, 〈李靖〉이, 419권에는 〈柳毅〉가, 420권에서는 〈俱名國〉, 〈釋玄照〉, 〈王景融〉, 〈능파녀〉, 〈陶峴〉, 〈齊澣〉, 〈沙州黑河〉, 〈興慶池龍〉, 〈井龍〉, 〈旃然〉, 〈龍門〉이 수록되어 있는데, 작가 서포 김만중은 제419권의 〈용2〉 항목에는 〈유의〉 고사만이 단독으로 실려 있을 정도로 장편

이들 중에서 『이문집(異聞集)』을 출전으로 밝힌 「유의 고사」[105]는 내용상으로 보면, 전후의 2부로 구성되어 있다. 제1부는 서생인 유의는 과거에 떨어져 고향으로 오는 도중에 경하에서 양치는 미녀를 만났다. 그 미녀는 동정호 용왕의 딸로서 경천왕의 둘째 아들과 강혼하였으나 남편이 방탕하여 고통을 받고 있었다. 그때 그녀의 편지를 유의가 동정왕에게 전하니 동정왕의 아우 전단왕이 붉은 용으로 변하여 경천왕에게 쳐들어가서 경천왕을 죽이고 용녀를 구한다는 이야기로 전개된다.

제1부는 다음과 같은 내용으로 소개되고 있다.

> 당나라 의봉(儀鳳) 연간에 유의라는 유생은 과거에 응시했다가 낙방하자 장차 상강[106] 가로 돌아가려던 참이었다. 그는 마침 경양현에서 타향살이를 하고 있는 고향 사람이 있다는 사실을 생각해내고 작별인사를 하고자 그를 찾아갔다. 한 6~7리쯤 갔을 때, 새들이 푸드득거리며 날아오르고 말이 놀라 길 옆으로 비켜서 쏜살같이 내달리더니 6~7리를 더 가서 비로소 멈추었다. 그곳에서 유의는 길가에서 양을 치고 있는 한 부인을 보게 되었는데, 이상한 생각이 들어서 그녀를 쳐다보니 절세미인이었다. 그러나 그녀는 아름다운 얼굴을 찌푸리고 있었으며 머릿수건과 소맷자락은 모두 낡아 빛이 바래 있었다. 그녀는 우두커니 멈춰 서서 마치 무엇인가를 바라보는 듯 귀를 기울이고 있었다. 유의가 그녀에게 물었다. "당신은 무슨 고통스러운 일이 있기에 이토록 욕된 지경에 이르게 되었소?" 그녀는 처음에는 괴로워하며 대답하기를 거절했으나 끝내 눈물을 흘리

에 해당한다. 이런 장편의 「유의 고사」와 단편의 「능파 고사」를 통합하여, 하나의 새로운 동정용녀 백능파 이야기를 엮었다.

105 李昉 등, 『太平廣記』 419권, 제1화.

106 동정호로 흘러들어 가는 호남성 경내에서는 가장 큰 강.

며 이렇게 대답하였다. "첩이 불행하여 오늘 이렇게 어르신께 폐를 끼치게 되었군요. 그러나 한이 깊이 사무쳐 있으니 어찌 부끄럽다고 대답을 피할 수 있겠습니까? 제 말씀을 들어 주시기 바랍니다. 첩은 동정용군의 딸입니다. 부모님께서 저를 경천[107]의 둘째 아들에게 시집보냈으나 남편은 노는 것에만 정신이 팔려 있던 데다가 하녀에게 반하여 날마다 저를 미워하며 멀리하였습니다. 사무모님께 하소연해 보았으나 시부모님은 당신 아들이 너무나 귀해 어떻게 제어하지 못하였습니다. 제자 너무 자주 간절히 호소한 탓에 결국은 시부모님의 미움을 사게 되었는데, 그분들이 저를 비방하여 쫓아내어 이 지경에 이르게 된 것입니다." 그녀는 말을 마치더니 눈물을 흘리며 흐느껴 울면서 슬픔을 참지 못하였다. 그러더니 또 이렇게 말하였다. "여기서 동정까지는 얼마나 많이 떨어져 있는지요? 긴 하늘은 멀기만 하고 소식이라고는 전혀 오고갈 수 없으니 애간장도 다 끊어지고 눈도 멀어 버려 이젠 슬픔을 알릴 길조차 없습니다. 당신은 오나라 땅으로 돌아가신다고 들었습니다. 동정에 몰래 소식을 전달하고자 하는 마음에 혹 편지 한 장이라도 사자 편에 보내려고 하는데, 괜찮으실지 모르겠습니다." 유의가 말했다. "나는 의로운 남자요, 그대의 말을 듣고 있자니, 온몸의 혈기가 다 솟구치는 것 같소이다. 내 날개가 없어 떨치고 날아오를 수 없는 것이 한스럽거늘 괜찮고 말고가 다 무슨 소리요? 그러나 동정호가 저리 깊은데, 나처럼 육지를 다니는 사람이 어떻게 당신의 뜻을 전할 수 있단 말이오? [수중과 육지는] 길이 달라 서로 통할 수가 없으니 당신의 간곡한 부탁을 받아들인다 해도 그 지극한 바람을 이루어 드릴 수 없을까 걱정일 뿐이오, 그대에게 나를 인도해 줄 도술이라도 있소?" 여자는 슬피 울면서 감사하며 말했다. "이번에 맡으신 일을 중히 여겨 달라는 말씀은 더 이상 드리지 않겠습니다. 만일 회신을 받아오신다면 죽어서

107 涇河龍君

라도 그 은혜는 반드시 갚겠습니다. 당신께서 허락하지 않으신다 하여도 제가 감히 무슨 말을 하겠습니까? 그러나 이미 허락하시고 제게 물어 오시니 말씀드리는 것인데 동정은 도성과 다르다고 여길 만한 게 전혀 없습니다." 유의가 자세히 말해 달라고 하자 여자가 말했다. "동정호 남쪽에 커다란 귤나무가 있는데 마을 사람들은 그것을 사귤이라 부릅니다. 당신께서는 이 의대를 푸시고 다른 것으로 묶은 다음 나무를 세 번 두드리십시오. 그러면 대답하는 사람이 나올 터인데 그 사람을 따라가시기만 하면 아무런 장애도 없을 것입니다. 바라옵건대, 당신께서는 이 편지를 전해 주는 것 외에도 제가 당신께 부탁을 드린 진심어린 말들을 절대로 잊지 말아 주십시오." 유의가 말했다. "삼가 말씀을 따르겠소." 그러자 여자는 저고리 춤에서 편지를 꺼내어서 재배한 후 유의에게 바치고는 동쪽을 바라보며 수심에 잠겨 슬픔에 겨운 듯 눈물을 흘렸다. 유의는 그녀를 보고 몹시 가슴아파하며 편지를 보따리 안에 넣었다. 유의가 다시 그녀에게 물었다. "그대는 양을 쳐서 무엇에 쓰려고 하시오? 신들도 도살을 한단 말이요?" 여자가 말했다. "이건 양이 아니라 우공입니다." "우공이 무엇이오?" 여자가 대답했다. "천둥이나 벼락과 같은 것이지요." 유의는 양들을 여러 번 바라보았는데, 고개를 꼿꼿이 세우고 바라보는 모습과 힘차게 걷는 걸음걸이, 그리고 먹고 마시는 모습이 매우 특이하였으나 몸집의 크기나 털과 뿔의 생김새는 양들과 다르지 않았다." 유의가 또 말했다. "내가 지금 당신의 사자가 되었으니, 언젠가 동정으로 돌아가더라도 나를 피하지 말았으면 하오." 여자가 말했다. "안 피하다 뿐이겠습니까? 친척과 같이 대할 것입니다." 말을 마친 뒤, 유의는 그녀와 작별하고 동쪽으로 떠나갔다. 수십 걸음도 채 못 가서 다시 뒤돌아보니 여자와 양들은 이미 사라지고 보이지 않았다.[108] (중략)

108 김장환(역), 『태평광기』, 학고방, 2001.

또, 제2부는 유의가 동정용녀는 구출하는 역할을 한 이후에 장씨녀와 결혼했으나 상처했고 다시 노씨녀와 결혼을 했는데 그녀가 곧 동정용녀였다는 이야기로 전개된다.

제2부는 다음과 같은 내용으로 소개되고 있다.

> 개원 연간 이후로 현종이 신선에 빠져 백방으로 도술을 잘하는 이를 구하자 유의는 마음이 편치 못해 결국 아내와 함께 동정호로 돌아갔다. 그 후 10년이 지나도록 그의 자취를 알아낼 수 없었다. 개원년간 말에 유의의 외사촌 동생인 설하는 경기현령으로 있다가 동남쪽으로 폄적되어 가는 길에 동정호를 지나게 되었는데, 맑은 대낮에 먼 곳을 바라보고 있자니 멀리 보이는 물결 사이로 언뜻 푸른 산이 나타났다. 뱃사람들은 모두 비스듬히 일어서며 말했다. "여기는 본디 산이 없으니 아마도 물귀신인가 봅니다." 서로 손으로 가리키며 바라보는 사이에 산은 배에 점점 가까워졌다. 그때 채색한 배 한 척이 산에서부터 내달려와 설하를 맞이해 갔는데, 배 안에 타고 있던 한 사람이 소리쳤다. "유공께서 기다리십니다." 설하는 유의를 기억해 내고는 급히 산 아래로 가 옷자락을 휘감고 서둘러 위로 올라갔다. 산에는 인간세상의 것과 똑같은 궁궐이 있었는데, 보았더니 유의는 궁실 가운데 서 있었고 앞에는 악기가 뒤에는 진주와 비취가 진열되어 있었으며, 그 기물의 성대함은 인간세상의 몇 배나 되었다. 유의는 말의 이치를 더욱 오묘해져 있었고 얼굴은 더욱 젊어져 있었다. 그는 섬돌로 내려와 설하를 맞이하며 설하의 손목을 잡고 말했다. "헤어진 지 얼마 안 되는 것 같은데, 머리가 다 쇠었구나." 설하가 웃으며 말했다. "형께서 신선이 되신 것도, 또 이 동생이 마른 해골이 된 것도 다 운명이지요." 유의는 환약 50알을 꺼내 설하에게 주며 말했다. "이 약 한 알이면 1년의 수명을 연장할 수 있네. 햇수가 다 차거든 다시 오게. 그런 인간세상에 오래 머물면서

스스로 고생을 자초하지 말게나." 즐거운 연회가 끝나자 설하는 작별을 고하고 떠나왔다. 그때 이후로 유의의 소식은 완전히 두절되었다. 설하는 늘 이 일을 사람들에게 말해 주곤 했는데, 48년쯤 뒤에 설하 또한 어디론가 사라졌다. 농서사람 이조위가 이 일을 서술하고 감탄하며 말했다. "오충의 우두머리는 반드시 다른 것들보다 신령한 것이라야 하는데 그 남다름이 여기서도 보인다. 사람은 벌거벗은 동물이지만 비늘 있는 짐승에게까지 신의를 지켰다. 또한 동정군의 포용력과 정직함, 그리고 전당군의 신속함과 당당함은 마땅히 유래한 바가 있는 것이다. 설하는 유의와 만났던 일을 말로만 했을 뿐 그 일에 대해 기재하고 있지 않고서 혼자만 신선의 경지를 이웃했을 뿐이다. 어리석은 나는 그 일을 의롭다 여겨서 이 글을 기록한다.[109]

---

109 『태평광기』 제419권, 〈柳毅〉, 唐儀鳳中 有儒生柳毅者 應擧下第 將還湘濱 念鄕人有客於涇陽者 遂往告別 至六七里 鳥起馬驚 疾逸道左 又六七里 乃止 見有婦人 牧羊於道畔 毅怪視之 乃殊色也 然而蛾臉不舒 巾袖無光 凝聽翔立 若有所伺 毅詰之曰 子何苦而自辱如是 婦始楚而謝 終泣而對曰 賤妾不幸 今日見辱於長者 然而恨貫肌骨 亦何能媿避 幸一聞焉 妾洞庭龍君小女也 父母配嫁涇川次子 而夫壻樂逸 爲婢僕所惑 日以厭薄 旣而將訴於舅姑 舅姑愛其子 不能禦 迨訴頻切 又得罪舅姑 舅姑毁黜以至此 言訖歔欷流涕 悲不自勝 又曰 洞庭於兹 相遠不知其幾多也 長天茫茫 信耗莫通 心目斷盡 無所知哀 聞君將還吳 密通洞庭 或以尺書寄託侍者 未卜將以爲可乎 毅曰 吾義夫也 聞子之說 氣血俱動 恨無毛羽 不能奮飛 是何可否之謂乎 然而洞庭深水也 吾行塵間 寧可致意耶 唯恐道途顯晦 不相通達 致負誠託 又乖懇願 自有何術 可導我邪 女悲泣且謝曰 負載珍重 不復言矣 脫獲回耗 雖死必謝 君不許何敢言 旣許而問 則洞庭之與京邑 不足爲異也 毅請聞之 女曰 洞庭之陰 有大橘樹焉 鄕人謂之社橘 君當解去兹帶 束以他物 然後叩樹三發 當有聽者 因而隨之 無有碍矣 幸君子書敍之外 悉以心誠之話倚託 千萬無渝 毅曰敬聞命矣 女遂於襦間解書 再拜以進 東望愁泣 若不自勝 毅深爲之戚 乃置書囊中 因復問曰 吾不知子之牧羊 何所用哉 神祇豈宰殺乎 女曰 非羊也 雨工也 何爲雨工 曰 雷霆之類也 數顧視之 則皆矯顧怒步 飮齕甚異 而大小毛角則無別羊焉 毅又曰 吾爲使者 他日歸洞庭 幸勿相避 女曰 寧止不避 當如親戚耳 語竟引別東去 不數十步 回望女與羊 俱亡所見矣 (중략) 妻因深感嬌泣 良久不已 有頃 謂毅曰 勿以他類 遂爲無心 固當知報耳 夫龍壽萬歲 今與君同之 水陸無往不適 君不以爲妄也 毅嘉之曰 吾不知國客 乃復爲神仙之餌 乃相與覲洞庭 旣至而賓主盛禮 不可具紀 後居南海 僅四十年 其邸第輿馬 珍鮮服玩 雖侯伯之室 無以加也 毅之族咸遂濡澤 以其春秋積序 容狀不衰 南海之人 靡不驚異 洎開元中 上方屬意於神仙之事 精索道術

「구운몽」에서는 이러한 내용의 유의 고사를 차용하여, 유의와 동정용녀, 그리고 전당군을, 양소유 · 백능파 · 동정용왕 등의 스토리에 주축을 삽입시켜 놓았다. 작가 서포가 유의 고사를 중시한 것은 「구운몽」의 본문에서 유의 고사의 원문을 직접 동정용왕의 발언을 통하여 직접 인용하기까지 하고 있기 때문이다. 즉, 능파 고사의 본문인 "妾洞庭龍君小女也 父母配嫁涇川次子' 「구운몽」에서는 양원수를 모시러 온 어린 동자가 자신의 상전인 백능파를 소개하면서 '吾娘子卽洞庭龍君小女也 近日暫離宮中 來寓於此矣' 표현하는 대목이 나타나기도 한다.[110]

특히 「구운몽」에서는 유의 고사의 동정용녀를 백능파의 백형으로 설정함으로써 「유의 고사」의 단일 구성을 「구운몽」의 백능파 대목에서는 이중구조[111]로 전환시켰다." 그 까닭은 유의 고사의 황당한

毅不得安 遂相與歸洞庭 凡十餘歲 莫知其跡 至開元末 毅之表弟薛嘏爲京畿令 謫官東南 經洞庭 晴晝長望 俄見碧山出於遠波 舟人皆側立曰 此本無山 恐水怪耳 指顧之際山與舟相逼 乃有彩船自山馳來 迎問於嘏 其中有一人呼之曰 柳公來候耳 嘏省然記之乃促至山下 攝衣疾上 山有宮闕如人世 見毅立於宮室之中 前列絲竹 後羅珠翠 物玩之盛 殊倍人間 毅詞理益玄 容眼益少 初迎嘏於砌 持嘏手曰 別來瞬息 而髮毛已黃 嘏笑曰 兄爲神仙 弟爲枯骨 命也 毅因出藥五十丸遺嘏曰 此藥一丸 可增一歲耳 歲滿復來無久居人世 以自苦也 歡宴畢 嘏乃辭行 自是已後 遂絕影響 嘏常以是事告於人世 殆四紀 嘏亦不知所在 隴西李朝威敍而嘆曰 五蟲之長 必以靈者 別斯見矣 人裸也 移信鱗蟲 洞庭含納大直 錢塘迅疾磊落 宜有承焉 嘏詠而不載 獨可隣其境 愚義之 爲斯文(出 異聞集)

110 정규복, 『구운몽연구』, 고려대학교출판부, 1974, 112쪽.

111 여기에서 정규복(『구운몽연구』, 고려대학교출판부, 1974)은 "〈유의전〉의 황당한 지괴설화의 수준의 내용, 특히 도가류로 점철된 용녀와 전당군을 중심으로 한 기담으로 유의가 동정호에서 歸仙한 것을 흠모하는 작가 이조위가 평이 있듯이, 도가적인 용궁설화를 「구운몽」에서는 유가적인 혼사 갈등 사건으로 양소유가 동정용왕의 환대를 받고 그를 하직하여 南岳 衡山에서 예불하는 가운데 꿈을 깨게 함으로써 백능파 설화를 종결짓는 것"으로 파악하였으나, 실은 선몽의 서사로서 현실과 선몽, 그리고 그 선몽 속에서의 꿈속의 사건이며, 이 사건의 주역인 백능파의 누이 이야기로 유의와 인연을 맺는 동정용녀를 설정한 것이 「구운몽」의 특징이다.

지괴설화 수준의 내용, 특히 도가류로 점철된 용녀와 전당군을 중심으로 한 기담을 소재로 하였다. 그러면서도 인지도가 높았던 유의 이야기[112]를 능파 이야기와 연결시키고, 이를 다시 동정호에서 일어나는 혼사 갈등으로까지 끌어올림으로써, 도가적인 용궁설화[113]를 유가적인 혼사 갈등 사건으로, 다시 선몽 속의 혼사 갈등이라는 핵심 주제를 부각시킬 수 있는 입체적 층위상의 유가적 불가적인 이야기의 융합상으로 그 의미를 형상하고자 하는 작가의 깊은 의도가 있었기 때문이다.

또, 「구운몽」에서는 『태평광기』에 수록된 다음과 같은 능파 고사도 원천 소재로 활용하고 있다.

> 현종이 동도[114]에 있을 때, 대전에서 낮잠을 자고 있는데, 꿈속에 용모가 곱고 머리 가운데에 쪽을 진 여인이 큰 어깨걸이와 넓은 치마를 입고 나타나 침상 아래에서 절을 하였다. 현종이 묻기를, "너는 누구인가?" 하니, 여인이 대답하였다.
>
> "신첩은 폐하의 능파지(凌波池)에 사는 용녀인데, 궁궐을 호위하고 천자의 거마를 보호했으므로 실로 공이 있습니다. 지금 폐하께서는 천상의 음률에 밝으시니 저에게 곡 하나를 내려주시어 저희 족속을 광명되게 해 주십시오."

---

112 「유의 고사」에 등장하는 유의는 『태평광기』의 다른 고사인 제424권의 13화인 〈濛陽湫〉, 제311권 1화인 〈蕭曠〉에서도 등장하는 것으로 보아 고사에서는 인기가 높았던 인물이다.

113 정규복(『구운몽연구』, 고려대학교출판부, 1974, 125쪽) 그런데, 정규복은 "용녀를 등장시켜 소설화해 놓은 데서 우리는 서포의 탁월한 창작력을 엿볼 수 있다. 하지만 백능파의 인물을 꿈의 세계로 변형한 것은 좋았으나 끝내 이를 실인물인 여타인물과 함께 자리하게 해서 실인물로 부각시킨 것은, 「구운몽」의 내용이 몽중담이라 할지라도 우리에게 실감을 주지 않는다."고 비판하였다.

114 동도는 낙양을 뜻함.

현종이 꿈속에 호금(胡琴)을 타며 신구의 소리를 모아서 「능파곡(凌波曲)」을 지어 주자 용녀는 두 번 절하고 떠나갔다.

현종은 잠에서 깨어나서도 모두 기억이 났다. 이에 다른 악기 연주를 멈추게 하고 직접 비파를 들고 반복해서 연습하였다. 현종은 결국 능파궁에서 관리들에게 연회를 베풀고 능파지 가에서 새로운 곡을 연주하였다. 그러자 연못 위의 물결이 솟구쳐 올랐다가 다시 잠잠해지더니 물결 속에서 신녀(神女)가 나타났는데, 바로 어젯밤 꿈에 보았던 그 여인이었다. 여인은 한참동안 있다가 사라졌다. 이에 현종은 능파지 위에 사당을 세우고 매년 제사를 지내게 하였다.[115]

이러한 내용을 가진 능파 고사는 우선 「구운몽」에서는 핵심 인물인 성진과 양소유의 가장 대표적인 짝이 되는 8선녀 중의 한 선녀이며, 그 선녀가 동정용왕의 딸로 환생한 백능파의 소재로 등장한다. 특히, 백능파의 능파라는 이름은 능파 고사에서 그대로 가져오고, 그의 가족 구성은 유의 고사에서 유의가 구출하는 동정용왕의 딸로 설정한다. 그러면서도 주제를 위한 의미 부각을 위하여 「구운몽」에서는 유의의 짝이 되는 경하왕으로부터 소박을 맞은 동정용녀는 백능파의 언니로 설정하는 변용을 보이기도 하였다.

이처럼, 작가 서포는 성진의 선몽 중의 인물인 양소유의 꿈에 나타나는 백능파 대목을 『태평광기』에 수록된 유의 고사와 능파 고사의 접목으로 구성하였다. 즉, 선몽구조 중에서, 제2층위와 제3층위는

115 『태평광기』 권420, 제4화, "玄宗在東都 晝寢於殿 夢一女子容色穠艷 梳交心髻 大帔廣裳 拜於牀下 上曰 汝是何人 曰 妾是陛下凌波池中龍女 衛宮護駕 妾實有功 令陛下洞曉鈞天之音 乞賜一曲 以光族類 上於夢中爲鼓胡琴 拾新舊之聲爲凌波曲 龍女再拜而去 及覺 盡記之 因命禁樂 自與琴瑟 習而翻之 遂宴從官於凌波宮 臨池奏新曲 池中波濤湧起復定 有神女出於波心 乃昨夜之女子也 良久方沒 因遣置廟於池上 每歲祀之"

『금강경』의 비무상론의 비상과 비무상을 소재로 삼았다. 또 『태평광기』의 유의와 동정용녀는 진행상의 양소유의 몽환과 환원상의 각몽이라는 2차 몽환의 소재로 삼았다. 즉, 작가 서포는 『태평광기』의 유의와 동정용녀에서 백능파의 언니인 고사의 인용으로, 백능파는 허구적인 인물로 동정용왕의 두 딸을 설정하여, 『태평광기』의 필기소설류의 소품들을 기본 소재를 하였다. 여기에다가 『금강경』의 진리인 공관철학의 비무상론과 연계시켜서 다층적이고 복합적인 심성서사인 선몽구조를 창안하여, 성진이 『금강경』의 진리를 대각하는 요체가 되는 유가적인 참선과 화두의 이야기로 전환시켰다고 판단된다.

이러한 사실들을 종합해 보면, 「구운몽」의 육관대사가 꿈을 통해 성진을 깨우치고, 다시 『금강경』으로 꿈의 의미를 연계시켜 돈오시키는 구도와 상통한다. 특히, 「여조 고사」의 황량몽은 여조가 노씨의 소망을 실현시켜 주고, 그 꿈을 깬 다음 꿈속의 내용을 돌아보게 한다. 이를 근거로 육관대사가 성진에게 선몽이라는 꿈과 그 속의 꿈으로써, 그 두 가지 꿈의 관계와 꿈속의 유가적 삶이 지닌 내용을 통하여 성진을 대각시킨다. 이런 구조로 소박한 소재들에 철학적인 구조와 의미를 부여하여 성진의 대각을 이끌어 내는 것이다. 그러므로 『태평광기』에 등장하는 도가의 신선과 신화적인 꿈의 소재를 고도의 불가의 철학과 진리를 형상하는 참선과 연계된 꿈으로 질적인 전환을 이루었다. 그러나 「구운몽」에서는 그 원천적인 소재의 차용이라는 점에서는 송나라 시대에 편찬된 필기소설집 속의 여옹 고사, 능파 고사, 유의 고사 등을 주요한 소재원으로 삼았음이 분명하다.

(3) 「관동별곡」의 이원세계와 꿈을 통한 세계이동

「구운몽」은 선몽구조를 주축으로 하면서도 대부분의 서사는 천상계와 현실계가 이원구조로 설정된 상태에서 전개된다. 즉, 형산은 성진과 8선녀의 현실세계이지만, 성진이 선몽에서 환생한 양소유로 활동할 때에는 서술자가 성진으로 있었던 존재적 위상은 양소유의 전생이면서, 동시에 적강한 양소유의 천상계로서의 전생으로 서술하고 있다.

이러한 설정은 송강 정철의 가사들을 소재로 한 영향이기도 하다. 서포 김만중은 송강가사의 참신성에 대하여 다음과 같은 평을 하였다.

> "(1) 송강의 〈관동별곡〉, 〈전후사미인가〉는 우리나라의 〈이소〉이다. 그것은 문자로써 쓸 수가 없기 때문에 오직 樂人들이 구전하여 서로 이어받아 전해지고 혹은 한글로 써서 전해질 뿐이다. 어떤 사람이 칠언시로 〈관동별곡〉을 번역하였지만, 아름답게 할 수가 없었다. 혹은 澤堂이 少時에 지은 작품이라고 하지만, 옳지 않다.[116]"

> "(2) 하물며 이 삼별곡은 천기가 저절로 드러나 있고, 이속의 비리함도 없으니, 자고고 좌해의 진문장은 이 세 편뿐이다. 그러나 세 편을 가지고 논한다면, 〈후미인곡〉이 가장 높고, 〈관동별곡〉, 〈전미인곡〉은 그래도 한자어를 빌어서 수식을 하였다.[117]"

---

116 김만중, 『西浦漫筆』 下, "松江關東別曲 前後思美人歌 乃我東之離騷 而以其不可以文字寫之 故惟樂人輩 口相授受 或傳以國書而已 人有以七言詩翻關東別曲而不能佳 或謂澤堂少時作非也"

이처럼 "서포는 송강의 세 편 가사를 '아동의 이소(離騷)'라고 하였다. 여기서의 「이소」는 맨 끝의 '좌해의 진문장(眞文章)'이라는 말과 호응을 이루며 작품의 질적 수준이 높다는 뜻으로 쓰인 것이 사실이다. 그렇지만 그 이상의 의미가 있다고 본다. 그것은 굴원이 유배되어 나라를 걱정하는 심정을 『초사』의 「이소」에 담고 있는 것처럼 세 편의 송강가사에도 그 점이 감지되고 있기 때문이다. 이는 서포의 고종형이 되는 이선의 『송강가사』의 발문과 북헌 김춘택의 『송강가사』에 대한 비평의 글[118]을 통해 확인된다. 강직한 성품으로 직언을 서슴지 않아 유배를 당하고 적소에서 삶을 마쳐야 했던 서포는 굴원과 송강을 닮은 점이 있고, 그들의 작품을 좋아했다. 특히 송강의 「사미인곡」과 「속미인곡」을 지극히 좋아하여 손수 베껴 책자를 만들고 그 제목을 『언소』라 하였다.[119] 이는 두 말할 것 없이 굴원을 평소에 좋아했다는 증거이다.[120] 게다가 서포 김만중은 "송강의 「관동별곡」, 「사미인곡」 및 「속미인곡」의 세 편 가사는 우리나라로 치면 굴원의 「이소」에 해당되는 작품이며, 그 원작이 우리말로 표현된 시가이기에 그 번역으로는 원래의 아름다움을 살려낼 수가 없는 것을 알면서도 「관동별곡」을 직접 한문으로 번역해서는 지니고 다녔

---

117 김만중, 『西浦漫筆』 下, "況此三別曲者 有天機之自發 而無夷俗之鄙俚 自古左海眞文章 只此三篇 然又就三篇而論之 則後美人曲尤最 關東前美人 猶借文字語 以飾其色耳"

118 김춘택, 『北軒集』 卷3, 「又用前韻」, "別思美人詞者 吾所製 而以諺爲之 盖追和松江前後思美人詞也 三詞皆以君臣取譬男女 盖託於離騷之遺意者"

119 김춘택, 『北軒集』 卷16, 「論詩文」, "松江前後美人詞者 以俗言爲之 而因其放逐鬱悒 以君臣離合之際 取譬於男女愛憎之間 其心忠 其志潔 其節貞 其辭雅而曲 其調悲而正 庶幾追配屈平之離騷 而吾家西浦翁 嘗手寫兩詞於一册 書其目曰諺騷 盖亦以爲可與日月爭光焉耳"

120 김선기, 「서포 김만중의 우리말 시가 옹호론」, 『서포문학의 새로운 탐구』, 중앙인문사, 2000, 79-80쪽.

던 것이다. 그러므로 그는 굴원의 「이소」와 송강의 가사와 같은 작품이 지닌 충신으로서의 작가가 표현하고자 한 문학정신을 적극 수용하면서, 세 편의 송강가사에서 구사한 기법인 천상공간에 위치한 님과 지상공간에 위치한 서정적인 자아의 관계상을 서사공간의 2원 세계로, 서정적 자아가 천상의 님을 만나려는 간절한 염원은 꿈을 통하여 접근시키는 기법을 성진의 선몽 및 양소유가 몽유 속에서 백능파를 만나는 설정의 이치로 적극 수용한 것이다.

이처럼 작가 서포가 송강가사를 핵심 소재의 하나로 활용한 근거를 살펴보면 다음과 같은 몇 가지 이유가 있다.

첫째, 서포 김만중와 송강 정철의 집안은 선대부터 인척 관계로 맺어져 있었다. 즉, 사계 김장생 집안과 송강 정철 집안은 사돈 관계를 맺고 있었다. 사계 김장생의 여동생이 송강 정철 집안으로 출가하여 송강의 며느리가 되었다. 그러니 송강의 아들 정기명은 서포의 조부요, 윤씨대부인의 시아버지 김반의 고모부가 되었다.[121] 그래서 윤씨부인과 서포 모자는 이런 친정과 시집의 양쪽에서 친인척 관계를 가진 인연으로 인하여, 송강의 가사에 대하여 남다른 관심을 기울일 수 있었다.[122]

유배 경험을 가졌던 서포는 송강 정철에 대한 평가[123]가 상반되

121 송강은 세자(인종)의 귀인이 된 큰 누님의 귀여움을 받아 자유로 궁웅 출입을 하면서 두 살 위인 경원군 명종과 친했다.

122 이런 인연으로 인하여, 사계 김장생도 자신의 행록에서 정철에 대해서 평가하기를 "공은 가슴속에 품고 있는 생각이 소탈 상쾌하며, 언어가 호방하여 사람을 감동시키는 점이 많지만, 또한 결점으로는 대신으로서 널리 관용을 베풀어 용납하는 도량이 적고, 또 때로는 주색에 초연하지 못한 것이 흠이었다."라고 지적하기도 하였다. 즉, 예학의 최고봉을 이룬 사계는 송강의 성격과 생애에서 보여준 결점을 관용을 베풀어 용납하는 도량이 적다고 한 것은 정여립 사건의 처리와 관련된 평가라고 할 수 있을 것이다.

123 서석 김만기도 수많은 선비들이 죽게 되었던 상황의 중심에 있었지만, 선비들이 죽

었던 당시의 정치 상황과 가사 작품의 관계를 인지하였다.

송강 정철은 「성산별곡」과는 달리, 후기작인 「사미인곡」과 「속미인곡」, 그리고 「관동별곡」을 창작하면서 이원적 시공간을 설정하고, 두 미인곡에서는 대상으로서의 미인과 서정적 자아로서의 자아가 원래 천상에서 더불어 사랑하면서 살아가다가 미인은 천상에 있고, 자신은 지상으로 내려와 있으면서도 천상의 님인 미인을 변함없이 사모하는 형식으로 서술하고 있다.[124]

「사미인곡」의 서사에서 임을 이별한 이후의 그리움을 표현한 "이 몸이 태어날 때에 임을 따라 태어나니, 한평생 함께 살아갈 인연이며 이 또한 하늘이 어찌 모를 일이던가? 나는 오직 젊어 있고, 임은 오직 나를 사랑하시니, 이 마음과 이 사랑을 비교할 곳이 다시없다."를 더욱 실감 있게 향수할 수 있었다.

이 가사의 임과의 인연을 다룬 대목에서는 "평생에 원하되 임과 함께 살아가려 하였더니, 늙어서야 무슨 일로 외따로 두고 그리워하는고? 엊그제에는 임을 모시고 광한전에 올라 있었더니, 그동안에 어찌하여 속세에 내려 왔느냐? 내려올 때에 빗은 머리가 헝클어진 지 3년일세. 연지와 분이 있네마는 누구를 위하여 곱게 단장할꼬? 마음에 맺힌 근심이 겹겹으로 쌓여 있어서 짓는 것이 한숨이요, 흐

게 되는 불상사는 없었다는 점에서 송강과는 차이가 있다. 이는 서포의 직간도 마찬가지다.

124 물론, 송강가사가 아니더라도, 도교에서는 백일승천하여 지상계를 떠난다. 이는 도교의 신선사상이 환원구조의 사상적 근거임을 보여준다. 이런 환원구조의 배경은 도가적 불가적으로 연계되었다. 또, 두 미인곡과 관동별곡을 위시하여, 영웅소설, 특히 군담계 영웅소설은 천상존재의 하강, 지상계에서의 삶이 천상계로의 복귀라는 세 개의 큰 단락으로 이루어진다. 이런 환원구조에서 효와 충은 주인공 부모나 군주를 위해 지상계에서 삶을 가치 있게 살려는 역할을 구현하는 데 그 서사적 역할을 한다. 그래서 지상계에서는 유교적 현실주의에 그 초점이 주어진다. 시작과 종말은 불교윤회와 도교의 천상복귀가 접목된 것이다.

르는 것이 눈물이라. 인생은 한정이 있는데 근심은 한이 없다."로 표현하였다. 또 이별 후의 그리움을 다룬 대목에서는 "무심한 세월은 물 흐르듯 하는구나. 더웠다 서늘해졌다 하는 계절의 바뀜이 때를 알아 지나갔다가는 이내 다시 돌아오니, 듣거니 보거니 하는 가운데 느낄 일이 많기도 하구나."로 표현하였다.

또, 본사에서는 임을 그리는 마음을 계절에 맞추어 표현하였다.

봄의 원망에서는 매화를 꺾어서 임에게 보내드리고 싶은 심경을 "봄바람이 문득 불어 쌓인 눈을 헤쳐 내니, 창밖에 심은 매화가 두세 가지 피었구나. 가뜩이나 쌀쌀하고 담담한데, 그윽이 풍겨 오는 향기는 무슨 일인가? 황혼에 달이 따라와 베갯머리에 비치니, 느껴 우는 듯 반가워하는 듯하니, 임이신가 아니신가 저 매화를 꺾어 내어 임 계신 곳에 보내고 싶다. 그러면 임이 너를 보고 어떻다 생각하실꼬?"로 표현하였다.

여름의 원망에서는 임에 대한 알뜰한 정성을 "꽃잎이 지고 새 잎 나니 녹음이 우거져 나무 그늘이 깔렸는데 비단 포장은 쓸쓸히 걸렸고, 수놓은 장막만이 드리워져 텅 비어 있다. 연꽃무늬가 있는 방장을 걷어 놓고, 공작 병풍을 둘러 두니, 가뜩이나 근심 걱정이 많은데, 날은 어찌 길던가? 원앙새 무늬가 든 비단을 베어 놓고 오색실을 풀어내어 금으로 만든 자로 재어서 임의 옷을 만들어 내니, 솜씨는 말할 것도 없거니와 격식도 갖추었구나. 산호수로 만든 지게 위에 백옥으로 만든 함에 담아 앉혀 두고, 임에게 보내려고 임 계신 곳을 바라보니, 산인지 구름인지 험하기고 험하구나. 천리만리나 되는 머나먼 길을 누가 찾아갈까? 가거든 열어 두고 나를 보신 듯이 반가워하실까?"로 표현하였다.

가을의 원망에서는 선정을 갈망하는 마음을 "하룻밤 사이의 서리

내릴 무렵에 기러기 울며 날아갈 때, 높다란 누각에 혼자 올라서 수정으로 만든 발을 걷으니, 동산에 달이 떠오르고 북극성이 보이므로, 임이신가 하여 반가워하니 눈물이 절로 난다. 저 맑은 달빛을 일으켜 내어 임이 계신 궁궐에 부쳐 보내고 싶다. 누각 위에 걸어 두고 온 세상을 비추어, 깊은 산골짜기에도 대낮같이 환하게 만드소서."로 표현하였다.

겨울의 원망에서는 임에 대한 걱정을 "천지가 겨울의 추위에 얼어 생기가 막혀, 흰 눈이 일색으로 덮여 있을 때에, 사람은 말할 것도 없거니와 날짐승의 날아감도 끊어져 있다. 소상강 남쪽 언덕도 추위가 이와 같은데 북쪽 임 계신 곳이야 더욱 말해 무엇하랴? 따뜻한 봄기운을 부치어 내어 임 계신 곳에 쐬게 하고 싶다. 초가집 처마에 비친 따뜻한 햇볕을 임 계신 궁궐에 올리고 싶다. 붉은 치마를 여미어 입고 푸른 소매를 반쯤 걷어 올려 해는 저물었는데 밋밋하고 길게 자란 대나무에 기대어서 이것저것 생각함이 많기도 많구나. 짧은 겨울 해가 이내 넘어가고 긴 밤을 꼿꼿이 앉아, 청사초롱을 걸어 둔 옆에 자개로 수놓은 공후라는 악기를 놓아두고, 꿈에서나 임을 보려고 턱을 바치고 기대어 있으니, 원앙이불이 차기도 차구나. 이 밤은 언제나 샐까?"로 표현하였다.

그리고, 결사에서는 임에 대한 변함없는 충성심을 "하루도 열두 때, 한 달도 서른 날, 잠시라도 임 생각을 말아 가지고 이 시름을 잊으려 하여도 마음속에 맺혀 있어 뼛속까지 사무쳤으니, 편작과 같은 명의가 열 명이 오더라도 이 병을 어떻게 하랴. 아, 내 병이야 이 임의 탓이로다. 차라리 사라져 범나비가 되리라. 꽃나무 가지마다 간데 족족 앉고 다니다가 향기가 묻은 날개로 임의 옷에 옮으리라. 임께서야 나인 줄 모르셔도 나는 임을 따르려 하노라."로 표현하였

다.[125]

서포는 이러한 구성과 표현 중에서도, 특히 조정에 있다가 창평으로 낙향한 송강 정철 자신의 현실을 가사에서는 광한전에서 하계로 내려온 것으로 묘사한 점을 주목하였다. 이와 더불어, 전체 구성을 여인의 독백으로 처리하고 있는 점과, 춘하추동 각 계절에 느끼는 사모의 정을 봄에는 매화의 절개로 임과 함께 보내고 싶은 충정을, 여름에는 사무치는 외로움과 옷을 지어 임에게 보내는 알뜰한 정으로, 가을에는 밤하늘을 바라보며 임을 그리워함으로 선정에 대한 갈망으로, 겨울에는 추위의 임에 대한 걱정과 사무치는 그리움으로, 그리고 결사에서는 변함없는 애정으로 군주에 대한 충성심의 표현을 하고 있는 은유 기법을 주목하였다.

또, 「관동별곡」에서는 적강한 서정적 자아가 꿈속에 천상의 선인들을 만나서 대화를 나누는 중에 자신이 전생에 천상의 진인이었음을 깨닫는 것으로 서술하고 있다.[126] 송강가사의 대표적인 작품에

125 설성경, 『윤씨부인의 삶과 그 정신』, 지식과 교양, 2011, 150-152쪽.

126 유종문은 『이야기로 풀어쓴 조선왕조실록』, 아이템북스, 2008, 263-264쪽에서 "송강은 선조의 남다른 사랑과 은덕을 입고 강원도 감찰사가 된 무량한 감개로부터 시작되는 「관동별곡」의 결사 "소나무 뿌리를 베고 누워 풋잠을 어렴풋이 드니 꿈에 한 사람이 나에게 하는 말이 그대를 내 모르랴 상계의 진선이라 『황정경』 한 자를 어찌 잘못 읽어 두고 인간세계에 내려와서 우리를 따르는 것인가 잠시만 가지 말고 이 술 한 잔 먹어 보오 북두성을 기울여 창해수를 부어 내어 저도 먹고 나도 먹이거늘 서너 잔을 기울이니 화풍이 솔솔 불어와 양 겨드랑이 치켜드니 구만 리 장공에 저만쯤이면 날 듯도 하구나 이 술 가져다가 사해에 고루 나누어 억만 창생을 다 취하게 만든 후에 그때에 다시 만나 또 한 잔 하자구나 말 맺자 학을 타고 구공에 올라가니 공중에서 들려오는 옥소소리는 어제던가 그제던가 나도 잠을 깨어 바다를 굽어보니 깊이를 모르는데 그 가인들 어찌 알겠는가 명월이 천산만촌에 아니 비친 데 없구나."라 하여, 자신의 자긍심과 목민관으로서의 책임을 다할 수 있기를 약속하였다. 즉, 그는 관찰사 임무를 수행하면서 도내 여러 폐단들을 시정, 개혁하고, 영월 땅에 표석도 없이 버려진 단종의 묘를 수축하여 제사를 드리게 하며, 지방관들을 독려하기 위해 〈고을의 관리들을 깨우쳐 인도하는 글〉을 짓기도 하는 등 선정을 베풀어 강원도 내 민풍을 크게 진작시켰다."라고 해석하였다.

나타나는 천상의 미인을 연모하는 서정적인 자아, 또는 천상의 진인이 적강한 서정적인 자아에서 천상의 미인은 작가 송강 정철의 군주인 선조를 은유하고, 서정적 자아는 작가 송강 자신을 은유하는 방식을 작가 서포는 「구운몽」의 소재로 원용하여 성진과 8선녀의 관계를 서포 자신과 군주인 숙종을 은유하는 방식으로 표현하고 있다.

둘째, 모친을 끔찍이 따르는 효자 서포 김만중에게 윤씨부인은 송강가사와 같은 작품을 창작해 보라고 권하였다. 이러한 사실은 서포의 조카인 죽천 김진규가 전하는 것으로, 윤씨부인이 서포 김만중에게 송강 정철의 「사미인곡」과 같은 소설을 창작해 보라고 권하면서 "「사미인곡」을 읽고 나니 그 뜻이 극진하여 읽는 사람으로 하여금 통분함을 금치 못하게 하니 이것이 글의 힘이 아니겠느냐? 너는 이런 글을 한번 써 볼 의향이 없느냐? 만일 의향이 있다면 우리나라 글로 쓰되 이야기체로 써 보아라. 내 생각 같아서는 아녀자들의 서러운 사정을 설원하는 것이 되었으면 좋겠구나.[127]"라고 하였다고 전한다.

이런 연유에서인지, 서포 김만중은 송강가사를 굴원의 「이소」[128]에 비교하면서 극찬하였다. 즉, "송강의 「관동별곡」, 「사미인곡」, 「속미인곡」은 우리나라의 「이소」에 해당되지만 한자로서는 쓸 수가 없

127 김춘택, 『북헌집』.

128 굴원은 중국 초나라 회왕 때 좌도 벼슬에 있었는데 견문이 넓고 기억력이 뛰어났으며 역대의 치란에 밝아 회왕으로부터 신임이 두터웠다. 굴원이 회왕의 명을 받아 초나라를 부강하게 하기 위해 헌령을 기초하고 있었는데, 굴원과 왕의 은총을 다투던 상관대부 늑상이 그걸 가로채어 자신의 공적으로 삼으려 하였으나 굴원은 이를 거절하였다. 늑상은 이에 굴원을 회왕에게 다음과 같이 참소하였다. "굴원은 학식을 빙자하여 대왕을 업신여기며 무엇인가 딴마음을 품고 있는 듯합니다." 하였다. 현명치 못한 초의 회왕은 늑상의 말을 믿고 굴원을 멀리하였다. 굴원은 왕의 듣고 보는 것이 총명하지 않고 참소와 아첨이 임금의 밝음을 가로막는 것을 근심하고 비통해 하면서 장편의 시를 지어 그의 울분을 토로한 「이소」를 지었다.

기 때문에 오직 악인들이 입으로 전하여 서로 이어받아 전해지거나 혹은 글자로 서서 전해질 뿐이다. 이 세 편의 별곡은 천기의 자발함이 있고 이속의 비리도 없으니, 예부터 우리나라의 참 문장은 이 세 편뿐이다. 그러나 세 편을 가지고 논한다면, 「후미인곡」이 가장 높고, 「관동별곡」과 「전미인곡」은 오히려 한자어를 빌어 꾸몄을 뿐이다.[129]"라고 하였다.

이러한 비평을 하였던 서포는 평소에 충신과 절의의 주제를 담은 굴원의 「이소」나 송강의 가사들을 남달리 즐기면서, 그 작품성과 작가의식을 높이 평가하였을 뿐만 아니라, 「관동별곡」을 칠언한시로 번역[130]하여 몸에 지니고 다니며 즐길 정도로 적극적인 향수자였다.[131] 그뿐만 아니라, 서포 김만중은 「관동별곡」의 소재인 『황정경』 소재를 자신이 창작한 한시 「무제」에서도 활용하였다. 즉, 그는 이 작품에서 "천상의 성신은 하계에 얽혀 있고 요희는 무슨 일로 협강가에 있는가. 한 글자 『황정경』을 잘못 읽어서가 아니라 오히려 하루 세 때 번개 웃음 새로움을 생각했기 때문일세. 깊숙이 빈산에서 한갓 스스로 어여쁘나 아침 구름 저녁 비도 마침내 참이 아니로다. 봉함 편지 보내 함께 있던 궁녀에게 묻기를 벽해의 반도는 또 몇 봄이나 맞았는고."[132]라고 하여, 『황정경』 한 글자의 어구를 사용할 정

---

129 김만중, 『서포만필』, "況次三別曲者 有天機之自然 而無夷俗之鄙俚 自古左海眞文章 只此三篇"

130 『松江別集追錄遺詞』, "江湖多病故人疎 竹林閑臥幽懷寂 關東忽承汝往命 千古名區杖玉節 君恩朝謝延秋門 薄暮秣馬平邱驛 (중략) 松根一枕俗緣疎 夢裏何人慰宿昔 道我前身上界仙 黃庭誤讀人間謫 淸海輕塵弱水邊 瑤臺雪(雲)樹今三摘 殷勤勸我一盃酒 北斗滿酌滄海緣 春風習習腋生翰 九萬長空如咫尺 安得歸去分四方 坐令天下皆仙骨"

131 "關東別曲 則淸陰西浦 及李進士楊烈 各以文字飜之 將進酒辭 北軒金公亦爲之飜 星山別曲思美人曲續思美人曲 只以俗諺流傳松江別集 追錄遺詞' (이재수, 『한국소설연구』, 선명문화사, 1969, 219쪽) 번역 원문은 필사본은 경북대학교 대학원에서 영인본으로 출간하여, [松江別集 追錄遺詞]에 수록하였다.

도로 송강가사의 시어를 즐겨하였다.[133]

> 여러 사(詞) 중에서도 정송강의 전후 사미인사는 가장 뛰어나다. 일찍이 들으니, 김청음이 이 사 듣기를 대단히 좋아하여 집안의 비복으로 하여금 모두 외우게 하였다. (중략) 이 사는 속언으로 지었는데, 정송강이 유배 가 울울하므로, 군신의 이합을 남녀의 애증에 비유한 것이다. 그 심지(心志)는 충결(忠潔)하며 그 절개는 곧고, 그 말은 정아(正雅)하고, 곡진하며, 그 곡조는 슬프되 단정하여, 거의 굴원의 이소에 짝할 만하다. 우리 집안의 서포옹께서 일찍이 이 사를 한 책에 베껴 써 두고 서명을 언소(諺騷)라 하였다.[134]

위에서 제시한 인용문처럼, 서포 김만중을 종조(從祖)로 모시고 따르면서 학문을 배우기도 한 종손인 김춘택은 “여러 사 중에서도 정송강의 전후 미인사는 가장 뛰어나다. 일찍이 들으니, 김청음이 이 사 듣기를 대단히 좋아하여 집안의 비복으로 하여금 모두 외우

---

132 김만중, 『서포집』, 〈무제〉.

133 이 한시에서 “한 글자 황정경을 잘못 읽어서가 아니라” 등은 요희의 적강은 천제에 대한 지극한 연모로 말미암은 것이며, 그리하여 지금도 “벽해의 반도” 소식을 물을 만큼 천상을 그리워하고 있는 것이다. 비록 유배를 당한 처지이지만 임금에 대한 연모라는 근원적인 인륜은 저버리지 않음으로써 신하로서의 정당성을 확보하고 있는 것이다. 아래 오언율시의 작품들 역시 임금에 대한 연모가 주조를 이루고 있다는 뜻이다. (김병국, 『서포 김만중의 생애와 문학』, 서울대학교출판부, 2001, 107쪽)

134 (1) 『北獻集』 권16, “諸詞中如鄭松江前後思美人詞 又其最勝者 嘗聞金淸陰 劇好聽此詞 家內婢使皆令誦習 (중략) 松江前後思美人詞者 以俗諺爲之 而因其放逐鬱悒 以君臣離合之際 取譬於男女愛憎之間 其心忠 其志潔 其節貞 其辭雅而曲 其調悲而正 庶幾追配屈平之離騷 而吾家西浦翁 嘗手寫兩詞於一册 書其目曰 諺騷 (2) 關東別曲 則淸陰 西浦及李進士楊烈 各以文字飜之 將進酒辭北軒金公亦爲之 飜星山別曲 思美人曲 續美人曲 只以俗諺流傳於世 (중략) 昔西浦翁 手寫前後美人詞於一册 書其目曰 諺騷 盖其意比 諸屈左徒之離騷 忠可爭於日月之光(『松江別集』, 「追錄遺詞」) (3) 昔淸陰先生 甚愛此調(思美人曲) 朝夕歌詠 (중략) 婢僕能謌毛詩者 又聞西浦公 亦酷喜此文書置案上 題其面曰 諺騷云(『松江別集』, 「追錄遺詞」)

게 하였다. 이 사는 속언으로 지었는데, 정송강이 유배 가 울적한 생활을 하면서 군신의 이합을 남녀의 애증에 비유한 것이다. 그 심지는 충결하며 그 절개는 곧고, 그 말은 정아하고 곡진하며, 그 곡조는 슬프되 단정하여, 거의 굴원의 「이소」에 짝할 만하다"고 하면서, 서포 김만중도 일찍이 이 사를 한 책에 베껴 써 두고 서명을 언소라 하였다고 하였다.

이러한 사실들을 종합해 보면, 또, 서포 김만중은 송강 정철의 삶과 작품의 세계를 연관시켜 생각해 보면서, 그의 관료로서의 정치적인 삶의 실상은 겉으로 드러난 높은 관직에 따른 풍류와 화려함보다 그 뒤에 깔리는 한 인간으로 개인적인 생활에서 부닥친 그림자에 더 주목하였다. 그 결과 그가 남긴 가사, 특히 「관동별곡」, 「사미인곡」, 「속미인곡」에는 향수하는 이들이 청아하고 풍요로운 분위기와 아름다운 언어들 속에 펼쳐지는 서정적인 자아인 송강이 군주를 은유한 미인에 대한 변함없는 애정을 보여줌에서 감동을 자아내는 방식을 서포는 하나의 소재적 원천으로 수용하였다. 특히, 서포 김만중은 유배지에서 모친을 위한 소설 창작하면서 모친이 권유한 송강가사의 특성[135]인 천상세계와 지상세계라는 이원세계, 그리고 꿈을 통하여 이러한 이원세계 사이에 소통이 이루어진다는 원리를 「구운몽」의 창작에서 적극 활용하였다고 판단된다.

135 설성경, 『윤씨부인의 삶과 그 정신』, 지식과 교양, 2011, 156쪽.

제4장

한시 시어 '구운몽'의 표제화와 유가적 이상향으로의 의미 전환

4-1. 표제의 원천 소재가 된 한시의 시어 '구운몽'의 의미

4-2. 중국 한시와 부에서 주목한 동정호와 소설 「구운몽」의 핵심 공간

시어를 확장시킨 표제의 의미

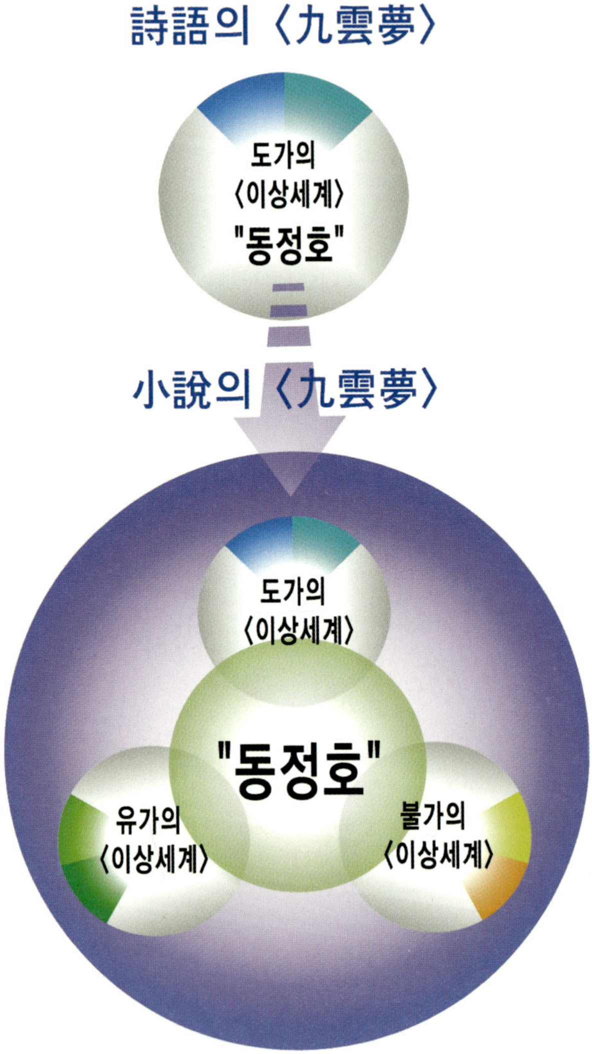

4-1. 표제의 원천 소재가 된 한시의 시어 '구운몽'의 의미

(1) 표제인 '구운몽'의 의미에 관한 여러 견해들

「구운몽」의 본질적인 주제를 탐색하는 과정에는 표제를 통하여 주제의 징후를 분석해 내는 길이 열려 있다. 그 이유는 「구운몽」의 표제는 일반 소설과는 판이한 복잡한 의미망을 지니고 있기 때문이다. 즉, 일반적으로 소설의 표제는 작품의 소우주로서 그 수사적인 중요성과 작품 내용의 잠복성을 굴절시키는 프리즘 역할도 하기 때문이다. 그러므로 표제는 작품의 얼굴임과 동시에 작품의 창의성을 평가하는 척도도 된다. 이러한 전제에서 본다면, 「구운몽」의 표제가 지닌 원천과 그 상징 내지 은유적인 의미를 탐색하는 것 또한 본질적인 주제 탐색에 주요한 역할을 하게 됨을 알 수 있다.

「구운몽」이라는 표제의 의미 탐색에 관한 연구사를 살펴보면 여러 가지 견해들이 제시된 바 있다.

정주동은 「구운몽」 표제의 의미를 다음과 같이 설명하였다.

> 九雲夢은 제목부터 불교적일 수밖에 없다. 그런 점에서, '九'는

九穴, 九界로, '雲夢'은 無常 無我(虛妄)으로 해석하여 諸行無常 諸法無我와 결부시켜 보려는 견해는 얼마만큼 설득력이 있다. 그러나 제목이라 하여 그 의미하는 바를 너무 관념적으로 추구할 필요는 없다.[1]

이능우는 「구운몽 분석」[2]에서 구운몽을 해석하면서 '구'는 음양의 양(陽)으로, '운'은 운우지락(雲雨之樂), '몽'은 남녀 간의 성적인 의미로 파악하고, 이들은 모두 섹스와 연계된 말이라 하였다. 그래서 작품 속에서 어머니 콤플렉스, 성적 변태, 동성애적 경향, 여인의 동일한 연상 등의 사례를 들면서 작자의 전기적인 사실과 연계시켜 해석하였다.[3]

그러나 이가원과 이재수는 '구운몽'이라는 표제의 의미 풀이에서 다음과 같이 설명하였다.

(1) 性眞과 八仙女가 雲間 石橋 위에서 서로 만나서 仙·佛의 淸淨 또는 幻滅의 法에 대하여 회의적인 태도를 가진 것이나, 인간 楊少游와 八夫人으로 환생하여 부귀공명의 갖은 행복을 누린 것이나, 염세주의에 따른 극락세계에 귀의한 것이 달관적인 견지에 있어서는 모두 일장춘몽에 지나지 않음이니, 이는 위에서 이른바 陶庵의, "大旨以功名富貴 歸之於一場春夢"이 곧 그것이다. 그리고 '九'의 수자는 또한 「구운몽」에 등장된 남주인공 하나와 여주인공 여덟을 가리킨 것이었다. 뿐만 아니라, 서포의 일생에는 '꿈'이 많은 多感多夢的인 생활을 거듭하였으며, 또 '구름'의 환상적인 이상이 풍부하였으니, 이는 『西浦文集』 중에 실린 구에서도 나타났었다. (중략)

1 정주동, 「구운몽의 불교관적 고찰」, 『동양문화』 6·7집, 영남대학교 동양학연구소, 1968, 300쪽.

2 이능우, 「구운몽 분석」, 『숙대논문집』 42집, 숙명여자대학교, 1972.

3 정규복, 『한국 고소설사의 연구』, 보고사, 2010, 164쪽.

이와 같이 '구름'과 '꿈'을 各叙할 때도 있거니와, '꿈'과 '구름'을 雙叙한 것도 없지 않았으니, 이로 보아서 서포 일생의 詩境은 거의 '구름'과 '꿈'으로 장식하였던 것이다.4

(2) 「구」자에 대하여 불교에서 「구」라는 숫자가 붙은 독특한 용어가 많지마는 가장 「구운몽」이란 뜻에 알맞은 용어는 「구공」이란 말이 아닐까 한다. 『열반경 이십구』에 「男女等根九孔不淨」이라 한 바와 같이 우리 인체에 뚫어져 있는 양안공, 양이공, 양비공 및 대소변공 등 구처는 다 쾌락을 구하는 탐욕의 공으로 부정한 것이며, 이는 결국 무상한 것으로 고의 원인이 되는 것이다. 지금도 승려나 신도들이 아홉 개가 꿰어 있는 염주를 가지고 굴리고 있는 것은 부정의 탐심을 끊어 버리겠다는 염원에서 나온 습속일 것이다. 「구공」이 이런 뜻이라면, 「구운몽」의 「구」도 부정하고 무상한 뜻으로 가져온 수자일 것이며 특히 「구」자 다음의 「구운몽」이란 뜻으로 미루어 이런 짐작은 더욱 적합할 것 같다.

「운몽」에 대하여 『운』은 「生也一片浮雲起 死也一片浮雲滅」의 「운」을 말한 것이며, 『몽』은 『금강경』의 게송에 「一切有爲法 如夢幻泡影 如露亦如電 應作如是觀」이라 한 「몽」자인 것이다. 참으로 일체의 현상은 무상하여 뜬 구름과 같고 꿈과 같은 것이다. 불교에서는 모든 현상은 다 변하고 참됨이 없으며 있다고 한다면 비로 무상 무아한 가체인 것이다. 언제까지나 있을 줄로만 믿고 있는 나의 정신은 참으로 허망하기 그지없는 것, 영겁의 시간과 무한대의 공간의 교차점에 선 이 몸은 하루살이처럼 할딱거리다가 사라져야 될 운명이야말로 뜬구름이요, 일장춘몽이 아니고 무엇이겠느냐? 결국 「운몽」은 무상하고 허망하기 그지없는 이 사바세계를 두고 말한 것이요, 따라서 그 위에 붙은 「구」라는 숫자도 이런 뜻과 관련 지워 생각하

4 이가원, 『구운몽 역주』, 연세대학교출판부, 1970, 16-18쪽.

여야 할 일이다.[5]

위의 인용을 통해서 보면, (1)에서 이가원은 「구운몽」의 의미는 아홉 명의 남녀주인공이 꾸는 구름 같은 꿈으로 해석하고 있다. 또, 이재수는 (2)에서처럼 「구운몽」을 불교적인 의미로 바라보았기 때문에, '구'는 구공(九孔) 등의 무상한 것으로 고통의 원인이 되는 것으로, '운몽'은 무상하고 허망하기 그지없는 이 사바세계를 상징한 것으로 해석하였다.

필자는 2002년에 표제가 지닌 철학적 기저와 텍스트 내적인 연관성을 다음과 같이 제시하였다.

> 「구운몽」의 표제가 지닌 특성은 '구'는 「태극도설」을, '몽'은 금강경을 소재적인 원천으로 하는 철학적 의미가 기저에 깔고 있다는 점이다. 구운몽 표제의 제1음절 '구'는 유가의 태극도설을 소재적 이치의 근거로 삼고 있다. 「구운몽」의 주요 사건은 1인의 남성 주인공과 8인의 여성 주인공 사이에서 일어난다. 이 중에서 8인의 여성들은 도가의 스승인 위부인, 불가의 스승인 육관대사, 그리고 성진 또는 양소유라는 개성적인 1인과의 상대역이 된다. 여기서 강조된 '하나와 여덟'의 배합은 태극과 음양, 사상, 팔괘의 역(易)의 배치에서 일반적 '음과 양'의 배합과는 다른 '태극과 팔괘'의 배합이치를 근간으로 이루어진 대응으로 판단된다.
>
> 이는 역에서 태극, 음양, 사상, 팔괘로 운동하는 각 층의 내의 횡적 대응으로서의 8개체간의 상대성과, 태극과 팔괘간의 종적 대응을 남녀와 사제의 관계 설정에 활용한 수적인 대비의 결과에 해당된다. 이런 작가 의도가 일상적인 남녀의 간에서의 일대일이나 일대

5 이재수, 『한국소설연구』, 선명문화사, 1969, 262쪽.

삼이라는 삼각관계와의 차이다.

육관대사의 제자 성진은 금욕을 지향하는 사미승이지만, 그와 짝이 되는 여성은 여덟 명의 선녀라는 것은 상당히 예외적인 발상이기는 하지만, 「태극도설」 등에서 보여주는 상징성이 이들의 수적 많음의 이치를 뒷받침해 주고 있기 때문에 보다 과장된 느낌과 더불어 안정되고 친숙하다는 느낌을 수적 대응에서 찾아볼 수 있다. 즉, 예외적이고 과장된 인물 수의 설정에 독자에게 거부감보다는 친근한 낭만성을 제공하는 까닭은 소재의 철학적 바탕에 주역의 「태극도설」의 이치가 문화적 전통으로 뒷받침되고 있기 때문이다.

주역에서, 특히 주염계의 「태극도설」에서 태극이 건곤으로 운동하고, 그 건은 양인 남성의 길로 나아가고, 곤은 음인 여성의 길로 나아간다. 「구운몽」에서는 남성 주역과 여성 주역의 인물 수의 설정에 이런 이치를 토대로 삼고 있다. 그래서 남성 주역인 불가의 성진은 음양 운동에서 양의 상징인 적극적, 국가적, 정치적 측면의 길인 동적인 데로 나아가면서 개체로는 깨달음의 길로 나아감이 목표가 된다. 그러나 여성 주역인 선가의 8선녀는 음의 상징인 소극적, 가정적, 생활적인 집단 간의 화평의 길로 나아감이 목표가 된다. 특히, 후자의 8선녀는 선몽 중에 팔여인이 되어서는 가정이란 소집단 안에서의 조화와 평등의 내밀화된 조화의 세계를 지향한다. 이는 그들 8인이 양소유라는 가장을 주축으로 한 가족으로서 관음보살 앞에서의 집단내의 신의와 구성원간의 화평을 맹서하는 기도문에서 분명히 드러난다. 이러한 양소유를 정점으로 하는 9인의 화평은 결국 유가의 삼강인 군신, 부부, 부자간에서 군과 남편으로서의 부와 아비로서의 부는 신하와 부인과 자식의 벼리가 됨을 보여준다. 물론, 작품의 드러난 이야기로서는 부부간의 관계는 직설적으로, 부자간의 관계는 사제 관계로 전환 대체시켜 부각시키지만, 실은 이러한 전환 대체는 우의적 기법에 따른 현상에 지나지 않는다.

작품 내에서는 음의 기능인 여성적 기능은 역의 팔괘로 각각 상징된다. 8인의 여성들은 팔괘처럼 개체로 활동하기도 하고, 때로는 사상처럼 네 집단으로, 때로는 음양처럼 두 집단으로, 때로는 태극처럼 8인을 한 집단으로 통합되어 활동하게 한다. 그 때문에 8인의 여성들은 사건 전개 속에는 이합과 집산, 즉 분리와 통합의 역동적 과정을 보여준다. 이는 「태극도설」에서 보여주는 음의 길에 대한 서사화로서, 8인의 여성들이 펼치는 활동에 대한 철학적 이치가 된다. 그래서 8인의 처첩의 행동은 철저히 의도된 8인의 행동이 되어 인물별 개체적 성격의 투사로 드러난다. 이 점이 성진과 8선녀, 특히 선몽 중의 양소유와 8처첩의 사랑과 혼사의 장애와 해결, 월왕과의 대결에서의 승리라는 전후반 사건의 중심축으로 작용하고 있다. 일반적인 사랑의 삼각관계를 확장시킨 중첩된 겹삼각 관계의 설정을 가능하게 한 남녀 9인간에 펼치는 '팔각의 관계'라는 확장된 삼각관계로 설정된 근거이다.

이처럼 팔괘의 이치에 근거한 여성들인 8여인은 그러하다고 관념화된 인물들이 아니다. 나름대로 각각의 처지에서 생동하는 인물들이다. 자신이 바라는 이상적 남성이라면, 부실의 자리도 만족하며, 8인이 각각 자신의 세계를 지니고 있다. 남의 세계를 넘겨다보지 않는 아량과 교양을 갖추고 있다. 이런 이들로 구성된 한 가정에서는 애정의 시샘이나 질투가 없고 자신의 역할을 충실히 감당하며 타자의 권위와 인격을 인정해 주는 상호 보호적인 공동체가 구축된다. 이는 8인이 만든 가정의 만리장성과 같이 영원한 행복으로 나아가는 비법이다.

이들 8인의 등장은 그들 간의 차등과 동등을 보여주기 위한 설정이다. 즉 이들 8인이 8선녀나 8여승으로 있을 때는 단체로 행동하고, 개인을 드러내지 않는다. 그러나 양소유의 8처첩으로 활동하는 선몽 속에서는 대부분 개별적인 존재로 활동하면서 각각의 처지에서 각기의 인생을 살아감을 보여주기도 하는 사회적 차등 속에서도 정신적, 인격적인 평등을 지향하게 된다. 작품 속의 이런 전개는 작가나 독자의 현실세계에서 바라본다면, 현실의 부조화의 하나로 군신간의 파당적 갈등, 왕과 왕비 및 궁녀들 간의 치열한 갈등을 풍자하게 된다.

이를 종합해 보면, 「구운몽」의 표제의 첫 음절인 '구'는 이런 『주역』, 특히 「태극도설」에서 풀이하고 있는 태극, 음양, 사상, 팔괘의 관계상의 이치를 바탕 소재로 삼아 사제, 부부간의 이상적인 관계상을 나타낸다. 그리고 성진과 8여인들을 내세워서는 우주적인 질서에 호응한 한 행복한 가정의 구성원들이 실현한 완벽한 조화의 삶을 모형적으로 제시하고 있다. 즉, 표제의 '구'는 이처럼 일과 팔의 배합에 따른 이상적 조화를 상징하는 수이며, 「태극도설」 등이 뒷받침하는 철학적 의미를 깔고 있는 있다.

또 표제의 '몽'은 일반적인 제자 방식인 '전' '록' '기' '곡' 등과는 의미의 깊이가 다르다. 즉, '몽'은 「양주몽」, 「요대몽」 같은 중국설화에는 사용된 적이 있었지만, 소설의 제자 방식으로 본격적인 전용을 보인 것은 「구운몽」에서 처음이다. 그러기에, '몽'이라는 제자 방식은 설화 차원에서는 익숙한 형식이요, 소설 차원에서는 새로운 시작[6]이라는 전통과 혁신의 양면성을 보인다.

「구운몽」의 '몽'은 '선적인 몽유'로서의 '몽'이라는 독특한 의미망을 구축하고 있기에, 그 혁신의 정도는 상당히 질적 전환을 이룬 것으로 평가가 된다. 즉, 「구운몽」은 인도의 육관대사가 중국에 들어와서 『금강경』을 설법하고, 제자 성진은 10년간의 수도 끝에 이 설법의 이치를 깨치고 더 이상이 없는 지혜를 터득하게 된다는 줄거리를 외화로 삼고 있다. 육관대사가 늘 지니고 다니면서 설법하는 『금

---

6 소설로서는 「구운몽」의 〈몽〉이란 제자 방식이 나온 이후에 국내나 외국 작품에서의 「홍루몽」 등에서 〈몽〉 제자법이 등장한다. 국내에서는 옥련몽, 옥루몽, 옥린몽, 玉仙夢, 유화기몽 등이 나왔다. 중국과 일본에서는 「홍루몽」 등이 나왔을 정도로 「구운몽」의 〈몽〉 제자 방식은 동아시아권에서 선두주자로 나타났다. 국내에서는 〈夢字小說〉이란 유형성을 가능하게 할 정도로 그 후의 작품의 제자법에 실질적인 영향을 미쳤다.

강경』은 일체의 유위법(有爲法)은 모두 꿈과 같다는 것을 비유의 요체로 삼고 있다.

이런 『금강경』의 이치를 작가는 이 작품의 서사체계의 골격으로 삼고 있기 때문에, 작품의 약 9할이 성진의 선적인 몽유 이야기로 진행된다. 이런 선적인 몽유는 주인공 성진이 참선 중에 자기 존재가 성진에서 양소유로 윤회전생을 하게 되고, 양소유로서 한평생을 살다가 선몽을 깨게 되고, 이 선적인 몽유 체험을 근거로 하여 비로소 『금강경』이 제시한 꿈의 비유를 터득하여 대오하게 된다는 것으로 사건이 진행된다.[7]

위의 인용에서 보면, 필자는 「구운몽」의 표제에는 「태극도설」의 이치가 첫 음절인 '구'에, 『금강경』의 이치가 '몽'의 의미화에 각각 기여를 하고 있는 것으로 보았다.

또, 배영희는 '구운몽'이라는 표제가 지닌 상징성에 대하여 다음과 같이 해석하였다.

소설 제명에 나타난 '9'와 '구름', 그리고 '꿈'속에는 동 · 서양의 가장 이상적 철학이 암시되어 있다. 이들이 모두 하나로 만나는 곳에는 제명의 뜻이 지닌 명당구실(明堂九室)을 뜻하는 인류의 실낙원이 나타난다. 수에 관한 철학은 동 · 서를 가리지 않고 음악 · 수학 · 문학 등에서 골고루 발견된다. 피타고라스 학파의 필로라우스는 "조화로운 수의 본질은 존재의 원리"와 결부시켜 '수'로 철학을 말한다. 유대인의 전통적인 『창조의 서』에서는 이 세상이 10개의 숫자와 22개의 글자로 이루어졌다고 한다. 이 수의 문자들을 이해하면 인간과 우주를 이해할 수 있다고 한다. 그 외 '마야의 십진법'과 메

7 설성경, 「주제와 표제의 의미망」, 『한국민족문화연구』 19 · 20집, 부산대학교 한국민족문화연구소, 2002, 157-158쪽.

소포타미아 문화권 등에도 유사 의미가 보인다.

동양의 경우뿐만 아니라 서양에서도 역학은 존재해 왔다. 역학의 표현 기법은 동·서를 하나로 연결하는 고대의 기층문화 속에서 발견된다. 수의 본질은 바로 인간 존재의 본성탐구와 관련된다. 형이상학적 명제와 관련된 유럽의 수리학은 대이론을 형성하였다. 피타고라스의 수학적 논리가 출현한 이후 서구 유럽은 '수와 비례' 속에서 자연의 심오한 법칙, 즉 존재의 원리를 찾았다. 이러한 고대 문화적 현상은 동·서가 다르지 않다. 예컨대, 『오시리스』 신화에서 태양신은 자연신, 인간신의 조화인 '9'로 표현된다. 이와 마찬가지로 소설 속의 '9'를 역학적으로 분석하면 "가장 순수한 양(陽), 최고의 건(乾)" 임을 상징한다.

제명에 나타난 '9'를 외면적으로만 풀이하면 지금까지의 해석대로 아홉 사람의 숫자적 의미가 될 뿐이다. 또 '구름'의 의미도 일장춘몽의 뜬 구름으로 해석된다. 이러한 과거의 해석은 조선 후기의 문화적 특징을 고려치 않고 구름과 수가 지닌 형이상학적 관념을 함축한 철학적 사유를 간과해 버린 탓이다. (중략)

'9'를 역학적으로 분석하면 건위천(乾爲天)의 상이 하늘의 본성으로 나타난다. 제명에 나타난 '9'는 주인공이 구도를 완수하여 모든 사물을 위대한 하늘의 시야로 관망하는 경지가 되었다는 뜻이다. 이때는 구도적 의미에서 천안(天眼)이 열려 도솔천과 같은 극락세계가 열리는 경지를 말한다. (중략)

구운몽의 제명에서는 용이 구름 속으로 승천하는 구운으로 표현한다. 내용에서는 "백호빛이 세계에 쏘이고 하늘 꽃이 비갈이 내리더라"라고 구품극락의 상태로 묘사한다.

'백호빛이 세계에 쏘인다'라는 뜻은 무색계(無色界)로 동·서의 구분이 없다. 정신이 각성으로 인하여 사람의 정수리에서 지혜의 빛이 발현된다는 뜻이다. 이러한 모티브는 서구의 경우에서도 자주 나타난다. 예컨대, 이집트 왕의 이마에는 지혜의 각성을 의미하는 코

브라가 새겨져 있다.[8]

또, 사재동과 송성욱 그리고 이강옥은 「구운몽」이라는 작품의 표제가 지닌 의미를 다음과 같이 설명하고 있다.

> (1) 제목은 언제나 그 작품의 핵심과 직결된 眼睛 같은 것이므로, 바로 작품 내에서 그 진의를 풀어내야만 순리적이기 때문이다. 그렇다면, '九'는 一과 八의 대합으로 보는 것이 옳겠고, 우선적으로 一男八女의 九人을 一切 인생의 표상이라 할 수 있겠으며, 결과적으로 一佛 八菩薩의 九佛菩薩을 諸佛菩薩의 의미라고 새겨볼 수 있겠다. 여기서 '雲夢'은 현상적으로 虛妄 無常 無我 空相 眞空 등을 표현하고 있으나, 실상적으로는 皆是虛妄의 卽見如來. 무상, 무아의 涅槃寂靜 諸法空相의 不生不滅 無上正覺 眞空의 妙有를 원만 함유하고 있는 터라 하겠다. 그러므로 九雲夢은 표면상으로는 일체 인생의 허망, 무상한 표성을 顯示하고 있지만, 내면상으로는 諸佛菩薩의 正覺 涅槃 永遠 妙有한 실상을 密示하고 있는 것이라 해명된다. 그래야만, 이 제목이 구운몽의 要諦 核心과 직결된 眼睛으로서 그 기능을 발휘한다고 보아지기 때문이다.[9]

> (2) 제목의 '구운'은 주인공 성진과 팔선녀를 가리키며, 인간의 삶을 나타났다 사라지는 구름에 비유하고 있으니, '구운몽'은 결국 이들 아홉 사람이 꾼 꿈이다. 이 작품에서는 인생무상, 일장춘몽, 즉 인생의 덧없음이라는 주제를 주인공 성진의 하룻밤 꿈을 통해 보여준다.[10]

---

8 배영희, 『구운몽과 동·서철학의 만남(상)』, 민속원, 2001, 337-338쪽.

9 사재동, 『한국고전소설의 실상과 전개』, 중앙인문사, 1999, 704쪽.

10 송성욱, 『구운몽』, 민음사, 2003, 258쪽.

(3) 구운몽은 남주인공 양소유를 비롯한 여덟 명의 여주인공을 포함한 도합 아홉 사람의 '구름 같은 꿈(雲夢)'을 그려 보인 것이다. 구운몽의 작가가 다양하게 전개해 보인 아홉 주인공의 이른바 '雲夢'은 한 마디로 세속적인 인간의 생활을 의미하는 것이었다. 꼬리를 물고 이어져 나가는 愛憎의 갈등, 권력 상층을 지향하는, 인간의 그칠 줄 모르는 욕망과 출세에 대한 본능적 집착, 전쟁과 살육, 속고 속이는 非情의 정치현실, 사회제도의 비인간적인 메커니즘 등 俗物的인 卑俗한 현실이 극을 향해 파노라마처럼 벌어져 나갔다. 그러나, 그것을 살고 있는 당사자들에게 있어서 그것은 결코 구름도 꿈도 아닌, 엄연한 현실임이 틀림없다. 그것은 우리들이 살고 있는 현실과 꼭 같이 또는 그 이상으로 실감 있고, 절박하기 이를 데 없는 현실이었다. 작가는 제목에서 미리 암시했듯이, 이 모든 것은 결국 한낱 구름 같은 꿈, 實相이 아닌 假相에 지나지 않는다는 主題意識 아래 사건을 엮어 나갔다. 작가는 구운몽이라는 제목을 통해 주인공들이 누리는 인생이 꿈같은, 헛된 것이라는 암시만 한 것이 아니라, 결과적으로 꿈같은 세계를 지향한 '참'의 세계, 즉 본질적 세계에 대한 확신을 동시에 示唆했다. 과연 구운몽은 다양한 형상화와 전개의 과정에서 그와 같은 예감이 헛되지 않았음을 보여준다.[11]

(4) 일견하여 아홉이란 숫자는 남자 한 명과 여자 여덟 명의 작중 인물들에 대한 셈으로 보인다고 하겠다. 그럼에도 외국어로 옮기려고 하는 경우에는 의미가 판이한 여러 번역이 가능한 사실이 드러난다. 생략된 속격의 "의"를 어디에다 끼워 놓음에 따라 해석이 달라지는 것이다. 「九의 雲夢」인 것을 가정하면 아홉 명이 꾼 구름에 대한 꿈이라는 말이 되며 「九雲의 夢」이라면 아홉 개 구름에 대한 「하나」의 꿈이라는 제목이 된다. 전자는 J. S. 게일의 *The Cloud*

11 황패강, 『조선왕조소설연구』, 단국대학교출판부, 1986, 173쪽.

Dream of the Nine[12]이며, 후자는 R. 러트의 *A Nine Cloud Dream*[13]에 해당된다. 그리고 목적언어에서 관사를 쓰는 여부에 의해 쓰는 경우 정·부정 관사를 택하는 여하에 따라 다르게 새길 수도 있는데 가능한 여러 번역은 서로 틀리기는 하지만 각각 작품의 일면에 맞는 것을 발견하게 된다. 이 흥미로운 사실은 다의적 「구운몽」의 풍성함을 예증한다고 하겠다.[14] (중략)

사마상여가 쓴 「子虛賦」라는 부에서 이 지명이 아홉 숫자와 결부되어 있는 두 행도 있다. 세 사람의 회담으로 되어 있는 「사기」에 실려 있는 이 부는 다음과 같이 소개되어 있다.

"子虛虛言也, 爲楚稱, 烏有先生者, 烏有此事也, 爲齊難, 無是公者, 無是人也, 明天子之義'

"말이 빈다는 자허는 초나라를 찬양하며 이런 일이 있나 라고 불린 오유선생은 그를 비판하고 제나라를 변호하며 이 사람이 없다고 부름을 받은 무시공은 천자의 뜻을 밝힌다."

자허가 기리는 초나라의 장점들 가운데 雲夢평야의 넓디넓은 수렵지가 있다. 이에 대하여 부의 말단에 이르러 제나라의 사자가 다음과 같은 반격을 가하고 있다.

呑若雲夢者八九 其於胸中曾不蔕芥(우리나라는 雲夢 같은 것을 여덟아홉 개를 삼켜도 가슴속에 가시나 겨자씨만도 못할 것이다.)

---

12 J. S. Gale, *The Cloud Dream of the Nine*, Published by Daniel, London, 1922.

13 Richard RUTT & KIM Chongun, *A Nine Cloud Dream*, Korean National Commissin for UNESCO, Seoul, 1974.

14 다니엘 부쉐, 「구운몽의 제목에 대하여」, 『동방학지』 136집, 연세대학교 국학연구원, 2006, 400-401쪽.

운몽 아홉 개를 삼킨다는 이 과장법 글귀는 그로부터 계속 사용되어 왔었으며, 후기에 와서 사람들에도 적용되어 어려운 일을 쉽게 해낼 능력이 있다는 것을 표현하게 되었다. 고려시대의 임춘이 지은 시에서 볼 수 있듯이, 한국에서도 알려진 숙어이었다. 그는 경기도 紺岳산에 살던 도인을 찾아 인사한 다음 그 집에서 나와 난간에 다가서고 넓은 경치를 내려다본 인상을 다음과 같이 표현한 바 있다.

臨軒一望大千界 不啻胸中九雲夢(헌함에 임해서 한번 대천세계를 바라보니 가슴속에 운몽은 아홉뿐 아니구나.)

대천계는 이른바 일천삼천세계의 준말로서 불교 우주관에 있어서 삼천 세계를 담고 있는 전 우주를 의미하므로 그 산에서부터 보였던 전망은 웅대했나 보다. 따라서 위의 이 두 행의 뜻은 자명하다. 첫 행은 경치의 광대함을 말하고, 둘째는 그것을 지배하고 소유하는 것과 같은 느낌을 드러내고 있는 것이다. 雲夢 아홉이란 이와 마찬가지로 옛 황제들과 같이 천하의 어디든지 다 다녀보았고 대장과 승상자리까지 올라온 세상의 주인으로 자처할 수 있었다는 사람에 대한 이야기에 알맞은 서명이라 하겠다.[15]

(5) 「구운몽」의 제명의 뜻은 다시 생각할 수 있다. 첫째, 아홉 개의 '운몽', 둘째, 아홉 개의 구름 같은 꿈, 셋째, 아홉 개의 구름과 꿈, 넷째, 아홉 개의 구름은 꿈이다. 첫째는 운몽을 하나의 단어로 해석한 것으로 받아들이기 어렵다. 둘째의 해석은 수식관계가 동어반복이기에 설득력이 약하다. 셋째의 해석은 구름과 꿈을 병치시켰는데, 구름이 망념 혹은 망념에 의해 형상된 가상적 인물을 의미한다면 아홉 개의 구름과 꿈은 양소유 이처육첩과 성진 여덟 선녀가 된다.

---

15 다니엘 부쉐, 같은 책, 402-403쪽.

넷째의 해석은 제명에다 아주 강한 메시지를 붙여 넣은 셈이 된다. 아홉 개의 구름은 꿈이다는 아홉 개의 구름에 대한 꿈이라고도 이해할 수 있다. 전자가 꿈의 인식의 차원에서 사용했다면, 후자는 꿈을 경험 차원에서 활용했다. 셋째와 넷째는 통합될 수 있다. 성진과 여덟 선녀는 망념의 주체이기에 망념에 의해 생성된 인물인 양소유 이처육첩과 함께 망념을 표징하는 구름과 연결될 수 있기 때문이다. 그래서 구운몽은 아홉 개의 구름은 꿈이라는 뜻이 된다.

「구운몽」이 말하는 아홉 개의 구름은 양소유, 이처육첩은 물론 성진 여덟 선녀를 지칭하기에, 양소유와 이처육첩의 삶이 꿈이면서, 성진과 여덟 선녀의 삶도 꿈이다. 그렇다면 이 두 가지 진술은 결국 현실과 환몽을 다 부정하는 것일까? 그렇지 않다.

통상적으로 보면 양소유와 이처육첩의 삶이 환몽이고 성진과 여덟 선녀의 삶은 현실이다. 그러나 육관대사는 양쪽을 다 꿈이라 보려 했다. 먼저 성진과 여덟 선녀의 삶이 꿈이라는 진술은 현실은 꿈이라고 요약된다.[16]

(6) '구운몽'이란 한자 제목은 각각 아홉, 구름, 꿈을 뜻한다. 이 제목의 의미는 어찌 보면 쉽지만, 다른 해석의 가능성이 있기 때문에 간단하게 처리하고 말 것은 아니다. 물론, '구'에 대해서는 특별한 의문이 제기될 것이 없다. 등장인물 성진과 여덟 선녀, 혹은 양소유와 여덟 여성을 뜻할 것이기 때문이다. 하필 주인공 수를 아홉으로 정한 이유는 유가와 불가에서 모두 구라는 숫자가 가득 찬 수로서, 완벽하고 충만한 상태를 의미하기 때문이다. (중략)

엄밀하게 따지자면 '아홉 구름의 꿈'이라는 평이한 해석을 기본으로 삼아 그 밖의 의미를 덧붙일 수 있다고 생각한다. '운몽'의 다른 해석 가능성을 좀 더 생각하며 제목의 의미를 보태 본다. '운몽'

16 이강옥, 『구운몽의 불교적 해석과 문학치료교육』, 소명출판, 2010, 198쪽.

은 우선 중국의 5대 명산 중 남쪽을 대표하는 형산에 있는 못 이름 '운몽택'을 가리킨다. 공교롭게도 『구운몽』이 시작되는 공간은 형산의 연화봉이다. 또 '운몽택' 주변의 누대로 생각되는 '운몽대'를 배경으로 하는 '운몽한정'이라는 고사가 있다. 전국시대 초나라 양왕이 운몽대에서 노닐다가 유명한 문인 송옥에게 과거 초나라 회왕이 운몽대에서 바라보이는 고당관에서 무산의 여신을 만나 잠자리를 함께했다는 고사를 듣는다는 내용이 송옥의 「고당부」에 실려 전한다. 여기서 유래하는 '운몽한정'이라는 말은 남녀의 사랑 혹은 운우지정을 뜻한다. '운몽'은 본래 '운몽대'를 가리키는 말이지만 남녀의 사랑까지 아우르는 의미로 확장된다. 이렇게 본다면, '구운몽'은 아홉 사람의 사랑'이 되니, '아홉 사람의 구름 같은 꿈'이라는 제목도 썩 어울린다.[17]

위의 인용을 통해서 보면, 인용문(1)에서 사재동은 표제의 의미를 불교적인 측면에서 파악하여 '일불 팔보살의 구관음불'의 의미로 보면서, '운몽'은 현상적으로 허망 무상 무아 등의 의미까지 포함한 것으로 보았다. 인용문(2)에서 송성욱은 '구'는 성진과 팔선녀의 아홉 사람을, '운'은 인간의 삶을 나타났다 사라지는 구름의 비유로 보아, '구운몽'은 결국 아홉 사람의 구름같이 무상한 꿈으로 해석하였다. 인용문(4)에서 다니엘 부셰는 "운몽 같은 것을 여덟 개나 아홉 개를 삼켜도 가슴속에 가시나 겨자씨만도 못할 것이다"로, 운몽 아홉 개를 삼킨다는 것과 같은 글귀로 사용되기도 하였으며,[18] 어려운 일을 쉽게 해낼 능력이 있다거나 궐렬함을 느낀다는 임춘의 시에서도 볼 수 있듯이[19] "운몽 아홉이란 옛 황제들과 같이 천하의 어디든지 다

17 정길수, 『구운몽 다시 읽기』, 돌베개, 2010, 15쪽.

18 예를 들어 『文選』 권28, 〈齊謳行〉.

다녀보았고 대장과 승상자리까지 올라 온 세상의 주인으로 자처할 수 있었다는 사람에 대한 이야기에 알맞은 서명"[20]이기도 하다고 보았다.

또, 인용문(5)에서 이강옥은 "운몽 아홉 개가 양소유의 스케일 큰 삶을 대변한다고 볼 수 있을지는 모르지만, 구운몽은 양소유의 일생만을 다룬 것이 아니다. 운과 몽은 모두 양소유의 삶 자체만을 지칭하기 보다는 성진과 양소유의 관계를 지칭한 것이라는 점을 고려한다면, 다니엘 부쉐의 '운몽' 해석은 초점을 벗어났다는 인상을 준다.[21]"고 전제하고, 구운몽의 표제 구성법은 주인공의 이름을 내세우거나 사건의 줄거리를 알리는 식의 다른 소설의 표제 구성법과는 다른 특별한 의미를 함축하였기에 "'구'와 '운과 몽' 그리고 '구운'과 '운몽' 등의 의미를 하나하나 따져 볼 필요가 있다.[22]"고 하였다.

또, 인용문(6)에서 정길수는 '운몽'은 우선 중국의 5대 명산 중 남쪽을 대표하는 형산에 있는 못 이름 '운몽택'을 가리키는 것으로까지 나아갔으나, 표제가 지닌 주제와의 관계까지는 주목하지 못하였다.

(2) '구운몽'이 한시 시어로 사용된 중국의 사례와 그 의미

표제로 사용된 「구운몽」이라는 말은 전혀 생경한 한자 표현은 아니다. '구운' 또는 '구운몽'은 본디 도교적인 배경 속에서 사용되던

---

19 『新增東國輿地勝覽』 권11, 〈積城縣〉.

20 다니엘 부쉐, 「구운몽의 제목에 대하여」, 『동방학지』 136집, 2006, 402-403쪽.

21 이강옥, 『구운몽의 불교적 해석과 문학치료교육』, 소명출판, 2010, 138쪽.

22 같은 책, 138쪽.

한시의 시어로서 흔히 세속적인 포부나 이상을 구현하는 의미로 사용되었다. 한시 시어에서 '구운'을 초월적 세속적인 삶 속에서의 이상 내지 초월적인 이상세계로 사용한 다음의 예가 있다.

門外黃昏噪晩鴉　황혼녘 문 밖에선 갈까마귀 우짖고
瑤塵細逐九雲車　구운거를 뒤따르며 옥가루 먼지 이네
豊年待作三登兆　풍년을 알리니 삼등의 조짐 바라며
暮景重開六出花　황혼 경치 다시 피니 육출의 꽃이라
濁酒無人同此興　탁주에 이런 흥취 나눌 사람 없으니
扁舟有客訪誰家　외론 배의 길손 그 뉘 집을 찾는지
明朝試望東林樹　내일 아침 시험 삼아 동쪽 숲을 보면
百尺寒梢倚玉叉　백 척 차가운 나무 끝 옥가락지를 보리라 〈후략〉

위에 제시한 한시는 채규[23]의 「설화파공운」[24]으로서, '눈'이란 제목으로 소동파의 작품에 차운한 시의 일부이다. 여기서 사용된 '구운'은 신선의 의미이다. 따라서 "구운거"는 신선의 수레라는 의미가 된다.

이밖에도 다음과 같은 장헌[25]의 「상원부인사」[26]에서도 이런 의미로 사용한 예를 찾아볼 수 있다.

七月七日夜　칠월 칠석 밤
王母降漢宮　서왕모가 한궁에 내려오시는데

23 蔡珪(?-1174), 金人, 字 正甫.

24 〈雪和坡公韻〉(소동파를 차운하여 눈을 읊다)

25 장헌, 字 思廉, '玉笥生'은 別號

26 「上元夫人詞」. 상원부인은 『漢武內傳』의 기록에 따르면, 한무제가 西王母와 上元夫人이 전수한 『仙經』을 자줏빛 비단 주머니 속에 넣어 두었다고 한다.

上元何夫人　상원 하부인도
儀衛畧與同　(서왕모와) 위의가 대략 비슷하시네
頭作三角髻　머리엔 삼각의 상투를 트시고
年可二十餘　나이는 거의 스물이신 듯
身著靑霜袍　몸에는 청상포를 입으셨고
坐擁紫霞車　앉아서는 자하거를 잡으셨네
九雲夜光冠　구운의 야광관을 쓰시고
六山火玉佩　육산의 화옥패를 차셨네
斂袂登殿階　소매를 거두어 계단을 오르셔서는
進向王母拜　서왕모께 나아가 절하셨다네 〈후략〉

위의 작품에서도 '구운'은 역시 신선의 의미로 사용되었으므로 "구운야광관[27]"은 신선이 쓰는 밤에 빛이 나는 양광관이라는 뜻이다. 한편 다음의 예는 '구운몽'이라는 시어는 세속적인 포부나 이상이라는 의미로 사용된 경우에 해당된다.

翊贊眞王運　공께서는 우리 왕업을 도우시어
賢聞貞觀初　정관 초에 어질다고 명성 나셨네
胸中九雲夢　가슴속엔 아홉 개 구름 같은 꿈
身後五車書　곁에는 늘 다섯 수레의 서책들
往事遽如此　지나간 일 빠르기가 이와 같은데
斯人今有諸　이런 분이 지금 세상 또 계실지

위의 한시는 「증상렴공만장」[28]이라는 작품의 두 번째인데, 여기

27 〈九雲夜光冠〉
28 〈中相廉公挽章〉

서의 '구운몽'은 청운에 오르고 싶은 장부의 꿈, 즉 세속적인 이상과 포부를 뜻하고 있다. 그리고 아래의 작품은 이동양[29]의 「육삼정맹소만시」[30]이다.

高才恥作書生酸	재주 높으면서도 자만심을 부끄럽게 여겼고[31]
開口論事如翻瀾	입을 열어 일을 논하면 물결이 일어나는 듯 했네
直遣胸中九雲夢	다만 가슴속의 아홉 층의 구름 꿈을 풀어내어
從教世上一邯鄲	하여금 이 세상을 하나의 한단이 되게 했네[32]
淸風庭館賓客散	맑고 서늘한 바람 불어오자 처소의 빈객들 흩어지고
落月屋梁魂夢寒	밤도 깊어 달이 지자 들보 아래 넋과 꿈이 차갑구나
我亦生平舊靑眼	나 또한 평생 반겨 마지않았던 사람이었기에
詩成不見但長歎	완성된 이 시 차마 못 보고 길이 탄식만 할 뿐

여기 등장한 이동양은 다릉시파를 형성하여 대각체를 해체시켰고, 성당시를 추숭했던 명나라의 문인인데, 그는 위의 한시 「육삼정맹소만시」에서 '구운몽'의 의미를 생전에 품었던 포부와 소망으로서의 의미로 사용하였다. 이 한시는 만시라는 작품적인 특성 때문에, 세속적인 이상과 포부로서의 '구운몽'은 "종교세상일한단"[33]은 허망한 한단몽의 이미지로 이어지고 있다.

다음의 한시는 「서중빈진찬」[34]이라는 작품이다.

---

29 생존 연대는 1447–1516년.

30 〈陸參政孟昭輓詩〉

31 참정 육맹소는 재주가 높으면서도 문인들이 부리기 쉬운 '自高自慢'의 객기를 부리는 것을 부끄러워했다.

32 唐나라의 盧生이 邯鄲 땅에서 道士 呂翁의 베개를 빌어서 잠을 자다가 잠깐 사이에 부귀영화를 누리는 꿈을 꾸었다는 것처럼, 육맹소는 이 세상을 그렇게 살았네.

33 從教世上一邯鄲(하여금 이 세상을 하나의 邯鄲이 되게 했네)

吾觀斯人	내가 이 사람의 진영을 보니
胸襟漫汗 如能呑八九雲夢之寬	넘실대는 흉금은 마치 능히 팔·구운몽을 삼킬 만큼 넓고
眉睫鬱勃 有曾活十萬生靈之績	번쩍하는 미목은 십만의 생령을 살릴 만한 공적이 있어
可以垂紳佩玉 規行矩趨	평시에는 가히 큰 띠 매고 패옥을 차, 조정 일을 법도대로 행하겠고
可以飛書走檄 縱橫應敵者也	전시에는 가히 격서를 날리며, 종횡으로 적을 막을 사람이라

위의 한시에서는 '팔구운몽'으로 표현된 시어는 영웅호걸의 기상과 포부로서의 의미를 가지고 있어 '구운몽'이라는 시어의 말이 지닌 세속적인 영웅성을 매우 잘 보여준다.

또, 한시에서 사용된 '구운몽'이란 시어는 세속적인 뉘앙스를 가지는 경우이면서도 포부나 이상이 아닌 세속적인 자잘한 갈등의 의미로 사용된 다음과 같은 사례로 있다.

偉哉造物眞豪縱	위대하도다 조물주는 참으로 호방하여서
攫土摶沙爲此弄	흙 움키고 모래 뭉쳐 이런 물건 만들었나
擘開翠峽走雲雷	푸른 협곡 쪼개 갈라 구름과 우레를 내고
截破奔流作潭洞	달리는 강물 끊어내 호수와 굴을 만들었네
因隨化人履巨迹	인하여 부처 따라 큰 발자취 밟아도 보고
得與仙兄躡飛鞚[35]	신선과 더불어 하늘을 나는 학도 타 보았네
曳杖不知巖谷深	지팡이 짚고 다녀도 암곡의 깊이를 모르겠고[36]

34 〈徐仲彬眞贊〉

35 여기서 고삐란 속세의 인간에겐 말에 해당되지만, 신선들에겐 타고 다니는 학에 해당된다.

穿雲但覺衣裘重　구름 뚫고 올라 봐도 의복이 무젖는 것만 알 뿐[37]
坐看驚鳥救霜葉　서리 맞은 잎새에 몸 숨기는 놀란 새를 앉아 보며
知有老蛟蟠石甕　움푹 파인 바위에 늙은 교룡이 서렸을 걸 알겠네
金沙玉礫粲可數　금·옥 같은 모래알 하도 맑아 일일이 셀 수 있겠고
古鏡寶奩寒不動　오래된 거울·화장함 같은 못은 차갑게 미동도 않네
念兄獨立與世踈　생각하니 형은 세상과 소원한 채 홀로 우뚝 서서
絕境難到惟我共　이르기 어려운 절경을 오직 나와 함께 했네
永辭角上兩蠻觸　달팽이 뿔 위의 만·촉 싸움일랑 영원히 그만두고
一洗胸中九雲夢　흉중의 구운몽도 한바탕 씻어 내세나
浮來山高回望失　높디높은 부래산 돌아보니 길 잃겠고
武陵路絕無人送　깎아지른 무릉길 오갈 사람 없겠구나
筠籃擷翠瓜甲香　푸른 대바구니에 풋것 따 담으니 외껍질엔 향기 돌고
素綆分碧銀缾凍　흰 두렛박줄이 푸른 우물물을 가르니 은병마저 얼겠네[38]
歸路霏霏湯谷暗　돌아오는 길에 안개만 자욱하여 탕곡은 어둑어둑한데
野堂活活神泉湧　들에 세운 사당엔 생기가 넘쳐 신령한 샘에 물이 솟네
解衣浴此無垢人　옷 벗어 여기서 목욕을 한다면 티끌 있는 사람 없겠고
身輕可試雲間鳳　가벼워진 몸으로 구름 사이 봉황을 타 볼 수도 있겠네

위의 한시는 소식[39]의 「동정보유백수산」[40]라는 작품이다. 여기서 "영사각상양만촉 일세흉중구운몽"[41]이란 구절은 "달팽이

---

36 속속들이 계곡을 돌아다녀 보아도 암곡이 얼마나 깊은 줄 모르겠고

37 구름을 뚫고 정상에 올라 보아도 산이 워낙 커서 산의 높이는 모르겠고, 다만 구름에 옷이 젖는 것만 알 뿐

38 흰 두레박줄이 푸른 우물물을 가르고 담겨지니, 그 물을 담은 은병마저 얼 정도로 그 물이 맑고 투명하네

39 北宋 사람으로, 생존 연대는 1036-1101년.

40 〈同正輔遊白水山〉(정보와 함께 백수산을 노닐다)

뿔 위의 만·촉 싸움일랑 영원히 그만두고, 흉중의 구운몽도 한바탕 씻어 내세나"라고 해석되는데, 이 경우 구운몽은 '갈등 많은 세상살이의 얼룩'으로서의 의미를 가진다. 이는 소동파의 자형인 정보가 불화하던 소동파의 누이가 죽자, 소동파가 자형을 다소 원망했던 배후 사정과 관련된다. 이 작품에서 소동파는 백수산에 올라 자신의 자형인 정보에게 그간의 갈등을 잊자고 제안하고 있다.

또 소식의 한시인 「차운정정보유벽락동」42의 "흉중기운몽 여지다회굉"에서, 즉 "가슴속의 운몽택이 있느뇨? 그러고도 남는 곳이 많이도 넓구려"라고 하였다.

이외에도 도·불가적인 초월에 대한 선망의 의미를 지닌 시어로 사용된 명나라 비진의 「차양필대김초행」43에서는 다음과 같은 내용이 있어, 도가와 불가에서의 초월에 대한 선망의 의미를 보여준다.

太倉一米梁魏中	큰 창고의 쌀 한 톨 같은 위나라 대량 땅에
梵王坐處如天宮	범천왕의 앉은 곳은 하늘 궁전 같구나
硨磲瑪瑙珊瑚重	온갖 귀한 차거·마노·산호는 무거운데
護法更有諸天龍	불법을 수호함엔 여러 천룡들이 있다네
醍醐浮香甘露濃	향기 도는 제호술과 농짙은 감로주에
我欲問訊當何從	나는 묻고 싶어지네 무엇을 따라야 할지
惟有一席西津風	오직 한 자락 서녘 나루 바람만 불어오니
快哉八九雲夢胸	쾌재라! 가슴속에 팔·구운몽을 품어 보네
海門直旨扶桑東	해문은 해 뜨는 동녘을 바로 향하고
金鼇兩角爭豪雄	금오의 두 뿔은 서로 호웅을 다투네 〈후략〉

41 "永辭角上兩蠻觸 一洗胸中九雲夢"

42 〈次韻程正輔游碧落洞〉

43 〈費震, 次梁必大金蕉行〉

또, 다음에 인용한 명나라 나기의 「송양명부지곤산서」[44]에서는 특립한 군자의 이상과 포부로서의 의미를 담고 있다.

大丈夫胸中固八九雲夢也	대장부의 흉중에 진실로 팔·구운몽이 있어도
而其宮居粒食燠絺寒裘	살면서 알곡 먹으며 추우면 갈옷 입고 더우면 벗으며 살아가니
亦衆人耳無奇也	뭇 사람들이 들 듣기엔 기이할 게 없네.
至於與人商論 恂恂反反 韜鋒悶頻	남들과 상론을 할 때엔 고분고분하여 예리한 견해는 감추고 머뭇거리며
必有稽疑而無獨往	반드시 상고하고 의심하여 혼자 주장하는 법이 없다. 〈후략〉

또, 다음에 인용한 남송 시대의 유극장[45]의 한시 「후촌시화」[46]에서는 '옛 군자'의 기상으로서의 의미를 담고 있다.

青山爲誰高　청산은 누굴 위해 저리 높이 솟았나
影壓三百里　청산의 그림자가 삼백 리에 드리웠네
竹深已迷橋　깊은 대숲은 교각마저 이미 가리고
荷密半藏水　빽빽한 연잎은 못물을 반쯤 감추었네
區區名利人　구구하게 명예나 이욕 좇는 인간들
坐瞑眞可鄙　눈감고 앉아 보니 참으로 비루하고나

---

44 명나라 羅玘, 〈送楊名父知崑山序〉.

45 宋의 文学家(1187-1269). 字는 潜夫, 号는 后村.

46 劉克莊, 後村詩話.

慨想雲屋中　구름 잠긴 집 안의 강개한 사색인은
恐是古君子　아마도 옛 군자의 풍도를 가진 인 듯
通江石泉滑　강으로 흘러가는 돌샘의 물은 매끄럽고
崩崖朝雪重　벼랑을 무너뜨릴 듯한 아침의 눈은 무겁고나
牧兒心苦飢　소치는 아이는 괴롭고 주릴까 애태우는데
牛寒挽不動　소란 놈은 추운지 끌어도 꼼짝도 않네
誰人倚長松　낙락장송에 기대고 있는 저 이는 누구신지
胸有九雲夢　아홉 빛깔 구름의 꿈을 흉중에 품고 있어라
西風吹屋動　가을바람은 불어와 집을 흔들어 댈 듯한데
一笑無與共　한바탕 웃어젖히고 싶어도 함께할 이가 없네

또, 정구의 「제장영중촉도」[47]에서는 탈속적 삶에 대한 지향의지로서의 의미를 담고 있다. 이러한 의미는 「구운몽」에서 나타나는 탈속적 삶에 대한 지향 의지와 상통한다.

梓州別駕眞雛鳳　재주 땅 별가 벼슬 하는 이는 참으로 앳된 봉황
賞古探奇坐飢凍　굶주리고 떨지언정 옛 기이한 것을 찾아 즐기네
要窺瓊樊蔚藍天　경북의 짙푸른 하늘을 엿보고자 하여
直上潼江歷秦宋　곧장 동강을 올라가 진·송을 두루 밟았네
每逢佳節靜盤礴　아름다운 때를 만나면 고요한 대에 앉아
流出胸中九雲夢　가슴속 아홉 빛깔의 꿈을 흘러나오게 한다
乾坤坱圠本無迹　건곤은 희미하게 끝이 없어 본래 형적이 없고
我獨毫端發神用　나만 홀로 터럭 끝만치 신명한 작용을 발해 보네

또, 왕세정[48]의 「순의공서 잡흥」[49]에서는 고양된 안목으로 작은

---

47 程俱, 〈題蔣永仲蜀道圖〉.

분별을 극복한 인생관으로서의 의미를 담고 있다.

世事一淸一濁 세상일 한 번 맑으면 한 번 탁한 법이요
人情有愛有憎 사람의 정에도 사랑이 있고 미움이 있네
胸中八九雲夢 내 가슴속엔 여덟·아홉 층 구름 꿈이 있으니
何勞瑣瑣淄澠 어찌 쓸데없이 淄水와 澠水를 구별[50]하리오[51]

위에 인용된 '구운몽' 또는 '팔구운몽'은 흉중에 담긴 대장부의 기개를 느끼게 한다. 수평적인 광대함 못지않게 수직적인 정신적 품격의 높이도 느끼게 한다.

전반적으로 여동빈의 황학루 한시, 여옹의 황량몽 고사를 연상하게 한다. 이러한 '팔구운몽 내지 구운몽'은 '동정호를 운몽택'으로 표현하는 중국 지명에 유래한다. 도가, 무창 주변에 위치한 황학루의 시, 특히 최호의 시에서는 맹자의 호연지기에 해당되는 대장부, 유학자의 기개나 기운을 운몽택을 삼키고 뱉는 것으로 표현하는 것과

---

48 王世貞. 자는 元美, 호는 鳳洲. 1547년 진사가 되고 刑部의 관리가 되었으나, 강직한 성격 때문에 당시의 재상 嚴嵩의 뜻을 거역하였다. 엄숭이 구실을 만들어 古都御史인 그의 아버지를 사형시키자, 벼슬을 그만두고 아버지의 무고함을 주장하여 8년간이나 노력한 끝에 명예를 회복시켰다. 그 뒤 다시 지방관에 복귀하였고, 南京의 刑部尙書를 마지막으로 관직에서 물러났다. 젊을 때부터 문명이 높아 嘉靖七才子의 한 사람으로 손꼽혔고, 학식은 그 중에서도 제1인자였다. 후칠자의 맹주격인 李攀龍과 함께 李王이라 불려 명대 후기 의고문파의 지도자가 되었으며, 이반룡이 죽은 뒤에는 그 지위를 독점하였다. 만년에는 白居易·韓愈·柳宗元, 蘇東坡 등의 작품에도 심취하였다. 문학·예술론은 『藝苑卮言』에 수록되어 있다. 중국 四大奇書의 하나인 『金瓶梅』의 작가라는 설이 있다.

49 「順義公署 雜興」의 제29수

50 "白公問曰 '若以水投水何如?' 孔子曰 '淄澠之合, 易牙嘗而知之'"(『列子』, 〈說符〉) "說明將山東淄水, 河南澠水兩條河的水混合起來, 易牙也能將其分辨出來。"

51 전설적 요리사인 역아는 山東省의 淄水맛과 河南省의 澠水맛을 구별한다지만, 우리는 인생을 살면서 어찌 그토록 자질구레하게 분별하며 살아야겠는가?

상통한다.

이상에서 살펴본 바와 같이 구운몽이란 시어는 도교적인 초월성의 함의로부터 세속적인 영웅성, 심지어 세속적인 갈등을 함의하는 용례까지 보여주는 상징성이 깊은 말이다. 글자의 뜻만 놓고 본다면, '구운'이 가지는 층층의 높음과 '몽'이 가진 꿈이라는 이미지는 기본적으로 높다는 속성과 꿈같다는 속성을 가지고 있다. 높음의 함의는 문맥에 따라 각각 초월적인 공간으로서의 높음을 의미할 때도 있고, 세속적인 지위의 높음을 의미할 때도 있기 때문에 한 단어 속에서 상반된 초월성과 세속성이 포괄될 수 있다. 이는 한편 꿈이라는 의미 또한 현실 속에서 꿈꾸는 일탈 혹은 초월로서의 소망이라는 의미로도 읽을 수 있고, 초월적인 입장에서 볼 때 영원할 수 없는 현실의 종국적 허망함이 꿈과 같다고 인식되는 '허망'이라는 의미로서도 읽힐 수 있다.

이처럼 각을 달리함에 따라 서로 다른 의미를 보여주는 '구운몽'의 의미는 상반되는 의미까지 아우르는 넓은 함의를 가지고 있다.

(3) '구운몽'이 한시 시어로 사용된 조선의 사례와 그 의미

중국의 시인들이 한시의 시어로 '구운몽'을 사용한 것처럼 우리나라에서도 고려시대 이후로 조선시대까지 시어로 흔히 사용한 사실을 찾아볼 수 있다. 그 몇몇 사례를 살펴보면, 고려시대의 의종과 명종 시대에 활동한 문인 임춘은 자신의 한시에서 다음과 같은 표현을 하였다.

臨軒一望大千界　누헌에 임하여 한바탕 대천세계를 바라보니
不啻胸中九雲夢　이것이 흉중의 구운몽만은 아니로구나[52]
此間不可無我詩　이런 때 나에게 시가 없을 수 없거늘
況被煙霞助吟諷　연하마저 날더러 읊조리라 부추기네
人生萬事廻頭錯　인생만사 돌아보면 일마다 어긋나나
卜隱高棲誰可共　은거할 곳 골라본들 뉘와 함께하리[53]

이러한 임춘의 시에서 볼 수 있듯이[54] 임춘이 경기도 감악산에 살던 도인을 찾아 인사한 다음 그 집에서 나와 난간에 다가서고 넓은 경치를 내려다본 인상을 "헌함에 임해서 한번 대천세계를 바라보니 가슴속에 운몽은 아홉뿐이 아니구나[55]"라 하였다. 천계는 이른바 일대 삼천세계의 준말로 불교 우주론에 있어서 삼천세계를 담고 있는 전 우주를 의미하므로 그 산에서부터 보였던 전망은 웅대했나 보다. 따라서 위의 두 행의 뜻은 자명하다. 첫 행은 경치의 광대함을 말하고 둘째는 그것을 지배하고 소유하는 것과 같은 느낌을 드러내고 있는 것이다. 운몽 아홉이란 이와 마찬가지로 옛 황제들과 같이 천하의 어디든지 다 다녀보았고 대장과 승상자리까지 올라 온 세상의 주인으로 자처할 수 있었다는 사람에 대한 이야기에 알맞은 서명이라 하겠다. 이재와 당시 선비들은 이 세 글자의 출처와 의미를 대번 파악했음은 틀림없겠으나 그 후배들은 언젠가는 알아보지 못하게 된 것 같다.[56]

52 '구운몽'은 가슴속에서나 상상해 볼 아름다운 大千世界.
53 김인후, 『西河先生集』, 古律詩 五十.
54 『新增東國輿地勝覽』 권11, 〈積城縣〉.
55 "臨軒一望大千界 不啻胸中九雲夢"
56 다니엘 부쉐, 「구운몽의 제목에 대하여」, 『동방학지』 136집, 연세대학교 국학연구원,

또, 권벌[57]은 그의 한시[58]에서 다음과 같이 읊었다.

古戒臨淵懼　옛 말에 못에 이르러서 경계하라 했는데
今知躡谷慢　지금에 계곡을 넘으며 두려움을 알았네
蘿煙朝滿棧　안개 같은 여라덩굴이 아침 잔도에 가득하고
嶽色暮盈窓　산 빛은 저녁창에 가득하도다
爽塏三山一　상쾌한 삼산이 그 하나라면
奇觀五老雙　기이한 오로봉이 그 짝이로다
胸寬九雲夢　흉금이 구운몽처럼 거리낌 없으니
何用倩長杠　긴 교량을 빌어다 어디에 쓰리오[59]

또, 조선전기의 학자인 김인후[60]는 그의 한시에서 다음과 같이 읊었다.

鳴之家設酌　명지의 집에서 술자리를 벌이다가
座中求詩　좌중에서 시를 달라기에 〈중략〉
內翰風流天下聞　한림학사의 풍류야 천하에 자자하고
舞袖蕩漾如翔鴻　춤추는 소매깃도 기러기처럼 너훌대네[61]
異日金鑾殿上人　훗날 이 사람 금란전 위에서
八九雲夢吞心胸　흉중에 팔구운몽을 삼키리니
優游散漫太平春　태평한 봄날 우아하게 노닐며

2006, 402−403쪽.

57 생존 연대는 1478−1548년.

58 〈次韻伯懼〉 權橃은 권벌의 만형

59 冲齋先生文集 詩 白雲庵

60 생존 연대는 1510−1560년.

61 宋 趙令畤의 『侯鯖錄』, 卷7, "東坡老人在昌化, 嘗負大瓢, 行歌田間° 有老婦年七十, 謂坡云 '內翰昔日富貴, 一場春夢' 坡然之° 里中呼此媼爲春夢婆"

獨鶴不與群鷄同　한 마리 학이 뭇 닭들과는 같지 않으리[62] 〈후략〉

심희수[63]는 그의 한시 『증별사은서상윤정지경(贈別謝恩書狀尹正知敬)』[64]에서는 다음과 같이 읊었다.

清風孤竹夏天凉　청풍고죽에 여름하늘마저 서늘한데
筐篚酬恩覲耿光　보답 위해 광주리를 받들어 정성을 보이네
北學細觀周禮樂　북쪽으로 가서 자세히 주나라의 예악을 살피고
東歸剩補舜衣裳　동쪽으로 돌아와 舜 같은 정치에 이바지한다
先將學術分朱陸　학술을 우선하여 주자학과 육왕학을 잘 구분하지만
還就文章擇漢唐　도리어 문장에 나아가서는 한나라와 당나라를 선택했네
增益胸襟九雲夢[65] 이번 사행길로 흉금 속의 구운몽을 더하리니
重逢刮目對珪璋　다시 만나는 날 눈 비비며 사행사를 맞겠네[66]

성혼의 아들인 성문준[67]은 그의 글에서 "우리 마을 중에 마음을 기르는 선비가 있었으니 동양옹이라 하였다. 한 이랑 넓이의 땅에 거주하였는데 뜰에는 화훼를 심고 좌우에 도서를 진열하고서는 고요한 가운데 사물을 관찰하다가 권태로우면 멍하니 앉아서 보는 것을 거두고 고요히 들으며 물상 밖에서 호연하게 정신을 노닐게 하였다. 하루는 그 집에 들렀다가 그 현판에 '죽우당[68]'이라 세 글자를

62 김인후, 『河西先生全集』, 〈七言古詩〉.

63 생존 연대는 1548-1622년.

64 사은사로 가는 서장관 윤기경과 이별하며 준 시.

65 여기서의 '구운몽'은 포부의 의미.

66 『一松先生文集』, 七言律詩.

67 생존 연대는 1559-1626년.

써 붙인 것을 보고서는 나는 웃으며 말하였다. "당주인은 또한 이름을 좋아하는구나! 이름이라는 것은 실체의 짝이 되는 것인데 만약 그 실체가 있다면 이름에 뭐 그렇게 힘쓸 것이 있겠으며, 만약 그 실체가 없는데도 그러한 이름이 있다면 이는 허명이니, 실체 있는 이름도 오히려 귀한 것이 되지 못하는데, 하물며 실체 없는 이름임에랴! 지금 그대의 당에는 대나무라고는 없는 데에도, 억지로 대나무를 가지고 이름을 붙였으니 이른바 허명이 아니겠는가? 그대가 만약 대나무를 사랑한다면 어째서 뜰에다 대나무를 심지 않는가? 또한 대나무에게서는 취할 의미가 많은데 하필 '비'란 말인가? 대나무는 '달'에도 어울리고, '바람'과도 어울리고, 더더욱 '눈'과는 가장 잘 어울리는 것이다. '눈'을 얻으면 가히 대나무의 '곧음'을 볼 수 있고, '달'과 '바람'을 얻으면 대나무의 '맑음'을 얻을 수 있다. 그러니 그대가 그 맑음을 얻으려 한다면 '바람'과 '달'이 당호로 좋을 것이요 그 곧음을 얻고자 한다면 '눈'이 당호로 좋을 것이거늘 자네는 기어이 '비'라고 하였으니 또한 무어라 할 말이 있겠지?"[69]

동양옹이 빙그레 웃으며 말하였다. "그대는 '희이하는[70]' 말을 들어 보지 못했는가? 보아도 볼 수 없는 것을 '희'라고 하고, 들어도 들을 수 없는 것을 '이'라고 한다네. 대저 '본다'는 것과 '듣는다'는 것

---

68 竹雨堂

69 成渾의 아들. 『滄浪先生文集』, 「雜著」, "吾里中有養心之士 曰東陽翁° 居一畝之宮 庭無花卉之植 左右圖書° 靜中觀物 倦則嗒然坐忘 收視反聽而神遊於象外 浩浩如也 一日 造其室 覩其楣有三字曰竹雨堂 余笑曰 主人亦好名者乎 名者實之賓 苟有其實則何事於名 無其實而有其名 是謂虛名 名之實者 猶不足貴 況名之虛者乎 今子之堂未嘗有竹 而强以竹名 非所謂虛名者乎 子若愛竹 何不植之於庭 且竹之可取者多矣 何必雨 竹宜於月宜於風而最宜雪 得雪而可以見竹之貞 得月與風而可以見竹之清 子取其淸焉則風與月可也 取其貞焉則雪可也 而子必曰雨者 亦有說乎"

70 希夷

은 무엇을 가리키고 있는 것인가? 바로 '도(道)'를 말함일세. 도란 '형체도 없고, 소리도 없는 것[71]'이니, 형체가 없기에 볼 수 없는 것이요, 소리가 없기에 들을 수 없는 것일세. 그런데도 도를 듣는다느니 도를 본다느니 하는 것은 무엇을 의미하겠는가? 도란 형체도 소리도 없기에 보통 사람들의 보고 듣는 것처럼 마음으로 하지 않고, 귀와 눈으로 하기에 볼 수도 없고 들을 수도 없는 것일세. 그러나 지인이 보고 들을 때는 귀와 눈으로써 하지 않고 마음으로써 하기에 볼 수도 있고 들을 수도 있는 것일세. 그렇기 때문에 사물을 잘 관찰하는 자는, 귀와 눈을 먼저 다스리는 것이 아니라 마음을 먼저 다스린다네. 마음이 도와 합하여져서 혼연하여 조금의 틈도 없게 되면 천하의 이치가 모두 마음속에 고스란히 담겨지게 되는, 즉 체와 용이 하나의 근원으로 돌아가고, 드러남과 은미함에 사이가 없게 됨[72]이, 가히 형체 없는 것을 보게 되고, 소리 없는 것을 듣게 되나니, 오히려 귀와 눈과 같은 것이야 무엇에 쓴단 말인가?

옛적에 왕자유가 대나무를 사랑하는 것으로 진나라에서 이름이 있었는데, 거처하는 곳마다 대나무를 심어 놓고서는 말하기를 '차군[73]이 없이 어찌 하루라도 살 수 있단 말인가?' 하였으니 사람들은 모두 왕자유가 대나무를 깊이 사랑했다고 알고 있으나, 왕자유가 대나무에 대해서 좋아했다고는 말할 수 있어도 알았다고는 말하기 곤란하다고 나는 생각한다. 왕자유는 마음에 대하여 일찍이 마음을 다스리는 방도를 알지 못하였다. 그래서 대나무를 필요로 한 다음에야 마음을 다스릴 수 있었기에, 하루라도 대나무를 보지 못하면 이내

71 『시경』, 『중용』 33장.

72 『중용』 12장.

73 此君은 곧 竹을 뜻함.

비루하고 인색함이 싹튼 것이다. 대저 마음을 먼저 다스리는 자는 대나무를 아는 자이다. 귀와 눈을 우선하여 다스리는 자는 대나무를 좋아하는 것이다. 대나무를 좋아하는 것은 대나무라는 사물의 형체를 좋아하는 것이요, 대나무를 아는 자는 대나무의 마음을 아는 것이다. 왕자유는 속된 생각과 때가 낀 마음이 오히려 아직 모두 정화되지 못했기에 다만 눈으로써 대나무를 보았을 뿐 마음으로 대나무를 볼 줄을 몰랐던 것이다. 대나무는 대나무고 사람은 사람이란 식이니 아직 능히 대나무와 사람이 하나로 합치하지는 못했다. 그랬기에 대나무의 형체는 보았으되 대나무의 마음은 볼 수 없었던 것이오. 내가 그래서 '왕자유는 대나무에 대해서 좋아하기는 했어도 아직 안다고 할 수는 없다'고 말한 것이라오. 그러므로 대나무의 마음을 알고자 하는 자는 반드시 자신의 마음을 우선 씻어내어 마음이 바르고 곧으며 맑고 밝을 수 있도록 하여 중용을 지켜야 할 것이고,[74] 흉중을 씻어 한 점의 티끌도 없어, 맑은 바람 같고 절조가 빼어나 족히 유림을 감동시킬 수 있어야 한다. 그런 연후에야 바야흐로 마음과 대나무가 합치하여 하나가 될 수 있소. 대나무의 외형을 잊고 대나무의 마음을 보아 일단의 대나무가 이루어져 내 흉중 속에 자리하기를 우뚝 솟아나 없애려 해도 없어지지 않고, 아스라이 오직 도와 더불어 함께하고, 미묘하게 오직 도와 함께 숨을 쉬어 대나무가 나인지 내가 대나무인지 모르는 것이라오. 그러한즉 위수 물가의 천 이랑의 대밭과 기수 동산의 만 이랑의 대밭이 다만 내 구운몽중의 한 물건일 뿐이니, 다시 더 무엇을 하려고 대나무의 형체를

74 원문은 '中立而不倚'. 주자는 중용 해석에서 "不偏不倚無過不及'은 中庸의 中을 의미한다"고 하였기에, '중용을 하다'로 번역했다. 이는 또한 『중용』 제2장의 君子中庸小人反中庸也(군자는 중용하고 소인은 반중용한다를 참고한 것이기도 하다)와도 통한다.

볼 필요가 있단 말이요. 그런 연후에야 대나무라고 말할 수 있다오."[75] 라 하였다.

이처럼 '구운몽'이라는 말에는 도로서의 진리를 깨달아서 '구운몽'을 씻어낸 흉중에 피어나는 또 하나의 우주, 혹은 마음으로 빚어낸 또 하나의 청정한 정신적인 세계를 지칭하는 무한하고 거대한 의미망을 갖춘 말이다.

또, 이춘영[76]은 그의 글에서 "헤어진 후 소식이 묘연하여 다만 북쪽을 향하여 마음을 열어 둘 뿐이었습니다. 벌써 가을바람이 붑니다. 생각하건대 족하께서는 장백산에 이르러 두만강을 따라 사막에 임하여 이역하늘을 바라보고 계시겠지요? 흉중은 진실로 팔구운몽을 삼키는 것뿐 아니겠습니다. 장쾌한 유람입니다! 저는 상순께 뒤늦게 단주에 도착하였다가 갑자기 학질이 도져 자리에 누운 지 스무날 남짓 되었습니다.[77] 〈후략〉[78]"라 하였다.

---

75 "東陽翁逌爾而笑曰。 子不聞希夷之說乎。 視而不見曰希。 聽而不聞曰夷。 夫所謂視之聽之者指何物也。 謂道也。 道無形也無聲也。 無形則不見。 無聲則不聞也。 然而曰聞道。 曰見道者何也。 道無形與聲。 而常人之視聽。 不以心而以耳目。 故不見不聞。 至人之視聽。 不以耳目而以心。 故見之聞之也。 故善觀物者。 不先治乎耳目而先治乎心。 心與道合。 沕然無間。 而天下萬物之理。 擧囿於方寸之內。 則體用一源。 顯微無間。 可以視無形而聽無聲矣。 尙安用耳目爲哉。 昔王子猷以愛竹名於晉。 所居必植以竹曰。 何可一日無此君耶。 人皆以子猷爲知竹之深。 余以爲子猷之於竹。 謂之好之則可矣。 而謂之知之則未也。 子猷之於心。 未嘗知治之之道也。 故待竹而治。 一日不見乎竹。 則鄙吝萌矣。 夫先治乎心者。 知竹者也。 先治乎耳目者。 好竹者也。 好竹者。 見竹之形。 知竹者。 見竹之心。 子猷俗慮塵心。 猶未淨盡。 徒知見竹以目。 而不知見竹以心。 竹自竹而人自人。 未能合而爲一。 故見竹之形而不能見竹之心也。 余故曰。 子猷之於竹。 謂之好之則可矣。 而謂之知之則未也。 故欲見竹之心者。 必先治吾之心。 使之正直而淸明。 中立而不倚。 胷中洒落。 無一點滓穢。 淸風峻節。 足以聳動儒林。 然後方能心與竹合而爲一。 忘竹之形而見竹之心。 一團成竹。 在吾胷中。 如有所立卓爾。 驅遣不去。 沕乎穆乎。 獨與道俱。 渺乎微乎。 獨與道息。 吾不知竹是我耶。 我是竹耶。 夫然則渭濱千畝。 淇園萬頃。 特吾九雲夢中一物耳。 又何必見竹之形。 然後謂之竹乎。"

76 생존 연대는 1563-1606년.

77 "別後音耗杳然。 秪有向北開襟而已。 秋風已至矣。 想足下躡長白沿豆滿。 臨瀚海而望

권필[79]은 그의 글에서 “내 평소 성품이 소탄하여 세상에 부합하지 못해서 예법의 선비들로부터 자못 내침을 당하였다. 그래서 피차 형적에 구애받지 않는 친구가 고작 네 명 정도 남았을 뿐이다. 그나마도 이젠 세상 난리통에 생사마저 알지 못하게 되었다. 지난날 번성하게 교유하던 시절을 낙막한 지금에 와서 생각해 보면 ‘꿈속의 일’만 같았다. 시절을 느끼고 옛날을 회상하며 오언시 네 편을 지었는데, 모두 천칠백 오십언이다. 이름하여 “네 편의 회포”라고 한다. 두보의 “여덟 가지 슬픔”을 모방하였다.[80]

그 시는 이러하였다.

昔在漢京時　옛날 한양에 살던 시절엔
年少尙豪毅　나이 어려 맘껏 호기부렸지
涉世昧樞機　세상이 무엇인지 몰랐고
論詩誇斐亹　시 논하고 꾸며대며 떠벌였네 〈중략〉
太一杳旭卉　태일이 고원한 채 아득할 때에
山河初兆朕　산하가 비로소 조짐을 열었네
絪縕播群物　인온이 온갖 물상에 흩뿌려져
神秀子獨稟　신수함을 그대 오로지 품부 받았네
丹穴弄瑞羽　단혈의 학이 상서로운 깃 희롱하듯
綠耳生赤瀋　명마 녹이가 피 같은 땀을 흘리 듯하여

胡天° 胸中固不啻呑八九雲夢矣° 壯遊哉° 僕乃於上月旬後到端州° 旋爲瘧鬼所苦° 臥席二十餘日”

78 『體素集』, 「雜著」, 〈與友人書〉.

79 생존 연대는 1569-1612년.

80 石洲集 五言古詩 四懷詩 并序
“余性疏誕° 不宜於世° 頗爲禮法之士所絀° 所與忘形不相疑者° 獨有四人焉° 世亂相失° 存沒不可知° 言念曩日交遊之盛° 落莫如夢中事° 感時懷舊° 作五言詩四篇° 凡千有七百五十言° 命曰四懷° 以擬工部八哀云° ”

聲華動湖海　화려한 명성은 온 세상에 진동하고
符彩拔流品　아름다운 문채는 모든 것 능가했네
丹穴弄瑞羽　단혈에서는 상서로운 날개가 희롱하고
綠耳生赤瀋　녹리에서는 붉은 즙이 생겨난다
胸次九雲夢　가슴속엔 품은 것은 구운몽[81]이라
稽天浮大浸　하늘에 이르도록 홍수가 넘실대도다
妙道發開楗　묘도가 발하여 빗장을 여니
世俗安敢闖　세속이 어찌 능히 틈을 보리오 〈하략〉

또, 신민일[82]은 그의 한시에서 다음과 같이 읊었다.

夏山之後世多賢　하산의 後世엔 어진 인물도 많이 났지만
聽松諸孫公第一　송사를 판단하는 일에는 손공이 제일이었네
生而嶄然見頭角　태어나니 그 우뚝하니 두각을 드러냄이
華嶽金精見峭崒　화악 금정이 그 봉우리를 드러낸 것 같았네
趨庭少小學詩禮　어려서 부친 슬하에선 시와 예를 배워 문채가 빛났지만
文彩照耀荊璞質　바탕은 박옥의 순후한 자질 같았네
我時弱冠在東床　내가 스물이던 당시 사위의 신분일 때
君未成童情最昵　그대는 아직 소년이라 우리 서로 가장 친하였지
豈但唱和類壎篪　어찌 다만 唱和하고 壎篪만 불었으랴
亦惟臭同膠在漆　또한 아교로 붙인 듯 옻칠을 한 듯 취향이 같았네
龍灣賓館纔歡娛　의주의 객관에서 막 여흥을 즐기고
坡山故里歸蓬蓽　파주의 고향집으로 돌아가려고 하던 때는
風塵從此一聚散　풍진이 이로부터 일시에 모였다 흩어지고

---

81 '구운몽'은 "소요유"에 나오는 神人의 수준 혹은 마음가짐.

82 생존 연대는 1576-1650년.

流水浮雲幾相失 흐르는 물 뜬 구름이 서로 헤어지는 것 같았네
有離必合兩忘趨 그러나 헤어짐이 있으면 재회도 있는 법
諧笑團圓喜眞率 마지막까지 웃으며 헤어지고 진솔함을 즐겼었지
胸襟吞吐九雲夢 흉중에 구운몽을 삼켰다 토하며
尊酒留連動十日 술항아리 벌여놓고 열흘을 잇달아 보낸 시간들이었네
藏身自期老江皐 강호에서 늙도록 몸을 숨기리라던 스스로의 기약하다
薦名淸時聊一出 맑은 세상에 이름이 천거됨에 한번 세상에 나왔지
長道未及展驥足 그런데 긴 앞날에 천리마 발을 한 번 놀려 보지도 못했는데
中路如何遘厲疾 중도에서 어쩌다가 厲疾을 만났던고
病不相聞忽承訃 병문안도 못했는데 홀연 부고장을 받았고
柩車過門誠倉卒 널을 실은 수레가 대문 앞을 지나니 모두 창졸간의 일
況乃令愛繼夭折 게다가 하물며 令愛마저 요절하게 되었으니
嗚呼天意終難詰 오호라 하늘의 뜻을 끝내 따져 물어볼 수 없구나
室中少婦竟何賴 방안에 젊은 아내는 끝내 누구를 의지할까
堂上雙親泣銜恤 당상의 양친은 소리죽여 울며 동정을 삼킬 뿐이네
佳城已卜行有期 묘자리 이미 보아 두고 기일마저 잡았으나
職事有縻違執紼 직무에 매여 있어 발인[83]에도 못 가 봤네
此生永負蒿里餞 이생엔 영원히 이곳을 떠나 전별하게 되지만
他時泉路交期畢 먼 훗날 다른 세상에서 다시 만나기로 기약하세
爲君和淚強題詩 그대를 위해 눈물 섞인 만시를 쓰며
西望風煙日蕭瑟[84] 서녘을 바라보니 바람에 연기 흔들리고 햇빛마저 음침하네

83 원문은 執紼이니, 곧 "發引"이다. 『禮記』 曲禮上에 다음과 같은 구절이 있다. "適墓不登壟, 助葬必執紼"

84 『化堂先生集』, 七言古詩, 〈成子薦杙挽詞〉.

그는 이처럼, 진솔함의 의미로 '구운몽'을 사용하고 있다.

또, 황종해[85]는 그의 한시에서 다음과 같이 읊었다.

我自少時卽有聞　내 어려서 이런 소문을 들었네.
泗川之睦世多名賢　사천의 목씨 가문에 명현이 많다고
玄軒先生道合蠱上九　현헌 선생의 도는 고괘의 상구와 합치했고
處士高名輝映簡編　처사의 고명은 서책에 빛났다네
當時己卯諸君子　당시 기묘년에 모든 군자들이
先見遠識皆不及焉　그의 선견지명이 멂을 보고 자신들이 못 미침을 알았네
繼有逗日堂相公　이어서 두일당 어른은
事君事親忠孝雙全　임금을 섬기고 어버이를 섬김에 충효를 겸전했다네
請留大賢退溪輔聖學　대현인 퇴계를 붙들어 聖學을 보필케 함은
其辭歷歷至今流傳　그 이야기가 역력히 지금까지 전하네
嗚呼我公生此積德家　오호라 우리 목참판은 이러한 적덕의 가문에 태어나니
雲間鸞鳳天上神仙　구름 사이 난봉 같고 천상의 신선 같았네
金璞由來不留礦　이로부터 金璞을 갈아 숫돌을 닳게 하듯 하니
年未三十豹變鵬騫　서른 살이 못 되어 붕새와 같이 대번 훌륭해졌네
度量雄偉莫敢窺　도량은 위대하여 누구도 예측할 수 없었고
入九雲夢渾渾無邊　구운몽에 들어가니 渾渾하여 끝이 없었네
〈하략〉

오숙[86]은 그의 한시에서 다음과 같이 읊었다.

85 생존 연대는 1579-1642년.

86 생존 연대는 1592-1634년.

自非吾土豈須留　나의 땅이 아니니 어찌 머무랴
旌旆翩翩任遠游　깃발 펄럭이며 맘껏 원유나 하리
轉眄瓊樓成上界　눈 돌릴 사이에 옥루는 상계가 되니
廻翔彩舫向中流　꽃배를 돌려 날아 중류로 향하리
群峯正擁長城面　산들은 바로 장성의 앞면을 옹위했고
亂樹橫遮鉅野頭　숲나무는 비껴 큰 들머리를 막았네
楚客休誇九雲夢　초나라 길손아 구운몽 자랑 말게나
今吾縱目隘寰區[87]　내 지금 휘돌아보니 세상도 좁구려

이경석[88]은 그의 한시에서 다음과 같이 읊었다.

〈전략〉
出沒窮高下　날고 듦에 높고 낮음을 다하였고
浮遊極遠近　떠돌아 노님에 원근을 다했네
胸呑九雲夢　가슴엔 구운몽을 삼키고서
曾不足芥滯　일찍이 족히 조금도 막힘이 없었네[89]

유계[90]는 그의 한시에서 다음과 같이 읊었다.

溟海東南闊　바다의 동남쪽은 넓디넓어
天連一色靑　하늘 잇달아 한빛으로 푸르다
鼇沈朝浪駭　자라는 아침 물결에 놀라고
鯨立夕風獰　고래는 저녁바람에 요동치네

---

87 『天坡集』, 〈自矗石乘船下席〉.

88 생존 연대는 1595–1671년.

89 『白軒先生集』

90 생존 연대는 1607–1664년.

噴薄三山雪 물을 뿜어 삼산의 눈을 만들고
轟馳萬里霆 요란스레 만리의 우레 만드네
平生九雲夢 평생에 품었던 가슴속 구운몽 여기 오니
於此愧零星 자잘한 일들 부끄럽다[91]

박장원[92]은 그의 한시에서 다음과 같이 읊었다.

〈전략〉
野連沙院盡 벌은 사평원과 잇달아 끝없고[93]
江出月溪長 강은 월계동에서 나와 길도다
鳥影拖殘雨 가시는 비를 끌며 나는 새들과
蟬聲引早涼 매미소리에 느끼는 새벽 서늘함
胸襟九雲夢 흉금 속 구운몽에서야
身事一匡床 신세 안락 바라지만
湖海百年計 인생 백 년 사는 계책이란 것이
丁寧黃帽郎[94] 풍파 피해 노 젓는 뱃사공 신세

또, 『익제난고』에는 "서강진감일구흡 운몽부족흉중탄[95](서강물도

91 『市南先生文集』, 〈洛寺東臺望洋(낙산사 동쪽 누대에서 바다를 바라보며)〉.

92 생존 연대는 1612-1671년.

93 이곳에 나온 사평원은 사평리로서, 현재의 신사동 지역, 즉 한강을 사이에 두고 한남동과 마주하는 곳으로, 서울에서 남부 지방으로 왕래하는 대로의 길목이자 나루터가 있어 예로부터 교통의 요지가 되어 왔다. 15세기에 들어서면서 국가가 관료 및 길손들의 편의를 위해 관영 숙박소인 원을 설치하여 사평원이 등장하였다가 폐쇄되고, 얼마 뒤에는 사설 주막이 등장하여 그 기능을 이어받게 되었다. 그 후 주막촌에 불과했던 사평리는 한양 주변에 위치한 교통의 중심지라는 입지 조건을 토대로 상업의 중심지로 성장하게 되었다. 이 월계는 골짜기에는 굽이쳐 흐르는 물길이 사방에서 모여들고, 한강물은 마치 깨끗한 비단을 펼쳐 놓은 듯 왕도를 감돌아 꿈틀꿈틀 흘러가고 있다.

94 『久堂先生集』 한강 가에서 漢上.

한 잎에 들어 마실 만하고 운몽은 가슴속에 삼킬 것도 없었네[96])으로 표현하여 호방한 기상을 드러낸다.[97]"

이처럼, '구운몽'이라는 시어 중에서 서포는 어떤 시들을 직접 읽었는지는 현재로서는 판단하기 어렵다. 그러나 여기에 구체적인 사례로 제시한 한시들은 최소한 서포 이전의 시인들의 작품이기 때문에, 이들 중에서 일부는 서포 김만중이 직접 대할 수 있었던 것으로 추정할 수 있다. 그 이유는 조선 및 중국의 한시에 상당한 조예를 가지고 있었기 때문에, 한두 작품도 아닌 여러 시대에 여러 작가가 시어로 사용한 위의 시들 중 일부를 읽지 못했다고 판단할 근거는 더욱 더 제시하기 어렵기 때문이다.

게다가 서포 김만중과 같은 시기에 활동하였던 유학자 관료인 명곡 최석정[98]은 서포 김만중과 함께 벼슬을 하기도 한 유학자요 시인이다. 그는 한때 서포 김만중이 대제학으로 재임할 때 부제학으로 있기도 한 인물이다. 뿐만 아니라, 명곡 최석정은 『구수략』의 저술도 한 인물이기 때문에, 같은 분위기의 같은 시대의 학가요 문인인 그의 다음과 같은 한시[99]를 읽었거나, 아니면 '구운몽'이라는 시어에 대해 서포 김만중이 최소한 알고 있었을 가능성만은 더욱 높여 준다.

冥探絕巘泝澄瀾　골짜기 더듬어 물줄기 따라 오르니
勝槩逢人地不慳　가는 곳마다 모두 아름다운 경치로다

---

95 西江眞堪一口吸 雲夢不足胸中呑

96 『益齋亂稿』 권1, 〈黃河〉.

97 이강옥, 『구운몽의 불교적 해석과 문학치료교육』, 소명출판, 2010, 137쪽.

98 생존 연대는 1646–1715년.

99 최석정, 『明谷集』, 〈城西錄〉, "以校理言事遭黜 寓居西門外春田 李判書故宅 賦得詩得江山助'

胸裏橫呑九雲夢　가슴속에 구운몽 가득 머금게 하니
筆端還有一江山　붓끝에 도리어 또 한 강산이 있구나
神功正在雕鎪外　신묘함은 바로 새긴 솜씨밖에 있고
奇氣全輸放浪間　기이한 기상은 노닐다 모두 전해지네
老杜夔州差髣髴　두보가 읊은 기주 땅과 거의 방불하니
紛紛餘子莫能攀　분분한 나머지 자들이 어찌 묘사하리오

위에서 살펴볼 수 있듯이 서포 김만중은 「구운몽」이라는 시어를 그대로 소설 「구운몽」의 표제로 사용한 것만은 아니다.

또, 초월적인 의미까지는 나아가지 않았지만, 세속을 등진 의미로서의 구운몽이 사용된 용례도 있다. 이러한 용례를 사용한 시인들의 의미 형상에 나타나는 공통적인 속성은 세속을 등지거나 세속으로부터 버림받았으되, 초월의 경지까지 가지 않은 경우이다. 한시에서 사용된 '구운몽'이라는 시어가 지닌 의미의 기본적인 범주는 위에서 다룬 바와 같이 넓기는 하지만, 초월성으로부터 세속성까지 넓은 함의를 보여주는 부분은 없거나 많지 않다. 이런 세속적 속성은 시어로 사용한 여러 시인들의 '구운몽'에 전체적으로 고르게 분포하는 다양성이라기보다는 몇 개의 특정한 뉘앙스를 중심으로 응결되는 경향을 보여준다.

또, 대부분이 시어로, 부분적으로는 산문에서도 사용되는 '구운몽'은 관습적인 유형성을 보이며 오랜 시간에 걸쳐서 사용되었음을 다음과 같은 계열별 사용 예를 통해서 확인할 수 있다.

첫째 계열은 '구운몽'과 '흉중'이 연결되는 경우로, 그 예는 다음과 같다.

〈1〉 胸中九雲夢(가슴속엔 아홉 개 구름 같은 꿈이 있네)

〈2〉 直遣胸中九雲夢(다만 가슴속의 아홉 층의 구름 꿈을 풀어내네)

〈3〉 胸襟漫汗 如能呑八九雲夢之寬(넘실대는 흉금은 마치 능히 팔·구운몽을 삼킬 만큼 넓네)

〈4〉 一洗胸中九雲夢(흉중의 구운몽도 한바탕 씻어 내네)

〈5〉 快哉八九雲夢胸(쾌재라! 가슴속에 팔·구운몽을 품어 보네)

〈6〉 大丈夫胸中固八九雲夢也(대장부의 흉중에 진실로 팔·구운몽이 있네)

〈7〉 胸有九雲夢(아홉 빛깔 구름의 꿈을 흉중에 품고 있네)

〈8〉 流出胸中九雲夢(가슴속 아홉 빛깔의 꿈을 흘러나오게 한다)

〈9〉 胸中八九雲夢(내 가슴속엔 여덟·아홉 층 구름 꿈이 있네)

〈10〉 不啻胸中九雲夢(이것이 흉중의 구운몽만은 아니네)

〈11〉 胸寬九雲夢(흉금이 구운몽처럼 거리낌 없네)

〈12〉 八九雲夢呑心胸(흉중에 팔·구운몽을 삼키네)

〈13〉 增益胸襟九雲夢(이번 사행길로 흉금 속의 구운몽을 더하네)

〈14〉 胷中洒落無一點滓穢(흉중을 씻어 한 점의 티끌도 없음) 〈중략〉 特吾九雲夢中一物耳(다만 내 구운몽중의 한 물건일 뿐이네)

〈15〉 胸中固不啻呑八九雲夢矣(흉중은 진실로 팔·구운몽을 삼키는 것 뿐이 아니네)

〈16〉 胸次九雲夢(가슴속엔 품은 것은 구운몽이네)

〈17〉 胸襟呑吐九雲夢(흉중에 구운몽을 삼켰다 토하네)

〈18〉 胸呑九雲夢(가슴엔 구운몽을 삼키네)

〈19〉 胸襟九雲夢(흉금 속 구운몽에서야)

〈20〉 雲夢不足胸中呑(운몽은 가슴속에 삼킬 것도 없었네)

〈21〉 胸裏橫呑九雲夢(가슴속에 구운몽 가득 머금게 하네)

둘째 계열은 '구운몽'과 '흉중과 탄(呑)' 또는 '흉중과 탄토(呑吐)'가 연결되는 경우로, 그 예는 다음과 같다.

〈1〉 胸襟漫汗 如能呑八九雲夢之寬(넘실대는 흉금은 마치 능히 팔·구운몽을 삼킬 만큼 넓네)
〈2〉 八九雲夢呑心胸(흉중에 팔구운몽을 삼키네)
〈3〉 胸襟呑吐九雲夢(흉중에 구운몽을 삼켰다 토하네)
〈4〉 胸呑九雲夢(가슴엔 구운몽을 삼키네)
〈5〉 雲夢不足胸中呑(운몽은 가슴속에 삼킬 것도 없었네)
〈6〉 胸裏橫呑九雲夢(가슴속에 구운몽 가득 머금게 하네)

이러한 시어 등에서 관습적으로 사용해 오던 용어를 소설의 표제로 가져온 것이 소설의 표제로서의 「구운몽」이다. 이런 소재적 원천인 시어가 가진 개념이나 이미지는 작가 서포 김만중에 의하여 보다 다양한 의미망으로 재형상이 되었다.

한시와 달리, 소설 「구운몽」의 표제는 각 음절이 각각 독립적 의미와 연계적인 의미가 있다. 즉, '구운몽'이라는 세 음절은 각각 독자적인 의미를 갖춘 것으로 이해할 수도 하고 '구운'과 '몽' 그리고 '구와 운몽'으로 연계된 것으로도 이해할 수 있다. 그뿐만 아니라 분석적인 입장에서 보면, 세 음절이 각각 독립된 의미를 갖춘 '구'와 '운'과 '몽'이 각각 독립적 의미를 가지면서 서로 유기적인 연계성을 가지는 총체적인 의미 관계도 구축하고 있다.

게다가 '구운몽'이라는 표제의 의미는 주제의 의미 형상과 더불어 유가와 불가 및 노장철학의 진리 인식 방법에 근거한 창의적 표제 설정 방식에 의하여 형상된 표제라는 것을 인식하는 창의적 명품 표제에서 독서의 진정한 즐거움을 향수하게 된다.

이로 본다면 한시의 시어로 사용되던 '구운몽'의 의미를 서포 김만중은 시어의 핵심 의미인 도가적인 이상향을 원천으로 하면서도 소설의 표제로 활용함에 있어서는 유가적 이상향으로서의 성인들의 세계와, 불가적 이상향이라 할 수 있는 깨달음의 세계, 불생불멸의 열반의 세계까지 포함하는 의미로 형상시켰다. 그러기에 표제인 「구운몽」은 독자들이 소설 「구운몽」을 독서하기 이전에는 당연히 전통적인 시어의 의미 수준인 유가적인 최대 이상을 지칭하는 수준의 의미망으로 소설 「구운몽」의 의미를 인식할 수밖에 없을 것이다. 그러나 수준 높은 독자들이 소설 「구운몽」을 제대로 독서한 이후에는 소설 「구운몽」이 구현하는 주제의 의미망은 천하의 영역에 다시 천상의 영역까지를 포함하는 대우주적 삶에서 구현되는 유불통합적인 대주제의 의미망으로 확대되고 있음을 인지하는 경지에까지 이를 수 있게 된다.[100] 그러므로 소설 「구운몽」은 시어 '구운몽' 수준의 유가 내지 도선적인 구운몽이라는 용어의 의미망을 불가적인 「구운몽」 속에 다시 유가적인 「구운몽」의 의미망을 통합한 새로운 차원의 거대한 「구운몽」의 총체적 의미망을 새롭게 갖춘 새로운 「구운몽」이라 할 수 있다.

100 이 표제의 복합적인 의미망을 구체적인 서사 속에서 하나하나 풀어내고 있다. 그러기에, 이 작품을 읽는 독자에게는 동일 작가라고 할지라도 작품을 읽는 앞부분에서도 작품을 다 읽는 독후의 표제가 지닌 의미가 달라질 수밖에 없다. 또 나아가서는 독자의 교양 수준에 따라서 또한 그 의미의 수준이 달라질 수밖에 없다.

4-2. 중국 한시와 부에서 주목한 동정호와 소설 「구운몽」의 핵심 공간

'구운몽'이라는 한시의 시어 중의 뒷 2음절인 '운몽'은 중국 지명으로 동정호의 다른 이름으로 사용되기도 하였다.

작가 서포는 한시의 '구운몽'이 지닌 이런 의미와 공간성을 「구운몽」의 창작에서 중요 소재로 수용하여, 중국 동정호와 그 주변 지역을 일컫는 '운몽택'을 주인공들인 위부인, 육관대사, 성진과 8선녀의 활동 공간으로 설정하였다. 그뿐만 아니라, 주제의 비밀을 풀어내는 데 결정적인 기여를 하게 되는 동정용왕이 백의노인으로 화하여 형산의 육관대사가 하는 설법을 경청하는 사건을 비롯하여 육관대사의 제자 성진이 동정용궁에 회사하는 사건, 동정용왕의 딸이 된 8선녀의 한 명이 「구운몽」의 심층적 주제 파악에 긴요한 역할을 하게 되기 때문이다.

이처럼 동정호, 즉 '운몽택'은 현실에서의 동정용왕의 사건, 선몽 중의 백능파 사건 등을 통하여 「구운몽」의 핵심적 공간, 나아가서는 가장 유가적으로는 이상적인 절의의 실현 공간이요, 불가적으로는 최상의 청정한 신성 공간 내지 참선에 의하여 나아갈 수 있는 최고의 경지인 선경에 해당되기 때문이다. 그러므로 표제의 '구운몽'에는 이런 수준의 상징적, 내지 은유적 차원에서의 공간인 동정호가 지닌 역사 이미지를 내포하는 진일보한 의미망을 구축한 복합 이미지를 구축하고 있다.

또 도가적 초월로서의 이상세계를 뜻하는 시어 '구운몽' 중에는 형산을 공간적 배경으로 연계시킨 사례가 나타난다.

명나라 사람 호직이 지은 「증위옹」[101], 즉 '위옹에게 드리는 시'는 다음과 같은 내용으로 되어 있다.

先生閉簾諷道書　선생은 주렴 내린 채 도가서만 외워서
七十朱顔鬢未疎　일흔에도 혈색 붉고 귀밑털 그대로네
曾共伯陽醉蒼液　일찍이 백양[102]과 더불어 창액에 취했고
還同象罔索玄珠　도리어 상망[103]과 함께 현주[104]를 찾았네
人間未肯留名字　세간에 이름 석 자 남기려 않았으나
赤帝外臣[105]無乃是　그대가 바로 적제의 외신이 아니겠소
七十二峯總遊遨　형산의 일흔 두 봉우리를 두루 노닐다가
八九雲夢呑無際　한없는 여덟·아홉의 구름 꿈을 삼키고
更聞黃鶴復歸來　황학이 언제 다시 날아올지 재차 물으며
幾廻飛跨洞庭水　몇 번이나 동정호를 돌아 날아 지나셨소[106]

---

101 胡直, 贈魏翁, 『胡子衡齊』 八卷 ; 『明史』 志 第74 藝文3, 〈胡子衡齊〉.

102 魏伯陽 : 『周易參同契』를 지은 사람.

103 象罔, 『莊子』 외편, 천지에 나오는 가상의 인물.
"黃帝遊乎赤水之北, 登乎崑崙之丘而南望, 還歸, 遺其玄珠, 使知索之而不得, 使離朱索之而不得, 使喫詬索之而不得也。 乃使象罔, 象罔得之。 黃帝日 : 「異哉! 象罔乃可以得之乎?"

104 玄珠. 위의 주석 참조.

105 赤帝는 남방을 다스리는 신이고, 外臣은 그 나라에 속하지 않는 외부인이면서 신하의 도리를 하는 자이다. 魏翁이 남악 형산에 거처하고 있음을 염두에 둔 표현이다. 『儀 禮』, 「士相見禮」, "他國之人則日外臣"

106 胡直(明人), 「贈魏翁」 위옹에게 드리는 시.

여기서 보면, 시어 내지 시의 소재로 나타난 '구운몽'에는 이미 공간적 배경으로서, 형산 72봉이나 그 주변의 동정호 등이 등장하고 있다. 그뿐만 아니라, 최호의 황학루 시에 등장하는 황학까지 등장한다.

또, 원나라의 유인[107]의 작품 「분지」에 쓰인 시어 '구운몽'과 진위의 세계에 대한 철학적 명상을 연계시킨 다음과 같은 내용을 보여주고 있다.

自慚眼孔一盆多	작은 연못 하나에 시선을 많이 뺏기니 쑥스러우나
奈此無邊風月何	끝없이 펼쳐진 이 아름다운 풍경을 어찌 하겠소
莫道渾非九雲夢	이 홍취가 구운몽이 결코 아니라 말하지 마시오
不妨能著百東坡	능히 백동파[108]를 만든다 해도 해로울 건 없다오
斡旋在手天隨轉	알선이야 내 손에 있으니 하늘도 이를 따라 돌고
虛靜如心景自過	잔잔함이 내 맘 같으니 풍경도 절로 비춰 지나오
誰道扁舟托吳越	외론 배로 오 땅과 월 땅에 이 몸을 의탁했으니
爲言吾老怯風波	내 늙어 파도를 겁낸다고 그 누가 말할 수 있겠소

위 한시는 자신의 집 뜰에다 아름다운 작은 연못을 만들어 놓고, 그것을 들여다보며 세상의 근심을 잊는 작자의 심경을 담고 있다.

---

107 劉因(1249-1293)의 「盆池」, 그의 자는 夢吉이고, 호는 靜修로, 철학적 방법론을 엄격하게 적용했고, 역사의 중요성을 크게 강조한 학자로 심학을 크게 강조했다.

108 "東坡從水性中參悟不少佛理, 也是得自佛經偈頌, 『維摩詰經中十譬讚』 八首之一 〈聚沫泡合〉 云
"水性本無泡, 激流遂聚沫° 即異成貌狀, 消散歸虛豁° 君子識根本, 安事勞與奪° 愚俗駭變化, 橫復生欣怛." 『楞嚴經』 云 "反觀父母所生之身, 猶彼十方虛空之中, 吹一微塵若存若亡, 如湛巨海流一浮漚"
〈百步洪二首〉, "正是水境禪心 孫昌武認為東坡禪詩結合著華嚴思想", 「贈東林總長老」, 〈百步洪二首〉 與 〈泛潁〉 等均是.

작가는 비록 실제의 넓은 호수가 아니긴 하지만, 자신이 조성한 아름다운 작은 연못에서 노니는 흥취를 두고 구운몽이 아니라 비난하지 말라고 당부한다. 여기서 사용된 '구운몽'의 의미는 참 기쁨의 원천으로서의 의미이다. 즉 '진인 참'의 세계로서의 의미인데, 이는 다음 구절의 백동파(百東坡)와 정확하게 대척되는 지점에 놓이는 글자로서 '거짓인 허'로서의 의미인 백동파는 유명한 시어로서 이 말의 원전은 다음과 같은 소식의 「범영」[109]에서 근원한다.

我性喜臨水　내 성미가 물가를 좋아하여서
得潁意甚奇　영수 가를 오게 되어 매우 기뻤네
到官十日來　관리로 내려온 열흘 동안에
九日河之湄　한 아흐레는 물가에서 노니니
吏民笑相語　아전과 백성들 수군대며
使君老而癡　사또가 노망났다 하였지
使君實不癡　사또가 실로 노망난 게 아니라
流水有令姿　흐르는 물이 좋아서일 뿐인 걸
遶郡十餘里　고을을 에둘러 십리 물길을
不駛亦不遲　빠르지도 않고 느리지도 않게
上流直而清　상류는 곧고 맑은데
下流曲而漪　하류는 굽고 기슭이 으슥한 강물
畫船俯明鏡　그림배는 거울 같은 강물을 굽어보며
笑問汝為誰　넌 누군고? 웃으며 묻네
忽然生鱗甲　그러다 홀연 물비늘이 지더니
亂我鬚與眉　내 수염과 눈썹을 흔들어 놓아
散為百東坡　흩어져 백 명의 동파를 만드니

109 泛潁

頃刻復在茲　경각 사이에 여기저기 '내'가 있네
此豈水薄相　이는 어쩌면 水薄相[110]이
與我相娛嬉　'나'와 더불어 노는 것이로다.
聲色與臭味　소리, 색깔, 냄새, 맛 등은
顚倒眩小兒　흔히 아이들의 넋을 빼놓기도 하나니
等是兒戲物　이는 어쩜 아이들 장난감 같은데,
水中系磷緇　물속에는 인치가 줄지어 있네
趙陳兩歐陽　조와 진과 두 사람의 구양씨는
同參天人師　천인사에 동참할 사람들이라[111]
觀妙各有得　묘한 광경을 보고 각자 얻음이 있어
共賦泛潁詩　모두 함께 범영시를 짓노라

위에 언급된 백동파는 백 명의 시인 소동파라는 의미이다. 배를 타고 지나며 물에 비친 자신을 보던 소동파가 물에 비친 자신의 그림자를 두고 한 말이다. 이 시는 이후로도 후세 사람에게 전송되며 사랑을 받았다. 이를테면, 명나라의 문학가인 양진[112]은 그의 「백동파」에서 다음과 같이 말했다.

> 동파의 「범영」 시 가운데 "散為百東坡 頃刻復在茲"라는 구절을 두고, 유수계는 『전등록』에 근본을 두었다고 말하였다고 하였다.[113]

110 水薄相은 문맥상 물에 비친 수많은 자신의 상(相)을 의미하는 것으로 보인다.

111 天人師는 부처를 의미하고, 趙와 陳는 趙景貺과 陳履常이며, 두 사람의 歐陽씨는 歐陽叔弼과 歐陽季默이다.

112 楊慎, 楊升庵全集, 『臨江仙』, "滾滾長江東逝水 浪花淘盡英雄 是非成敗轉頭空 青山依舊在 幾度夕陽紅° 白髮漁樵江渚上 觀看秋月春風 一壺濁酒喜相逢 古今多少事 都付笑談中"

113 東坡, 「泛潁」 詩, "散為百東坡 頃刻復在茲, 劉須溪謂本"; 『傳燈錄』, "我今獨自往, 處處得逢渠° 渠今正是我, 我今不是渠"

『전등록』에는 동산 양개선사가 물을 건너다가 자신의 그림자를 보고 깨달은 이야기가 나오는데, 그 게송에 다음과 같은 구절이 있다.

> "내 지금 홀로 제 스스로 가거늘, 곳곳마다 '그놈'을 만나게 되네. '그놈'이 정녕 내가 맞지만, 내가 지금의 '그놈'은 아니라네."[114]

위에서 인용한 유인의 한시 「분지」에서 "능히 백동파를 만든다 해도 해로울 건 없다오[115]"는 거짓으로서의 '가' 혹은 환상의 형식을 통해서도 '참으로서의 진'의 취향을 느낄 수 있으므로, 자신이 만든 아름다운 작은 연못을 두고 '구운몽'이 아니라고 말하지 말라고 당부하고 있는 것이다.

유인은 원나라의 백성이었지만, 남송에 대한 의리를 저버리지 않았던 강개지사였다. 운나라 천자가 유인을 두고 불소지신이라 칭한 것을 보아도 그의 성품을 짐작할 수가 있다. 현실 정치의 공간으로부터 떨어져 있는 학자 유인에게 자신의 세계관을 펼 수 있는 현실 정치 공간이 아닌 곳, 즉 인공 연못일 지라도 자신이 스스로 수양한 내면의 기쁨을 누리는 데는 아무 차별이 없다는 태도를 보여주고 있다.

이러한 사실은 마치 서포 김만중이 현실정치 공간으로부터 축출당한 채 소설 「구운몽」을 통해 자신의 세계관을 피력하고 있는 것과 좋은 대비를 이룬다. 또한 원나라를 대표하는 성리학자인 유인이 백동파와 같은 불교적 취향을 보여주고 있는 것은, 성리학의 생래적 특성을 차치한다 하더라고, 김만중이 불교적 이야기를 다루고 있는

114 〈張彥遠江行八詠圖〉

115 〈不妨能著百東坡〉

소설 「구운몽」과의 관계에 대한 시사점을 제공해 준다.

'참으로서의 진'의 세계로서의 의미를 가진, 유인의 '구운몽'은 작가 자신의 역사인식과 정치현실 속에서 복합적인 의미를 띠는데, 이러한 양상은 다음에 인용한 원호문의 한시 「장언원강행팔영도」와 그 의미가 연계된다.

楚山平浸楚江流　초산은 잦아들고 초강은 흐르는데
放眼江山得意秋　강산에 눈 뺏기다 가을을 깨달았네.
一村霜毫九雲夢　마을이 상호필로 그려낸 구운몽 같아
合教轟醉岳陽樓　흠뻑 취해 악양루에 오르게끔 하네.[116]

중국 금나라 때의 시인 원호문[117]은 당나라 때의 문인 「장언원의 그림 '강행팔영도'」를 보면서, 그림 속 초나라의 산하 경치에 넋을 뺏기다가 문득 그림 속의 계절이 가을임을 깨달았다. 그리고 그 구운몽 같은 아름다운 경치가 작가로 하여금 흠뻑 술 취하게 하고, 악양루에 오르게끔 한다고 했다.

그는 술에 거나하게 취한 것만으로도 이미 호방한데, 동정호에 있는 악양루에까지 올라서기까지 한다면 그 호연한 기분을 가히 짐작할 만하겠다. 그러나 실제로 원호문이 살았던 사회는 금나라의 부패한 사회적 모순과 몽고의 침입으로 야기된 혼란에 요동치고 있었다. 참혹한 시대 상황을 몸소 겪고, 백성들의 삶의 질곡을 직접 목격

116 元好問, 「張彦遠江行八詠圖」(奉使時所見)

117 원호문. 자 裕之, 호 遺山. 당나라 때 元結의 자손으로 금나라가 멸망할 당시, 그는 44세로 左右司員外郎으로 있었다. 정복자 元나라의 벼슬은 거부하고 출사하지 않았으며, 오로지 문인으로서 유유자적한 생활을 보냈다. 그의 시는 陶淵明·杜甫·蘇軾·黃庭堅의 시풍을 계승하였고, 특히 두보의 시에 조예가 깊었다. 그의 작품은 두보의 시구를 요령 있게 이용하여 때로는 두보의 시를 능가하는 중후함을 보였다.

했던 원호문은, 그림 속에서나마 구운몽의 세계를 보았다. 더구나 상호필로 그린 초나라 산하의 미세한 경관은 흡사 실재하는 또 하나의 세상을 보는 듯 착각을 일으키기에 충분하다. 어딘가에 꼭 존재할 것만 같은 아름다운 세상으로서의 구운몽은, 시대적 혼란을 몸소 겪어야 했던 작가 자신의 희구가 빚어낸 환상이다. 공교롭게도 구운몽을 이야기한, 위의 두 작품의 작가들은 모두 금나라와 원나라의 교체시기에 나타난 혼란을 몸소 겪은 인물들이다. 한 사람은 인공으로 조성한 작은 연못을 통해, 다른 한 사람은 다른 사람이 그려놓은 그림을 통해 '구운몽'을 보았다.

이처럼 '구운몽'이라는 시어에는 명나라 호직의 「증위옹」[118]에서 "칠십이봉총유오[119] 팔구운몽탄무제[120] 갱문황학부귀래[121] 기회비과동정수[122]"에 이미 있었던 형산이나 그 주변의 동정호를 공간 배경으로, 진위의 세계에 대한 철학적 명상을 연계시켜서, 소동파의 「범영」[123]에서 근원한 비록 작은 연못에서 노니는 흥취로 유인의 한시 「분지」에서는 '뜰에 작은 연못을 만들어 놓고 들여다보며 백동파(百東坡)의 '거짓인 허'와는 대립되는 참 기쁨의 원천인 '진인과 참'의 세계를 찾아내며 세상의 근심을 잊기도 한다. 즉, 금나라 최고의 시인인 원호문과 원나라를 대표하는 유학자인 유인은 그들이 겪었던 시대적 혼란과 아픔을, 각각 작가로서, 유학자로서 작품 속에서 이상

118 胡直, 「贈魏翁」, 『明史』 志 第74 藝文3.

119 七十二峯總遊遨(형산의 일흔두 봉우리를 두루 노닐다가)

120 八九雲夢呑無際(한없는 여덟·아홉의 구름 꿈을 삼키고)

121 更聞黃鶴復歸來(황학이 언제 다시 날아올지 재차 물으며)

122 胡直, 「贈魏翁」, 위옹에게 드리는 시. 幾廻飛跨洞庭水(몇 번이나 동정호를 돌아 날아 지나셨소)

123 泛穎

세계를 뜻하는 '구운몽'을 꿈꾸었다.

이러한 사실을 종합해 보면, 서포 김만중의 소설의 표제인 「구운몽」은 시어에서 이미 연계되어 사용되고 있던 공간 배경인 동정 및 남악 형산과도 이미 있었던 관련성을 「구운몽」의 표제와 대표 공간으로 가져와서 활용하고 있음을 알 수 있다. 즉, 작가 서포 김만중은 「구운몽」을 창작하면서, 표제에 특별한 관심을 가졌으며, 그런 관심은 형산의 연화봉에서 수도생활을 하는 성진이 스승인 육관대사의 명을 받들어 동정용궁을 내왕하는 내용 등은 통합적인 소재로 차용하여 보다 발전적인 표제의 의미로 유가적, 불가적인 이상향으로까지 그 의미망을 확충시켰음을 알 수 있다.

제5장

『금강경』의 공관론과 선몽구조 속에 내포된 양소유의 유가적 세계

5-1. 『금강경』 공관의 비무상론에 근거해서 구축한 선몽구조

5-2. 육관대사의 『금강경』 설법과 성진의 선적 몽유인 양소유의 일생

단순 몽환과
禪夢의 중층적 서사구조

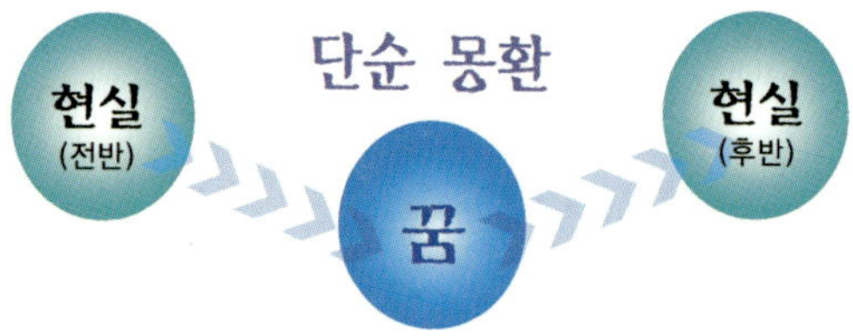

5-1. 『금강경』 공관의 비무상론에 근거해서 구축한 선몽구조

(1) 『금강경』 공관의 핵심인 비무상론에 근거한 선몽구조

서포 김만중은 조선조 문인 중에서 최다의 소설 작품을 창작한 전문적인 작가였다. 그 근거는 첫째, 북헌 김춘택의 "서포는 자주 속언으로 소설을 지었다"[1]라는 단 한 구절에서 그 실마리를 찾을 수 있다. 이 발언은 서포 김만중이 한글로 소설을 여러 작품을 창작하였다는 것이 되고, 그러한 창작 경험은 「구운몽」 창작에 밑거름이 되었다는 해석이 가능해진다. 그러므로 북헌 김춘택의 이 발언은 어느 정도의 신뢰도를 가진 표현인가를 한 번 점검해 볼 필요가 있다.

북헌 김춘택과 서포 김만중의 거리는 참으로 근접 지점에 있음을 다음의 기록이 입증해 준다.

> 우리 집안의 서포선생은 나에게 어버이로서의 자애로움과 스승으로서의 엄격함을 아울러 겸하고 계셨다. (중략) 선생께서 영남의

---

1 김만중, 『西浦漫筆』, 〈北軒後序〉, "西浦頗多以俗言爲小說"

> 남해에 위리안치를 당하셨을 무렵 나는 배편을 이용하여 안부를 물었으며 아울러 스스로 지은 시문을 보내 質正을 구했다. 그러자 선생께서는 매우 칭찬하시며, "이 아이는 충분히 일가를 이루어 세상에 이름을 떨칠 것이다" 하셨다. 이어 다시 이르시기를 "지금 세상에는 문장이 없으니 너는 재주를 믿고 자만하지 말라"고 하셨다.[2]

이처럼 서포 김만중으로부터 추장(推奬)을 받았던 북헌 김춘택은 서포가 세상을 떠난 이후에 추도하는 글을 지어서 혈연으로는 조손 간이요 의리로는 사제 간이라는 사실을 밝히기도 하였다.[3] 그뿐만이 아니라, 서포 김만중의 종제이면서 문화비평서인 『서포만필』의 발문을 지었고, 그리고 스스로도 서포의 「사씨남정기」를 한문으로 번역하였다. 서포가 송강 정철의 가사문학을 굴원의 「이소」에 비교하여 '동방의 이소'라고 하였듯이, 북헌 자신은 서포의 「사씨남정기」가 굴원의 초사 정신을 이은 것이라고 하였다. 그뿐만 아니라 북헌 김춘택은 송강가사를 본떠서 「별사미인곡」을 창작하는 등 서포문학의 맥을 이었던 문인이었다.

그 두 번째의 근거는 서포 김만중이 평소 모친을 위로하기 위하여 패설을 늘 즐기었다. 그는 전문적인 한시 비평을 하였음은 물론 한시비평집을 남겼으며, 일부 작품이지만 중국소설에 대한 단편적인 비평의 글도 남기고 있다. 게다가 대제학까지 지낸 학문적 토양, 그리고 제자백가서를 비롯한 패설류까지 섭렵한 대학자이기에 서포

2 김춘택, 『北軒集』 권2, "吾家西浦先生之於不肖 盖有父之慈 而兼師之嚴矣 顧嘗蒙期許不淺 (중략) 先生方圍棘於嶺南之南海間 因舟船通起居, 兼以不肖所著詩文送質 先生極加稱賞以爲, "此足成家名世" 繼又曰 "世方無文 愼勿臨深自高也" (김춘택, 「謹次從大父西浦先生南海絕句韻」, 『문집총간』 185, 2쪽)

3 이래종, 「사씨남정기 김춘택 한역본 연구」, 『서포문학의 새로운 탐구』, 중앙인문사, 2000, 295쪽.

김만중이 조선조 어떤 인물보다 소설 창작에 관한 구체적인 기록과 한시 시평에 대한 적극성을 기록으로 보이고 있다. 그는 다수의 창작을 한 이후, 종반기에 앞 선 창작의 경험을 토대로 현재까지 전하고 있는 「구운몽」과 「사씨남정기」를 창작하여 앞선 시기의 어떤 작품보다 질이 높은 창작물을 남길 수 있는 객관적인 타당성을 높여준다.

「구운몽」은 형산 연화봉에서 불법을 전수하고 전수받는 육관대사와 제자 성진에 관한 서사가 중심을 이루고 있다. 그런데 이들이 전하고 배우는 경전은 오직 『금강경』 한 권이다. 이러한 사실을 이 작품에서는 여러 불경 중에서 『금강경』을 가장 중시하고 있다는 사실을 보여준다.

이러한 선몽구조의 소재적인 원천은 『금강경』의 공관(空觀)에 해당하는 비무상론(非無相論)과 불가에서 수행의 방법으로 활용하고 있는 참선 형식과 간화선의 화두, 그리고 서사문학의 몽환 형식을 소재로 하여 창안한 참선 형식과 환몽 형식의 묘합에 의한 서사체계이다. 이러한 서사 장치 하에서 전개되는 서술은 서술자가 기저에는 참선이 진행되고 있는 것으로 설정한다. 그 참선이 진행되는 마음을 비우거나 화두를 참구하는 동안 진행되는 불교적인 무화(無化)의 상황에서는 유가적인 주제를 구현할 수 있는 주인공의 구체적인 행동 중심으로 서술해 가는 방식이다. 즉, 독자에게는 형산의 선방에서 참선하는 모습을 가려놓고, 그 성진이 환생하여 양소유로 활동하는 모습만을 서술한다. 그러므로 이러한 서술자의 서술 방식이 유지되는 양소유의 한평생 동안에는 작가만이 형산의 성진과 양소유가 된 성진의 관계를 객관적으로 인식할 뿐이다. 그래서 독자들은 양소유가 성진으로 환원된 다음에라야 비로소 자신이 양소유로 활동한 것은 비록 여실하지만 현실이 아니고, 또 나아가서는 현실이 아닌 것이라는 집착 또한 벗어나야 함을 깨닫게 된다. 그래서 선적인 몽유인 선몽은 성진에서 양소유로 일생동안 진행된 사건은 모두 현실이지만, 참선 내지 선몽이 끝난 다음에는 양소유로의 활동이 꿈으로도 판단할 수도 있었고, 다시 현실로 판단할 수도 있도록 설정되었다.[4]

「구운몽」이 지닌 이러한 서사적인 특수성은 육관대사의 『금강경』 설법과 성진이 벌리는 변형된 형태의 참선인 선적인 몽유구조의 중심이 된다. 즉, 「구운몽」은 이러한 『금강경』의 공관 원리인 비무상론(非無相論)을 중심 소재로 하여 서사의 골격이 마련되었다.

선적인 몽유의 구조라는 것은 곧 이중의 액자형의 환몽구조와 그 이중의 액자 내부에 해당하는 이중의 편력구조가 각각 남녀 관계의 대응을 이루고 있다. 그 결과 무게 중심을 외부의 액자에 해당하는 서사에 두면, 불가의 육관대사와 성진의 이야기가 중심이 되고, 액자 내부에 해당하는 서사에 두면, 유가의 양소유와 8처첩의 이야기

---

4 「구운몽」의 특징은 필자가 앞선 논저들에서 선몽 또는 선몽구조라고 지칭한 독특한 서사체계를 근간으로 서사가 전개되며, 이런 선몽구조를 통하여 작가가 의도한 다층적인 의미와 주제를 구현해 내고 있다는 점에 있다. 여기서 사용하는 선몽이라는 용어의 개념은 선적인 몽유의 약어로서, 참선이면서 몽유인 서사 내부에 다시 제2 몽유가 중첩된 겹내화 형식을 뜻한다. 더 평이하게 설명하면, 몽유의 몽유인 겹 액자형에 가까운 서사체계로서, 음양 대대적인 양면성을 지니고 있기에 참선이면서 몽유요, 몽유이면서 참선인 개방적인 제1차 몽유와 그 내부에 존재하는 순수한 제2 몽유가 결합되어 이루어진 다층적인 복합 서사체계이다. 이러한 선몽구조는 『금강경』의 상(相)에 대응하는 서사상의 시공간인 현실과, 비상(非相)에 대응하는 서사상의 시공간인 참선이면서 몽유상의 현실과, 비무상(非無相)에 대응하는 서사상의 시공간인 참선이면서 몽유 속에 내포된 제2의 몽유상의 현실이라는 세 층위상의 현실을 가진 다층위의 서사체계를 갖추고 있다. 이런 상황을 독자들에게는, 서술자가 성진이 상(相)의 의식 상태에서 비상(非相)의 의식 상태로 전환되는 것을 서사가 종반에 이를 때까지는 알려주지 않는 속임수 기법을 사용한다.

가 중심이 된다.

이런 이중의 몽환체계를 성진이 참선을 통하여 들어갈 수 있는 선의 경지로 의미를 부여하여 놓고, 다시 성진이 현실에서 꿈으로 들어가는 사실에 대한 서사를 성진이 현실상에서 윤회 환생하는 것으로 서술하였다. 그리고 양소유가 꿈으로 들어갈 때에는 사실 그대로 꿈으로 들어가는 것으로 서술하였다. 그러나 대단원에 가서는 성진이 참선을 시작한 직후에 육관대사에게 호출되어 불려가서 질책을 당하고 양소유로 환생한 것은 실은 환생이 아닌 꿈이었다는 사실을 성진의 각몽을 통하여 확인시켜 주게 되었다.

참선을 이중의 몽환이라는 서사체계로 전용시킨 선몽구조[5]를 서사의 질적인 면에서 보면, 성진 이야기는 하루 동안의 사건이 주축이 되는 불가의 깨달음 문제로 하여 불교 철학적 측면을 다룬 전자를 우위에 놓인다. 양적인 면에서는 60년간에 걸쳐서 양소유가 가정적으로는 황태후의 부마가 되어 효를 실현하면서도 2처 6첩을 거느리며 호화로움을 누리고, 밖으로는 충신으로서 출장입상하며 대승상의 지위에 올라서 천하의 영웅으로 살아가는 후자를 우위에 놓았다. 그러나 「구운몽」의 요체는 어느 일방적인 우세가 아닌 대대적(待對的)인 관계 속에서 성진과 8선녀 중심의 이중의 환몽구조와 양소유와 8처첩 중심의 이중의 편력구조[6]가 상대적 개성을 지닌 상호 보완

5 선몽구조를 거시적인 측면의 서사라는 관점에서 살펴보면, 성진의 참선, 더 구체적으로 참선을 전개에는 윤회로, 종결에서는 몽유로 서술하고 있는 소위 선적인 몽유로서의 선몽은 두 가지 측면에서 동시에 진행된다. 그 하나는 남악 형산 연화봉에 있는 선방에서 참선을 하고 있고, 다른 하나는 참선하는 성진의 심리적인 흐름이다.

6 엄격한 의미에서는 환몽과 편력은 성진과 양소유를 주축으로 한 것이지만, 총체적인 서사의 특징으로 설명할 때는 성진과 8선녀를 아울러 설명해도 무리는 없다. 즉 그 한 가지 사례로, 성진에 대한 서술은 참선의 형식에 의한 환몽이고 8선녀에 대한 서술은 참선이나 다른 장치가 없는 상황이다. 그러나 결미에서는 8선녀도 성진과 함께

적 관계 속에서 중용을 유지한다는 점에서 형식적인 완결성을 지닌다.

그 결과, 외화인 성진과 8선녀 이야기를 서술자가 서술의 방향을 잡은 성진 이야기 쪽에서 보면 성진 이야기는 『금강경』 전법의 서사화이다. 즉, 인도에서 중국으로 들어와서 형산에 자리를 잡고 제자들을 가르치는 육관대사와 5, 6백 명의 제자 중에서 가장 빼어난 능력을 보이는 수행승인 성진이다. 따라서 육관대사의 『금강경』 전법 이야기와 성진의 『금강경』 전수 이야기는 주역이 달리질 수 있는 대대적인 상호 관계를 철저히 유지하는 태도를 서술자는 지키고 있다. 이러한 『금강경』 전법과 전수 이야기의 설정은 작가 서포 김만중의 철저한 전략과 창의력에 의하여 구축되었다. 「구운몽」에서는 참선을 진행하는 참선 주체의 의식과, 무의식의 세계를 몽환 내지 환몽으로 전개하는 선몽구조[7]가 서사의 두 축이 된다. 그러나 독자들은 이러한 구성의 이치를 제대로 인식하지 못하였기 때문에 선몽의 서사체계[8]에 의거해서 형상되는 주제적 의미를 파악하지 못하였다.[9]

환몽의 상황에서 존재한 것으로 서술되고 있다.

7 이 선몽구조는 필자가 개발한 용어로서, 1974년 이후 구운몽을 분석할 때, 늘 사용해 오던 용어로서, 지금은 학자들 사이에서도 수용되고 있다.

8 선몽구조가 구체적인 서사로 전개될 때에는, 서술자가 (5)단계에서 들어갈 때까지는 〈성진과 양소유〉로의 전개를 윤회 환생, 그리고 전생과 환생한 지상계의 현실 존재로 서술한다. 그래서 작중 인물도 독자도 그렇게 받아들인다. 성진이 각몽 후에 잠시 〈성진-양소유〉로의 전개가 윤회 환생으로 된 것이 아닌 몽유상의 것이요, 참이 아닌 몽환으로서의 (眞이 아닌) 假라고 인식하지만, 곧 육관대사는 그러한 인식은 오류임을 지적하면서 『금강경』 설법을 통하여, 윤회와 실상의 관계를 비무상의 공론을 통하여 성진의 인식 수준을 높여 진위 상대관을 벗어난 진위 절대관적 측면에서 진공묘유와 무극태극의 수준에서 진리의 실상에 대해 인식함으로써 대각(부처)의 경지에 오르게 한다. 이 참선의 서술 방식인 선적인 몽유에 대해 서술자는 성진 자신과 독자들이 참선 속의 선적인 몽유라는 것을 전혀 인식하지 못하는 상태에서, 성진이 참선을 시작한 지 얼마 되지 않아 곧장 육관대사에게 불려가서 질책을 당하고 죽음의 길인 윤회의 길로 떨어지게 된다.

9 이처럼 성진이 참선으로 전환되는 장면에서 작가는 내포작가가 조정하는 서술자를

(2) 3층위의 시공간 세계로 전개되는 선적인 몽유 속의 양소유와 백능파

「구운몽」은 얼핏 보면 일회성의 환몽구조와 그 내부의 편력구조[10]를 지닌 작품으로 평가하기 쉽지만, 실은 이와는 아주 판이한 특수구조를 가진 작품이다.[11] 즉, 「구운몽」은 성진과 8선녀의 이야기 속에 양소유와 8처첩의 이야기가 포함된 액자형의 구성을 지니고 있을 뿐만 아니라 양소유와 8처첩의 이야기 속에는 다시 양원수와

통하여, 작중 인물인 성진과 이를 읽는 독자에게는 철저한 속임수 기법을 활용하여, 〈참선하는 성진〉과, 〈참선 속의 성진〉을 구분해서 제시하지 않는다. 즉 〈참선하는 성진〉은 주체이고, 〈참선 속의 성진은 주체로서의 참선하는 성진의 심성의 작용을 성진으로 서술하게 되는 서술되는 인물의 존재 양식이 전환되었다는 정보를 서술해 주지 않고, 행동하는 성진과 〈심리작용의 방편으로 등장한 참선을 통해 창조된 존재로서의 성진〉으로 서술의 주제가 전환 교체되었다는 사실을 철저히 숨기고 있다. 이러한 숨김은 1차적으로 제2층위의 서사가 종결되는 제4부의 끝 장면과, 제3층위의 첫 장면을 통하여 비로소 이때 성진이 현실상에서 윤회를 통하여 양소유로 전환된 것이 아니라, 제2층위의 서사가 시작결되는 제2부의 첫 장면에서 〈참선하는 성진〉과, 〈참선 속의 성진〉이 구분되었고, 〈참선하는 성진〉이 주체이고, 〈참선 속의 성진은 주체로서의 참선하는 성진의 심성의 작용상의 성진〉이었다는 것을 현실의 성진이 깨닫는 순간, 독자들도 비로소 작가가 내포작가가 조정하는 서술자를 통하여 이렇게 서술에 대한 객관적인 정보를 감추고 있었을 깨닫게 되는 것이다.

10 정길수, 『한국 고전장편소설의 형성 과정』, 돌베개, 2005, 92쪽.

11 그간의 비평 연구에서는 서사적인 기법의 측면에서 「구운몽」의 핵심이 되는 이중의 몽환의 철학적 의미가 지닌 비밀을 인식하지 못한 채 평면적인 몽환구조의 서사물로 이해하였거나, 일부 이중부정을 거론한 학자들 또한 참선의 변형으로 이중의 몽환이 서사의 기반이 되었다는 점을 고려하지 않았다. 이상택의 "성진의 삶과 양소유의 삶을 두 對立 位相으로 설정하고, 주로 양소유의 탄생에서 죽음에 이르기까지의 일대기를 통해서 지상적 현세적 차원으로서의 양소유의 시간과 공간은 그 자체로서 독자적으로 존재하는 絕對實體가 아니라, 성진의 세계로 표상되는 천상적인 영원한 시간과 공간을 향해 열려 있는 순간적 몽환의 세계다. 이때 '꿈'의 의미는 그것이 지상과 천계를 연결짓는 통로 또는 가교의 역할을 할 뿐만 아니라, 궁극적으로는 꿈이 현실이고, 현실이 곧 꿈이라는 '莊周 胡蝶夢'적 발상을 그대로 수용하고 있는 것으로 풀이된다.

백능파의 이야기가 포함되어 있음이 특징이다. 이는 성진과 8선녀 이야기는 『금강경』의 부정이나 이중부정으로 표현된 공관에서 응용한 시공간적인 세계상에서 일어나게 전개된다는 점에서 다른 작품들과 근본적인 차이를 보여준다.

이러한 창의적 서사체계를 통한 주제 창출의 방식으로는 성진의 현실을 『금강경』에서 제시한 상(相) 의식 차원인 제1층위의 시공간 세계로 삼는다. 다시 성진이 참선 활동 중의 심리 상황을 비움이 아닌 채움의 상황으로 교체하여, 성진이 참선 중의 가상으로 존재한 의식 주제가 현실상에서 행동하는 비상(非相)의 의식 차원으로 제2층위의 시공간 세계로 삼는다. 그리고 다시 성진이 참선 중의 가상으로 존재한 의식 주제가 현실상에서 행동하다가 일시적으로 몽환 내지 환몽에서 행동하는 비무상(非無相)의 의식 차원으로 제3층위의 시공간 세계로 삼는다. 이렇게 진행되는 성진의 참선 속에 진행되는 '비상(非相)으로서의 마음의 비움 상태에 놓인 심리적인 활동을 통하여 불가적인 깨달음의 과정을 제시하게 된다. 그리고 한편으로는 무상(無相)과 비무상(非無相)에서의 의식 차원에서 활동하는 상황인 제2층위와 제3층위의 사건에서는 유가적인 주제를 구현하는 사건들이 집중적으로 벌어진다. 그러므로 성진이 참선을 하면서, 그 참선 속의 마음이 오가는 상황을 구체적인 인물인 성진과 양소유로 표현하는 제2층위와 제3층위에서 전개되는 사건들의 의미를 분석해 내기 위해서는 동일한 층위에서 일어나는 사건들을 중심으로 구분하여 전체적인 서사의 흐름을 파악할 필요가 있다.

이처럼, 작가나 서술자의 의식 속에서는 「구운몽」의 전체 서사를 5부로 구성시켜 작품을 전개한다고 전제를 한다면, 그 제1부는 성진의 현실상인 제1층위에서 전개되는 서사 부분이고, 제2부는 성진의 선몽상의 현실인 제2층위에서 전개되는 서사 부분이고, 제3부는 성진의 선몽상의 몽환인 제3층위에서 전개되는 서사 부분이다. 그리고 제4부는 다시 성진의 선몽상의 현실인 제2층위에서 전개되는 서사 부분이고, 제5부는 성진의 현실상인 제1층위에서 전개되는 서사 부분이다. 즉, 액자형의 제1외화인 제1부와 제5부는 성진의 현실상인 제1층위에서 전개되는 부분이고, 제1액자형의 외화에서는 내화이면서, 제2액자형의 내화에서는 외화인 제2부와 제4부는 성진의 선몽상의 현실인 제2층위에서 전개되는 서사 부분이다. 그리고 제3부는 성진의 선몽상의 몽환인 제3층위에서 전개되는 서사 부분에 해당된다.

이들 5부의 사건들을 각 부에 속한 플롯 중심으로 제시를 하면, 제1층위의 시공간에서 일어나는 제1부는 성진의 현실상에 전개되는 서사 부분의 전반으로 다음과 같다.

1. 천하의 서경과 형산의 내력
2. 위부인이 형산을 진좌하고, 육관대사는 연화봉에 사찰을 세움
3. 동정용왕이 설법을 들음, 성진의 용궁으로 회사하러 떠남
4. 위부인 명을 받고 팔선녀가 대사를 문안함
5. 성진의 용왕의 환대를 받고 음주함
6. 성진이 석교상에서 팔선녀와 수작함
7. 성진이 선방에 돌아와 진세 흠모하고 참선함

제2층위의 시공간에서 일어나는 사건인 제2부는 성진의 선몽상의 현실로 전개되는 서사 부분의 전반으로 주요 플롯을 제시하면 다음과 같다.

1. 육관대사가 성진의 독백을 알고 염라부에 내침
2. 성진과 팔선녀 모두 인간계에 하강함
3. 성진이 양처사 집에 양소유로 환생함
4. 양처사는 소유가 성장함에 선계로 돌아감
5. 양생이 과거를 보러 장안으로 떠나감
6. 화음현에서 진채봉을 만나 양유사를 화답함
7. 양생은 구사랑의 난리로 진채봉과 이별함
8. 양생이 남전산 도사를 만나 음률을 배움
9. 양생이 남전산 도사와 이별하고 화음현으로 돌아감
10. 양생은 익년 다시 과거를 보러 상경함
11. 양생은 천진교 주루의 시회에 참석함
12. 양생은 시회에서 장원하여 계섬월과 인연을 맺음
13. 양생이 모친의 부탁으로 자청관에서 수도자 두련사 찾음
14. 양생은 정사도 집에서 두련사의 소개로 정소저와 음률을 화답함
15. 양생은 정경패와 음률 문답 중 거문고 설화를 함
16. 정경패는 음률을 논한 자리에서 양생의 여장을 눈치 채고 퇴장함
17. 양생이 과거에 장원 급제함
18. 정사도가 양한림을 사위로 삼음
19. 가춘운은 정경패와 함께 양생을 따르기로 함
20. 정경패가 계교로 양생에 복수
21. 정십삼랑의 안내로 양생이 자각봉에 유람함
22. 양생이 가선녀 춘운과 자각봉에서 즐김
23. 두진인이 무격적인 관상을 봄
24. 유령으로 가장한 가춘운과 재향락을 함
25. 양생이 충의심을 나타내어 서북삼진을 정벌
26. 양한림이 연나라에 갔다오다가 적랑을 만남
27. 양상서가 옥통소로 난양공주와 화답함
28. 양상서가 궁전에서 진채봉을 다시 만남

29. 정사도집 빙폐를 어명으로 물리치게 한 데 대한 양상서의 항소
30. 토번이 중원을 침범하므로 양상서가 대원수로 출전함
31. 양원수는 진중에서 심요연을 만남

제3층위의 시공간에서 일어나는 사건인 제3부는 성진의 선몽상의 몽유 부분으로 주요 플롯을 제시하면 다음과 같다.

1. 양원수는 반사곡의 꿈속에 백용담의 백능파를 만남
2. 양원수는 남해용자와 음병을 정벌하고 용왕의 환대받음
3. 양원수는 형산의 호승 만나 불전에 분향함

제2층위의 시공간에서 일어나는 사건인 제4부는 성진의 선몽상의 현실로 전개되는 서사 부분의 후반으로 플롯을 제시하면 다음과 같다.

1. 양원수가 대첩하여 개선하므로 난양공주와의 혼사를 의논함
2. 공주가 시녀를 시켜 정경패를 방문케 함
3. 정경패 이소화와 함께 궁중에 들어감
4. 황태후가 정경패를 영양공주로 삼음
5. 황태후의 명으로 가춘운이 입궁하여 시를 지음
6. 가춘운과 진채봉이 궁중에서 양유사로 상봉함
7. 양원수가 승전하여 대승상 겸 위국공이 되어 입신양명을 함
8. 양승상이 두 공주와 결혼하여 부마가 됨
9. 양승상과 양공주, 가춘운, 진채봉이 서로 계교를 부려 즐김
10. 양승상이 상소하여 모부인을 뫼셔 장안으로 옴
11. 양승상이 계섬월, 적경홍을 도중에 만나 상경함
12. 양승상이 모부인과 제부인의 처소를 정함

13. 월왕의 청을 받고 양승상이 낙유원에서 놀이함
14. 낙유원 기술겨루기에 심요연과 백능파가 출현
15. 양승상이 육첩을 둠으로 금굴치로 벌주를 마심
16. 두 부인과 육낭자가 함께 불전에서 결의형제함
17. 양승상이 퇴사 상소를 내니 황제가 취미궁을 하사함
18. 양승상이 취미궁 고대에서 인생무상을 느낌
19. 양승상이 팔처첩과 함께 고대에서 호승을 만남

제1층위의 시공간에서 일어나는 제1부는 성진의 현실상에 전개되는 결미 부분의 후반의 플롯을 제시하면 다음과 같다.

1. 육관대사 성진의 꿈을 깨게 하고 서천으로 떠남
2. 성진은 육관대사의 도통을 이어받고 팔선녀와 함께 극락세계로 감

「구운몽」의 5부로 구성된 서사적 전개에서, 그 서사를 이끌어가는 개별 플롯[12]을 서사 층위의 차원에서 보면, 서술의 시점이 어느 층위에서 진행되는가가 중시되는 만큼, 작품의 해석에 있어서는 육관대사의 『금강경』 묘법을 전하는 발단 대목이 성진의 현실상의 사건임을 일단 중시하여야 한다. 이렇게 된다면, 육관대사가 자신의 방장에서 참선을 막 시작한 제자 성진을 불러서 질책하는 장면은 이미 선적인 몽유로 전환된 세계라는 것을 인식하는 것이 중요하게 된다.[13] 물론, 전체적인 서사의 흐름을 총괄해서 분석하는 관점에서

12 여기서의 플롯 구분을 논자들에 따라 기준이 달라질 수 있으므로, 본격적인 플롯을 최초로 제시한 박성의의 논문(「구운몽의 사상적 배경 연구」, 『아세아연구』 36호, 고려대학교 아세아문제연구소, 1969, 62-65쪽)에서 제시한 것을 기준으로 삼아서, 부분 수정을 가하였다.

13 이러한 설명은 엄격하게 본다면, 가피력의 수준에서 지원에 해당한다.

본다면, 서사 내지 서술의 표면에는 노출되지 않고 있지만, 실제로는 성진만 홀로 참선을 하는 것이 아니라, 성진을 주축으로 하여서, 육관대사는 물론 8선녀까지도 공동으로 펼치는 집단적 대참선[14]이요, 이중의 몽환인 셈이다.

이제 이러한 상황들이 전개되는 작품 내용을 살펴보면, 제1부인 성진의 현실 부분의 플롯(7)에 해당하는 '성진이 선방에 돌아와 진세 흠모하고 참선함'에서는, 성진은 스승 육관대사의 심부름으로 용궁에 갔다 돌아오는 길에 팔선녀의 아름다운 모습에 마음을 빼앗기고, 번뇌와 망상으로 잠을 이루지 못하면서 문득 이런 생각을 한다. 그리고 제2부인 성진의 선몽상의 몽유[15] 부분으로 그 플롯(1)에 해당하는 '육관대사가 성진의 독백을 알고 염라부에 내침'에서는 성진은 스승 육관대사에게 불려가서 질책을 받고 형산의 연화도량에서 추방된다.

이러한 제1부와 제2부의 전환 대목을 세부적인 본문 내용으로 제시하면 다음과 같다.

> (1) 대ᄉᆞ 물너가 쉬라ᄒᆞ거ᄂᆞᆯ 저여 ᄆᆞ음의 ᄉᆡᆼ각ᄒᆞᄃᆡ 남ᄋᆡ 세상의 나 어려서 공ᄆᆡᆼ의 글ᄅᆞᆯ 닑고 자라 요순ᄀᆞᆺᄐᆞᆫ 님군을 만나 나면 귀에 됴흔 소ᄅᆡᄅᆞᆯ 듯고 은ᄐᆡᆨ이 ᄇᆡᆨ셩의게 ᄆᆡᆺ고 공명이 후세의 드리오미 ᄯᅩᄒᆞᆫ 대댱부의 일이라 우리부터의 법문은 ᄒᆞᆫ바리 밥과 ᄒᆞᆫ병 믈과 두어권 경문과 일ᄇᆡᆨ여ᄃᆞᆲ낫 염쥬뿐이라 도덕이 비록 놉고 아ᄅᆞᆷ다오나 젹막ᄒᆞ기 심하도다 ᄉᆡᆼ각을 이리ᄒᆞ고 져리ᄒᆞ여 밤이 임의 깁허더

14 8선녀의 입장에서는 늘 해 오던 『황정경』과 호흡 수련일 수도 있지만, 작가가 직접적인 서사의 전략에 따라서 구체적인 서술을 생략하고 있음으로, 서술자의 시점이 성진에게 있음으로 나타난 참선을 편의상 대표 명칭으로 사용한다.

15 여기서의 몽유는 비평가나 학자들에 따라서 '몽환' 또는 '환몽'으로 표현되기도 한다.

니 믄득 눈알ᄑᆡ 팔션녜 셧거ᄂᆞᆯ 놀나 곳쳐보니 임의 간곳이 업더라 셩진이 ᄆᆞᄋᆞᆷ의 뉘우쳐 ᄉᆡᆼ각ᄒᆞᄃᆡ 브터 공부의 뉴로 뜻을 바ᄅᆞ게 하미 웃듬ᄒᆡᆼ실이라 내 츌가ᄒᆞ연디 십년의 일즉 반졈 어긔고 구챠ᄒᆞᆫ ᄆᆞᄋᆞᆷ을 먹디 아녀더니 이제 이러ᄐᆞ시 념녀ᄅᆞᆯ 그릇ᄒᆞ면 엇디 나의 젼졍의 ᄒᆡ롭디 아니ᄒᆞ리오 향노의 젼단을 다시 ᄑᆡ오고 의연이 포단의 안쟈 정신을 가다듬아 념쥬ᄅᆞᆯ 고로며 일쳔브터ᄅᆞᆯ 념ᄒᆞ더니[16]

(2) 홀연 챵밧긔 동ᄌᆡ 브ᄅᆞᄃᆡ 형은 ᄌᆞᆷ드러ᄂᆞ냐 ᄉᆞ뷔 브ᄅᆞ시ᄂᆞ이다 셩진이 놀나 ᄉᆡᆼ각ᄒᆞᄃᆡ 깁흔 밤의 날을 브라니 반ᄃᆞ시 연괴 잇도다 동ᄌᆞ와 ᄒᆞᆫ가지로 방장의 나아가니 대ᄉᆡ 모든 졔ᄌᆞᄅᆞᆯ 모호고 등쵹을 낫갓치 혀고 소ᄅᆡᄒᆞ여 ᄭᅮ지ᄌᆞᄃᆡ 셩진아 네 죄ᄅᆞᆯ 아ᄂᆞᆫ다 셩진이 나려 ᄭᅮ러 ᄀᆞᆯ오ᄃᆡ 쇼ᄌᆡ ᄉᆞ부ᄅᆞᆯ 셤견지 십년의 일즉 ᄒᆞᆫ 말도 블슌이 ᄒᆞᆫ 젹이 업ᄉᆞ니 진식노 어리고 아득ᄒᆞ여 지은 죄ᄅᆞᆯ 아디 못ᄒᆞᄂᆞ이다 대ᄉᆡ 닐오ᄃᆡ 즁의 공뷔 세가지 ᄒᆡᆼ식이 이시니 몸과 말슴과 뜻이라 네 농궁의 가 술을 취ᄒᆞ고 셕교의셔 녀ᄌᆞᄅᆞᆯ 만나 언어ᄅᆞᆯ 슈쟉ᄒᆞ고 ᄭᅩᆺ출 더져 희롱ᄒᆞᆫ 후의 도라와 오히려 미ᄉᆡᆨ을 권년ᄒᆞ여 셰샹부귀ᄅᆞᆯ 흠모ᄒᆞ고 블가의 젹막ᄒᆞ믈 염히 너기니 이ᄂᆞᆫ 세가지 ᄒᆡᆼ실을 일시의 문허ᄇᆞ리미라 셩진이 고두ᄒᆞ고 울며 ᄀᆞᆯ오ᄃᆡ 스승님아 셩진이 진실노 죄잇거니와 쥬계ᄅᆞᆯ 파ᄒᆞ기ᄂᆞᆫ 쥬인이 괴로이 권ᄒᆞ기의

16 “大師不答 使之退休 性眞來到禪房 日已曛黑矣 自見八仙女之後 嫩語嬌聲 尙留耳邊 艶態姸姿 猶在眼前 欲忘而自忘 不思而自思 神魂恍惚 悠悠蕩蕩 兀然端坐 默念於心曰 男兒生世 幼而讀孔孟之書 壯而逢堯舜之君 出則作三軍之師 入則爲百揆之長 着錦袍於身 結紫綬於腰 揖讓人主 澤利百姓 目見嬌艶之色 耳聽幼妙之音 榮輝極於當代 功名垂於後世 此固大丈夫之事也 噫我佛家之道 不過一盂飯一甁水 數三卷之經文 百八顆之念珠而已 其德雖高 其道雖玄 寂寥太甚矣 枯淡而止矣 假令悟上乘之法 傳祖師之統 直坐於蓮花臺上 三魂九魄 一散於烟焰之中 則夫孰知一介性眞生於天地間乎 思之如此 念之如彼 欲眠不眠 夜已深矣 霎然合眼則八仙女 忽羅列於前矣 驚悟開睫 已不可見矣 遂大悔曰 釋敎工夫 正其心志 斯爲上行矣 我出家十年 曾無半點 苟且之心矣 邪心忽發 今乃如此 豈不有妨於我之前程乎 遂自熱栴檀 趺坐蒲團 振刷精神 輪盡項珠 方靜念千佛矣”

> 마디 못ᄒᆞ미오 션녀로 더브러 언어ᄅᆞᆯ 슈쟉ᄒᆞ기ᄂᆞᆫ 길흘 빌믈 말ᄆᆡ아 마미니 각별 부졍ᄒᆞᆫ 말을 ᄒᆞᆫ 배 업고 션방의 도라온 후의 일시의 ᄆᆞᄋᆞᆷ을 잡디 못ᄒᆞ나 마ᄎᆞᆷᄂᆡ 스ᄉᆞ로 뉘웃쳐 뜻을 바ᄅᆞ게 ᄒᆞ여시니 졔ᄌᆞ 죄잇거든 ᄉᆞ뷔 달초ᄒᆞ실 분이디 어이 ᄎᆞᆷ아 ᄂᆡ치려 ᄒᆞ시ᄂᆞ니잇가 ᄉᆞ부 우럿ᄌᆞᆸ기ᄅᆞᆯ 부모ᄀᆞᆺ치 ᄒᆞ니 셩진이 십 이세의 부모ᄅᆞᆯ ᄇᆞ리고 스승님을 조차 머리ᄅᆞᆯ 깍그니 년화도댱이 곳 셩진의 집이니 날을 어ᄃᆡ로 가라ᄒᆞ시ᄂᆞ니잇가[17]

위의 내용을 「구운몽」이 선몽구조의 체계 속에서 전개되는 것이 특징임을 인지하지 못하고, 일반적인 서사의 소설을 독서하는 방식으로 읽게 된다면, 이 대목은 성진이 비록 육관대사의 수제자이지만, 불가에서 수도하는 동안은 불가의 '도덕이 높고 아름답다'는 관념적 판단에 있다가, 8선녀를 만나 석교 주변에서 수작한 다음에는 8선녀의 미색에 일시적으로 마음이 흔들렸고, 이런 마음을 다잡고자 참선을 시작하지만 육관대사에게 불려가서 질책을 받고 죽음의 길인 윤회환생으로 떨어지게 된다는 것으로만 이해하게 된다.

그런데, 이 대목을 선몽의 서사체계로 인식한다면, 육관대사가 참

---

17 "忽聞童子立窓外 呼之曰 師兄着睡乎 師父命召之矣 性眞大愕曰 深夜促召 必有故也 仍與童子 忙詣方丈 大師集衆弟子 儼然正坐 威儀蕭蕭 燭影煌煌 乃厲聲責之曰 性眞汝知汝罪乎 性眞顚倒下階 而對曰 弟子服事師父 十閱春秋 而曾未有毫髮不恭不順之事 誠愚且昏 實不知自作之罪矣 大師曰 修行之工 其目有三 曰身也 曰言也 曰意也 汝往龍宮 飮酒而醉 歸到石橋 邂逅女子 以言語酬酢 折贈花枝 與之相戱 及其還來 尙且繾綣 初旣蠱心於美色 旋且留意於富貴 慕世俗之繁華 厭佛家之寂滅 此三行工夫 一時壞了 其罪固大矣 不可留於此地也 性眞叩頭泣訴曰 師乎師乎 性眞誠有罪矣 然自破酒戒 因主人之强勸 而不獲已也 與仙女 酬酢言語 只爲借路 本非有意 有何不正之事乎 及歸禪房 雖萌惡念 一刹那間 自覺其非 惕狂心之走作 藹善端之自發 咋指追悔 方寸復正 此儒家所謂不遠而復者也 苟使弟子有罪 則師父撻楚儆戒 亦敎誨之一道 何必追而黜之 俾絶自新之路乎 性眞十二歲 棄父母 離親戚 依歸師父 卽剃頭髮 言其義則無異生我育我 語其情 則所謂無子有子 父子之恩深矣 師弟之分重矣 蓮花道場 性眞之家 捨此何之" (한글 원문은 규장각 소장본)

회를 하고 참선을 하는 성진을 한밤중에 다시 불러서 죽음의 세계로 축출하는 매몰찬 스승이 아닌 것이다. 성진이 스스로 참회한 이후에 참선 속에서, 8선녀와 나눈 석교상의 수작에 대한 징벌로 자기 자신을 죽음이라는 것으로 가차 없이 징벌하는 사건이 되는 것이다.

여기서 다시 깊이 생각해 보면, 성진이 형산의 연화도량에서 축출당하고 죽음을 맞게 된 충격적인 사건이 육관대사라는 타자에 의한 형벌로서의 죽음이라는 길과, 육관대사의 수제자인 성진이 스스로 결단한 형벌로서의 죽음인 자결과 같은 길인가는 참으로 엄청난 차이인 것이다.[18]

이러한 차원에서 유배지의 작가 서포 김만중이 창작한 구운몽의 진정한 주제를 찾기 위해서는, 앞에서 제시한 것과 같은 육관대사의 『금강경』 설법과 변형된 참선인 성진의 선적 몽유의 측면에서 작품을 인식하는 길이 요구된다. 특히, 제1부와 제2부의 전환 대목에서 작중 인물 성진은 물론, 독자들도 구성상 제1부와 제2부가 전환되는 사실, 즉, 성진의 현실인 제1부와는 달리, 성진의 참선의 내용을 선

---

18 성진은 "내 출가한 지 10년에 일찍 반점 어기고 구차한 마음을 먹지 아니했더니 이제 이렇듯이 념려를 그릇하면 어찌 나의 전정에 해롭지 아니하리오."라는 의식 수준에서 출발한다. 즉, 그는 불가의 도를 진심으로 수긍하고 따르려는 것이 아니라 '불가의 도는 높다.'는 관념적 판단과, '이제까지의 수도생활을 망칠 수는 없다.'는 욕심에 따르고 있는 것이다. 이렇듯 심란해 하면서도 그런 마음을 고쳐먹고자 일천 부처를 염하던 성진은, 스승에게 불려가 꾸짖음을 듣는다. 내침을 당하리라고 지레 짐작한 성진은 울며 내치지 말아 달라고 호소한다. 제자에게 세속적 욕망을 취하라고 말하면서 육관대사는 '마음이 정결치 못하면 비록 산중에 있어도 도를 제대로 이루지 못할 것이기 때문'이라고 설명해 준다.
성진은 풍도옥에 떨어져 양처사의 아들 양소유로 탄생하는 과정을 거침으로써 완전한 삼매의 경지에서 성진으로서의 자신을 잊고, 사유 속에서 그리고 참선 속에서 자신이 가고자 했던 세계, 부귀공명과 고운 빛과 좋은 소리를 가질 수 있는 세계, 이름을 후세에 떨칠 수 있는 욕망의 세계를 만들어 간다. 풍도옥에 떨어져 환생하는 과정은, 팔선녀를 보고 갖게 된 욕망 성취에 전념하기 위해 성진을 잊는 과정이다.

적인 몽유로 전환시켜 표현하는 제2부로 전환된 사실을 인지하지 못한다는 사실을 인지해야 한다.

제2부인 성진의 선몽상의 몽유[19]는 육관대사가 성진의 독백을 알고 지옥에 내침, 성진이와 팔선녀 모두 인간계에 하강함, 성진이 양처사 집에 양소유로 환생함, 양처사는 소유가 성장함에 선계로 돌아감, 양생이 과거를 보러 장안으로 떠나감, 화음현에서 채봉을 만나 양유사를 화답함, 양생은 구사랑의 난리로 진소저와 이별함, 양생이 도사를 만나 음률을 배움, 도사와 이별하고 화음현으로 돌아감, 양생은 익년 다시 과거를 보러 상경함, 양생은 천진교 주루의 시회에 참석함, 양생은 시회에서 장원하여 계섬월과 인연을 맺음, 양생이 모친의 부탁으로 자청관에서 수도자 두련사 찾음, 양생은 정사도 집에서 두련사의 소개로 정소저와 음률을 화답함, 양생은 정경패와 음률 문답 중에 '육기칠금(六忌七禁)' 거문고 설화를 함, 정경패는 음률을 논한 자리에서 양생의 여장을 눈치 채고 퇴장함, 양생이 과거에 장원 급제함, 정사도가 양한림을 사위로 삼음, 가춘운 정소저와 함께 양생을 따르기로 함, 정소저가 계교로 양생에 복수함, 정십삼랑의 안내로 양생이 자각봉에 유람함, 양생이 가선녀 춘운과 자각봉에서 즐김, 두진인이 무격적인 관상을 봄, 유령으로 가장한 춘운과 재향락, 양생이 충의심을 나타내어 서북삼진을 정벌함, 양한림이 연나라에 갔다 오다가 적랑을 만남, 양상서가 옥통소로 난양공주와 화답함, 궁전에서 진채봉을 다시 만남, 정사도집 빙폐를 어명으로 물리치게 한 데 대한 양생의 항소, 토번이 중원을 침범하므로 양생이 대원수로 출전함, 양원수가 진중에서 심소저를 만남으로 진행된다.

---

19 여기서의 몽유는 비평가나 학자들에 따라서 '몽환' 또는 '환몽'으로 표현되기도 한다.

이처럼, 「구운몽」에는 성진이 환생한 존재인 양소유가 과거길에서 겪게 되는 혼사 문제는 과거급제와 재자가인의 행복한 결연이라는 일반적 재자가인 소설의 통속적 성격을 구현하는 데에서 그치지 않는다.[20] 그 이상의 의미인 조선의 당대적인 문제에 대한 의미가 표층적인 서사의 이면에서 생성되는 심층적인 의미나 주제로 부각되는 데 「구운몽」의 특질이 있다. 그 결과 제2층위에서 일어나는 사건들의 핵심은 양소유의 충효의 문제와 처첩들과 결연 문제가 중심이 된다.

20 김정숙, 『조선후기 재자가인소설과 통속적 한문소설』, 보고사, 2006, 233쪽.

5-2. 육관대사의 『금강경』 설법과 성진의 선적 몽유인 양소유의 일생

(1) 양소유가 보여준 유씨부인에 대한 지극한 효의 실현

양소유의 현실에서 전개되는 제2부에서는 양소유의 지극한 효의 실현이 부각되고 있다. 그 구체적인 근거는 「구운몽」의 제1회장[21]에서, 양처사는 부인에게 "그딕 기리 의지홀 곳을 어더 말년의 영화부귀를 누릴 거시니 날을 ᄉᆞ렴말나[22]"고 하여 유씨부인이 만년에 누릴 복록을 복선으로 예시한다. 이러한 유씨부인의 복록은 아들 양소유가 충을 실행하여 유가적인 출세를 하고 그 국가적인 충이 가정적인 효와 더불어 실행됨으로써 완성된다.

제2회장[23]에서는 양소유가 모친 유씨에게 "이제 집이 가난ᄒᆞ여 모친이 근심ᄒᆞ시니 ᄋᆞ직 만일 집딕흰 개 딕여 공명을 구치 아니면 부친이 ᄋᆞᄌᆞ를 긔딕ᄒᆞ시던 뜻이 아니로소이다[24]"라고 하여, 과거를

21 장회명은 〈늙은 존경받는 스승은 남악에서 묘법을 강의하고, 젊은 사미승은 석교에서 선녀를 만나다(老尊師南嶽講妙法 少沙彌石橋逢仙女)〉이다.

22 君旣得依倚之所 晩年必將睹榮華 而亨富貴也 (한글 원문은 규장각 소장본)

23 장회명은 〈화음현의 규수는 편지를 보내고, 남전산 도인은 거문고를 전한다(華陰縣閨女通信 藍田山道人傳琴)〉이다.

보러 가게 된다. 즉, 양소유는 부친이 하늘로 올라갈 때, 집안의 영화와 부귀를 자신에게 부탁하였는데, 지금은 집안이 가난하여 늙으신 모친 유씨부인을 제대로 모실 수 없으므로 세상에 나아가 공명을 구하여서 가문을 빛내어, 모친의 마음을 위로하겠다고 한다. 이처럼, 양소유가 부친의 유지를 받들기 위하여 어린 나이에 과거길을 떠나는 자식의 장한 마음, 이런 자식을 위하여 행장을 꾸려 주는 자애로운 모친 유씨는 먼 과거길을 염려하면서도 만류하지 못하고 다만 성공하고 돌아오기를 기다리는 자신의 마음을 잊지 말라고 당부하게 된다.

제10회장에서는 양소유가 그의 제1부인이 될 정경패가 정사도의 규수로 있을 때, 불전에서 하는 발원이다. 그 발원서에서 "원컨ᄃᆡ 나의 부모ᄅᆞᆯ 목숨이 ᄇᆡᆨ년의 디나고 ᄯᅩᄒᆞᆫ 졔ᄌᆞ로 ᄒᆞ여곰 ᄌᆡ앙업고 ᄎᆡ의ᄅᆞᆯ 닙어 즐기기ᄅᆞᆯ 그음업시 ᄒᆞ시면 부모 사후에 ᄆᆡᆼ셰ᄒᆞ야 공문의 도라가 분향ᄒᆞ고 경을 외와 부쳐의 은혜ᄅᆞᆯ 갑흐리이다[25]"라고 한다. 즉, 여러 부처들은 자비로운 마음을 내리어서 정경패가 자신의 늙은 부모로 하여금 장수를 누리게 하고, 질병과 재앙이 없이 부모 앞에서 채색옷을 입고 새 새끼와 희롱하는 즐거움을 다하며, 부모가 백년해로하시고 돌아가신 후에 불문에 귀의하여 세속의 연분을 끊고 부처의 가르침에 복종하여 마음을 재계하고 경문을 외우며 몸을 깨끗이 하여 부처 앞에 예배함으로써 부처님의 두터운 은혜를 갚겠다고 발원을 하는 것이다.

---

24 "家計貧寠 老母勤勞 兒子若甘爲守家之狗 曳尾之龜 而不求世上之功名 則家聲無以繼矣 母心無以慰矣 甚非父親期待之意也"

25 "伏願僉佛聖之靈 燭祈懇之忱 垂悲慈之念 使弟子老父母 俱享遐筭 壽與天齊 令弟子身無疾病災殃 以盡衣彩弄雀之歎 則父母身後 誓歸空門 斷俗緣服戒行 齋心誦經 潔躬禮佛 以報諸佛之厚恩矣"

제12회장[26]에서는 양소유가 대원수로서 전쟁을 치르는 객관에서 잠을 이루지 못하며 "집 써난디 삼 년이니 노친은 평안ᄒᆞ신가 왕ᄉᆞ에 구티ᄒᆞ야 지금 실가ᄅᆞᆯ 두디 못ᄒᆞ야시니[27]"라 한다. 즉, 양소유는 고향을 떠난 지 3년이 되는 시점에 진주 땅 객사에서 가을밤에 객회로 잠을 이루지 못한다. 그는 모친의 근력이 어떤지, 병환 구호는 누가 하는지를 걱정하면서 노모를 곁에서 봉양하지 못하는 마음을 가지게 된다. 그래서 자신이 이제 오천 리 땅을 회복하고 백만 명 적군을 평정하였으니, 나라에서 큰 벼슬을 내리면 그 벼슬을 버리고 정사도의 딸인 경패와 혼인하여 모친을 모실 생각을 하게 된다.

제13회장[28]에서도 양소유는 다음과 같은 상소문을 올릴 때, 지극한 효친의 마음을 보여주고 있다.

(1) 明日楊丞相就朝堂 理國政 遂上疏請暇 欲將母而來 其疏曰[29]

丞相魏國公駙馬都尉臣楊少游 頓首百拜 上言于皇帝陛下 伏以臣卽楚地編戶之民也 生事不過數頃 學業止於一經 而老母在堂 菽水不繼 欲營升斗之祿 以備甘毳之供 不揣才分 猥蒙鄕貢 方臣之躡履赴擧 老母臨門而送之曰 門房殘矣 家業弊矣 堂搆之責 十口之命 皆付於汝之一身 汝其力學決科 以顯父母 是吾望也 而祿仕太早 則躁競之刺興 官職太驟 則負乘之患生 汝其戒之 臣敢受母訓 銘在心肝 而濫以幼小

26 장회명은 〈楊少游夢遊天門 賈春雲巧傳玉語(양소유는 꿈속에 상계에 오르고, 가춘운은 옥어로 사랑을 전한다)〉이다.

27 "三閱春秋 堂中鶴髮 想非舊日 而扶護疾恙 可托何人 定省晨昏 可期何時 鳴釰之志雖展於今日 列鼎之養 不及於親闈 子職虧矣 人道廢矣 此古人 所以悲風樹之不停 望太行而感興者也"

28 장회명은 〈신방에서는 서로 이름을 숨기고, 회갑연에서는 경홍과 섬월이 함께 나타난다(合巹席蘭英相諱名 獻壽宴鴻月雙擅場)〉이다.

29 번역문: 이튿날 양상서가 정부에 나아가 공사를 처리하고 드디어 그 모친을 모셔 오고자 하였는데 그 상소문의 내용은 이러하였다.

之年 幸値功名之會 立朝數年 名位俱赫 金馬玉堂 世稱華貫 而臣旣冒據 黃麻紫誥 必須全才 而臣又添叨奉綸 南諭强藩 屈膝受命 西征凶酋束手 臣本白面一書生也 是豈臣能立一策辦一謀 而致此哉 莫非皇威所及 諸將效死 而陛下乃反奬其微勞 褒以重爵 臣心之愧惧惶感 有不可論 而老母所戒躁競之刺 負乘之患 不幸當之矣 至於禁臠妙簡 尤非閭巷賤臣 所敢當者 而聖命勤摯 謬恩荐加臣逃遁不得 冒沒承順 豈不足以辱國家 而羞當世乎 嗚呼老母之所期於臣者 初不過乎寸廩而已 臣之所望於國者 本不外於一官而已 今臣居將相之位 挾公侯之富奔走王事 不遑將母 臣偃處丹碧之室 而臣母則僅掩茅茨 臣坐享方丈之食 而臣母則不厭麤糲 居處飮食 母子絕異 是以富貴處身 而以貧賤待母 人倫廢矣 子職隳矣 況臣母年齡已高 疾病沈篤 無他子女 可以扶護者 而山川遼濶 信使阻絕 消息亦不能以時相通 不待陟屺望雲 而肝腸已寸斷無餘矣 今幸國家無事 官府多閑 伏乞陛下諒臣危迫之情 察臣終養之願 特許數月之暇 使之歸省先墓 將歸老母 母子同居 歌詠聖德 得以盡瀜洩之樂 效反哺之誠 則臣謹當彈竭移孝之忠 誓報體下之恩矣 伏乞陛下矜憫焉30

---

30 번역문: 승상 위국공 부마도위 신 양 소유는 머리를 조아려 백배하옵고 황상폐하께 말씀을 삼가 아뢰옵니다. 신은 본래 초 땅의 비천한 백성이라 늙으신 어머니를 공궤함에 넉넉지 못하여 두초와 같은 적은 재주로 외람되게 국록으로 노모를 봉양하고자 하여 분수를 헤아리지 않고 향공을 입사와 과거에 뽑히고 조정에 선지 수년이 되며 조서를 받들어 강적을 치매 절도는 무릎을 굽히고 또 명을 받아 서를 치매 흉한 토번이 꼼짝 못하고 나아와 항복하니 이를 어찌 신의 계책이라 하겠습니까? 이것은 모두 황상의 위엄이며 모든 장수가 죽기로써 싸운 결과인데 폐하께서는 그 적은 수고를 권장하시고 중한 벼슬로 표창하시니 신의 마음에 그지없이 황송하나이다. 또한 부마 간택에 하교가 간절하시고 천은이 깊어 신의 비천함으로 능히 도망하지 못하고 받들어 따랐습니다만 또한 황송하나이다. 노모께서 신에게 바라신 바는 적은 녹봉에 지나지 않고 신 역시 미관말직을 원하였는데 이제 신이 장상 자리에 앉았으며 공후의 작에 있사와 국사에 견마의 충성을 다하려 하여 노모를 모실 겨를을 내지 못하니 거처와 음식이 신의 노모와는 판이하게 다릅니다. 이것은 부귀로 몸을 처하고 빈천으로 어미를 대접하는 것이니 자식 된 도리에 크게 어그러짐이요, 더구나 신의 어미는 연령이 높고 질병이 중하오나 다른 자녀가 없어 가히 구호하지 못하나이다. 산천이 아득하여 소식이 자주 통하지 못하와 노모를 보고 싶은 마음이 간절하

上覽之 歎曰 孝哉楊少游也 特賜黃金千斤 綵帛八百疋 歸爲老母壽 且令輦母遄返 丞相入闕祇肅 拜辭於太后 太后賜賚金帛 倍蓰於皇上 恩典矣 退與兩公主及秦賈兩娘相別 行到天津 鴻月兩妓 因府尹走通 已來待於客館 承相笑謂兩妓曰 吾之此行 乃私行 非王命也 兩娘何以 知之 鴻月曰 大丞相魏國公駙馬都尉之行 深山窮谷 亦皆奔迸聳動 妾 等雖蟄於山林寂廖之地 豈無耳目乎 況府尹老爺 敬待妾等 亞於相公 相公之來 不敢不報 昨年相公奉使過此 妾等尙有萬丈之光輝 今相公 位益崇 而名益著臣妾之榮 亦轉加百層矣 聞相公娶兩公主爲女君 未 知兩位公主 能容妾等否 丞相曰 兩公主 一則乃聖天子御妹一則乃鄭 司徒女子 太后取鄭氏 爲養女 而卽桂娘所薦也 鄭氏與桂狼 有汲引之 恩 且與公主 俱有及人之仁 容物之德 豈非兩娘之福乎 鴻月相顧而賀 丞相與兩人經夜 行到故鄕 初以十六歲書生 離親遠遊 及其來覲 擁大 丞相之軒車 彈魏國公之印綬 重之以駙馬之豪貴 四年間所成 就者何 如耶 入謁於母夫人 柳氏執其手 而撫其背曰 汝眞吾兒楊少游耶 吾不 能言也 當昔誦六甲賦五言之時 豈知有今日榮華也 喜極而淚下也 丞 相把立名成功之終始 娶室卜妾之顚末 悉告無餘 柳夫人曰 汝父親每 以汝 爲大吾門者 惜不令汝父 親見之也 丞相省祖先丘墓 以賞賜金帛 爲大夫人 說大宴獻壽 請宗族故舊隣里飮十日[31]

였는데 이제 국가의 무사함으로 고나부가 한가하오니 엎드려 바라옵건대 폐하께서는 신의 다급한 정세를 살피시고 신의 봉양하려는 소원을 보살펴 주시어 특별히 두어 달 허락하시면 신으로 하여금 선영에 성묘하고 노모를 모시어 모자 함께 성덕을 송축하고 반포의 정성을 다하게 하시면 신은 마땅히 정성을 다하여 천은을 갚을 것입니다. 성상께서는 불쌍히 여기사 윤허하옵소서.

31 번역문: 상께서 상소문을 다 보시고서 탄식하셨다. "효재라! 소유여!" 하시고 특별히 황금 일천근과 비단 백필을 하사하여 그 노모에게 헌수하도록 하고 또 노모를 맞아 속히 돌아오라 하셨다. 승상이 대궐로 들어가 사은하고 태후께 하직하니 태후께서도 금은 비단을 내리셨다. 승상이 은사하고 물러가 두 공주와 진숙인 가유인과 함께 작별하고 천진교에 이르니 계섬월 적경홍의 두 기생이 부윤의 통지를 받고 벌써 객관에 등대하여 있었다. 승상이 웃으며 두 기생에게 말했다. "내가 가는 이 길은 사사로운 길이라 군명이 아닌데 그대들이 어찌 내가 오는 줄 알았는가?" 경홍과 섬월이 대답했다. "승상 위국공 부마도위의 행차는 깊은 산 좁은 골짜기에서도 다 알고 있는

(2) 승샹이 됴당의 나아가 국ᄉᆞᄅᆞᆯ 다ᄉᆞ리더니 샹소ᄒᆞ야 말ᄆᆡᄅᆞᆯ 어더 어미ᄃᆞ려오믈 청ᄒᆞ여거ᄂᆞᆯ 샹이 허ᄒᆞ시고 수히 오믈 당부ᄒᆞ시다 양쇼위 십뉵의 집을 ᄯᅥ나 삼ᄉᆞ년간의 승샹 위의와 위국공 인슈로 고향의 도라가 모친긔 뵈오니 뉴부인이 깃브미 극ᄒᆞ야 눈믈을 흘니더라[32]

우선 위에 인용한 한문본(1)과 국문본(2)를 비교해 보면, 두 텍스트의 차이가 현저히 나타난다. 즉, 한문본은 상소문의 내용을 소개

데 첩들이 빌고 산곡에 사오나 어찌 귀와 눈이 없겠습니까? 더구나 부윤들이 첩들을 대우하는 것이 상공의 다음으로 하니 어찌 기별하지 않겠습니까? 지난해에 상공께서 사신으로 이곳을 지내실 때에도 첩들은 만길이나 생색이 있었는데 이제 상공의 지위가 더 높으시고 공명이 더 크시니 첩들의 영광이 또한 백배나 더합니다. 듣건대 상공께서 두 공주의 부마가 되셨다는데 두 공주께서 첩들을 용납하실는지 모르겠습니다." 승상이 말했다. "공주 한 분은 황상의 누이이고 또 한 분은 정사도의 여자로 태후의 양녀가 되었는데 계량이 천거한 바로 정씨가 어찌 계량의 천거한 은혜를 잊으리요? 또 공주와 함께 사람을 사랑하고 물건을 용납하는 덕행이 있으니 어찌 두 낭자의 복이 아니겠소?" 경홍과 섬월이 서로 돌아보며 축하하였다. 승상이 두 사람과 밤을 지내고 떠나서 고향에 이르렀다. 처음에 십오 세 서생으로 모친 곁을 떠나 멀리 갔다가 마침내는 근친함에 대승상의 거마를 타고 위국공의 장분을 입고 부마의 귀함까지 겸하니 사년동안 이룬 것이 과연 장하도다! 승상이 들어가 모부인을 뵈니 모부인은 아들의 손을 잡고 등을 어루만지면서 말했다. "네가 참말 우리 아들 소유냐? 참으로 믿지 못하겠구나. 지난날 육갑(六甲)을 외우며 글자 모으기를 할 때 어찌 오늘의 영광이 있을 줄 생각하였겠느냐?" 기쁨이 지나쳐서 눈물이 흘렀다. 소유는 공명을 이룬 일과 장가들고 복첩(卜妾) 한 일을 모두 자세하게 말씀드렸다. 모부인이 말했다. "너의 부친께서 항상 네가 '우리 집을 빛낼 자식'이라 하시더니 이제 너의 부친과 함께 영화를 보지 못하는 것이 한이구나." 승상은 선산에 영분하고 어사하신 금과 비단으로 대부인을 위하여 잔치를 베풀어 장수를 빌고 또 친척과 친구를 청하여 열흘 동안 잔치한 뒤 대부인을 모시고 길을 떠났다. 그러니 한길가의 백성과 열읍 수령이 분주히 호향하여 그 광채가 한길에 빛났다. 승상이 낙양을 지날 때 본 고을에 분부하여 경홍과 섬월을 불렀는데 두 낭자는 벌써 서울로 동행한 지 여러 날이라고 하였다. 승상이 길이 어긋난 것을 섭섭히 여기며 황성에 이르러 대부인을 승상부로 모시고 대궐에 들어가 숙배하였다. 양궁에서 불러 보시고 금은 채단 열 수레를 하사하시어 대부인께 헌수하고 만조백관을 청하여 삼일 간 큰 잔치를 즐기었다.

32 규장각 소장본

하고 있는 데 반하여, 국문본의 경우는 상소를 하였다는 사실만을 전하고, 상소문의 실제 내용은 생략하고 있다. 이 이외의 대목에서는 국문본도 한문본과 거의 동일한 수준에서 서술하던 것이 여기에서는 생략이 심하게 나타난다.

한문본을 중심으로 살펴보면 양상서가 정부에 나아가 공사를 처리하고 드디어 그 모친을 모셔오고자 하였는데, 그 상소문의 내용은 이러하였다. 즉, 승상 위국공 부마도위 양소유는 머리를 조아려 백배하옵고 황상폐하께 말씀을 삼가 아뢰옵니다. 신은 본래 초 땅의 비천한 백성이라 늙으신 어머니를 공궤함에 넉넉지 못하여 두초와 같은 적은 재주로 외람되게 국록으로 노모를 봉양하고자 하여 분수를 헤아리지 않고 향공을 입사와 과거에 뽑히고 조정에 선 지 수년이 되며 조서를 받들어 강적을 치매 적도는 무릎을 굽히고 또 명을 받아 서를 치매 흉한 토번이 꼼짝 못하고 나와 항복하니 이를 어찌 신의 계책이라 하겠습니까? 이것은 모두 황상의 위엄이며 모든 장수가 죽기로써 싸운 결과인데 폐하께서는 그 적은 수고를 권장하시고 중한 벼슬로 표창하시니 신의 마음에 그지없이 황송하나이다. 또한 부마 간택에 하교가 간절하시고 천은이 깊어 신의 비천함으로 능히 도망하지 못하고 받들어 따랐습니다만 또한 황송하나이다. 노모께서 신에게 바라신 바는 적은 관록에 지나지 않고 신 역시 미관말직을 원하였는데 이제 신이 장상 자리에 앉았으며 공후의 작에 있사와 국사에 견마의 충성을 다하려 하여 노모를 모실 겨를을 내지 못하니, 거처와 음식이 신의 노모와는 판이하게 다릅니다. 이것은 부귀로 몸을 처하고 빈천으로 어미를 대접하는 것이니 자식 된 도리에 크게 어그러짐이요, 더구나 신의 어미는 연령이 높고 질병이 중하오나 다른 자녀가 없어 가히 구호하지 못하나이다. 산천이 아득하여 소식이 자주 통하지 못하와 노모를 보고 싶은 마음이 간절하였는데 이제 국가의 무사함으로 관부가 한가하오니 엎드려 바라옵건대 폐하께서는 신의 다급한 정세를 살피시고 신의 봉양하려는 소원을 보살펴 주시어 특별히 두어 달 허락하시면, 신으로 하여금 선영에 성묘하고 노모를 모시어 모자 함께 성덕을 송축하고 반포의 정성을 다하게 하시면, 신은 마땅히 정성을 다하여 천은을 갚을 것입니다. 성상께서는 불쌍히 여기사 윤허하옵소서.

양소유가 이러한 상소문을 올리자, 황상은 그 효심에 대하여 감탄하면서, 특별히 황금 일천 근과 비단 백 필을 하사하여 노모에게 헌수하도록 하고, 노모를 맞아 속히 돌아오라 하였다. 고향에 도착하니 15세 서생으로 모친 곁을 떠나 멀리 갔다가 근친함에 대승상의 거마를 타고 위국공의 장복을 입고 부마의 귀함까지 겸하였으니 4년 동안 이룬 것이 장하다고 하면서, 모부인은 양소유의 손을 잡고 기쁨의 눈물을 흘렸다.

또, 제14회장[33]에서도 양소유의 효심의 정도를 보여주는 다음과 같은 서술이 있다.

> 승상이 각각 거쳐ᄒᆞᄂᆞᆫ ᄃᆡ로 정ᄒᆞ니 뎡당 명호ᄂᆞᆫ 경복당이니 뉴부인 겨신 곳이고 그 알픈 연희당인 좌부인 뎡시이고 경복당 셔ᄂᆞᆫ 봉슈궁이니 난양공쥬 거ᄒᆞ고 연희당 알픈 응향각이니 그 알픈 청하뤼니 이 두 집은 승샹이 거쳐ᄒᆞ고 궁듕의셔 잔ᄎᆡᄒᆞ는 곳이오 누 알픈 티ᄉᆞ당이오 그 알픈 녜현당이니 이 두 집은 승샹이 빈 ᄀᆡᆨ을 보며 공ᄉᆞᄒᆞᄂᆞᆫ 집이오 봉슈당 남녁희 진원이 이시니 슉인 진ᄎᆡ봉의

33 장회명은 〈낙유원 사냥모임에서 춘색을 다투고, 화려한 수레를 타고는 풍광을 점친다(樂遊園會獵鬪春色 油碧車招搖古風光)〉이다.

거쳐ᄒᆞᄂᆞᆫ 곳이오 연희당 동남ᄒᆡ 영츈합이니 가츈운의 집이오 청하루 동셔의 각각 쇼뤼 이시니 녹창과 즈란이 극히 화려ᄒᆞ고 ᄒᆡᆼ각을 지어 청하루와 응향각이 년ᄒᆞ야시니 동은 화산누요 셔ᄂᆞᆫ 대궐누니 계셤월과 뎍경홍의 잇ᄂᆞᆫ 곳이러라 궁듕의 풍뉴ᄒᆞᄂᆞᆫ 녀기 팔ᄇᆡᆨ여인의 ᄌᆡ조와 ᄉᆡᆨ을 극히 ᄀᆞᆯᄒᆡ여 좌우부ᄅᆞᆯ ᄂᆞᆫ화시니 좌부 ᄉᆞᄇᆡᆨ은 셤월이 거ᄂᆞ렷고 우부 ᄉᆞᄇᆡᆨ은 경홍이 겨ᄂᆞ려 가무와 관현을 가ᄅᆞ쳐 달마다 청하루의 세 번식 모다 두 편 ᄌᆡ조ᄅᆞᆯ ᄒᆞᄃᆡ 잇다감 승샹과 부인이 대부인을 뫼셔 친히 등제ᄒᆞ야 냥편 교ᄉᆞᄅᆞᆯ 샹벌ᄒᆞᆯ ᄉᆡ 이긔ᄂᆞᆫ 쟈ᄂᆞᆫ 삼잔 술을 샹ᄒᆞ고 머리의 ᄎᆡ화 일지ᄅᆞᆯ ᄭᅩᆺ고 못이긔ᄂᆞᆫ자 자ᄒᆞᆫ 그릇 믈을 벌ᄒᆞ고 니마의 먹 ᄒᆞᆫ 뎜을 직으니 이러므로 ᄌᆡ죄 졈졈 정슉ᄒᆞ야 위부와 월궁 녀악이 텬하의 유명ᄒᆞ고 비록 황뎨의 니원뎨ᄌᆞ라도 밋디 못ᄒᆞᆯ너라[34]

여기서 보면, 양소유는 승상의 자리에 있으면서 모친 유씨를 가장 중심으로 삼는다. 즉, 양승상이 부중에 각각 거처를 정할 때 정동은 경복당으로 대부인이 계시고 경복당 앞은 연희당으로 좌부인 영양공주가 거처하고, 경복당 서쪽은 봉소궁이니 우부인 난양공주가 처하고, 연희당 앞에 응향각과 청화루는 승상이 거처하여 때때로 거기서 잔치를 베풀었다. 그 앞에 연현당은 승상이 손님을 응접하는

34 "丞相侍人 日益多矣 各定其居處 正堂曰 慶福堂 大夫人居之 慶福之前曰 燕喜堂 左夫人英陽公主處之 慶福之西曰 鳳簫宮 右夫人蘭陽公主處之 燕喜之前 凝香閣淸和樓 丞相處之 時時設宴於此 其前太史堂福賢堂 丞相接賓客 廳公事之處也 鳳簫宮以南尋興院 卽淑人秦彩鳳之室也 燕喜堂以東迎春閣 卽孺人賈春雲之房也 淸和樓東西 皆有小樓 綠窓朱欄 蔽虧掩映周回作行閣 以接於淸和樓凝香閣 東曰賞花樓 西曰望月樓 桂狄兩姬 各占其一樓 宮中樂妓八百人 皆天下有色有才者也 分作東西部 左部四百人 桂蟾月主之 右部四百人 狄驚鴻掌之 敎以歌舞 課以管絃 每月會淸和閣 較兩部之才 丞相陪大夫人 率兩公主 親自等第 以賞罰 勝者以三盃酒賞之 頭揷彩花一枝 以爲光榮 負者以一盃冷水罰之 以墨筆 劃一點於額上 以愧其心 以此衆妓之才日慙精熟 魏府月宮女樂爲天下最 雖梨園弟子 不及於兩部矣" (한글 원문은 규장각 소장본)

집이었다. 봉소궁 남쪽에 심흥원은 진숙인 채봉의 방이고, 연희당 동쪽에 영춘각은 가유인의 방이 있도록 배치하였다.

이처럼 양소유는 거처를 정할 때에도 정당인 경복당에는 대부인을 거처하게 하고, 마주 한 데는 양소유가 거처하고, 그리고 경복당 앞에는 좌부인 영양공주, 서편에는 우부인 난양공주를 거처하게 한다. 그 주변에 양소유의 6첩인 진채봉, 가춘운, 계섬월, 적경홍, 심요연, 백능파를 각각 거처하게 하면서, 대가족의 정점에는 유씨부인을 모시게 된다. 이러한 유씨부인 모자를 중심으로 한 천하 각 지역에서 모여든 양소유의 8처첩은 곧 유씨부인의 8인의 며느리가 된다. 이렇게 구성된 10인의 대가족이 누리는 호사스런 생활 속에서 유씨부인은 사철마다 베푸는 잔치의 상석을 차지하는 인물로서, 황태후에 비하여 조금도 손색이 없는 존재로 생활한다.

또, 제15회장[35]에서는 양소유가 효심을 다한 후, 모친 유씨부인과 장인 장모인 정사도 부부의 장례를 후히 모시는 상황을 다음과 같은 서술하고 있다.

> 승샹이 샹위의 이션디 여러 십 년이 디낫ᄂᆞᆫ디라 뉴부인이 뎡ᄉᆞ도 부쳐로 더브러 나히 샹슈의 오ᄅᆞᆫ 후 세샹을 니별ᄒᆞ고 승샹의 모든 아ᄃᆞᆯ이 임의 됴뎡의 버러시니 뉵남이네 다 부모의 풍치ᄅᆞᆯ 습ᄒᆞ야 옥슈지란이 문뎡의 빗최여시니[36]

35 장회명은 〈부마는 금 술잔으로 벌주를 마시고, 거룩한 왕은 취미궁을 은혜로이 빌려준다(駙馬罰飮金屈巵 聖主恩借翠微宮)〉이다.

36 "時天下昇平 民安物阜 廟堂之上 無一事可晝者 丞相出 則陪聖天子 遊獵於上苑 入則奉大夫人 讌樂於北堂 僛僛舞袖 任它光陰之流邁 嘈嘈急絃催却春秋之代謝 丞相蹋沙堤而執勻衡者 已累十年 亨萬鍾之富 盡三牲之養 泰極否至 天道之恒 興盡悲來 人事之常也 柳夫人以天年終 壽九十九矣 丞相哀毁逾禮 幾乎滅性 兩殿憂之 遣中使 勉諭節哀以王后禮葬之 鄭司徒夫妻 亦得上壽而終 丞相悲悼之情 不下於柳夫人矣" (한글 원문은

우선 위에 인용한 대목의 한문본과 국문본을 비교해 보면, 두 텍스트의 차이가 부분적으로 나타난다. 즉, 한문본은 "柳夫人以天年終壽九十九矣 丞相哀毁逾禮 幾乎滅性 兩殿憂之 遣中使 勉諭節哀 以王后禮葬之[37]"가 국문본에서는 "나히 샹슈의 오른 후 세샹을 니별ᄒᆞ고"로 축약되었다.

한문본을 중심으로 살펴보면, 양소유는 천하가 태평해져서 사방에 일이 없고 백성이 안락하며 곡식이 풍성하였기에, 승상이 나가면 천자를 모시고 상림원에서 사냥을 하고, 들어오면 대부인을 받들고 당상에서 잔치를 하여 노래와 춤 속에서 세월을 보내었다. 그러나 세상의 이치는 흥이 다하면 슬픔이 오는 것은 예나 지금이나 보통 있는 일이므로, 유부인 또한 99세의 나이로 세상을 떠났다는 것이다.

이처럼, 「구운몽」에서는 서포를 대신한 주인공이 모친과 처부모까지 효양하고, 사후에도 효를 다하는 사실을 밝히는, 부모에 대한 극진한 효행이 드러난다. 이는 서포 자신이 간직한 효행의 꿈이 작품 속에 투영되어 부귀공명과 함께 지극한 효행을 승화시킨 것이다. 이는 서포의 창작 의식의 반영으로, 부귀 현달하여 부모를 드날리고 행복하게 만드는 것이 효행의 최고라는 점을 실증시켜 준다.[38] 그러므로 양소유의 삶이 지향하던 현실주의적 세계관[39]은 시골 출신으로 장안에 가서 장원급제를 하고, 나가서는 천하의 빼어난 장수가

규장각 소장본)

37 번역문: 유부인이 세상을 떠났는데 나이는 99세였다. 승상이 몹시 슬퍼하며 예로서 장사지낼 때 양쪽 궁전에서 내시를 보내 위문하고 왕후 예로 예관을 보내 장사지냈다.

38 노태조, 「서포 효행사상과 윤씨행장」, 『서포문학의 새로운 탐구』, 중앙인문사, 2000, 147쪽.

39 이런 경향은, 조동일 교수의 경우, 「구운몽의 주제는 과연 금강경인가?」에서 현실시간 위에 전개되는 성진과 꿈속에 진행되는 양소유의 행위가 이념과 현실의 뒤바뀜의 구조로 되어 있음으로 표현하여, 양소유의 이런 현실주의적인 행위를 강조하고 있다.

되고 들어와서는 정승이 되는 이야기로 진행되었지만, 이것을 다른 측면에서 본다면, 가정적으로는 노모를 모시고, 아름다운 미인인 두 처와 여섯 첩을 거느리고, 자손이 번창한 가운데 화목한 가정을 만년까지 유지한 것이 된다. 이처럼 양소유가 부귀를 획득하고 애정을 성취하고 장수하는 시원스럽고도 광대한 인생의 전개는 유가사상에서 강조된 복, 녹, 수사상이 얽혀진 이상적인 삶의 제시였다. 그러하기에, 양소유의 풍류의 남아로서의 행운아의 모습인 8처첩을 거느리며 천하의 영웅으로서 효와 충을 실현하며 살아간 양소유의 일생은, 곧 조선조의 양반들이 무의식중에 꿈꾸며 갈구하던 삶이었다. 그것은 설령 그러한 상층 신분에 놓여 있지 못한 계층의 남녀들에게는 비록 백일몽일지언정, 그들이 추구한 가장 온전한 이상적인 삶이었다[40]고 판단할 수 있다.

또, 이러한 양소유의 일대는 애정과 권력[41]를 통한 양소유의 영웅화 못지않게 모친에 대한 효자로서의 모습이 그 기저에 깔려 있다. 양소유의 모친 유씨는 양처사가 자신에게 어린 자식 양소유를 맡겨놓고 떠났기 때문에, 남편을 대신하여 양소유를 성공시킴으로써 자신에게 맡겨진 역할을 다한다고 믿고 살아갔다. 이런 모친의 마음을 만족시키기 위하여, 양소유는 가문의 창달을 실현시키는 영웅적 일생을 살아가게 된 것이다. 그러므로 양소유의 일생은 가정적인 차원에서는 효의 실현이요, 국가적 차원에서는 충의 실현으로 귀결된다.[42]

---

40 김동욱, 『국문학사』, 일신사, 1976, 182쪽.

41 김일렬, 『조선조소설의 구조와 의미』, 형설출판사, 1984, 52쪽.

42 같은 책, 54쪽.

(2) 양소유가 보여준 황제에 대한 지극한 충의 실현과 혼사 갈등

양소유의 현실에서 전개되는 제2부와 제4부에서는 양소유의 충의 실현 문제가 혼사 문제와 연계되면서 크게 부각되고 있다.

양소유는 8선녀가 전생의 인연을 실현하는 환생한 여인들을 만날 때, 그 첫 번째로 만나는 여인은 제2회장에 출현하는 진채봉이다. 그녀는 풍류스러운 양유사를 화답하면서 인연을 맺게 된다. 그러나 양소유와 진채봉의 결연은 뜻하지 않은 구사랑의 난리로 인하여 인연을 이루지 못하고, 양소유는 헤어져 남전산으로 피신하여 남전산 도인으로부터 음악 연주 기법을 배우고 도가적 서적을 얻게 된다. 그리고 제3회장에서 양소유는 두 번째로 출현하는 낙양 명기 계섬월을 만나게 된다. 그녀는 양소유가 천진교 누상에서 자신의 시작품에 반한 섬월의 집으로 인도되어 인연을 맺게 되는데, 계섬월은 기생이라는 자기의 본분을 지켜 자신은 첩으로 만족하므로 양소유에게 어진 배필을 구하라고 하고 겸양의 마음을 발휘한다.

제4회장에서 양소유는 모친 유씨부인의 표형 두련사의 소개로 세 번째로 출현하는 정경패를 남장을 한 채 속여서 만나게 된다. 정사도의 딸인 경패는 요조숙녀로 지략과 유현한 음률을 좋아하는 지제를 겸비한 여성이다. 그녀는 양소유가 첫 대면 때 여장을 하고 탄금으로 속인 것을 수치스럽게 여겨서 끝내 보복을 하는 예절을 중시하는 유가 귀족 집안의 규수가 지닌 태도를 보여준다. 제5회장에서는 네 번째 출현하는 가춘운이 정경패의 시녀로서 재주와 정감을 가진 인물로 정소저의 계교를 위해 선녀로, 또는 귀신으로 양소유를 농락하기도 한다. 제6회장에서 양소유가 다섯 번째로 만나는 여인은 연왕 궁중에 있던 천하 명기 적경홍이다. 적경홍은 계섬월과는 의형제 관계를 맺는다.

또, 제7회장에서, 여섯 번째로 출현하는 황제의 매씨 이소화는 도량이 넓고 정에 넘치는 여성이다. 양소유는 황태후에 의하여 정경패의 혼사가 파혼 직전에 놓이게 된다. 그러자 이소화는 모친 황태후를 설복시키는 겸양을 중시하고 화합을 강조하는 공주로 활약한다. 제8회장에서, 일곱 번째로 출현하는 심요연은 처음에는 양소유를 죽이려는 자객으로 나타나지만, 사실은 대당국에 자기의 배필이 있다 하여 왔다면서, 도리어 양소유를 찬양하고 전승을 유도하는 계기를 마련한다.

제9회장에서는 마지막으로 동정용왕의 딸 백능파가 등장하는데, 그녀는 앞의 일곱 여성들과는 다른 사공간 층위인 제3층위에서 살아가는 존재다.

제4부인 양소유의 현실에서의 사건인 제10회장에서는, 황태후가 난양공주를 양원수에게 출가시키려는 뜻을 포기하지 않자, 공주 이소화는 미복으로 이소저의 행세를 하며 정소저를 찾아간다. 이에 공주조차 한 남편을 두 여자가 같이 섬기겠다고 한다.

제11회장에서 난양공주가 정소저를 데리고 궁중에 들어가 형제의 의를 맺고, 황태후 앞에서 칠보시를 읊는다. 이리하여 정소저는 영양공주가 되는데, 난양공주가 정소저를 꾀는 방법으로 남해태자 화상을 수놓은 자수에 화상찬을 받아야 한다고 궁중으로 데려가는 계교를 쓴다.

제12회장에서는 가춘운이 진채봉을 만나고, 양원수는 토번을 치고 돌아와 대승상 겸 위국공으로 봉해진다. 양소유는 유가적인 입신양명을 하여 정사도 집에서 춘운과 더불어 즐긴다. 춘운은 입궁한 정소저를 죽은 것처럼 속이는 장면이 해학적으로 전개된다.

제13회장에서는 양원수가 두 공주와 성례를 치른다. 양소유를 두 공주 및 가춘운 진채봉이 계교로써 서로 속이는 장면이 해학적으로 전개된다. 양소유는 효성으로 모부인 유씨를 모시고 오는 도중에 계섬월과 적경홍을 만나서 함께 상경한다. 유씨부인은 양소유와 함께 영화를 누리게 된다.

제14회장에서 양승상은 모부인을 비롯한 두 부인과 여섯 첩의 거처를 정하고 부귀와 영화를 누린다. 양소유는 인생을 마음껏 즐기는 중에 월왕이 양소유를 청하여 낙유원에서 놀이를 하게 된다. 이때 양승상은 월왕과 더불어 사냥과 미인들의 재주로 서로 겨룬다. 그중에는 심요연의 검무와 백능파의 비파 연주가 가장 인기를 얻는다.

제15회장에서 양승상이 낙유원에서 돌아와 육첩을 둔 탓으로 태후로부터 내린 금굴치로 벌주를 마신다. 양승상의 부중에서도 그에 대응하는 벌주를 내린다. 두 부인과 여섯 첩은 양소유를 섬기며 화목을 기하기 위하여 불전에서 의형제를 맺고, 양승상이 사직을 상소하자 황상은 취미궁에 거처하게 한다. 양소유와 8처첩은 만년의 행복을 누린다.

이처럼, 양소유의 현실에서 전개되는 제2부와 제4부에서는, 양소유를 주역으로 한 정경패와 이소화의 첩이 아닌 부인 자격 및 그 서열 문제가 애정 갈등[43]으로 심화되면서, 양소유의 황제에 대한 충의 실현 문제와 연계된다. 즉, 양소유와 정경패의 약혼은 황태후가 양소유를 부마로 간택하지만 양소유가 이를 거부하고, 이에 황태후는 양소유를 투옥시킴으로써 갈등은 정점에 이르게 된다. 그때 토번이

43 김종군, 『남녀 애정결연 서사 연구』, 박이정, 2005, 77쪽.

침공해 오자 조정에서는 토번군을 대적할 자는 양소유뿐이라고 함으로써, 양소유는 감옥에서 나와 대원수의 자격으로 토번과의 전쟁에 나가게 되어, 혼사 갈등은 휴전 상태로 접어들게 된다.

제3부인 제3층위의 꿈에서 깬 양원수가 제4부에서는 개선장군이 되어 장안으로 돌아오면서, 휴전 상태로 들어갔던 혼사 문제는 이제 해결의 국면을 맞게 된다. 양소유는 충의를 실현한 개선장군으로 황태후의 두 공주를 부인으로 맞게 된다. 그렇게 된 이면에는, 양소유가 토번군과의 전쟁을 위해 출정한 사이에 혼사 갈등의 한 당사자인 난양공주 이소화가 삼각관계에 놓였던 갈등의 원인을 제거하기 위하여, 양소유가 정경패와 사이에 육례의 한 단계인 납빙이 이루어졌다는 사실을 존중해야 함을 강조하였다. 그녀는 궁중 법도가 유지됨을 고려하여 정경패를 황태후의 양녀로 받아들이게 주선하였다. 이런 상황의 전환은 제4부에서는 양소유의 혼사 갈등이 해결되고, 황태후의 두 공주인 정경패가 제1부인, 이소화가 제2부인이 됨으로써, 양소유는 황제와 황태후에 대한 충의를 실현하면서 위국공 및 대승상에까지 올라 8처첩을 거느리는 화목한 대가족을 이루게 된다.

양소유가 누리는 이런 충의를 내세운 부귀의 생활도 양소유가 회갑 잔치를 마친 이후에는 새로운 국면을 맞게 되었다. 즉, 양소유가 승상의 자리를 내놓고 취미궁에서 세월을 보내고 지내던 어느 팔월에, 양승상은 열흘간의 회갑 잔치를 끝내고, 여덟 부인과 함께 취미궁 높은 누대에 올라 가을 경치를 즐기었다. 비낀 날이 곤명지에 지고, 구름의 그림자가 진천에 떨어지므로 양승상이 눈을 들어 살펴보니 가을빛이 창망하였다. 감회에 젖은 양승상이 옥퉁소를 부니 그 소리가 흐느끼는 듯, 원망하는 듯, 호소하는 듯하므로, 여덟 부인이 그 연유를 물었다. 이에 양승상은 난간을 의지하고 손을 들어 사방을 가리키며 다음과 같이 말한다.

> 북으로 ᄇᆞ라보니 편ᄒᆞᆫ 들과 문허딘 언덕에 석양이 쇠ᄒᆞᆫ 플에 비최였ᄂᆞᆫ 곳은 진시황의 아방궁이오 셔로 ᄇᆞ라보니 슬픈 ᄇᆞ람이 ᄎᆞᆫ 슈플의 블고 져믄 구름이 뷘 뫼히 덥흔 대ᄂᆞᆫ 한무뎨의 무릉이오 동으로 ᄇᆞ라보니 분칠ᄒᆞᆫ 셩이 청산을 둘넛고 븕은 박공이 반공에 숨엇ᄂᆞᆫᄃᆡ 명월은 오락가락ᄒᆞᄃᆡ 옥난간을 의디ᄒᆞᆯ 사ᄅᆞᆷ이 업ᄉᆞ니 이ᄂᆞᆫ 현죵황뎨 태진비로 더브로 노ᄅᆞ시던 화청궁이라 이 세 님군은 천고영웅이라 ᄉᆞ히로 집을 삼고 억됴로 신첩을 삼아 호화부귀 ᄇᆡᆨ년을 댜로게 녀기더니 이제 다 어ᄃᆡ 잇ᄂᆞ뇨 쇼유ᄂᆞᆫ 본ᄃᆡ 하람ᄯᅡ 뵈옷 닙은 션ᄇᆡ라 셩텬ᄌᆞ 은혜ᄅᆞᆯ 닙어 벼슬이 쟝샹의 니ᄅᆞ고 제낭ᄌᆡ 서로조차 온졍이 ᄇᆡᆨ년이 ᄒᆞ로ᄀᆞᆺᄐᆞ니 만일 젼ᄉᆡᆼ 숙연으로 모다 인연이 진ᄒᆞ면 각각 도라가믄 텬디에 덧덧ᄒᆞᆫ 일이라 우리 ᄇᆡᆨ년 후 놉흔 ᄃᆡ 믄허디고 고븐 모시 임의 며이고 가무하던 ᄯᅡ히 임의 변ᄒᆞ야 거ᄎᆞᆫ 뫼와 쇠ᄒᆞᆫ 플이 되엿ᄂᆞᆫᄃᆡ 초부와 목동이 오ᄅᆞᄂᆞ리며 탄식ᄒᆞ여 ᄀᆞᆯᄋᆞᄃᆡ 이거시 양승샹의 제 낭ᄌᆞ로 더브러 노던 곳이라 승샹의 부귀풍뉴아 제낭ᄌᆞ의 옥용화ᄐᆡ 이제 어ᄃᆡ 갓ᄂᆞ뇨 ᄒᆞ리니 어이 인ᄉᆡᆼ 덧업디 아니리오[44]

위의 인용에서처럼, 진시황, 한무제, 당나라 현종[45]은 만고에 남

---

44 "北望則平郊四曠 頹嶺獨立 夕照殘影 明滅於荒草之間者 卽秦始皇阿房宮也 西望則悲風悄林 暮雲?山者 漢武帝茂陵也 東望則粉墻繚繞於青山 朱甍隱暎於碧空 只有明月 自來自去 玉欄干頭 更無人倚者 卽玄宗皇帝 與太眞同遊之華清宮也 噫此三君 皆千古英雄 以四海爲戶庭 以億兆爲臣妾 雄豪意氣 軒輊宇宙 直欲挽三光 而閱千歲矣 而今安在哉 少游以河 東一布衣 恩承聖主 位致將相 且與諸娘子相遇 厚意深情 至老益密 非前生未了之緣 必不及於是也 男女以緣而會 緣盡而歸 乃天理之常也 吾輩一歸之後 高臺自頹曲池且堙 今日歌殿舞榭 便作賁草寒烟 必有樵竪牧童悲歌暗歎 往來而相謂曰 此乃楊丞相 與諸娘子 所遊之處 大丞相富貴風流 諸娘子玉容花能 已寂寞矣 人生到此 則豈不如一瞬之頃乎" (한글 원문은 규장각 소장본)

을 만한 업적을 남김과 동시에 그 향락으로도 유명했고, 말년에는 인생의 무상을 도술로써 풀려 했던 이들이었다. 온갖 성공과 부귀공명과 향락을 누렸으면서도 인생의 무상함을 느낄 수밖에 없었고, 도교에 기댈 수밖에 없었던 그들 영웅에게, 양소유는 완전한 감정 이입을 하며 그들의 초라한 자취를 묘사함으로써, 자신의 인생과 욕망의 무상함을 표현하였다.[46]

이때 나타난 호승에 의하여, 양소유는 유가적 이상의 삶인 두 부인과 여섯 첩을 한 집안에서 거느리면서 부귀와 영화를 누리며, 60 평생을 살다가 취미궁에서 호승을 만난 후 각몽을 함으로써 끝나고, 성진의 현실인 제1층위에서 일어나는 사건인 제5부로 전환이 된다.

이처럼, 제4부에서 보여주는 양소유의 유가적인 삶의 길, 즉 한편으로는 전생에 맺은 인연인 8처첩과의 혼사 문제를 해결하면서, 다른 한편으로는 황제에 대한 지극한 충의를 실현함은 제5부의 성진의 현실에서 바라볼 때, 양소유의 삶이 단순히 부귀공명이 허망하다는 것으로 인식되는 것이 아니다. 양소유야말로 가장 이상적인 충효를 실현하고, 유가적 이상을 실현한 인물로 인식될 수 있는 근거가 된다. 그러므로 양소유의 일생에서 성진이 석교에서 8선녀를 만나고 소망하였던 출장입상의 길을 제대로 실현한 유가적 영웅으로서의 삶은 성진이 전생에 지은 죄를 적강하여 벌로 받는 것이 아니다. 그것은 오히려 성진이 선몽구조를 통한 양소유의 유가적 삶, 특히 부부간의 인과 화[47]를 유지하면서 양소유와 8처첩이 진실하게 살았기

45 세 임금 모두 내치와 외치에 성공하여 큰 업적을 남겼다. 그러나 모두가 대규모 토목 공사를 벌여 국력을 낭비했으며, 불로장생을 믿어 방사를 모으거나 도교에 빠져 국비를 탕진하였다.

46 이때 숙종을 은유한 양승상의 이미지는 현종의 이미지와 통합된다. 그러면서 장희빈와 태진비의 이미지도 연계된다.

때문에, 그것이 근거가 되어서 성진으로 환원한 다음에 대각하는 계기가 된다는 유불 상호보완의 의미를 보여주는 것이다.

47 여기서 보여주는 '화(和)'는 바로 『중용』의 화(和)에 해당한다. 『중용』은 선비들의 주요 교재인 四書 중에서 그 학습 순서상 최종적 과정으로 인정하는 경전으로, 『중용』의 도는 곧 유가의 도를 대표한다. 이 점은 주자의 「중용장구서」에서 보듯이, 그 요체는 요와 순, 순과 우가 서로 주고받았던 도의 실체가 바로 중용의 도인 것을 밝히고 있다.

제6장

선몽의 서사체계와 동정용궁 회사 화두로 본 표면적인 서사와 은유적 주제

6-1. 표면적인 서사에서 부각된 양원수의 꿈속 존재인 백능파의 수난과 절개

6-2. 변용된 화두와 표면적인 주제인 성진과 8선녀의 대각이 지닌 상보성

6-3. 변용된 화두의 은유적 주제는 유가적 대각인 충렬 신하에 대한 숙종의 각성

작품의 창작장소와 핵심공간

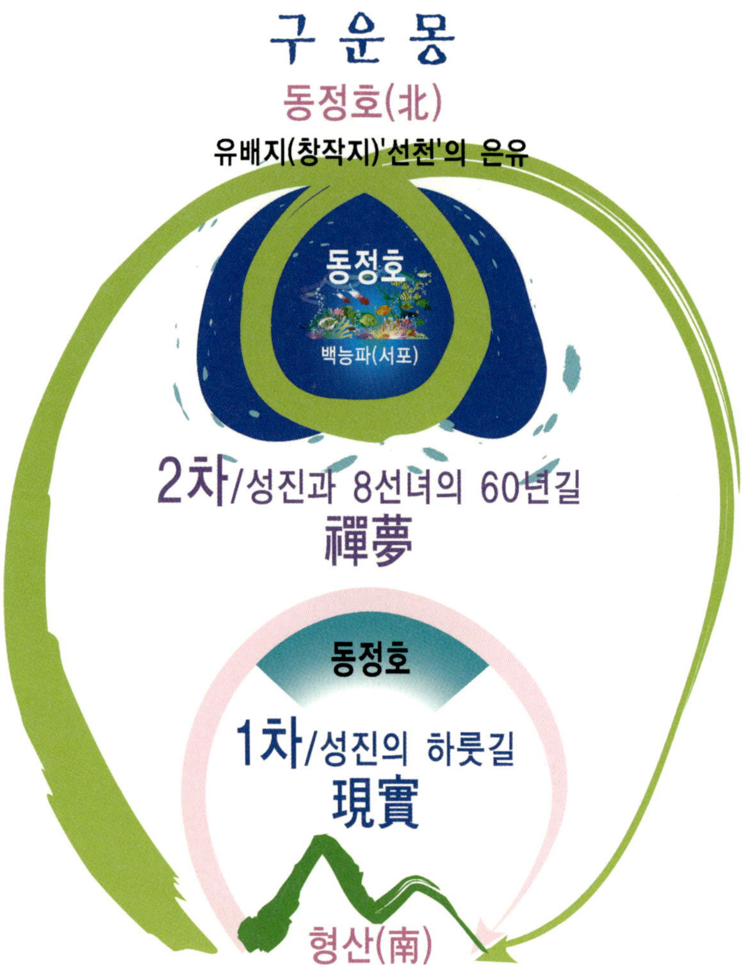

6-1. 표면적인 서사에서 부각된 양원수의 꿈속 존재인 백능파의 수난과 절개

(1) 표면적인 서사에서 부각된 양원수의 꿈속 존재인 백능파

제3층위에서 전개되는 제3부에서, 양원수와 백능파가 결연을 하는 표면적인 서사에서 부각된 특수한 존재인 백능파의 절개를 지키기 위한 수난과, 이런 백능파의 존재 의미를 인식하는 양원수에 대한 이면적인 의미는, 「구운몽」의 본질적인 주제를 찾아가는 관문이 된다. 이 관문을 지나서, 다시 백능파의 존재 의미를 인식하는 양원수에 대한 이면적인 의미가 생성해 내는 은유적인 의미, 어떤 측면에서는 우의적인 의미로서의 정치적인 의미가, 「구운몽」이 구축해 놓은 의미망의 가장 중심에 놓여있는 본질적인 주제가 될 수 있다. 그러므로 이러한 차원의 본질적인 주제를 입증하기 위해서는, 「구운몽」이 통속적인 대중소설이면서도 최상의 고급소설임을 보여주는, 선적인 몽유의 서사체계를 통하여 구현되는 성진의 동정용궁 회사 화두와, 그 화두를 들고 용맹정진으로 진리를 참구하는 깊은 심리적인 내면세계를, 양소유의 현실에서, 다시 양소유의 꿈에서 찾아들어가는 행위의 은유적 의미를 발견해 내어야 한다. 백능파로 일컬어지고, 그 이름으로 활동하는 존재의 실상은, 성진이 현실에서 만났던 위부인의 시녀들 중에서 위부인이 행하는 육관대사에 대한 예의로서의 인사하기에 선발되어, 육관대사에게 위부인의 뜻을 대신 전하는 8선녀의 한 명에 속한다.

제1부의 제1층위에서 전개되는 8선녀의 활동에는 개인적인 언행은 서술되지 않기에, 8선녀의 발언 또한 구체적으로 제1선녀, 제2선녀, 제3선녀와 같은 구분이 없이 다음과 같은 집단적인 발언으로서만이 서술된다.

(1) 팔션녜 ᄎᆞ례로 나아와 대ᄉᆞ의 안ᄌᆞᆫ ᄃᆡᄅᆞᆯ 세번 둘너 신션의 ᄭᅩᆺ출 흐튼 후의 위부인 말ᄉᆞᆷ으로 뎐ᄒᆞᄃᆡ 샹인은 뫼 셧녁ᄒᆡ 쳐ᄒᆞ고 나ᄂᆞᆫ 뫼 동녁ᄒᆡ 이셔 긔거와 음식이 서로 졉ᄒᆞ여시ᄃᆡ 텬도 일이 날을 슈고롭게 ᄒᆞ야 나아가 ᄆᆞᆰ은 말ᄉᆞᆷ을 듯디 못ᄒᆞᆯᄉᆡ 삼가 비ᄌᆞ 팔인을 보ᄂᆡ여 대ᄉᆞ 안부ᄅᆞᆯ 뭇고 겸ᄒᆞ여 하ᄂᆞᆯᄭᅩᆺ과 신션의 과실과 칠보 문금으로 구구ᄒᆞᆫ 졍을 일위ᄂᆞ이다 인ᄒᆞ여 각각 녕거ᄒᆞ여온 화과와 보패ᄅᆞᆯ 밧드러 드리니 대ᄉᆡ 손조 바다 시쟈ᄅᆞᆯ 주어 부텨긔 공영ᄒᆞ라 ᄒᆞ고 합쟝ᄒᆞ여 샤례하야 ᄀᆞᆯ오ᄃᆡ 노승이 무ᄉᆞᆫ 공덕이 잇관ᄃᆡ 샹션의 긔렴ᄒᆞ시믈 입으리오 ᄒᆞ고 팔션녀ᄅᆞᆯ ᄌᆡ비ᄒᆞ여 ᄃᆡ졉ᄒᆞ야 보내니라[1]

(2) 한림이 거러 산문을 나 서로 의논ᄒᆞᄃᆡ 남악형산은 ᄒᆞᆫ 믈과 ᄒᆞᆫ 언덕도 우리집것 아닌 거시 업ᄉᆞᄃᆡ 이 화샹이 도당을 연후로브터 홍구의 ᄂᆞᆫ호이미 되여ᄂᆞᆫ디라 년화봉 경개ᄅᆞᆯ 디쳑의 두고 보디

1 "八仙女次第而入 周行大師之座 至三回 乃已以仙花散地訖 跪傳夫人之言曰 上人處山之西 我則處山之東 起居相近 飮食相接 而賤冗多事 使我苦惱 尙未得一造法座 穩聽玄談 處仁之智蔑矣 交隣之道闕矣 玆遣洒掃之婢 敬修起居之禮 兼以天花仙果 七寶紋錦 以表區區之誠 遂各以所領 花果寶貝 擎進於大師 大師親受之 以授侍者 供養於佛前 屈身而禮 叉手而謝曰 老僧有何功德 荷此上仙之盛餽 仍設齋以待八仙 於其歸 致敬謝之意而送之"

못ᄒᆞ여더니 우리 이제 다ᄒᆡᆼ이 낭낭 명으로 이 ᄯᅡᄒᆡ 왓더니 ᄒᆡ빗치 져므디 아니믈 미쳐 년화봉 우ᄒᆡ 옷슬 ᄯᅥᆯ치고 폭포의 관ᄭᅵᆫ을 ᄲᅥᆺ고 글을 읇고 도라가 궁듕ᄌᆞᄆᆡ의게 승유ᄅᆞᆯ 자랑ᄒᆞ미 엇디 쾌티 아니ᄒᆞ 리오 모다 닐오ᄃᆡ 그말이 가쟝 올타ᄒᆞ고 날호여 거러 졀졍의 올나 폭포 근원을 구버 보고 믈줄을 조차 도로 나려 셕교의 다ᄃᆞᄅᆞ니[2]

(3) 잇대 졍히 츈삼월의 온갓 ᄭᅩᆺ치 골의 ᄀᆞ득ᄒᆞ여시니 블근 안개 ᄶᅵ인ᄃᆞᆺᄒᆞ고 새 즘ᄉᆡᆼ의 ᄇᆡᆨ가지 소ᄅᆡ ᄉᆡᆼ왕을 쥬ᄒᆞᄂᆞᆫ ᄃᆞᆺᄒᆞ니 봄긔운이 사ᄅᆞᆷ의 ᄆᆞᄋᆞᆷ을 태탕킈ᄒᆞ더라 팔인이 다리 우ᄒᆡ 안쟈 믈을 구버보니 여러골 믈이 교하의 모다 너ᄅᆞᆫ ᄃᆡᆼ담이 되여 차고 ᄆᆞᆯ그미 광능 ᄶᅡ 보ᄇᆡ예 거울을 샤로 닷근ᄃᆞᆺ ᄒᆞ니 프ᄅᆞᆫ 눈섭과 블근 단쟝이 믈속의 ᄯᅥ러져 마치 ᄒᆞᆫ복 쥬방의 미인도 ᄀᆞᆺ더라 팔인이 그림재ᄅᆞᆯ 희롱ᄒᆞ며 스ᄉᆞ로 ᄉᆞ랑ᄒᆞ여 능히 ᄯᅥ나지 못ᄒᆞ여 뫼 날이 댱ᄎᆞ 져므ᄂᆞᆫ 줄을 ᄭᆡ ᄃᆞᆺ디 못ᄒᆞ더라[3]

(4) 셩진으로 더브러 서로 만나니 셩진이 셕댱을 노코 녜ᄒᆞ여 ᄀᆞᆯ 오ᄃᆡ 녀보살아 빈승은 년화도댱 뉵관대ᄉᆞ의 제ᄌᆞ로셔 스ᄉᆡᆼ의 명을 바다 산하의 나갓다가 쟝ᄎᆞᆺ 절노 도라가더니 셕괴 심히 좁고 녀보 살이 교샹의 안져시니 ᄉᆞ나희와 제집이 길을 분변티 못ᄒᆞ게 되니 잠간 년보ᄅᆞᆯ 움ᄌᆞᆨ여 길을 빌니과져 ᄒᆞᄂᆞ이다 팔션녜 답녜ᄒᆞ고 닐오 ᄃᆡ 우리ᄂᆞᆫ 위부인 낭낭 시녜러니 부인 명을 니어 대ᄉᆞ긔 문안ᄒᆞ고

---

2 "八仙女同出山門 携手而行 相議曰 此南岳天山 一丘一水 無非我家境界 而自和尙開道場之後 便作鴻溝之分 蓮花勝景 在於咫尺 而未得探討矣 今者吾儕以娘娘之命 幸到此地 且春色正妍 山日末暮 趁此良辰 陟彼崔嵬 振衣於蓮花之峯 濯纓於瀑布之泉 賦詩而吟 乘興而歸 誇張於宮中諸娣妹 不亦快乎 皆曰諾 遂相與緩步而上 府見瀑布之源 緣厓而行 遵水而下 少憩于石橋之上"

3 "此時正當 春三月也 林花齊綻 紫霞葱蘢 望之如展錦繡之色 谷鳥爭鳴 嬌音宛轉 聞之如奏管絃之曲 春風使人胎蕩 物色挽人留連 八仙女油然而感 怡然而樂 踞坐橋上 俯瞰溪流 百道流泉 滙爲澄潭 淸冽瑩澈 如掛廣陵新磨之鏡 翠蛾紅粧 照耀水底 依俙然一幅美人圖 新出於龍眠手下也 自愛其影 不忍卽起 殊不覺夕照度嶺 瞑靄生林也"

도라가더니 쳡등은 드ᄅᆞ니 도로의 남ᄌᆞᄂᆞᆫ 왼녁으로 말ᄆᆡ암고 부녀ᄂᆞᆫ 올흔 편으로 힝ᄒᆞᆫ다 ᄒᆞ니 이 다리 심히 좁고 쳡등이 이믜 ᄇᆞ라시니 도인의 말ᄆᆡ아마미 심히 맛당티 아니니 쳥건ᄃᆡ 다ᄅᆞᆫ 길노 힝ᄒᆞ쇼셔 셩진이 ᄀᆞᆯ오ᄃᆡ ᄂᆡᆺ믈이 깁고 다ᄅᆞᆫ 다리 업ᄉᆞ니 빈승으로 ᄒᆞ여금 어ᄂᆞ 길노 조차라 ᄒᆞ시ᄂᆞ뇨 션녜 ᄀᆞᆯ오ᄃᆡ 녜 달마 존쟈ᄂᆞᆫ 갈입흘 타고 바다흘 건너다 ᄒᆞ니 화샹이 뉵관대ᄉᆞ의게 도ᄅᆞᆯ ᄇᆡ화시면 반ᄃᆞ시 신통이 이실 거시니 이런 져근 냇믈을 건너디 못ᄒᆞ여 아녀ᄌᆞ과 길을 다토시ᄂᆞ뇨 셩진이 웃고 ᄃᆡ답ᄒᆞᄃᆡ 낭ᄌᆞ의 뜻을 보니 힝인의 길ᄉᆞᄂᆞᆫ 돈을 밧고져 ᄒᆞᄂᆞᆫ도다 가ᄂᆞᆫᄒᆞᆫ 듕의게 어이 금젼이 이시리 ᄆᆞᄎᆞᆷ 명쥬 여ᄃᆞᆲ 낫치 잇더니 이제 낭ᄌᆞ긔 드려 길을 사고져 ᄒᆞᄂᆞ이다 손을 드러 도화 ᄒᆞᆫ 가지ᄅᆞᆯ 썩거 모든 션녀의 알ᄑᆡ 더지니 여ᄃᆞᆲ 봉오리 ᄯᅡ히 ᄯᅥ러져 화ᄒᆞ여 명쥐 되거ᄂᆞᆯ 팔인이 각각 주어 손의 쥐고 셩진을 도라보며 찬연이 ᄒᆞᆫ번 웃고 몸을 소소아 바람을 타고 공즁으로 올라가니[4]

위에서 살펴본 제1층위의 8선녀는 제2층위에서는 그 8인이 환생을 할 때, 7인은 제2층위에서 태어나고 1인은 제3층위에서 태어나게 된다. 작가 서포는 표면적 서사에서 부각된 백능파의 은유적 의미를 형상하기 위하여 이러한 특수 장치를 해 놓았다.

4 "此時八仙女尙在石橋之上 正與性眞相遇 性眞捨其錫杖 上手而禮曰 僉女菩薩 俯聽貧僧之言 貧僧卽蓮花道場 六觀大師弟子也 奉師之命 下山而去 方還歸寺中矣 石橋甚狹 菩薩齊坐 男女恐不得分路 惟願僉菩薩暫移蓮步 特借歸路 八仙女答拜曰 妾等卽衛夫人娘娘侍女也 承命於夫人 問候於大師 歸路適少留於此矣 妾等聞之 禮云 於行路 男子由左而行 婦女由右而行 此橋本來偏窄 妾等且已先坐 今道人從橋而去 於禮不可 請別尋他路而行 性眞曰 溪水旣深 且無他逕 欲使貧僧 從何處而行乎 仙女等曰 昔達摩尊者 乘蘆葉涉大海 和尙若學道於六觀大師 則必有神通之術 步此小川 何難之有 而乃汝兒女子自爭道乎 性眞笑而答曰 試觀諸娘之意 必欲索行人買路之錢也 然貧寒之僧 本無金錢 敵有八顆明珠 請奉獻於諸娘子 以買一線之路 說罷手持桃花一枝 以擲於仙女之前 四變絳蕚 卽化爲明珠 祥光滿地 瑞彩燭天 若出於海蚌之胎 八仙女各拾取一介 顧向性眞 찬然一笑 竦身乘風 騰空而去"

그래서 성진의 선몽상의 존재인 양소유의 현실에서 전개되는 제2부에서는, 8선녀 중에서 7선녀만이 적강 윤회 여인으로 양소유와의 결연이 펼쳐지면서, 양소유를 중심으로 한 정경패와 이소화와 관계는 두 여성들이 직접적으로 다투지는 않지만, 수세적인 정사도 집안과 공세적 황태후 집안의 갈등이 고조에 달하는 것으로 종결된다.

제2층위에서 전개되는 제2부의 고조된 갈등의 국면은, 양소유가 전쟁 중에 반사곡에서 토번군에 포위가 되고, 게다가 먹을 물조차 독극물이거나, 우물을 파도 물이 나오지 않는 식수와의 전쟁에 해당되는 사건으로 종결된다. 양소유가 만난 이러한 위기는 물을 관장하는 동정용왕의 딸인 백능파를 만나서, 양소유가 남해태자를 굴복시킴으로써 1차적으로 해소되고, 2차적으로는 백용담의 상황이 정상을 회복하여 백능파의 마음이 안정을 찾게 됨으로써, 호수의 독기는 다시 화기를 회복하여 원래의 청수담으로 환원된다.

제2부의 끝에서, 양원수는 토번을 완전히 물리치기 위하여 반사곡까지 진군하였지만, 토번군의 작전에 휘말려서 진퇴양난의 위기에 봉착하였다. 그때, 심요연이 자객의 신분으로 양소유의 막사로 침입하여 들어와서는, 자신이 찾아온 내력을 얘기하고 양소유와 인연을 맺게 된다. 양소유는 심요연과 동침을 하고 지내면서 며칠을 머무르는 사이에 진중을 돌보지 않으므로, 심요연은 양소유에게 누가 된다고 판단하여 앞으로의 전략을 조언하고 몸을 숨긴다.[5] 양소유는 심요연의 조언에 따라, 우물을 파서 군사들을 먹이는 과정에서 포위를 뚫을 방안을 찾지 못하여 고민하며 괴로워하여, 정신과 기운이 자못 피곤하여 탁자에 의지하여 잠깐 잠이 들었다. 이때부터 제3부로 전

5 김종군, 『남녀 애정결연 서사 연구』, 박이정, 2005, 75쪽.

환되는데, 이때의 상황을 구체적으로 살펴보면 다음과 같다.

제3부에서는 백능파만이 등장한다. 즉, 제3부에서는 8선녀가 환생한 존재 중에서, 유일하게 시공간 세계로서는 제3층위에 윤회하여 환생한 백능파가 등장한다. 그리고 그 백능파는 환생한 공간에서도 다른 일곱 명의 여성들과는 달리, 형산에서 8선녀들이 살던 공간에서 가장 근접한 동정호 용궁에서, 동정용왕의 딸로서 환생한다.

이러한 제3부의 특징은 양원수가 백능파와 결연하고 동정용궁을 찾아가는 것은, 선몽구조의 요체인 동정용왕 회사라는 화두의 실현이 목표가 된다는 점이다. 이는 성진의 동정용왕에 대한 1차 회사는 『금강경』의 묘법이 지닌 지혜의 수준에서 보면, 천상의 옥황상제에 조회를 다니는 동정용왕의 수준에 어울리는 회사가 아니었다. 이는 『금강경』의 논리에 따르면, 유위법(有爲法) 수준의 활동으로서, 육관대사와 같은 깨달은 존재들이 볼 때는 한갓 몽환에 불과한 것이다. 그러하기에 육관대사의 수제자인 성진이 『금강경』을 배우고 있는 처지에서 이런 수준의 회사를 하였다는 것은, 아직 수행의 완성 내지 대각의 수준에 이르지 못하였음을 뜻하게 된다. 그뿐만이 아니라, 성진은 동정용왕에 대한 1차 회사를 하고 귀환하다가, 석교에서 8선녀를 만나서 미색에 마음이 흔들리고, 불가의 길과 진리에 대한 회의를 하고, 유가적 출세와 부귀를 선망하는 경지에까지 이르는 큰 과오를 저지르게 되었다.

이러한 관점에서 본다면, 일단 성진의 제1차의 동정용궁 회사는 실패로 끝난 셈이 된다. 이러한 실패를 성공으로 역전시키는 것이 성진의 제2차 동정용궁 회사이다. 이 제2차 동정용궁 회사는 성진 자신도 전혀 의식하지 못한 무위법(無爲法) 수준의 참선을 통해서, 무상(無相)을 거쳐서 비무상(非無相) 차원의 심층의식인 선경(禪境)의 상황 속에서, 동정용궁 회사를 실현하였다. 이러한 완벽한 수준에서 이루어진 성진의 동정용궁 회사는, 성진이 참선 속에서 양소유로 환생하고, 그 양소유가 꿈속에 양원수로서 백능파와 만나는 것이 선행하였다. 양소유가 꿈속에 양원수가 되어서 백능파와 만났던 세계는 제1층위인 성진의 세계에 비해서는 두 단계나 더 깊고 순수한 무의식의 세계인 제3층위의 세계로서, 그런 세계에서 양원수는 동정용왕의 딸인 백능파와 결연을 하였고, 결연 이후에는 양소유가 백능파를 괴롭히는 남해태자를 굴복시킨다. 그 다음에 백능파와 함께 그녀의 부친인 동정용왕을 만나 회사한 것이기에, 실패한 제1차의 동정용궁 회사에 비하여 완벽하게 성공한 동정용궁 회사에 해당하는 것이다. 그러므로 성진이 유위법(有爲法)의 수준에서 전개된 제1차 동정용궁 회사 때에는 자신의 수행에 결정적인 장애로 작용한 것이 석교상에서 만난 8선녀들이었다. 그러나 제2차의 동정용궁 회사 때에는, 무위법(無爲法) 수준에서 전개되기 때문에, 이들 8선녀의 역할은 자신의 수행에 결정적인 도움으로 작용하였다.

이를 뒷받침하기 위한 장치로, 성진이 참선 속에서 환생할 때에 8선녀들도 함께 환생을 하게 되었다. 성진은 환생하여 양소유가 되었고, 제2층위의 세계 속에서 전개된 양소유의 현실에서, 양소유는 자신과 더불어 환생한 8명의 여성들과 각각 한 명씩 만나는 편력 과정을 통하여, 미모 위에다가 각각의 능력을 갖춘 여성들과 결연을 하면서 도움을 받게 되었다. 이러한 전개상에서 백능파는 가장 늦게 등장하고, 또 그 등장하는 시공간적 세계가 앞의 7명과는 달리, 양소유가 꿈속에서 진입할 수 있는 시공간 세계인 제3층위의 세계에서 등장한다는 점이 특징인 것이다.[6]

(2) 백용담에서 겪는 백능파의 수난과 양원수의 구제와의 상관성

백능파가 겪은 수난의 결과와 양원수의 위기 해소의 상관성은, 백능파 대목이 「구운몽」의 전개에 주요한 전환점이 되고 있음을 보여준다. 즉, 제3층위의 세계에서 등장하는 여인은 동정용왕의 딸인 용녀 백능파이다. 백능파는 성진의 선몽상의 존재인 양소유의 꿈에서 최초로 등장하는데, 그 특징은 제2부에서는 8선녀가 환생한 여인들인 진채봉을 비롯한 계섬월, 정경패, 가춘운, 적경홍, 이소화, 심요연과 같은 7여성이 등장하는 것과 달리, 제3층위에서 탄생한 존재이며, 또 인간이 아닌 용왕의 딸로 태어난 의인적 존재, 신비적인 존재로 활동하는 것이다.

그러면서도 제2층위에서는 양소유를 중심으로 한 정경패와 이소화가 직접적으로 다투지는 않지만, 수세적인 정사도 집안과 공세적 황태후 집안의 갈등이 고조에 달하는 것과는 달리, 제3층위의 백능파를 중심으로 한 양원수와 남해태자는 직접적인 전투를 통한 갈등을 하게 된다. 이런 무력 대결을 통한 승부에서, 양원수가 승리하고 백능파의 안전을 도모함으로써, 그 이후의 전반적인 서사는 해결의 국면으로 전환된다. 그 단적인 예가, 양소유를 사이에 둔 정경패와

---

6 동정용왕이 육관대사의 『금강경』 설법에 참석해 준 감사의 예의로서의 성진의 동정용왕에 대한 회사와, 성진이 용궁용왕에 대한 회사 과정에서 알게 되는 동정용왕의 딸인 백능파의 실상과, 그 동정용왕의 딸인 백능파와 동정용왕의 도움을 받으며 대각을 하게 되는 상호 감사의 예의나 상호간의 회향의 의미가 포함되어 있는 것이 육관대사와 성진이 펼치는 거대한 회사 담론이다. 그러므로 동정용궁에 가서 동정용왕에게 회사하는 형식을 빌린 화두로 이루어진 거대담론은 성진이 선몽체계를 통하여 진입할 수 있는 세계, 즉 비무상 단계를 서사적으로 전환시킨 소위 성진의 꿈의 꿈에서 실현되는 회사로서의 보답이다.

이소화의 갈등이 이소화의 주선으로 정경패가 황태후의 양녀가 되고, 다시 양소유의 제1부인, 그리고 이소화가 제2부인의 자리에 올라서로 화목을 이끌어 내는 것이다.

이러한 기능을 하고 있는 백능파 대목을 중심으로 양소유의 꿈속인 제3층위의 세계의 활동인 제3부의 전반부가 전개된다. 여기에서는 양원수가 꿈속에 백용담에서 백능파를 만나서 결연을 하고, 양원수가 음병을 정벌한 후에 백능파와 함께 동정용왕을 찾아가서 환대받는 사건으로 전개되고, 후반부는 백능파와 후일을 기약하고 헤어진 후에 형산에 올라가서 호승을 만나서 불가에 귀의하고, 불전에 분향하는 사건으로 전개된다.

이처럼 제3층위로의 전환이 된 직후에 일어나는, 양원수와 백능파의 결연으로 나아가는 장면을 살펴보면 다음과 같이 시작된다.

> 양원쉬 영듕의셔 도적 믈니틸 계교ᄅᆞᆯ ᄉᆡᆼ각디 못ᄒᆞ여 ᄎᆞ야의 교위ᄅᆞᆯ 의지ᄒᆞ여 잠간 조으더니 믄득 긔이ᄒᆞᆫ 향내 코의 ᄀᆞ득ᄒᆞ며 녀동 냥인이 나아오니 용뫼 긔이ᄒᆞ더라 샹셔ᄃᆞ려 닐오ᄃᆡ 우리 낭ᄌᆡ 잠간 귀인을 쳥ᄒᆞ시더이다 샹셰 문왈 낭ᄌᆞᄂᆞᆫ 엇던 사ᄅᆞᆷ고 녀동이 대왈 우리 낭ᄌᆞᄂᆞᆫ 농왕 저근ᄯᆞᆯ이시니 요ᄉᆞ이 집을 피ᄒᆞ여 이 싸히 와 겨시니이다 샹셰 왈 농신이 잇ᄂᆞᆫ 곳은 필연 깁흔 믈이니 나ᄂᆞᆫ 인간 사ᄅᆞᆷ이라 가고져 ᄒᆞᆫ들 어이 어드리오 녀동 왈 밧긔 와시니 귀인이 그 ᄆᆞᆯ을 ᄐᆞ면 슈부 가시미 어렵디 아니ᄒᆞ시리이다 샹셰 녀동을 조ᄎᆞ 가 보니 총마 일필을 금안을 지엇고 죵ᄌᆞ 십수인이 의복이 션화ᄒᆞ더라 샹셰 ᄆᆞᆯ긔 오ᄅᆞ니 슌식 ᄉᆞ이의 못믈노 드러가니[7]

7 "尙書方在營中 思退敵之計 而終無善策 悶惱之久 神氣頗困 倚卓而少眠 忽有異香 遍滿營中 女童兩人 進立於尙書之前 容狀奇異 非仙則鬼 告於尙書曰 吾娘子欲告一言於貴人 願貴人無惜一枉於陋鋪之處 尙書問曰 娘子是何人在何處 答曰 吾娘子 卽洞庭龍君

이 대목에서는 한문본과 한글본을 대표하는 두 이본의 구체적인 표현에는 상이함이 있으나. 사건의 흐름에는 차이가 보이지 않는다.[8]

위의 인용에서 보면 동정용왕의 둘째 딸인 백능파는 잠시 백용담에 피신해 사는 중에, 하늘이 정한 인연인 양소유가 토번과의 전투를 하는 중에 주변의 반사곡에서 적군의 포위가 되고 자신의 독기기 어린 물을 마시고 병사들이 죽어 가는 상황에 놓인 것을 알고, 시녀들을 보내어 양소유를 백용담의 수궁으로 초빙을 한다. 그때 백능파는 양원수를 모시면서 신마를 보내었고, 양원수는 백용담 속에 도착한 후 수궁의 신비로움에 놀라게 된다.

小女也 近日暫離宮中 來寓於此地矣 尙書曰 龍神所處卽水府也 我人世人也 將以何術致身乎 女童曰 神馬已繫於門外 貴人騎之 則自當至矣 水府不遠 何難之有乎 尙書隨女童 出轅門 從者數十人 衣服殊制 儀形不常 扶尙書上馬 馬行如流 飛塵不起於蹄下矣”(한글 원문은 규장각 소장본)

8 여기서 “思退敵之計 而終無善策 悶惱之久 神氣頗困(도적 물리칠 계교를 생각하며 장막 안에 앉아 있다가 몸이 피곤하여)”가 “도적 믈니틸 계교ᄅᆞᆯ ᄉᆡᆼ각디 못ᄒᆞ여”로, 倚卓而少眠(책상에 기대어 졸고 있는데)”가 “ᄎᆞ야의 교위ᄅᆞᆯ 의지ᄒᆞ여 잠간 조으더니”로,“忽有異香 遍滿營中(홀연히 기이한 향내가 장막 안에 가득하며)”가 “믄득 긔이ᄒᆞᆫ 향내 코의 ᄀᆞ득ᄒᆞ며”로, “女童兩人 進立於尙書之前(여동 두 사람이 원수 앞에 나타났다)”가 “녀동 냥인이 나아오니”로, “容狀奇異 非仙則鬼(용모가 신선 같기도 하고 귀신 같기도 하였다)”가 “용뫼 긔이ᄒᆞ더라”로, “吾娘子欲告一言於貴人 願貴人無惜一枉於陋鋪之處(우리 낭자의 말씀이 귀인을 뵙고자 하니 바라건대 귀인은 누추한 곳에 한번 오심을 아끼지 마십시오)”가 “우리 낭ᄌᆡ 잠간 귀인을 청ᄒᆞ시더이다”로, “龍神所處卽水府也 我人世人也 將以何術致身乎(용왕이 거하는 곳은 수부요, 나는 인간계의 사람이니장차 무슨 술법으로 내 몸이 갈 수 있겠소?)”는 “뇽신이 잇ᄂᆞᆫ 곳은 필연 깁흔 믈이니 나ᄂᆞᆫ 인간 사ᄅᆞᆷ이라 가고져 ᄒᆞᆫ들 어이 어드리오”로, “神馬已繫於門外 貴人騎之 則自當至矣 水府不遠 何難之有乎(신마를 이미 문 밖에 매어 놓았으니 귀인이 타시면 자연 용궁에 이를 것입니다.)”는 “밧긔 와시니 귀인이 그 ᄆᆞᆯ을 ᄐᆞ면 슈부 가시미 어렵디 아니ᄒᆞ시리이다”로, “隨女童 出轅門 從者數十人 衣服殊制 儀形不常(여동을 따라 진문 밖에 나가니 추종하는 사람들의 의복제도가 모두 이상했다. 원수를 부축해서 말 위에 올리니 말의 걸은은 흐르느 것 같고 먼지를 일으키지 않았다.)”가 “조ᄎᆞ 가 보니 총마 일필을 금안을 지엇고 죵ᄌᆞ 십수인이 의복이 션화ᄒᆞ더라”로, “扶尙書上馬 馬行如流 飛塵不起於蹄下矣(원수를 부축해서 말 위에 올리니 말의 걸은은 흐르느 것 같고 먼지를 일으키지 않았다.)”가 “ᄆᆞᆯ긔 오ᄅᆞ니 슌식 ᄉᆞ이의 못믈노 드러가니”로 대비된다.

여기에 이어지는 다음 장면은 다음과 같은 본문으로 서술된다.

> 호 큰 문의 다다르니 궁궐이 쟝녀호미 왕주의 잇는 곳 굿고 문 딕흰 군병이 고기 머리와 식오 나룻시 세샹 사름과 다르더라 미녀 수인이 문을 열고 샹셔를 인호여 당듕의 니르니 뎡듕의 남으로 향호야 빅옥 교위를 노홧거늘 시녜 청호야 교위의 안주라 호고 비단 주리를 계호의 설고 (중략) 홀연 급호 우레 소릐예 슈졍궁젼이 흔들여 키 싸브둣 호니[9]

위의 내용에서도, 두 이본의 구체적인 표현에는 상이함이 있으나, 사건의 흐름에는 차이가 보이지 않는다.[10]

위의 인용에서 보면, 양원수는 수부에 이르러서 귀빈으로 대우를 받으며 시녀들의 안내를 받아서, 백옥으로 장식된 당상의 전 위에 마련된 의자인 초상석의 자리에 오르게 된다. 그러고는 백능파로부터 자신이 초대받은 이유와, 양원수에게 남해태자가 결연을 강요하면서 핍박함을 피하여 임시로 백용담에 피신해 있는 자신의 처지를 밝힌다. 그리고 자신과 양원수는 하늘이 정해 준 부부의 인연이기에 양원수에게 일신을 의지하고자 한다고 하였다. 그 결과 양원수는 자신이 백능파와는 하늘이 정해 준 인연임을 알게 되었다. 즉, 백능파

---

9 "俄頃到水府 宮闕宏麗 如王者之居 守門之卒 皆魚頭蝦鬚矣 女童數人 自內開門出 導尙書升堂上 殿中有白玉交倚 南向而設侍女 請尙書坐其上 鋪錦繡步障於階砌之下 (중략) 日未明 一聲疾雷 鏗鏗隱隱 簸却水晶宮殿' (한글 원문은 규장각 소장본)

10 여기서 "皆魚頭蝦鬚矣(모두 물고기 머리에 새우 수염이었다)"은 "고기 머리와 식오 나룻시 셰샹 사름과 다르더라"로, "女童數人(여동 몇 사람)"은 "미녀 수인이"으로, "鋪錦繡步障於階砌之下(비단 자리를 펴놓고)"를 "비단 주리를 계호의 설고"로, "日未明 一聲疾雷(이튿날 새벽에 우레와 같은 소리)"은 "홀연 급호 우레 소릐예"로, "鏗鏗隱隱 簸却水晶宮殿(수정궁을 흔들었다)"는 "흔들려 키 싸브둣 호니"로 대비되고 있다.

가 출생했을 때, 동정용왕이 천상에 올라가서 장진인에게 점을 쳐 보니, 장진인은 백능파의 운명은 지금은 비록 용궁에 태어난 용녀이지만, 장차는 지상의 귀인을 만나서 영화를 누리고 난 다음에, 불가에 인연을 이르게 된다고 하였다. 이런 예언에 따라 백능파는 그 사람'을 기다려 왔는데, 남해용궁의 태자가 상국으로서의 위세만 믿고서 강제로 결혼을 요구하자 백능파는 청수담으로 피신해 있었다. 그리고 백능파는 아무도 접근하지 못하도록 맑고 단맛이 나던 청수담의 물을, 쓰고 독이 서린 물로 변화시켜 버렸다. 그래서 이름도 백룡담으로 바뀌게 되었다.

백능파는 양원수에게 이제 둘의 인연이 이루어졌으니 이후로는 물맛이 다시 변하게 되었으며, 군사들이 그 물을 마시면 치유될 수 있으리라고 한다. 양소유는 백능파가 아직은 자신의 처지와 예를 지키기 위하여 운우의 정을 나눌 수 없다고 하지만, 백능파를 이해시키고 나서 그날 밤에 육체적인 사랑까지 나누게 된다. 그러자 백능파를 감시하고 있던 남해태자가 이 사실을 알고는 분노하여 수부를 공격해 온다.

여기에 이어지는 다음의 사건은, 양원수가 남해태자의 음병을 징벌하고 용왕의 환대받음으로 연결된다.

그 세부적인 내용을 살펴보면 다음과 같다.

> 뇽녀 샹셔ᄅᆞᆯ ᄭᅴ와 닐오ᄃᆡ ᄂᆡ 처엄의 낭군을 머므ᄅᆞ디 아니믄 이 일을 념녀ᄒᆞ미라 샹셰 ᄃᆡ로ᄒᆞ여 ᄀᆞᆯ오ᄃᆡ 미친 아ᄒᆡ 어이 이러ᄐᆞ시 무례ᄒᆞ리오 ᄉᆞᄆᆡᄅᆞᆯ ᄯᅥᆯ티고 말긔 올나 믈 밧긔 소샤나니 남ᄒᆡ 군병이 ᄇᆡᆨ농담을 에워ᄡᅡ거ᄂᆞᆯ 샹셰 삼군을 지휘ᄒᆞ여 태ᄌᆞ로 더브러 ᄃᆡ진ᄒᆞ니 남ᄒᆡ 태ᄌᆡ 진듕의 타고 소ᄅᆡ 진동ᄒᆞ며 태ᄌᆡ ᄆᆞᆯ ᄃᆞᆯ녀 내ᄃᆞ라

ᄭᅮ지져ᄃᆡ 양쇼유 사ᄅᆞᆷ의 인연을 희지어 남의 혼ᄉᆞᄅᆞᆯ 파ᄒᆞ고 남의 쳐ᄌᆞᄅᆞᆯ 겁냑ᄒᆞ니 맹세ᄒᆞ여 널노 더브러 텬디간의 셔디 아니ᄒᆞ리라

샹셰 ᄯᅩᄒᆞᆫ ᄆᆞᆯ ᄃᆞᆯ여 대쇼ᄒᆞ고 닐오ᄃᆡ 동졍녀ᄌᆡ 갓 날 제 쇼유로 조ᄎᆞ미 텬도의 티부ᄒᆞ야시니 나ᄂᆞᆫ 블과 텬명을 슌죵ᄒᆞᆯ ᄯᆞᄅᆞᆷ이라 태ᄌᆡ 대로ᄒᆞ여 모든 도적을 모라 샹셔ᄅᆞᆯ 잡으라 ᄒᆞ니 니제독과 별참군이 용약ᄒᆞ고 내ᄃᆞ라 ᄃᆞ라드니 샹셰 ᄇᆡᆨ옥편을 ᄒᆞᆫ번 드니 대당진듕의셔 일만 손의 ᄒᆞᆷ긔 발ᄒᆞ니 패ᄒᆞᆫ 병과 쇠잔ᄒᆞᆫ 갑이 ᄯᆞᄒᆡ ᄀᆞ득 눈ᄀᆞᆺ치 ᄂᆞᆯ이엿더라 농ᄌᆡ 몸 우ᄒᆡ 두어 곳이 샹ᄒᆞ여 능히 변화ᄅᆞᆯ ᄒᆞ디 못ᄒᆞ여 ᄆᆞᄎᆞᆷ내 잡힌 배 되니 샹셰 ᄌᆡᆼ텨 군을 거두고 태ᄌᆞ을 ᄆᆡ여 진듕의 도라오니 문 잡은 재 알외ᄃᆡ ᄇᆡᆨ농담 낭ᄌᆡ 친히 군젼의 나아와 원슈긔 하례ᄒᆞ고 쟝ᄉᆞ들을 호군ᄒᆞ려 ᄒᆞᄂᆞ이다 상셰 대희ᄒᆞ여 쳥ᄒᆞ여 드러오니 농네 ᄲᅡ홈 이긔믈 하례ᄒᆞ고 일쳔 셤 술과 일만 머리 쇼로 호군ᄒᆞ니 ᄉᆞ졸이 ᄇᆡ블이 먹고 즐겨 노ᄅᆡ 부ᄅᆞᄂᆞᆫ 소ᄅᆡ 딘동ᄒᆞ더라 양원쉐 농녀로 더브러 안고 남ᄒᆡ 태ᄌᆞᄅᆞᆯ 잡아드려 오니 감히 우러러 보디 못ᄒᆞ거ᄂᆞᆯ 샹셰 ᄭᅮ지져 ᄀᆞᆯ오ᄃᆡ 내 텬명을 밧ᄌᆞ와 ᄉᆞ이ᄅᆞᆯ 딘뎡ᄒᆞ니 일ᄇᆡᆨ 신녕이 텽녕티 아니리 업거ᄂᆞᆯ 어린 아ᄒᆡ 망녕되이 텬명을 아디 못ᄒᆞ고 텬병을 항거ᄒᆞ니 이ᄂᆞᆫ 스ᄉᆞ로 죽기ᄅᆞᆯ 취ᄒᆞ미라 나의 허리 아ᄅᆡ 찬 보검이 위딩승샹의 경하농 버히던 잠기라 본ᄃᆡ 네 머리ᄅᆞᆯ 버혀 삼군을 호령ᄒᆞᆯ 거시로ᄃᆡ 너의 아비 남ᄒᆡᄅᆞᆯ 딘뎡ᄒᆞ여 ᄇᆡᆨ셩의게 은혜이시므로 너ᄅᆞᆯ 샤ᄒᆞᄂᆞ니 도라가 이후란 텬명을 슌죵ᄒᆞ여 망녕되이 ᄆᆞ음을 내디 말나 군듕의 금챵약을 내여 태ᄌᆞ의 샹쳐의 발나 노하 보내니 태ᄌᆡ 머리ᄅᆞᆯ ᄡᆞ고 쥐숨ᄃᆞᆺ ᄃᆞ라나니라

위의 내용에서도 두 이본의 구체적인 표현에는 상이함이 있으나 사건의 흐름에는 차이가 보이지 않는다. 그러나 세부적인 서술에서는 다음과 같이 차이를 보이고 있다. 즉, “미친놈 제 어찌 감히 이런

짓을 하느냐?[11]"는 "미친 아ᄒᆡ 어이 이러ᄐᆞ시 무례ᄒᆞ리오"로, "소매를 떨치고 일어나 뛰어서 물가에 나가니[12]"는 "ᄉᆞᄆᆡᄅᆞᆯ 쎨티고 말긔 올나 믈 밧긔 소샤나니"로, "떠드는 소리가 진동하며 살기가 사면에서 일어났다. 소위 남해용왕의 태자가 말을 달려 나와[13]"는 "소ᄅᆡ 진동ᄒᆞ며 태ᄌᆡ ᄆᆞᆯ ᄃᆞᆯ녀 내ᄃᆞ라"로 상호 변이되어 있다. 그리고 "너는 어떤 사람인데 남의 아내를 노략질하느냐?[14]"는 "양쇼유 사ᄅᆞᆷ의 인연을 희지어 남의 혼ᄉᆞᄅᆞᆯ 파ᄒᆞ고 남의 쳐ᄌᆞᄅᆞᆯ 겁냑ᄒᆞ니"로, "동정용녀와 내가 천생연분인 것은 천궁에 적혀 있는 대로다. 이미 알려진 것인데 나는 천명에 순종할 뿐이거든 요사한 고기새끼가 어찌 이같이도 무례하냐?[15]"는 "동졍녀ᄌᆡ 갓 날 제 쇼유로 조ᄎᆞ미 텬도의 티부ᄒᆞ야시니 나ᄂᆞᆫ 블과 텬명을 슌죵ᄒᆞᆯ ᄯᆞᄅᆞᆷ이라"로 상호 변이되어 있다.

또, "태자 대로하여 천만종 물고기에게 명하여 이제독 별참군이 기운을 돋구고 용맹을 내며 뛰어 나왔다. 원수 한 번 지휘하여 다 베고 백옥 채찍을 들고 한번 휘두르니 백만 군병이 짓밟히며 떼고 잠시 후엔 부스러진 비늘과 깨진 껍질만이 땅에 즐비하고[16]"는 "태ᄌᆡ 대로ᄒᆞ여 모든 도적을 모라 샹셔ᄅᆞᆯ 잡으라 ᄒᆞ니 니제독과 별참군이 용약ᄒᆞ고 내ᄃᆞ라 ᄃᆞ라드니 샹셰 ᄇᆡᆨ옥편을 ᄒᆞᆫ번 드니 대당 진듕의셔 일만 손의 흠긔 발ᄒᆞ니 패ᄒᆞᆫ 병과 쇠잔ᄒᆞᆫ 갑이 ᄊᆞ히 ᄀᆞ득 눈

---

11 "狂童何敢 無忌憚耶"

12 "拂袂而起 跳出水邊"

13 "喊聲大震 陣雲四起 太子披掛上馬躍出"

14 "楊少游何狀物也 乃敢戱人之事 掠人之妻乎"

15 "洞庭龍女與少游 有三生宿緣 卽天宮之所薄 眞人之所知也 我不過順天命也 奉天敎也 如爾么麽鱗虫 何無禮若是耶"

16 "太子大怒 命千萬種水族捕尙書 鯉提督鼈叅軍 鼓氣賈勇 騰躍而至尙書一麾而斬之 擧白玉鞭一揮之 百萬勇卒 齊發蹴踏 不移時 敗鱗殘甲 已滿地矣"

ᄀᆞᆺ치 ᄂᆞᆯ이엿더라"로 상호 변이되어 있다.

또, "태자는 몸에 맷군데를 창에 찔려 능히 변화하지 못하고 마침내 원수의 군사에 포로가 되어[17]"는 "뇽ᄌᆡ 몸 우ᄒᆡ 두어 곳이 샹ᄒᆞ여 능히 변화ᄅᆞᆯ ᄒᆞ디 못ᄒᆞ여 ᄆᆞᄎᆞᆷ내 잡힌 배 되니"로, "결발을 당한 채 원수의 말 앞으로 끌려왔다[18]"는 "샹셰 ᄌᆡᆼ텨 군을 거두고 태ᄌᆞ을 ᄆᆡ여 진듕의 도라오니"로 상호 변이되어 있다.

또, "백룡담 낭자 친히 진 앞에 나와 원수께 치사하고 군사들에게 음식들을 풀어 먹이라고 하십니다.[19]"는 "문 잡은 재 알외ᄃᆡ ᄇᆡᆨ뇽담 낭ᄌᆡ 친히 군젼의 나아와 원슈긔 하례ᄒᆞ고 쟝ᄉᆞ들을 호군ᄒᆞ혀 ᄒᆞᄂᆞ이다"로, "용녀는 원수의 승전을 치하하고 술 백석과 소 백필로 군사에게 음식을 풀어 먹였더니 여러 군사가 배불리 먹고 배를 두드리며 춤추고 노래하여 영맹한 기운이 전보다 백배나 더 하였다[20]"는 "뇽녜 빠홈 이긔믈 하례ᄒᆞ고 일쳔 섬 술과 일만 머리 쇼로 호군ᄒᆞ니 ᄉᆞ졸이 ᄇᆡ블이 먹고 즐겨 노ᄅᆡ 부ᄅᆞᄂᆞᆫ 소ᄅᆡ 딘동ᄒᆞ더라"로 상호 변이되어 있다.

또, "원수 용녀와 함께 앉아 남해용자를 잡아들여 소리를 높여 꾸짖었다. 내가 천자의 명을 받들어 사방의 도적을 치는데 오만 귀신도 감히 내 명을 거역하는 자 없었다. 그런데 네 조그만 아이가 천명을 알지 못하고 가히 대군을 거역하니 이는 제 명을 제가 재촉하는 것이다. 한 자루 보검이 있는데 이는 곧 위징(魏徵) 승상이 경

---

17 "太子身被數箭 不能變化 終爲唐軍所獲"

18 "尙書擊金收軍 縛太子還營"

19 "卒報曰 白龍潭娘子 親詣軍前 欲賀於元帥 仍以大犒士卒矣"

20 "龍女進賀尙書之全勝 以千石酒萬頭牛 大饗三軍 士卒鼓腹而歌 翹足而舞 勇銳之氣 百倍矣"

하의 용을 베던 칼이라 내가 마땅히 네 머리를 베어서 우리 군사의 위엄을 보일 것이나 너의 집이 남해를 진정하여 인간에게 비를 내려 만민에게 공을 세웠기 때문에 특별히 용사한다. 그러니 지금부터 전과를 고쳐 다시 낭자에게 죄를 범하지 말아라.[21]"는 "샹셰 ᄭᅮ지져 ᄀᆞᆯ오ᄃᆡ 내 텬명을 밧ᄌᆞ와 ᄉᆞ이ᄅᆞᆯ 딘뎡ᄒᆞ니 일ᄇᆡᆨ 신녕이 텽녕티 아니리 업거ᄂᆞᆯ 어린 아ᄒᆡ 망녕되이 텬명을 아디 못ᄒᆞ고 텬병을 항거ᄒᆞ니 이ᄂᆞᆫ 스ᄉᆞ로 죽기ᄅᆞᆯ 취ᄒᆞ미라 나의 허리 아ᄅᆡ 찬 보검이 위딩 승상의 경하뇽 버히던 잠기라 본ᄃᆡ 네 머리ᄅᆞᆯ 버혀 삼군을 호령ᄒᆞᆯ 거시로ᄃᆡ 너의 아비 남ᄒᆡᄅᆞᆯ 딘뎡ᄒᆞ여 ᄇᆡᆨ셩의게 은혜이시므로 너ᄅᆞᆯ 샤ᄒᆞᄂᆞ니 도라가 이후란 텬명을 슌죵ᄒᆞ여 망녕되이 ᄆᆞᄋᆞᆷ을 내디 말나"로, 그리고 "끌어 내치니 남해용자 숨도 크게 못 쉬고 쥐 죽은 듯 돌아갔다[22]"는 "군듕의 금챵약을 내여 태ᄌᆞ의 샹쳐의 발나 노하 보내니 태ᄌᆡ 머리ᄅᆞᆯ ᄡᆞ고 쥐숨듯 ᄃᆞ라나니라"로 상호 변이되어 있다.

또, 위의 인용에서 보면, 양원수는 남의 아내를 노략질한 자로 규정하여 승부를 겨누자며 공격해 온 남해태자와 싸운다. 양원수는 백용담 밖으로 나가서 웃으면서 자신은 천명을 순종하는 일이라며 대응한다. 태자는 천만 종류의 물고기를 동원하여 덤비지만 백옥 채찍을 휘두르며 백만 군병을 제압하였다. 양원수는 몸에 상처를 입은 태자를 생포하여 끌어와서 항복을 받았다.

백능파는 승리한 양원수에 치하하면서 군사들을 위해 술과 고기로 대접하였다. 군사들은 더욱 힘을 내어서 용맹을 전보다 백배나

21 "楊元帥勵聲大叱曰 我奉行天討 征伐四夷 百鬼千神 莫不從命 汝小兒 不知天命 敢抗大軍 是自促鯨鯢之誅也 我有一介寶釼 卽魏徵丞 相斬經河龍王之利器也 當斬汝頭 以壯軍滅 而汝父鎭定南海 博施雨擇 有功於萬民以此赦汝之罪 貸汝之死 汝自今勉自懲損 永悛舊惡 幸勿得罪於娘子也"

22 "因出金瘡藥 付瘡處而送之 太子屛息戢身鼠竄而逃"

더하게 되었다. 양원수는 태자에게 자신이 사용하는 보검은 위징 승상이 경하용을 베던 칼로서 태자의 목을 베어서 위엄을 보여야 하겠지만, 남해용왕이 인간에 베푼 공을 생각하여 용서하니 지난 죄를 참회하고 백능파에게 죄를 범하지 말라고 경고를 한다.

여기에 이어지는 다음의 사건은 양원수에게 동정용왕이 사자를 보내어 초대를 하는 장면으로 연결된다. 그 세부적인 내용으로 살펴보면 다음과 같다.

> 홀연 보니 동남 다히로셔 블근 긔운과 샹셔의 안ᄀᆡ ᄌᆞ옥히 씨이며 졍긔와 졀월이 공듕으로셔 오며 ᄉᆞ재 내다라 알외ᄃᆡ 동졍 뇽왕이 양원슈의 남ᄒᆡ태ᄌᆞᄅᆞᆯ 파ᄒᆞ고 귀쥬ᄅᆞᆯ 구ᄒᆞ신 줄을 듯고 친히 군젼의 하례ᄒᆞ려 ᄒᆞᄃᆡ ᄃᆡ흰 싸히 이셔 디경을 넘디 못ᄒᆞᄂᆞᆫ 고로 응벽뎐의 잔ᄒᆡᄅᆞᆯ ᄇᆡ셜ᄒᆞ고 삼가 원슈ᄅᆞᆯ 쳥ᄒᆞ여 잠간 욕도이 님ᄒᆞ시고 겸ᄒᆞ여 귀쥬ᄅᆞᆯ 밧들고 궁듕의 도라오쇼셔 ᄒᆞ시더이다 샹셰 왈 내 ᄇᆞ야흐로 삼간을 거ᄂᆞ려 뎍군을 ᄃᆡ진ᄒᆞ얏고 동졍이 예서 만니 밧긔라 비록 가고져 ᄒᆞᆫ들 어이 어드리오 ᄉᆞ재 왈 임의 술윌ᄅᆞᆯ ᄀᆞᆺ초와 여답 뇽이 메워시니 반일만 ᄒᆞ면 왕환ᄒᆞ리이다 ᄒᆞ더라 양샹셰 뇽녀로 더브러 ᄒᆞᆫ가지로 술위ᄅᆞᆯ 타니 신명의 ᄇᆞ람이 술위박회ᄅᆞᆯ 브러 공듕의 오ᄅᆞ니 임의 인간의셔 몃 천니ᄅᆞᆯ 써ᄂᆞᆺᄂᆞᆫ 줄을 아디 못ᄒᆞᄃᆡ 다만 흰 구ᄅᆞᆷ이 셰계ᄅᆞᆯ 덥혓ᄂᆞᆫ 양을 볼너라 경ᄀᆞᆨ간의 동졍의 다ᄃᆞᄅᆞ니[23]

---

23 "忽有祥光瑞氣 自東南而至 紫霞葱鬱 彤雲明滅 旌旗節鉞 自太空繽紛而下 紫衣使者越而進日 洞庭龍王 知楊元帥破南海太子 救貴主之急 極欲躬賀於壁門之前 而職業有守 不敢擅離 故方設大宴於凝碧殿 奉邀元帥 願元帥暫行焉 大王亦令小臣 陪貴主同歸矣 尙書日 敵軍雖退 壁壘尙存 且洞庭在萬里之外 往返之間 日月必多 將兵之人 何可遠出 使者日 已具一車 駕以八龍 半日之內 當去來矣 楊尙書與龍女登車 靈風吹輪 轉上層空 未知去天 餘幾尺也 距地隔幾里也 而但見白雲如盖 平覆世界而已 漸漸低下 至于洞庭' (한글 원문은 규장각 소장본)

위의 내용에서도 두 이본의 구체적인 표현에는 상이함이 있으나, 사건의 흐름에는 차이가 보이지 않는다.[24]

위의 인용에서 보면, 동정용왕은 사자를 보내어 남해태자를 굴복시키고 백능파를 구한 양원수를 동정용왕이 직접 모시러 오지 못하기에, 양원수를 초대하여 응벽전에서 잔치를 베풀고자 하니 백능파와 함께 오기를 청한다. 양원수는 삼군을 이끌고 있고 아직 적군이 남았으며, 동정호가 멀리 있다는 이유로 사양하지만, 사자들은 여덟 마리 용이 끄는 마차가 준비되어 있으니 반나절이면 내왕을 할 수 있다고 한다. 양원수는 백능파와 함께 수레를 타고 순식간에 수천 리 밖의 동정호에 이르렀다.

이러한 내용은 성진이 1차 동정용궁 내왕을 할 때와 비교가 되지 않을 정도로 신비롭고 화려한 상황 속에서, 양원수가 동정용왕의 초대를 받아서 가게 된다는 것이 주목된다.

여기에 이어지는 다음의 사건은 양원수가 동정용왕의 환대를 받는 장면이다. 그 세부적인 내용을 살펴보면 다음과 같다.

---

24 "願元帥暫行焉 大王亦令小臣 陪貴主同歸矣(원수께서 부다 오시기를 바랍니다. 또한 소신에게 공주를 모시고 함께 돌아오라 하셨습니다)"는 "잠간 욕도이 님ᄒᆞ시고 겸ᄒᆞ여 귀쥬ᄅᆞᆯ 밧들고 궁듕의 도라오쇼셔 ᄒᆞ시더이다"로, "敵軍雖退 壁壘尙存 且洞庭在萬里之外 往返之間 日月必多 將兵之人 何可遠出("적군이 비록 물러갔으나 진은 쳐 놓은 대로 있고 또 동정은 만리 밖에 있느니 갔다 오는 사이가 너무 길어서 군사를 거느린 자가 어찌 멀리 나가겠소?")"는 "내 ᄇᆞ야흐로 삼간을 거ᄂᆞ려 뎍군을 ᄃᆡ진ᄒᆞ얏고 동졍이 예서 만니 밧긔라 비록 가고져 ᄒᆞᆫ들 어이 어드리오"로, "靈風吹輪 轉上層空 未知去天 餘幾尺也 距地隔幾里也 而但見白雲如盖 平覆世界而已 漸漸低下 至于洞庭(기이한 바람이 바위를 굴리고 공중으로 올라갔다. 다만 흰 구름이 양산같이 세계를 덮은 따름이었다. 그러다가 점점 내려가 동정호에 이르러니)"는 "신명의 ᄇᆞ람이 술위박회ᄅᆞᆯ 브러 공듕의 오ᄅᆞ니 임의 인간의셔 몃 쳔니ᄅᆞᆯ 써ᄂᆞᆺᄂᆞᆫ 줄을 아디 못ᄒᆞᄃᆡ 다만 흰 구ᄅᆞᆷ이 셰계ᄅᆞᆯ 덥혓ᄂᆞᆫ 양을 볼너라 경ᄀᆞᆨ간의 동졍의 다ᄃᆞᄅᆞ니"로 대비된다.

뇽왕이 마ᄌᆞ 빈듀의 녜와 위의 엄슉ᄒᆞ더라 뇽왕이 슈족을 모ᄒᆞ고 대연을 ᄇᆡ셜ᄒᆞ여 샹셔의 빠홈 이긔고 뇽녀의 집의 도라오믈 경하ᄒᆞᆯᄉᆡ 술이 취ᄒᆞᄆᆡ 온ᄀᆞᆺ 풍뉴ᄅᆞᆯ 진ᄒᆞ니 졀죄 진탕ᄒᆞ여 인셰의 다ᄅᆞ더라 샹셰 보니 젼뎡의 좌우의 일쳔 쟝ᄉᆞ 검극을 들고 븍 치고 나아오고 미녀 여ᄉᆞᆺ 줄이 나의로 춤츄니 웅쟝ᄒᆞ고 화려ᄒᆞ여 ᄌᆞ못 보암즉ᄒᆞ더라 왕ᄃᆞ려 무ᄅᆞᄃᆡ 이 춤이 인간의셔 보디 못ᄒᆞᆫ 배라 아디 못게라 이 므ᄉᆞᆷ 곡되니잇가 왕 왈 이 곡되 슈부의도 녜ᄂᆞᆫ 업더니 과인의 ᄆᆞᆺᄯᆞᆯ이 경하의 싀집 갓더니 욕을 보거ᄂᆞᆯ 젼당 아이 경양의 가 빠홈 이긔고 녀ᄌᆞᄅᆞᆯ ᄃᆞ려오니 궁듕 사ᄅᆞᆷ이 글을 ᄆᆡᆫ드라 젼당파진악과 귀쥬환궁악이라 ᄒᆞ여 잇다감 궁듕 잔ᄎᆡ의 ᄡᅳ더니 이제 원슈 남히 태ᄌᆞᄅᆞᆯ 파ᄒᆞ고 부ᄌᆡ 서ᄅᆞ 모드니 젼일노브터 방블ᄒᆞᆯᄉᆡ 이 곡됴을 진ᄒᆞ고 일홈을 곳쳐 원슈파진악이라 ᄒᆞᄂᆞ이다 샹셰 대열ᄒᆞ여 왕긔 ᄉᆞᆯ오ᄃᆡ 이제 뉴선ᄉᆡᆼ이 어ᄃᆡ 잇ᄂᆞ니잇고 가히 서ᄅᆞ 보리잇가 왕 왈 이제 뉴랑이 영쥐 션관이 되여 직ᄉᆞ 되여시니 ᄆᆞ음대로 오디 못ᄒᆞ리이다 술이 아홉 번 디나니 샹셰 왈 군듕이 다ᄉᆞᄒᆞ니 시러곰 됴용치 못ᄒᆞ리로소이다 냥ᄌᆞ로 더브러 훗날을 긔약ᄒᆞ더라[25]

위의 내용에서도 두 이본의 구체적인 표현에는 상이함이 있으나, 사건의 흐름에는 차이가 보이지 않는다. 그러나 세부적인 서술에서

---

25 “龍王遠出迎之 執賓主之禮 展翁婿之情 揖上層殿 設宴饗之 執酌而謝曰 寡人德薄而勢孤 不能使一女 安其所矣 今元帥奮神威 而擒驕童 垂厚誼 而救小女 欲報之德 天高地厚 尙書曰 莫非大王威令所及 何謝之過 至酒蘭 龍王命奏衆樂 樂律融融 皆有條節 而與俗樂異矣 壯士千人 列立於殿左右 手執釰戟 揮擊大鼓而進 美女六佾 着芙蓉之衣 振明月之佩 飄拂藕衫 雙雙對舞 眞壯觀也 尙書問於龍王曰 此舞未知何曲也 龍王答曰 水府舊無此曲 寡人長女 嫁爲涇河王太子之妻 因柳生傳書 知其遭牧羊之困 寡人弟錢塘君 與涇河王大戰 大破其軍 率女子而來 宮中之人 爲作此舞 號曰錢塘破陣樂 或稱貴主行宮樂 有時奏之於宮中之宴矣 今元帥破南海太子 使我父女相會 與錢塘故事 頗相似矣 故改其名曰 元帥破陣樂也 尙書又問曰 柳先生今何在耶 未可相見耶 王曰 柳郎今爲瀛州仙官 方在職所 何可來耶 酒過九巡 尙書告辭曰 軍中多事 不可久留 是可恨也 惟願使娘子 毋失後期也 龍王曰 當如約矣” (한글 원문은 규장각 소장본)

는 다음과 같은 차이를 보이고 있다. 즉, "용왕이 멀리까지 나와서 맞아 주객의 예를 차리고 장인과 사위의 정분으로 절하고 상층 전각에 오른 후에 연회를 베풀고 친절히 마음껏 대접할 때, 용왕이 친히 잔을 잡고 사례한다. '과인이 덕이 없어 한 자식이 숨어 있는 곳도 편안하게 못했는데 이제 원수의 엄숙한 위세로 남해 교활한 사내를 사로잡고 딸을 구해 주시니, 그 은혜 하늘보다 높고 땅보다 두텁구려.' 원수가 대답했다. '이는 모두 대왕의 위령이 미친 까닭인데 소유에게 무슨 공이 있습니까?' 하고 술이 취하니[26]"는 "뇽왕이 마ᄌᆞ 빈듀의 녜와 위의 엄슉ᄒᆞ더라 뇽왕이 슈족을 모흐고 대연을 ᄇᆡ셜ᄒᆞ여 샹셔의 빠홈 이긔고 뇽녀의 집의 도라오믈 경하ᄒᆞᆯᄉᆡ"로, "용왕이 명령하여 여러 가지 풍악을 올리므로 음률이 무르녹아 듣기에 절조가 있었다. 그러나 시속 풍악과 다르고 장산 천명이 전각 좌우에 벌여 서서 각기 칼과 창을 벌이고 큰 북을 올리며 나오는데 미인 여섯 쌍이 부용의(芙蓉衣)를 입고 명월패를 차고 표연이 한삼 소매를 떨치며 쌍쌍이 서로 춤추니 보기에도 참 장관이었다.[27]"는 "술이 취ᄒᆞᄆᆡ 온ᄀᆞᆺ 풍뉴를 진ᄒᆞ니 절죄 진탕ᄒᆞ여 인셰의 다ᄅᆞ더라 샹셰 보니 뎐뎡의 좌우의 일쳔 쟝ᄉᆡ 검극을 들고 븍 치고 나아오고 미녀 여ᄉᆞᆺ 줄이 나의로 춤츄니 웅장ᄒᆞ고 화려ᄒᆞ여 ᄌᆞ못 보암즉ᄒᆞ더라"로 상호 변이되어 있다.

또, "양원수가 수부 풍악을 듣다가 물었다. '이는 무슨 곡조입니까?[28]'는 "왕ᄃᆞ려 무ᄅᆞᄃᆡ 이 춤이 인간의셔 보디 못ᄒᆞᆫ 배라 아디 못

---

26 "龍王遠出迎之 執賓主之禮 展翁婿之情 揖上層殿 設宴饗之 執酌而謝曰 寡人德薄而勢孤 不能使一女 安其所矣 今元帥奮神威 而擒驕童 垂厚誼 而救小女 欲報之德 天高地厚 尙書曰 莫非大王威令所及 何謝之過 至酒蘭"

27 "龍王命奏衆樂 樂律融融 皆有條節 而與俗樂異矣 壯士千人 列立於殿左右 手執釰戟 揮擊大鼓而進 美女六佾 着芙蓉之衣 振明月之佩 飄拂藕衫 雙雙對舞 眞壯觀也"

게라 이 므슴 곡되니잇가"로, "옛적 수부에는 이 곡조가 없었는데 과인의 맏딸이 경하왕 태자의 아내가 된 후 유생이 전하는 글로 인하여 그 목양(牧羊)이 곤함을 만난 줄 알고 과인의 아우 전당군(錢塘君)이 경하왕과 함께 크게 싸워 대파하고 딸을 데려오니, 궁중 사람이 이 풍악과 춤을 짓고 이름을 전당군파진악(錢塘君破陳樂) 혹은 귀주행궁악(貴主行宮樂)이라 지어 궁중잔치에 자주 아뢰었는데, 이제 원수가 남해용자를 격파하여 우리 부녀를 만나게 해주니 진당군의 옛일과 비슷하기 때문에, 그 이름을 고쳐 원수파군악(元帥破軍樂)이라 하겠소.[29]"는 "이 곡되 슈부의도 녜ᄂᆞᆫ 업더니 과인의 못ᄯᆞᆯ이 경하의 ᄉᆡ집 갓더니 욕을 보거ᄂᆞᆯ 젼당 아이 경양의 가 빠홈 이긔고 녀ᄌᆞ를 ᄃᆞ려오니 궁듕 사ᄅᆞᆷ이 글을 ᄆᆡᆫ드라 젼당파진악과 귀쥬환궁악이라 ᄒᆞ여 잇다감 궁듕 잔ᄎᆡ의 쓰더니 이제 원슈 남희 태ᄌᆞ를 파ᄒᆞ고 부ᄌᆡ 서ᄅᆞ 모드니 젼일노브터 방블ᄒᆞᆯᄉᆡ 이 곡됴을 진ᄒᆞ고 일홈을 곳쳐 원슈파진악이라 ᄒᆞᄂᆞ이다[30]"로, 상호 변이되어 있다.

또, "'군중의 일이 바빠 오래 머물지 못하겠습니다. 오직 바라건대 대왕은 만수무강하십시오.' 또 용녀를 돌아보며 일러두었다. '낭자는 기약을 잊지 마시오.' 용왕이 대신 대답했다. '그것은 염려마오. 마땅히 언약대로 할 것이요.'"는 "군듕이 다ᄉᆞᄒᆞ니 시러곰 됴용치 못ᄒᆞ리로소이다 냥ᄌᆞ로 더브러 훗날을 긔약ᄒᆞ더라"로 상호 변이되어 있다.

---

28 "尙書問於龍王曰 此舞未知何曲也"

29 "水府舊無此曲 寡人長女 嫁爲涇河王太子之妻 因柳生傳書 知其遭牧羊之困 寡人弟錢塘君 與涇河王大戰 大破其軍 率女子而來 宮中之人 爲作此舞 號曰錢塘破陣樂 或稱貴主行宮樂 有時奏之於宮中之宴矣 今元帥破南海太子 使我父女相會 與錢塘故事 頗相似矣 故改其名曰 元帥破陣樂也"

30 "軍中多事 不可久留 是可恨也 惟願使娘子 毋失後期也 龍王曰 當如約矣"

위의 인용에서 보면, 동정용왕은 양원수를 맞이하여 예를 갖추어 모시고, 수족을 모아서 큰 잔치를 베풀어서 위로하였다. 동정용왕은 술과 온갖 풍류로 화려한 접대를 하였다. 양원수가 춤의 내력을 물으니, 동정용왕은 자신의 딸이 경하용에게 시집을 갔다가 쫓겨나서 아우 전당군이 싸워서 이기고 데려왔으므로 전당파진악이라 하고, 또 딸이 돌아왔으므로 귀주환궁악이라고도 한다고 하였다. 이제 양원수가 남해태자를 물리치고 왔으니 원수파진악이라 한다고 하였다. 양원수는 군중의 일이 많다고 하면서 백능파와 뒷날을 기약하고 그곳을 떠나게 된다.

이러한 사건으로 전개되는 백용담 대목은 백능파를 사이에 둔 양원수와 남해태자의 대결이라는 혼사 갈등이 중심이 된 것이다. 이것은 제2부에서 미결로 남아 있는 양원수를 중심으로 일어난 정경패와 이소화의 혼사 갈등 문제와 동일한 주제의 반복을 통한 강화에 해당된다. 그 갈등의 주체는 전후의 2차에 걸친 혼사 갈등으로 진행되면서, 1차 갈등인 양원수와 정경패 및 이소화 간의 혼사 갈등은 제2층위에서 일어나는 사건으로서, 제2부에서는 양소유가 갈등의 중심축에 놓인 인물이다. 그러나 2차 갈등인 백능파와 양소유 및 남해태자와의 제3층위에서 일어나는 사건은 제3부에서는 백능파가 갈등의 중심축에 놓인 인물로 교체되어 있다. 또 제2부에서 양소유가 중심이 된 당나라 장안의 황궁에서 일어난 부마 간택이라는 혼사 갈등에서는 황태후임에 반하여, 제3부에서는 동정용궁과 이 동정용궁을 포함한 상위의 위상에 있는 남해용궁의 주역인 남해용왕의 태자인 남해태자라는 점이 달라진 것이다. 그러므로 이러한 차이점은 양소유가 제2부에서 보여준 황태후 및 황제와의 갈등에서는, 그 신하의 위치에 놓인 예부상서 양소유가 신하로서 황태후에게 상소 이상으로는 보여주기 어려웠던 혼례의 원칙을 벗어난 결정임에 비하여, 당나라 황제가 임명한 대원수인 양소유가 백능파를 괴롭히는 남해 태자를 직접적인 무력적으로 굴복시킨다는 것은, 사건 전개의 순리를 따르면서도 양원수가 보다 강력한 방법으로 갈등을 해결할 수 있는 길을 열어 놓은 결과가 된다. 즉, 제3층위에서 진행되는 제3부에서는 제2층위에서 전개되는 제2부의 갈등과 동일한 혼사 문제를 다루게 된다. 비록 수중에서 어족들이 펼치는 신비적인 상황이라는 점을 고려하더라도, 제3부에서는 보다 첨예한 대립과 이에 상응한 확실한 승부가 결정되고, 이런 승부의 결과에 의해서 혼사 갈등의 근본 문제가 해결된다는 점이 특징이 된다.

게다가 당나라 대원수로 백만 군병을 거느린 양원수가 백능파와 천정(天定)의 결연을 하고, 또 그 결연으로 인하여 백용담의 기운이 음기에서 양기로의 전환되었기에, 천신이 음조하는 양원수 군대의 막강한 위력은 남해태자라는 작은 권세나, 그가 통솔하는 병력으로서는 경쟁의 상대나 적수가 되지 않는 것이었다. 그러므로 성진이 환생하여 양소유가 된 다음에 꿈속에 들어와서 펼치는 이곳 제3층위의 세계에서 이루어진 동정용궁 회사[31]는, 그 규모나 심성의 순수성에서 볼 때, 제1차 동정용궁 회사와는 너무나 현저한 차이를 보여준다.

이러한 양소유와 백능파가 함께 동정용궁에 회사하는 화두 참구의 완성은, 그 이후 양원수가 잠을 깬 이후부터 지속적으로 전개되는 갈등 해결의 원동력이 된다. 이것은 화두의 핵심은 선악과 시비

31 이때 양원수는 자신이 성진의 선몽 속의 존재인 양소유의 몽유 상의 존재임을 모를 뿐만 아니라, 여기서 자신과 동정용왕의 만남이 육관대사가 낸 화두의 실천임을 인지하지 못한다. 이런 상황은 독자들 또한 마찬가지다.

에 대한 실상(實相)의 파악과, 그에 따른 과감한 실천적인 결단이 중요함을 입증해 준다. 그러므로 성진이 행한 제1차의 동정용궁 회사는 동정용왕에게 단순히 인사만 하고 돌아온 것이라면, 제2차의 동정용궁 회사는 성진에게 부과된 동정용궁 화두의 핵심문제인 선악과 시비에 대한 실상(實相)의 파악과, 그에 따른 과감한 실천적인 결단을 뜻하게 된다. 그것은 의로운 존재, 천정(天定)의 인연을 지키기 위하여 절의를 지키면서 고생하는 백능파를 구제하고, 그녀를 괴롭히는 포악한 남해태자를 과감하게 징벌하는 것에 목표가 있었던 것이다. 달리 표현한다면, 성진 자신이 환생하여 양원수가 되어서 동정용왕에게 그의 딸 문제로 인한 고통을 해결해 주는 역할을 하면서, 자신이 직접 동정용왕의 사위가 되어서 동정용왕을 장인으로 모시는 적극적이고 본격적인 회사에 해당하는 것이다.

이러한 사실들을 종합해 보면, 선몽구조를 중심으로 「구운몽」이 지닌 서사적 특징으로 본다면, 제3부에서 전개되는 성진의 동정용궁 회사의 주축인 백능파 대목은 성진과 8선녀, 그리고 육관대사의 가장 깊은 내면세계를 통하여 형상해 내는 남녀 관계, 사제 관계를 구현하는 것으로, 선몽구조의 꽃에 해당된다. 이곳에서 표면적인 서사의 전개를 통하여 형상되는 주제는 성진과 8선녀의 남녀 관계에서는 유가적인 측면에서의 성진의 8선녀 중의 한 명인 백능파에 의하여 드러난다. 백능파의 언행은 남해태자의 핍박을 피하여 청수담에 피해서 살아가는 지조와 이비 같은 열행이 핵심이 된다. 그리고 딸을 멀리 떠나보낸 동정용왕의 애환 해소와 불의에 의해 이런 불의에 의해 자행되는 갈등은 성진과 백능파의 결연으로 인한 음양의 화합으로, 이는 음기의 시대를 지난 양기의 시대를 맞는 천지운행의 조화를 뜻하게 된다. 또 나아가서는 양소유의 남해태자에 대한 징치로 시작하여 토번군과의 전승으로 이어지는 갈등의 해소가 양소유의 영웅적 삶과 천하 최고의 부귀와 공명을 이루는 요체임을 성진과 8선녀가 인식하고 대각성하는 것이 표면적 서사의 주제가 된다.

6-2. 변용된 화두와 표면적인 주제인 성진과 8선녀의 대각이 지닌 상보성

(1) 표면적인 주제는 수행 승려인 성진의 『금강경』 공관에 대한 대각

「구운몽」의 제1부에서는 수행승인 육관대사의 제자 성진이 동정용궁에 회사하고 오다가 석교 8선녀를 만난 후에, 불가에 회의를 하였다가 참선을 하면서 제2부의 사건으로 전환되었다. 제2부에서는 성진이 양소유로 환생하여 8선녀가 환생한 여성들을 7인까지 차례로 만난다. 그리고 제3부에서는 양소유의 꿈에 환생한 여성의 마지막 존재인 백능파를 만난다. 양소유가 꿈에 만난 백능파는 동정용왕의 딸이었기 때문에, 양소유는 백용담에서 백능파와 결연한 이후 함께 동정용궁으로 초대받아 동정용왕을 만남으로써, 제2차 동정용궁 회사가 이루어졌다. 양원수는 꿈에서 깨어난 후에, 제4부에서 환생한 8여성들과 다시 결연을 완성시키고 양승상이 되어 부귀와 공명, 그리고 8처첩과의 행복을 다 누린 다음에 꿈에서 깨어 제5부로 전환된다. 제5부에서는 참선을 끝낸 성진이 8선녀와 함께 육관대사의 『금강경』 설법을 듣고, 자신이 어제 겪었던 선몽구조의 총체적인 원리와 『금강경』의 비무상이라는 공론을 연계시켜 인식함으로써 대각을 하게 된다. 그러므로 「구운몽」의 표면적인 주제는 수행 승려인 성진이 『금강경』 공관에 대한 인식을 통해 『금강경』 진리를 대각한다는 불가적인 것이 된다.

이러한 논지를 염두에 두고, 성진의 대각 장면의 진행을 본문으로 통하여 구체적으로 살펴보면 다음과 같다.

> (1) 정히 경황ᄒᆞ야 ᄒᆞ더니 그런 놉흔 ᄃᆡ와 만흔 집이 일시의 업셔지고 졔 몸이 ᄒᆞᆫ 젹은 암ᄌᆞ 듕의 ᄒᆞᆫ 포단 우희 안쟈시ᄃᆡ 향노의 블이 임의 샤라지고 디난 ᄃᆞᆯ이 창의 임의 빗최엿더라 스ᄉᆞ로 제 몸을 보니 일ᄇᆡᆨ 여ᄃᆞᆲ낫 염쥬 손목의 걸녓고 머리ᄅᆞᆯ ᄆᆞᆫ디니 갓 ᄶᆞᆨ근 머리털이 가츨가츨 ᄒᆞ야시니 완연이 쇼화샹의 몸이오 다시 대승샹의 위의 아니니 정신이 황홀ᄒᆞ야 오란 후의 비로소 제 몸이 연화도댱 셩진ᄒᆡᆼ재인 줄 알고 ᄉᆡᆼ각ᄒᆞ니 처음의 스ᄉᆡᆼ의게 슈칙ᄒᆞ야 풍도로 가고 인셰예 환도ᄒᆞ야 양가의 아ᄃᆞᆯ되여 쟝원급제 한님혹ᄉᆞᄒᆞ고 츌댱입샹ᄒᆞ야 공명신퇴ᄒᆞ고 냥공쥬와 뉵낭ᄌᆞ로 더브러 즐기던 거시 다 ᄒᆞ로 밤 ᄭᅮᆷ이라 ᄆᆞ음의 이 필연 ᄉᆞ뷔 나의 념녀ᄅᆞᆯ 그릇ᄒᆞ믈 알고 날노ᄒᆞ여곰 이 ᄭᅮᆷ을 ᄭᅮ어 인간부귀와 남녀정욕이 다 허ᄉᆡᆫ 줄 알게 ᄒᆞ미로다 급히 셰슈ᄒᆞ고 의관을 져에ᄒᆞ며 쟝방의 나아가니 다른 졔ᄌᆞ들이 임의 다 모다더라[32]

> (2) 대ᄉᆞ 소ᄅᆡᄒᆞ야 무ᄅᆞᄃᆡ 셩진아 인간부귀ᄅᆞᆯ 디내니 과연 엇더

32 "大驚大惑 定睛詳視 則層樓複臺 踈簾密箔 都不可見 而自顧其身 則獨在小庵中蒲團上 火消香爐 月在西峰 自撫其頭 則頭髮新剃 餘根鬆鬆 一百八顆念珠 已垂項前 眞是小和尙形摸 非復大丞相威儀 神精惚惚 胸膈憧憧矣 旣久忽覺 其身是蓮花道場性眞小和尙也 回念初被師傅戒責 隨力士往禮都幻生人世 爲楊家之子 早捷壯元 爲翰苑之官 出將三軍入摠百揆 上疏乞退 謝事就閑 與兩公主六娘子 對歌舞聽琴瑟 盃酒團樂 晨昏行樂 皆一場春夢中事 乃曰 此必師俾知吾一念之差 傅著人間之夢 要令性眞 知富貴繁華男女情慾 皆妄幻也 急向石泉 淨洗其面 着衲整弁 自詣方丈 衆闍梨已齊會矣"

ᄒᆞ더뇨 셩진이 고두ᄒᆞ며 눈믈을 흘녀 ᄀᆞᆯ오ᄃᆡ 셩진이 임의 ᄭᆡ다랏ᄂᆞ이다 뎨ᄌᆡ 블쵸ᄒᆞ야 념녀ᄅᆞᆯ 그ᄅᆞᆺ 먹어 죄ᄅᆞᆯ 지으니 맛당이 인셰의 뉸회ᄒᆞᆯ 거시어ᄂᆞᆯ ᄉᆞ뷔 ᄌᆞ비ᄒᆞ샤 ᄒᆞ로밤 ᄭᅮᆷ으로 뎨ᄌᆞ의 ᄆᆞᄋᆞᆷ ᄭᆡᄃᆞᆺ게 ᄒᆞ시니 ᄉᆞ뷔의 은혜ᄅᆞᆯ 쳔만겁이라도 갑기 어렵도소이다 대ᄉᆡ ᄀᆞᆯ오ᄃᆡ 네 승흥ᄒᆞ야 갓다가 흥진ᄒᆞ야 도라와시니 내 ᄆᆞᄉᆞᆫ 간녜ᄒᆞ미 이시리오 네 ᄯᅩ 니ᄅᆞᄃᆡ 인셰의 뉸회ᄒᆞᆫ 거ᄉᆞᆯ ᄭᅮᆷ을 ᄭᅮ다ᄒᆞ니 이ᄂᆞᆫ 인셰와 ᄭᅮᆷ을 다리다 ᄒᆞ미니 네 오히려 ᄭᅮᆷ을 ᄎᆡ ᄭᆡ디 못ᄒᆞ엿도다 댱쥐 ᄭᅮᆷ의 나뷔 되여다가 나뷔 댱쥐 되니 어니 거ᄌᆞᆺ 거시오 어니 진짓 거신 줄 분변티 못ᄒᆞᄂᆞ니 어제 셩진과 쇼유 어니는 진짓 ᄭᅮᆷ이오 업ᄂᆞᆫ ᄭᅮᆷ이 아니뇨 셩진이 ᄀᆞᆯ오ᄃᆡ 뎨ᄌᆡ 아득ᄒᆞ야 ᄭᅮᆷ과 진짓 거ᄉᆞᆯ 아디 못ᄒᆞ니 ᄉᆞ부ᄂᆞᆫ 셜법ᄒᆞ샤 뎨ᄌᆞᄅᆞᆯ 위ᄒᆞ야 ᄌᆞ비ᄒᆞ샤 ᄭᆡᄃᆞᆺ게 ᄒᆞ쇼셔 대ᄉᆡ ᄀᆞᆯ오ᄃᆡ 이제 금강경 큰법을 닐너 너의 ᄆᆞᄋᆞᆷ을 ᄭᆡᄃᆞᆺ게 ᄒᆞ려니와 당당이 새로 오ᄂᆞᆫ 뎨ᄌᆡ 이실 거시니 잠간 기ᄃᆞ릴 거시라 ᄒᆞ더니[33]

(3) 문 딕흰 도인이 드러와 어제 왓던 위부인 좌하 션녀 팔인이 ᄯᅩ와 ᄉᆞ부긔 뵈와디이다 ᄒᆞᄂᆞ이다 대ᄉᆡ 드러오라 ᄒᆞ니 팔션녜 대ᄉᆡ의 압ᄒᆡ 나아와 합쟝 고두ᄒᆞ고 ᄀᆞᆯ오ᄃᆡ 뎨ᄌᆞ 등이 비록 위부인을 뫼셔시나 실노 ᄇᆡ혼 일이 업셔 셰쇽 졍욕을 닛디 못ᄒᆞ더니 대ᄉᆡ ᄌᆞ비ᄒᆞ시믈 입어 ᄒᆞ로밤 ᄭᅮᆷ의 크게 ᄭᆡᄃᆞ라시니 뎨ᄌᆞ등이 임의 위부인긔 하딕ᄒᆞ고 블문의 도라와시니 ᄉᆞ부ᄂᆞᆫ 나죵ᄂᆡ 가ᄅᆞ치믈 ᄇᆞ라ᄂᆞ이다 대ᄉᆡ 왈 녀션의 ᄯᅳᆺ이 비록 아름다오나 블법이 깁고 머니 큰 녁냥과

33 "大師高聲問曰 性眞人間滋味果如何耶 性眞叩頭流涕曰 性眞已大覺矣 弟子無狀 操心不正 自作之孼 誰怨誰咎 宜處缺陷之世界 永受輪回之咎殃 而師傅喚起一夜之夢 能悟性眞之心 師傅大恩雖閱千萬塵 而不可報也 大師曰 汝乘興而去 興盡而來 我有何干與之事乎 汝又曰 弟子夢人間輪回之事 此汝以夢與人世 分而二之也 汝夢猶未盡覺也 莊周夢爲蝴蝶蝴蝶又變爲莊周 莊周曰 莊周之夢 爲蝴蝶耶 蝴蝶之夢 爲莊周耶 終不能卞之 孰知何事之爲夢 何事之爲眞耶 今汝以性眞爲汝身 以夢爲汝身之夢 則汝亦以身與夢 謂非一物也 性眞少游 孰是夢也 孰非夢也 性眞曰 弟子蒙暗 不能卞夢非眞也 眞非夢也 望師傅說法 使弟子覺之 大師曰 我當說金剛經大法 以悟汝心 而當有新來弟子 汝姑待之"

큰 발원이 아니면 능히 니ᄅᆞ디 못ᄒᆞᄂᆞ니 션녀ᄂᆞᆫ 무ᄅᆞ미 스ᄉᆞ로 혜아려 ᄒᆞ라 팔션녜 믈너가 ᄂᆞᆺ우희 연지분을 씨셔ᄇᆞ리고 각각 ᄉᆞ매로셔 금젼도ᄅᆞᆯ 내여 흑운ᄀᆞᆺᄐᆞᆫ 머리ᄅᆞᆯ ᄊᆞᆨ고 드러와 ᄉᆞᆯ오ᄃᆡ 뎨ᄌᆞ 등이 임의 얼골을 변ᄒᆞ야시니 ᄆᆡᆼ세ᄒᆞ야 ᄉᆞ부 교령을 태만티 아니ᄒᆞ리이다 대ᄉᆡ ᄀᆞᆯ오ᄃᆡ 션ᄌᆡ 션ᄌᆡ라 너ᄒᆡ 팔인이 능히 이러ᄐᆞᆺᄒᆞ니 진실노 모든 일이로다[34]

여기 인용하였듯이, (1)에서 (2), (3)으로 전개되는 사건에서, 성진이 윤회하여 양소유로 활동하던 꿈, 다른 측면에서는 참선의 세계에서 벗어나서 성진으로 환원되자, 성진은 곧 세수를 하고 의관을 가다듬고 육관대사의 처소에 가서, 자신의 참선 속의 꿈의 체험이 스승의 은덕이라고 하니, 육관대사는 네가 스스로 흥이 나서 갔다가 흥이 사라져서 돌아온 것이라고 한다.[35]

---

34 "性眞未退 守門道人入告曰 昨日所來衛夫人座下仙女八人 又到請謁於大師矣 大師命召之 八仙女詣大師之前 合掌叩頭曰 弟子等雖侍衛夫人左右 而實無所學 未制妄念 情慾乍動 重譴隨至 塵土一夢 無人喚醒 幸蒙師傅慈悲 親往挈來 而昨往衛夫人宮中 摧謝前日之罪 旋辭夫人 永歸佛門 伏乞師傅快赦舊愆 特垂明教 大師曰 女仙之意雖美 佛法深遠 不可猝學 非大德量大發願 則道不能成矣 仙女自量而處之 八仙女卽退滌滿面之臙粉 脫遍身之綺? 取金剪刀 自剃綠雲之髮復入告曰 弟子等旣已變形 誓不慢師傅之教訓矣 大師曰 善哉善哉 汝等八人也 至誠如此 寧不感動性眞未退 守門道人入告曰 昨日所來衛夫人座下仙女八人 又到請謁於大師矣 大師命召之 八仙女詣大師之前 合掌叩頭曰 弟子等雖侍衛夫人左右 而實無所學 未制妄念 情慾乍動 重譴隨至 塵土一夢 無人喚醒 幸蒙師傅慈悲 親往挈來 而昨往衛夫人宮中 摧謝前日之罪 旋辭夫人 永歸佛門 伏乞師傅快赦舊愆 特垂明教 大師曰 女仙之意雖美 佛法深遠 不可猝學 非大德量大發願 則道不能成矣 仙女自量而處之 八仙女卽退滌滿面之臙粉 脫遍身之綺? 取金剪刀 自剃綠雲之髮復入告曰 弟子等旣已變形 誓不慢師傅之教訓矣 大師曰 善哉善哉 汝等八人也 至誠如此 寧不感動"

35 정규복 교합 한문본과 이 텍스트의 차이를 살펴보면, 한글본인 서울대 도서관 소장본에는, '일절유의법 염모환됴영 여디역여젼 응쟉여시관'이라고 되어 있다. 구운몽의 국문본에는 『금강경』의 본문인 '일절유위법 여몽환포영 여로역여전 응작여시관'이라는 표현 그대로 차용되고 있으나, 한문본에는 원문이 직접 제시되지는 않는다.

특히, (1)에서는 성진은 자신의 시간 의식의 층위가 스승의 층위와 다름을 깨닫고, 『금강경』 큰 법을 깨우쳐 달라고 한다. 육관대사의 『금강경』을 설법하자, 설법을 듣던 성진은 육관대사가 사구의 게송을 읊을 때 곧 대각하게 되었다.

이러한 장면은 다음과 같은 표현으로 서술하고 있다.

> 드ᄃᆡ여 법좌의 올나 경문을 강논ᄒᆞ니 ᄇᆡᆨ호빗티 셰계의 ᄡᅩ이고 하ᄂᆞᆯᄭᅩᆺ치 비ᄀᆞᆺ티 ᄂᆞ리더라 셜법ᄒᆞ믈 당ᄎᆞᆺ ᄆᆞᄎᆞ매 네 귀 진언을 숑ᄒᆞ야 ᄀᆞᆯ오ᄃᆡ 일졀유의법 염모환됴영 여디역여젼 응쟉여시관 이리니ᄅᆞ니 셩진과 여ᄃᆞᆲ 니괴 일시의 ᄭᆡ도라 블ᄉᆡᆼ블멸ᄒᆞᆯ 졍과ᄅᆞᆯ 어드니[36] [37]

위와 같은 본문에서는 성진이 어떤 심리적인 상황 속에서 대각을 하게 된다는 구체적인 서술이 없다. 그러나 성진이 이미 겪어 온 선몽구조 속의 심리적인 활동의 설법을 듣고 있던 『금강경』의 구조와 연계시켜 보면, 성진의 대각은 충분한 근거를 확보할 수 있다.[38] 즉,

---

36 "遂引上法座 講說經文 白毫光射世界 天花下如亂雨 說法將畢 乃誦四句之偈 性眞及八尼姑 皆頓悟本性 大得寂滅之道"

37 여기서 한문본과 비교해 보면, 한문본은 "四句之偈"이라 하였지만, 국문본에서는 "일졀유의법 염모환됴영 여디역여젼 응쟉여시관"이라 하였다. 한분본에서는 사구게의 내용을 구체적으로 제시하고 있지 않지만, 국문본에서는 "일졀유의법 염모환됴영 여디역여젼 응쟉여시관"이라 서술하고 있다. 이것은 「구운몽」에서 가장 중시한 소재의 하나인 『금강경』의 본문 중에서 핵심적인 사구게로 부각되는 "一切有爲法 如夢幻泡影 여디역여젼 應作如是觀"을 번역한 것이지만, 거듭되는 전사 과정에서 변이된 결과로 나타난 것이다. 이런 결과적인 와전의 정도로 볼 때, 이 국문본 텍스트는 여러 차례에 걸쳐서 전사되면서 유포되던 한 필사본임을 보여준다.

38 육관대사의 인식으로 본다면, 성진에 대한 서사의 전개는 두 가지 차원에서 동시에 진행될 수 있다. 그 하나는 참선 수행하는 성진의 외적인 행동에 대한 서사이고, 다른 하나는 참선 수행하는 성진의 내적인 심리에 대한 서사였다.

성진은 육관대사의 『금강경』 설법을 들으면서 자신이 지난밤에 겪었던 일들을 순간적으로 성찰해 보니, 그것은 보통의 꿈이 아닌 선몽체계[39] 하에서 전개된 특수한 경험임을 인식하게 되었다. 그것은 성진 자신도 의식하지 않는 상태에서 진행된 참선의 내용으로서, 무위법(無爲法)의 수준에서 진행된 변형된 화두로서의 동정용궁 회사에 대한 참구요 실현이었다.[40] 즉, 성진이 선몽구조를 인식하게 되고, 선몽구조와 간화선에서 화두의 참구가 큰 깨달음으로서 대각에 이르게 된 것이다. 그러므로 제1부에서 육관대사는 모든 제자들에게 "누가 나를 대신하여 동정용궁에 회사하고 올까?"라는 변형된 화두를 던졌다. 이때 5, 6백 명이나 되는 많은 제자들 중에서 가장 빼어난 제자인 성진이 자원하고 나섰다. 그러나 그러한 성진조차도 1차 동정용궁 회사에서는 동정용궁 회사에 담긴 비밀을 풀지 못하였다. 더 정확하게 표현하면, 스승 육관대사가 던진 "누가 나를 대신하여 동정용궁에 회사하고 올까?"라는 단 한 마디가 '간화선의 화두'라는 것조차 인식하지 못하고, 동정용궁에서 귀환하는 도중에 8선녀와 석교상에서 잠시 수작을 한 이후, 수도승이라는 자신의 정체성이 흔들리는 일대 혼미에 빠지게 된 것이다. 치열하게 진행되었던 성진의

39 참선하는 성진의 선적인 몽유, 서사되는 진행의 과정에서는 성진과 형진이 윤회한 양소유의 현실이고, 성진이 깨어나자마자 생각할 때에는 꿈이고, 다시 이어진 금강경 설법을 듣고서는 참선이며, 참선 중에는 심층심리의 측면에서 非相과 非無相의 차원에서 진정한 청정심 내지 무아의 경지인 禪仙에까지 내와하는 심성의 활동.

40 성진의 2차의 동정용궁 회사 또한 성진 자신은 그 길이 동정용궁 회사의 길인 줄을 전혀 알 수가 없다. 그뿐만이 아니라, 참선의 진행 중에 국면이 제2층위로 전환되면서, 성진의 육신은 형산 연화봉의 선방에서 참선을 하고 있고, 그의 참선 속의 의식 또는 『금강경』의 설법에서는 제시하는 공관(空觀)의 관점에 따른 비무상(非無相)이나 아상(我相) 인상론(人相論) 수준의 인식에 따라서는 현상적 존재로서의 육신과 영혼으로서의 성진은 동일한 존재이기도 하기 때문에 〈성진B〉가 성진으로 활동하면서 동자가 육관대사의 자신을 찾는다는 말을 듣고 육관대사 앞으로 갔다가 거기서 잠시 질책을 받고는 풍도옥을 거쳐 지상으로 윤회 적강하게 되는 것이다.

10년 수행의 공력이 한순간에 무너지는 절대절명의 위기에 봉착한 것이다. 이때 성진은 자신이 10년 수행으로 쌓은 공력으로, 육관대사의 수제자답게 백척간두 위기일발의 순간에서 대반전을 시작한 것이 스스로 참회하고 선방에 앉아 참선을 시작하는 것이었다.

그러므로 성진이 전날 낮에 의식적으로 갔다 온 제1차의 동정용궁 회사는 질적인 차원이 낮은 상(相) 차원의 것이었고, 밤에서 새벽까지 진행된 선몽 속의 활동으로 갔다 온 제2차의 동정용궁 회사는 비무상(非無相)이라는 선경(禪境)의 체험이었다. 그것은 무위법(無爲法)의 차원인 비무상의 선경(禪境)에서 실현한 것이기에, 성진은 교선(敎禪)의 합일의 수행을 통하여 대각성하게 된 것이다.[41]

이렇게 성진은 『금강경』에서 세존이 진리라고 수보리에게 설법한 공의 세계를 대각하고, 중생에서 보살이 되는 대전환을 하게 된 것이다.

(2) 변용된 화두로 본 8선녀의 동시적 대각과 유가적 화합으로서의 각성

「구운몽」은 성진 중심으로 작품의 주제에 접근할 수도 있고, 8선녀 중심으로 주제에 접근할 수도 있다. 이러한 두 가지 방식을 염두에 두고 불가와 유가 사상이 주제에 어떤 관계를 보이고 있는가를 살펴보자.

「구운몽」에서 내세운 경전인 『금강경』의 공관(空觀)에 따라서 성

41 이러한 대각은 성진만이 아니라, 성진과 8선녀가 함께 대각하는 역사상 존재한 적이 없는 아주 특별한 대각인 집단적 대각이 장엄하게 이루어진 것이다.

진의 마음의 마음을 유기적으로 보면, 은유적이고 우의적인 수준의 해석에서는 표층의식인 상(相)을 유가적인 일반세계로, 비상(非相)을 유가적인 이상세계로, 비무상(非無相)을 가장 이상적인 세계로 형상하였다. 이는 태극설로 보면, 성진의 표층의식인 팔괘(八卦)의 일반세계에서 이상세계인 사상(四象)과 음양으로, 다시 최상의 유가적 이상세계인 태극의 상태로 표현한 것이다. 그러므로 성진의 표층의식인 상과 팔괘, 심층의식인 비상과, 사상과 음양을 거쳐서 가장 심층의식으로서의 비무상과 태극의 경지에서 구현된 서사가 백능파 이야기인 셈이다. 그러므로 「구운몽」의 주제망은, 수행승 성진을 중심으로 볼 때는 불가적인 주제가 상위에 놓이지만, 8선녀나 8선녀가 환생한 존재로 활동한 백능파 등을 중심으로 볼 때는 유가적인 주제가 상위에 놓여 음양의 관계처럼 대대적(待對的)인 관계를 지닌 양면적인 주제로 형상되어 있다.

「구운몽」의 표면적인 서사 전개의 기저에 놓인 유가적인 참선과 화두를 통해서도 강조된 공간 배경인 동정호는, 불가로서는 비무상(非無相)의 수준인 제3층위의 선경(禪境)으로서 진무아(眞無我)인 참나(眞我)의 상태를 구현하는 곳이고, 도가로서는 흉중에 담긴 무한한 꿈을 풀어내는 구운몽(九雲夢)의 상태이고, 유가로서는 충신 양원수와 동정용왕의 딸인 열녀 백능파가 남해태자의 폭력을 견디며 천정배필을 구제하기 위하여 지조와 절의를 지키다가, 절대절명의 위기의 양원수를 구제하며 결연하는 곳이다. 또 양원수는 남해태자를 굴복시키고, 백능파와 함께 동정호 용왕에게 회사를 하고 극진한 환대를 받는 곳이다. 화두의 답을 찾아내는 동정호는 이처럼, 유불도 삼교 최고의 묘합처이다. 성진과 8선녀는 양소유에서 양원수를 거쳐서, 이러한 삼교 최고의 묘합처인 동정호 용왕에게 회사한 것이 비무상

(非無相)의 무위법(無爲法)에서 갔다 온 것을 인식하는 순간에 대각성을 하게 된다. 그러므로 이러한 대각성은 불가적 대각성과 더불어 백능파와 양원수의 결합을 전후한 유가적인 대각성도 그 뜻을 함께 하는 것이다. 그 결과 이러한 대각의 의미, 즉 성진과 8선녀의 집단적인 대각은 「구운몽」의 표제가 지닌 의미를 구체적으로 보여주는 것으로서, 성진과 8선녀가 꿈꾸던 가장 이상적인 세계에 동참하는 의미가 된다. 그 까닭은 이러한 남녀 9인이 함께 이루어 낸 집단적인 대각의 세계라는 것은, 한시의 시어로서 사용되던 '구운몽'이 담고 있던 선가적인 '구운몽'에서는 차마 담아내지 못하던 것으로서, 유가와 불가와 도가적 세계를 함께 포함하는 무한하고 무궁한 용량을 지닌 이상향인 것이다.

이런 측면을 고려하면서, 제2부에서 전개되는 양소유의 본격적인 혼사 갈등의 시작이 되는 양소유와 정경패의 만남과, 그 갈등의 구체적인 모습을 살펴보면 다음과 같다.

정경패는 양소유가 의식적으로 노력해서 만날 수 있었던 여인 중에서는 최고 신분의 여인이었다. 양소유는 정경패를 만나기 위해 거문고 여성 연주자로 변장하였다. 그리고 양소유가 정사도 집에 들어가 거문고 연주를 했을 때, 정경패는 양소유의 연주에 대해 일일이 작품 비평을 한다.

양소유가 연주한 제1곡은 당나라 현종의 「예상우의곡」이었다. 양소유가 먼저 「예상우의곡」을 연주하자 정경패는 "아름답구나. 이 노래여! 당나라 현종시대의 기상이 완연하구나. 이 곡을 사람들이 반드시 다 알 것이나, 굽이굽이 그 묘함에 이른 것은 도인의 솜씨 같은 사람은 아직 없었소. 이것은 이른바 '어양땅에 북소리가 땅을 울리며 다가오니 「예상우의곡」을 놀라 멈춰 버렸네'라는 것이 아니오?

등급을 문란하게 한 노래이니, 족히 들을 만하지 못하오."[42]

제2곡은 진후주의 「옥수후정화」였다. 정경패는 "이 곡은 즐거우면서 음란하고, 슬프면서 촉급한 느낌이니, 곧 진후주의 「옥수후정화」라. 이것은 이른바 '지하에서 진후주를 만나보게 되더라도 어찌 마땅히 후정화를 다시 물어보리'가 아니오? 나라를 망친 번잡한 노래이니 숭상할 바가 못 되오.[43]"라 한다. 제3곡은 채문희의 「호가십팔곡」이었다. 정경패는 "이 곡은 슬픈 듯 기쁜 듯 감격한 듯 사모하는 듯하니, 옛날 채문희가 난리를 만나 구속되어 오랑캐 땅에서 두 아이를 낳았다가, 조조가 속환시켜 주자 채문희가 장차 귀국함에 두 아이는 남겨두고 헤어지면서 「호가십팔곡」을 지어 비련의 마음을 붙였으니, 이른바 '오랑캐 눈물 흘려 변방의 풀을 적시고, 한나라 사신 애닯게 돌아갈 길손 마주하네'로다. 그 소리가 비록 들을 만하나 절개를 잃은 사람을 어찌 족히 일컬으리오.[44]"라 한다. 제4곡은 왕소군의 「출새곡」이었다. 정경패는 "왕소군이 옛 임금에 연연하여 고향 쪽을 멀리서 바라보며, 자신의 신세를 슬퍼하고 화공의 공정치 못함을 원망하여 무한히 편치 않은 마음을 한 곡 안에 붙였으니, 이른바 '누가 한 곡을 사랑하여 악부에 전했나 능히 천추토록 미인의 마음을 아프게 하네'로다. 그러나 오랑캐 여인의 곡이요 변방의 소리이니 본디 바른 소리는 아니라.[45]"라 하였다. 제5곡은 혜강의 「광릉산」

---

42 "美哉此曲宛然天寶太平之氣像也 此曲人必解之而曲臻其妙 未有如道人之手段者也 此非所謂漁陽鼙鼓動地來 驚罷霓裳羽衣曲者乎 階亂之淫樂也 不足聽也" (을사본 상, 장35)

43 "此曲樂而淫 哀而促 卽陳後主玉樹後庭花也 此非所謂地下若逢陳後主 豈宜重問後庭花者乎 亡國之繁音 不足尙也" (을사본 상, 장35)

44 "此曲如悲如喜 如感激者然 如思戀者然 昔蔡文姬遭亂被拘 生二子於胡中矣 及曺操贖還 文姬將歸故國 別兩兒 作胡笳十八曲 以寓悲憐之意 所謂胡人落淚沾邊草 漢使斷腸對歸客者也 其聲雖可聽也 失節之人 曷足稱哉" (을사본 상, 장35)

45 "王昭君出塞曲也 昭君眷係舊君 瞻望故鄕 悲此身之失所 怨畵師之不公 以無限不平之

이었다. 정경패는 "내 이 곡을 들어 본 지 오래되었다. 도인은 실로 범상한 사람이 아니오. 이는 곧 영웅이 자신의 때를 만나지 못해 마음을 세상 밖에 마음을 붙이고, 충의의 기운은 방탕함 속에 가득하니 혜강의 「광릉산」이 아닌가? 동쪽 저자에서 죽임을 당할 때 남은 해를 돌아보고 한 곡을 연주하면서 이르길, '원통스럽구나. 광릉산을 배우고 싶어 한 사람이 있었거늘 내가 이를 아끼다 전하지 못하였도다. 아아! 광릉산은 이로부터 끊어지는구나.' 하였으니 이른바 '외로운 새 동남으로 내려가니 광릉은 어디에 있소'라. 후세에 전하는 자가 없거늘 도인은 필시 혜강의 정령을 만나 이 곡을 배웠구려[46]"라 하였다. 제6곡은 백아의 「수선조」였다. 정경패는 "넉넉하고 알맞도다. 청산은 우뚝하고 녹수는 넘실대는데 신선의 자취가 세속을 벗어났으니 이는 백아의 「수선조」가 아닌가? 이른바 '종자기를 이미 만나, 흐르는 물을 연주했으니 무엇이 한스러울까? 도인은 천백 년 지난 후에 소리를 알아주는 벗이라. 백아의 영혼도, 알아주는 사람이 있다면 종자기의 죽음을 꼭 한스러워 하지만은 않으리라.[47]"라 하였다. 제7곡은 공자의 「의란조」였다. 정경패는 "지극하고 지극하도다. 성인이 난세를 만나 급급히 사해의 백성을 구제할 뜻을 두었으니 공선보가 아니면 누가 능히 이 곡을 짓겠는가? 이 곡은 필시 「의

心 付之於一曲之中 所謂誰憐一曲傳樂府 能使千秋傷綺羅者也 然胡姬之曲 邊方之聲本非正音也" (을사본 상, 장35)

46 "吾不聞此聲久矣 道人實非凡人也 此卽英雄不遇其時 宅心於塵世之外 而忠義之氣 壹鬱於放蕩之中 得非嵇叔夜廣陵散乎 及其被戮於東市也 顧日影彈一曲 曰怨哉 人有欲學廣陵散者 吾惜之而不傳矣 差呼廣陵散從此絕矣 所謂獨鳥下東南廣陵何處在也 後人無傳之者 道人必遇嵇康之精靈而學此曲也" (을사본 상, 장35)

47 "優優哉渢渢哉 青山峨峨 綠水洋洋 神仙之迹 超蛻塵臼之中 此非伯牙水仙操乎 所謂鍾期旣遇奏流水而何慚者也 道人乃千百歲後知音也 伯牙之靈 如有所知 必不恨鍾子期之死也"

란조」리라. 이른바 '구주를 소요하여 정해진 거처가 없네.'가 그 뜻이 아니겠는가?[48]"라 하였다. 제8곡은 순임금의 「남훈곡」이었다. 정경패는 "높고도 아름답다. 「의란조」가 비록 성인이 시대를 근심하고 세상을 건지려는 마음에서 나왔으나 그래도 때를 만나지 못한 한탄이 있는데, 이 곡은 천지만물과 함께 화락하게 봄을 함께 즐기니 높디높고 넓디넓어 능히 이름 붙일 수 없다. 이는 필시 순임금의 「남훈곡」이 분명하니, 이른바 '남풍의 따뜻함이여 가히 내 백성의 노여움을 풀어 주리로다.' 한 것이 그 시가 아니겠는가? 지극히 선하고 지극히 아름답도다. 이보다 나은 것은 없으니 설령 다른 곡이 있더라도 듣기를 원하지 않노라.[49]"라 하였다.

이러한 정경패의 곡조들에 대한 비평을 살펴보면, 1곡과 2곡은 각각 「예상우의곡」과 「옥수후정화」로, 군왕이 모두 여색에 미혹하여 나라를 망치거나 잃은 사건과 관련되어 있는 노래로, 난세를 풍간하는 뜻이 담겨 있다. 특히, 제1곡은 양귀비에 빠져 정치를 그르친 당 현종을, 제2곡은 장려화에 빠져 나라를 잃은 진후주를 주인공으로 하고 있다. 3곡과 4곡은 「호가십팔곡」과 「출새곡」으로, 모두 자신이 잘못을 저지르지 않았는데도 낯선 땅에 떠나가 고국을 그리워하는 여인의 노래다. 낯선 땅에 버려진 적막한 심경과 그리움이 담겨 있다. 특히, 제3곡은 모자의 이별을, 제4곡은 간교한 인간의 농간을 배경으로 삼고 있다. 5곡과 6곡은 「광릉산」과 「수선조」로, 둘 다 자신의 곡조를 전하거나 알아줄 사람이 없어 한탄한 고사를 가지고 있

48 "至矣盡矣聖人遭遇亂世 遑遑四海 有拯濟萬姓之意 非孔宣父 誰能作此曲乎 必猗蘭操也 所謂逍遙九州 無定處者 非其意乎"

49 "高哉美哉 猗蘭之操 雖出於大聖人 憂時求世之心 而猶有不遇之歎也 此曲與天地萬物 㵫㵫同春 嵬嵬蕩蕩 無得以名也 是必大舜南薰曲也 所謂南風之薰兮可以解吾民之慍者 非其詩乎 盡善盡美 無過於此者 雖有它曲 不願聞也"

는 노래로, 특히, 제5곡은 「광릉산」을 남기지 못하여 끝끝내 자신의 진정이 담긴 곡조를 잃어버리게 된 혜강의 안타까움을, 제6곡은 종자기가 죽어서 거문고의 현을 끊어버린 백아의 절망감을 소재로 하고 있다. 7곡과 8곡은 「의란조」와 「남훈곡」으로, 세상을 구하려는 성인의 마음을 담은 노래로, 성인이 세상을 구하고자 했던 유가 정치이념의 열망을 다시 한 번 재현하고 있다. 특히, 제7곡이 세상을 구하고자 하는 이상과 이의 실현을 가로막는 현실 상황에 대한 공자의 한탄을 담고 있다면, 제8곡은 이상 정치의 환희와 이를 구현한 순임금에 대한 열망이 담겨 있다.

이처럼 양소유가 연주하고 정경패가 비평한 8곡은 모두 사랑을 구하는 주제와는 관련이 없었기 때문에, 정경패 모녀는 양소유의 의도를 몰랐다. 양소유는 마지막으로 「봉구황곡」을 연주하였다. 즉, 양소유가 여관의 복색을 하고 정경패 모녀 앞에서 연주한 것은 처음에는 「예상우의곡」을 연주하고, 그 다음엔 여러 곡을 연주하고, 마지막에 순임금의 「남훈곡」을 연주하기에 하나하나 평을 해 주고, 계찰의 말을 따라 그만 멈추기를 청했다. 그런데 한 곡이 더 있다고 말하며 다시 새로운 곡을 연주하니 그건 바로 사마상여가 탁문군을 꾀어낸 「봉구황곡」이었다.[50]

이 「봉구황곡」은 작품 내적 의미와 외적 의미로 나누어 살펴볼 수 있다. 우선, 작품 내적인 의미를 따라 분석해 볼 때, 정경패는 낯선 사람이 도발한 구애의 노래로 이 곡을 알아채었다. 양소유는 전설의 새인 봉은 그 암컷인 황을 만나야 제 짝을 만난 것이라는 의미를 이 곡에 담아, 자신과 정경패를 각각 봉과 황에 비견하였다. 이러

50 "小姐曰 其女冠 始奏霓裳羽衣 次奏諸曲 其終也 奏帝舜南薰曲 我一一評論 遵季札之言 仍請止之 其女冠言有一曲矣 更奏新聲 乃司馬相如挑卓文君之鳳求凰也"

한 분위기를 파악한 정경패는 "이 사람이 곡을 연주함엔 모두 순서가 있었다. 만약 다른 생각이 없었다면 「봉구황곡」을 하필 여러 곡의 마지막에 연주하였으리오[51]"라 하였다. 이처럼 아홉 번에 걸친 양소유의 연주는 특별한 주제를 가지고 진행된 것이다. 그것은 여색에 빠져 정치를 그르칠까 하는 충신의 우려를 시작으로, 낯선 땅에 유배와 버려진 적막한 심경과 어머니에 대한 그리움을 담아낸 것이다. 다시 자신의 결백을 알아줄 사람이 없는 현실의 절망을 딛고, 언젠가는 자신의 뜻을 알아주는 사람이 있으리라는 기대를 보여준 것이다. 그 다음에는 공자도 한탄하는 현실과 그럼에도 접을 수 없는 이상 정치에 대한 열망을 표출하고 마지막으로 사랑의 고백을 한 것이다.

이렇게 은유적인 의미를 간직한 사건으로 시작된 것이 양소유와 정경패의 결연이 된다.

또, 양소유와 정경패의 혼사 갈등을 야기시키는 양소유와 이소화의 만남을 살펴보면 다음과 같다.

양소유가 이미 정경패와 혼약을 하고, 육례를 갖추는 혼사를 진행하는 과정에 들어갔지만, 양소유가 고향을 멀리 떠나와 장안에 거처하고 있었기 때문에 청기와 친영이 조금 늦춰지고 있었다. 이런 상황에서 황태후가 양소유를 부마로 간택하게 되었다. 그런데, 황태후가 이런 결정을 하게 된 배경에는 다음과 같은 학을 춤추게 한 양소유와 이소화의 천정의 인연이 있었기 때문이다.

ᄒᆞ로ᄂᆞᆫ 야ᄃᆡ를 파ᄒᆞ고 마을의 도라오니 발근 ᄃᆞᆯ이 금원의 ᄡᅥ오

51 "小姐曰 此人奏曲 皆有次第 若使無心 求凰之曲 何必奏之於諸曲之末乎" (재구본, 193쪽)

ᄅᆞ고 신션의 누국이 졍히 침침ᄒᆞ니 양샹셰 놉흔 누의 올나 난간을 비겨 월ᄉᆡᆨ을 ᄇᆞ러더니 홀연 ᄇᆞ람길히 얼프시 퉁쇼 소래 브터 오거ᄂᆞᆯ 귀ᄅᆞᆯ 기우려 드ᄅᆞ니 희미ᄒᆞ야 곡됴ᄅᆞᆯ 분변티 못ᄒᆞᆯ너라 샹셰 원니ᄅᆞᆯ 블너 술을 부으라 ᄒᆞ고 벽옥 튱쇼ᄅᆞᆯ 내여 두어 곡됴ᄅᆞᆯ 농ᄒᆞ니 ᄆᆞᆯ근 쇼래 구쇼의 올나 난봉이 우ᄂᆞᆫᄃᆞᆺ ᄒᆞᆫ디라 청학 ᄒᆞᆫ 빵이 금듕으로 조차 ᄂᆞ려와 ᄇᆡ회ᄒᆞ며 춤추니 모든 원니들이 셔로 젼ᄒᆞ야 닐오ᄃᆡ 왕ᄌᆞ 진이 인간의 ᄂᆞ려왓다 ᄒᆞ더라 원ᄂᆡ 양샹셔의 드른 튱쇼ᄂᆞᆫ 심샹ᄒᆞᆫ 사ᄅᆞᆷ의 곡되 아니라 잇대 황휘 두 아ᄃᆞᆯ과 ᄒᆞᆫ ᄯᆞᆯ을 두어 겨시니 황샹과 월왕과 난양공쥐라

공쥐 탄ᄉᆡᆼᄒᆞᆯ 제 태휘 ᄭᅮᆷ의 신션의 ᄭᅩᆺ과 불근 진쥬ᄅᆞᆯ 보앗더니 밋 ᄌᆞ라매 용모 긔질이 완연이 신션ᄀᆞᆺ하야 ᄒᆞᆫ졈 쇽ᄐᆡ되 업고 문쟝과 일마다 사ᄅᆞᆷ의게 디나고 ᄯᅩᄒᆞᆫ 긔이ᄒᆞᆫ 일이 이시니 측텬황후 시졀의 셔녁 대진국이 ᄇᆡᆨ옥튱쇼ᄅᆞᆯ 공ᄒᆞ니 졔되 극히 긔묘ᄒᆞᄃᆡ 아모드ᄅᆞ리 업더니 공쥐 ᄭᅮᆷ의 션녀ᄅᆞᆯ 만나 곡됴 젼ᄒᆞ니 셰샹사ᄅᆞᆷ은 아ᄂᆞ니 업ᄉᆞ나 공쥐 ᄆᆞ양 퉁쇼ᄅᆞᆯ 블면 모든 학이 ᄂᆞ려와 춤추니 태후와 샹이 긔이히 넉여 진문공의 ᄯᆞᆯ 농옥의 일을 ᄉᆡᆼ각ᄒᆞ여 브대 쇼ᄉᆞᄀᆞᆺᄒᆞᆫ 부마ᄅᆞᆯ 어드려 ᄒᆞ시ᄂᆞᆫ고로 공쥐 임의 댱셩ᄒᆞ엿시ᄃᆡ 오히려 하가ᄒᆞᆫ ᄃᆡ 업더니

이ᄂᆞᆯ 위연이 월하의셔 ᄒᆞᆫ 곡됴ᄅᆞᆯ 부러 청학 ᄒᆞᆫ 빵을 질드리더니 곡되 긋티며 그 학이 노라 옥당으로 가니 궐듕 사ᄅᆞᆷ이 셩히 뎐ᄒᆞᄃᆡ 양샹셰 퉁쇼ᄅᆞᆯ 부러 션학을 ᄂᆞ리게 ᄒᆞᆫ다ᄅᆞ니 텬ᄌᆡ 이 말을 드ᄅᆞ시고 공쥐의 인연이 이곳의 잇ᄂᆞᆫ 줄 아ᄅᆞ샤 태후긔 됴희ᄒᆞ고 ᄯᅩ 갈오ᄃᆡ 양쇼유의 나히 어ᄆᆡ로 더브러 샹당ᄒᆞ고 문ᄎᆡ 풍뉴됴 신듕 제일이라 텬하의 ᄀᆞᆯ히여 이도곤 나으리 업ᄉᆞ리이다 태휘 대희ᄒᆞ여 ᄀᆞᆯ오샤ᄃᆡ 소아의 혼ᄉᆡ 뎡ᄒᆞᆫᄃᆡ 업ᄉᆞ니 주야거리ᄭᆡᆫ 거시 잇ᄂᆞᆫᄃᆞᆺ ᄒᆞ더니 이 말노 볼작시면 양샹셰 하ᄂᆞᆯ이 뎡ᄒᆞᆫ ᄇᆡ필이로다 ᄒᆞ시더라[52]

52 “一日罷夜 對歸直廬 宮壺漏滴 禁苑月上 翰林不堪豪興 獨上高樓 憑欄而坐 對月吟詩

이러한 내용처럼, 장원급제한 양소유는 남전산 도인에게서 배운 통소 연주 솜씨를 발휘하여 난양공주와 통소와 교감하여 학들을 춤추게 하였다. 이에 궁중 사람들이 이러한 사실을 입으로 전하였고, 그 소문을 들은 황태후는 자신의 딸인 난양공주의 짝으로 지목함으로써 양소유와 이소화의 결연은 시작된다. 즉, 난양공주의 옥통소를 다루는 자질이 뛰어나니 황태후와 황제가 진나라 농옥과 비교하면서 이는 반드시 소사 같은 사람이 있는 연후에야 가히 공주를 하가하려던 평소의 뜻에 부합되었기에, 양소유가 자신의 부마로 간택되는 것은 당연한 것으로 판단하였다.[53] 그러므로 황태후가 자신의 공주인 이소화를 양소유의 처로 삼고자 한 것은 황태후 나름대로의 신념이 있었다. 즉, 외국에서 들어온 백옥 통소는 생긴 것도 기이하고 연주법도 어려워 아무도 연주할 줄 몰랐는데, 이소화가 꿈에 연주법을 선녀에게서 배워서 학들을 춤추게 할 정도의 솜씨를 보여주었고, 이것으로 양소유와 인연이 있다고 믿을 수 있었기 때문이다.

忽因風便而聞之 則洞簫一曲 自雲霄蘢之間 漸漸而來矣 地密聲遠 雖不能卞其調響 而俗耳所不聞者 生招院吏 而問曰 此聲朮於宮墻之外耶 或宮中之人 有能吹此曲者乎 院吏曰 不知也 仍命進酒 連飮數觥 仍出所藏玉簫 自吹數曲 其聲直上紫霄 彩雲四起 聽之若鸞鳳之和鳴也 靑鶴一雙 忽自禁中飛來 應其節奏 翩翩自舞 院中諸吏 大奇之 以爲王子晋在吾翰苑中矣 時皇太后 有二男一女 皇上及越王 蘭陽公主也 蘭陽之誕生也 太后夢見神女奉明珠 置懷中矣 公主旣長 蘭姿蕙質 閨範壺則 超出於銀潢玉葉之中 一動一靜 一語一黙 皆有法度 頓無俗態 文章女工 亦皆逼眞 太后以此 鍾愛甚篤 時西域大眞國 眞白玉洞簫 其制度極妙 而使工人吹之 聲不出矣 公主一夜夢遇仙女教以佚曲 公主盡得其妙 及覺試吹太眞玉簫 聲韻甚淸 律呂自叶 太后及皇上 皆異之 而外人莫之知矣 公主每吹一曲 群鶴自集於殿前 蹁躚對舞 太后謂皇上曰 昔秦穆公女弄玉 善吹玉簫 今蘭陽妙曲 不下於弄玉 必有簫史者 然後方使蘭陽 下嫁矣 以此蘭陽已長成 而尙未許聘矣 是夜蘭陽適吹簫於月下 以調鶴舞矣 曲罷靑鶴飛向玉堂而去 舞於翰苑 是後宮人盛傳楊尙書吹玉簫 舞仙鶴 其言流入宮中 天子聞而奇之 以爲公主之緣 必屬於少游 入朝於太后 以此告之曰 楊少游年歲 與御妹相當 其標致才學 於君臣中無二 雖求之天下不可得也 太后大喜曰 簫和婚事 訖無定處 我心常自料結矣"

53 김종군, 『남녀 애정결연 서사 연구』, 박이정, 2005, 83쪽.

황태후는 이런 사연으로, 양소유가 이소화의 천정 배필이라는 확신이 생겼기 때문에, 황제를 통하여 양소유가 정경패와의 혼례를 파기하고 공주인 이소화와의 혼인을 받아들이기를 요청하였다. 그러나 양소유는 이미 정경패와 혼약을 하고 육례의 절차가 진행 중에 있으므로 황태후의 부마 간택을 수용할 수 없었다. 황태후는 정경패의 부친인 정사도 집안에 압력을 가해 스스로 양소유와의 혼인을 물리기를 원하고, 약혼자인 정경패는 평생 결혼을 포기한 채 종교에 귀의하려고 하였다. 이런 상황에서 양소유는 그때 예부상서로 있었기 때문에 자신이 정경패와 혼사를 진행하고 있고, 이미 정경패 집에 거처하고 있는 처지에서, 양소유가 황제에게 올리는 부마간택 수용을 거부하는 격렬한 상소로 갈등은 절정에 달하게 되었다.

이런 논란에서 빚어지는 극심한 갈등으로 양소유는 황태후의 명령을 거부한 죄인이 되어 옥에 갇히는 몸이 되는 1차적인 위기를 맞았지만, 토번이 장안 부근에까지 침공해 들어오는 국가적 위기 상황 때문에 대원수로 발탁되어 옥에서 벗어나게 되었다. 여기서 양소유는 옥중에 있다가 출전하기 때문에 양소유의 나라에 대한 충의 실현은 확인된다.

그런데, 당나라 대원수로 토번군을 퇴치하고자 출정한 양소유는 초기에서는 토번군과의 전투에서 거듭 승리를 거두었다. 그러나 반사곡 전투에서는 토번군에 포위가 되어 2차적인 위기를 다시 맞게 되었다. 그러나 양소유는 제3층위에서의 사건을 계기로 제2층위의 후반부인 제4부에서는, 전반부인 제2부에서 겼었던 극단적 양소유의 혼사 갈등의 양상은 이제 공존과 화합을 모색하는 이소화에 의해서 해결되게 된다. 그 까닭은 이소화는 양소유와 정경패, 이소화 자신 간의 혼사 갈등을 해소시키는 방안을 찾아내고 실현하는 역할을 하는 존재이기 때문이다.

한편, 제3부에서 비롯된 제4부에서의 양소유의 혼사 갈등의 해소 과정의 중심에는, 난양공주인 이소화가 정소저를 방문하고 그와 함께 출가하겠다고 하는 갈등 해결의 핵심적인 역할을 하게 된다. 즉, 황태후가 이소화와 양소유의 결연을 추진하는 원인은 제3부에서 소개된 이소화의 출생담에서 비롯된다. 즉 이소화의 출생 당시에 있었던 음악과 관련된 것으로, 그 음악의 복선은 동양의 전통적인 예악론에 근거한 음악관인 화(和)'의 정신과 연관되어 있다. 특히, 이소화라는 이름에서 강조된 '소화(簫和)'라는 악기는 단관 형식의 악기가 아닌 복관 형식의 악기이다.[54] 그래서 「구운몽」에서는 처음 보는 그 악기를 묘사하면서 만든 법도가 매우 묘하였다고 하였고, 궁중 악공조차 연주하지 못하였다고 한 것이다. 다양한 관악이의 소리를 조화롭게 연주하여 사람을 감동시킴은 물론 청학을 춤추게까지 한 이소화는 「구운몽」의 양소유가 겪는 최대의 갈등인 혼사갈등을 해결하게 된다.

양소유와 황태후 간의 갈등을 당사자 중의 한 사람인 이소화는 이를 해결을 하기 위해서, 양소유가 대장군이 되어 토번과의 전쟁을 하려고 출정한 사이에 자신과 정경패 중에서 과연 누가 양소유의 아내로서 적절한가를 다음과 같이 탐색하게 되었다.

> 공쥬 대왈 쇼녀 일식 투긔를 아디못ᄒᆞ니 어이 뎡녀를 용납디 못ᄒᆞ리잇고 다만 양샹셰 처엄으로 안해를 빙례ᄒᆞ야다가 후의 쳡을 취

54 난양공주 이소화는 그 이름이 악기의 명칭인 '소(簫)'와 '화(和)'라는 두 악기의 이름을 결합하여 지은 이름이다. 이 두 악기는 이소화의 탄생담과 관련되는 것으로, 양소유와 인연임을 확인하는 매개로도 활용된다.

ᄒᆞ미 녜예 어긔듯ᄒᆞ고 뎡ᄉᆞ되 여러ᄃᆡ ᄌᆡ샹의 집이라 녀ᄌᆞ로ᄡᅥ 쳡 삼으미 원이 아닐듯ᄒᆞ니 이 일이 맛당치 아닐가 ᄒᆞᄂᆞ이다. 휘 답왈 이도 맛당치 아니면 네 ᄯᅳᆺ의ᄂᆞᆫ 엇디코져 ᄒᆞᄂᆞ뇨 공쥐 대왈 넷 졔휘 셰 부인이 이시니 양샹셰 공을 세우고 도라오면 크면 왕이 되고 적어도 휘라 냥부인 두미 외람치 아닐듯 ᄒᆞ니 일노ᄡᅥ 뎡녀ᄅᆞᆯ 허ᄒᆞ미 엇더ᄒᆞ니잇고 태휘 왈 이ᄂᆞᆫ 블가ᄒᆞ니 ᄀᆞᆺ혼인가 녀즈ᄂᆞᆫ ᄒᆞᆫᄀᆞ디로 부인되미 방해롭디 아니ᄒᆞ거니와 녀ᄋᆞᄂᆞᆫ 이 션뎨의 ᄭᅵ치신 몸이라 ᄒᆞ믈며 샹의 ᄉᆞ랑ᄒᆞ시ᄂᆞᆫ 누의오 일신이 경티 아니ᄒᆞ니 엇디 녀염 소소녀ᄌᆞ로 더브러 비견ᄒᆞᆯ니 이시리오 공쥐 왈 쇼녜 ᄯᅩᄒᆞᆫ 쇼녀의 몸이 존듕ᄒᆞᆫ 줄 알오ᄃᆡ 녜셩뎨 명왕이 어진 사ᄅᆞᆷ을 공경ᄒᆞ야 텬ᄌᆡ필부로 벗ᄒᆞ니 이시니 쇼녜ᄆᆞᄅᆞ니 뎡시녀ᄌᆡ 얼골 ᄌᆡ조와 덕이 ᄆᆞᄌᆞ네사ᄅᆞᆷ의게 ᄂᆞ리디 아니리라 ᄒᆞ니 진실노 그러ᄒᆞᆯ진ᄃᆡ 절노 더브로 비견ᄒᆞ미 므ᄉᆞᆷ 혐ᄋᆡ 이시리잇고 비록 그러ᄒᆞ나 젼문이 실샹의 디나기 쉬우니 쇼녀의 ᄯᅳᆺ의ᄂᆞᆫ 아모 길노나 뎡녀ᄅᆞᆯ 보아 용모 ᄌᆡ덕이 쇼녀의게 디나면 맛당이 몸이 맛도록 우러러 셤기려니와 만일 소견이 소문과 ᄀᆞᆺ디 못ᄒᆞ량이면 쳡을 삼으나 죵을 삼으나 낭낭의 임의로 쳐티ᄒᆞ쇼셔[55]

이처럼 이소화는 음악 연주에 가장 조예가 깊은 예악정신에 투철한 여인이다. 그래서 그는 예악정신의 실현자로서, 황실 공주의 존

55 "公主對曰 小女一生 不識妬忌 爲甚事也 鄭女何可忌也 但楊尙書 初旣納聘後 以爲妾非禮也 鄭司徒累代宰相 國朝大族 以其女子爲人姬妾 不亦寃乎 此亦不可也 太后曰 然則汝意 欲何以處之乎 公主曰 國法諸侯三夫人也 楊尙書成功還國 則大可爲王 小不失爲侯 聘兩夫人 實非僭也 當此之時 亦許娶鄭女 則何如 太后曰 是則不可 女子勢均體敵 則同爲夫人 固無所妨 女兒先帝之愛女 今上之寵妹 身固重矣 位亦尊矣 豈可與閭閻小女子 齊肩而事人乎 公主曰 小女亦知身地之尊重矣 古之聖帝明王有尊賢敬士 忘身愛德 以萬乘而友匹夫者 小女聞鄭氏女子 容貌節行 雖古烈女不及也 誠如是言 與彼并肩 亦小女之幸也 非小女之辱也 但傳聞易爽 虛實難副 小女欲因某條親見鄭氏 其容貌才德 果出於小女之右 則小女屈身仰事 若所見 不如所聞 則爲妾爲僕 惟娘娘意" (한글 원문은 규장각 소장본)

귀한 신분을 지니고, 또한 예법을 존중하는 공주로서 조정 대신을 대우하여, 스스로 낮춤으로써 화합의 정신을 추구한다. 즉, 이소화가 정경패와 함께 양소유를 섬기겠다는 생각에 대하여 태후는 물론 반대하지만, 이소화는 공주의 신분임에도 재상가의 딸인 정경패와 나란히 한 남자를 섬기겠다고 한다. 이것은 자신의 개인적인 혼사 문제의 해결만이 아니라, 이웃나라의 침공을 막아 나라의 평화를 유지할 충신 영웅에 대한 당연한 보상이며, 예의이기에, 이런 점들을 통하여 모친인 황태후를 설득하게 되었다.

6-3. 변용된 화두의 은유적 주제는 유가적 대각인 충렬 신하에 대한 숙종의 각성

(1) 서포가 숙종과의 경연에서 행한 직간 사건과 선천으로의 유배

작가 서포 김만중이 지향한 창작 의도에는 세계적 명작을 지향한다는 보편적 목적과 함께 설정한 창작 당시의 정치적인 현안을 해결하려는 염원이 있었다. 그는 이러한 목적을 설정하고, 숙종이 도달할 수 있는 성진과 8선녀와 같은 수준의 대각성을 하게 될 가상적 독자의 정점에 군주인 숙종을 두고 있었다.

이처럼 작가 서포의 창작 의식 속에는 애초부터 육관대사와 성진의 관계를 작가 자신과 국왕 숙종의 관계로 설정하고, 현실적으로는 경연 등에서 군신간의 원활한 소통의 관계가 이루어지지 않기 때문에, 사제 간의 이상적인 소통이 이루어지는 작품 「구운몽」을 창작하였다. 그는 유배지의 신하 작가 서포 자신과 한양 궁궐에 있는 군주 숙종간의 원활한 소통의 관계가 이루어지기를 부처를 비롯한 천지신명과 역사 속에 그 간절한 염원을 풀어낸 것이다.[56]

56 물론, 작가 서포가 「구운몽」을 창작한 목적은 이러한 주제에 한정된 것은 아니다. 서포가 판단한 「구운몽」의 일반적인 주제, 항속적인 주제는 표면적인 서사에서 추출

서포 김만중은 허주 김반의 손자요, 김익겸의 아들로서, 부친이 1637년 정축호란 때 강화도 순국 후에 유복자로 서해의 강화 바다에서 출생한 일과, 1687년에 지경연사로서 경연에서 직간하였다가 평안도 선천으로 유배된 작가 서포 자신과 관련된 사건과, 그 갈등의 해결을 위한 대안을 은유적으로 표현하는 것을 「구운몽」의 근간으로 삼았다.

이러한 해석은 작가 서포의 출생에서부터 그 실마리를 찾을 수 있다. 서포 김만중의 삶은 그 시작이 인조 15년인 1637년에 병자호란의 굴욕을 견디다 못하여 강화도에서 스스로 목숨을 끊은 김익겸의 유복자로 태어났다는 점에서 남다르다. 그가 태어날 때의 상황을 적은 기록을 보면 당시의 상황은 참으로 절박하고 처절하였다.

> 병자년 십이월 건주 오랑캐가 갑자기 쳐들어오매, 할아버지 참판공과 둘째아버지 창주공이 임금님을 따라 남한산성으로 들어가고, 아버지 생원공은 할머니 서부인을 모시고 강화도로 들어가서 성 가운데 계셨다. 어머니 윤부인은 바야흐로 부군을 임신하여 당신의 할아버지 해숭공이 사시는 바깥마을에 있었다.
>
> 이듬해 정월에 오랑캐가 강을 건너려 함에 생원공이 사우를 규합하여 관군을 도와서 목숨을 걸고 지킬 계책을 도모하다가 22일에 성이 함락될 즈음에 선원 김상공을 따라 남문 누각에서 분신자결하였다. 다음날 서부인도 또한 머무르던 곳에서 목숨을 끊었다.

되는 보다 일반적이고 항소적인 주제들로 구축되는 다중주제의 의미망에 그 중심이 놓일 수 있다. 그러함에도 불구하고, 작가 서포로서는 표면적인 서사에서 추출되는 보다 일반적이고 항속적인 주제와 한시적이지만 은유적인 주제에 속하는 작가 자신과 숙종의 소통 관계를 중심으로 한 숙종 13년인 1687년의 정치 현안인, 조사석의 정승 임명 문제와 연계된 조대비, 그리고 장숙원과의 사이에 얽힌 조정의 혼란과 백성들의 염려와 거리의 풍문이 은유적인 주제로서 결코 비중이 약하다고 할 수 없을 것이다.

> 윤부인은 바깥 마을에 있었으므로 소식을 듣지 못하다가, 양반 집 부녀자가 군사를 피하여 도망쳐서 마니산에 올라가는 사람들이 많음을 보고 생각하기를, '갯가로 가서 배를 얻으면 살 것이고, 얻지 못하면 마땅히 물에 몸을 던져서 적에게 욕을 보지 않음이 옳으리라'하였다. 백씨 서석공은 바야흐로 다섯 살이었는데, 또한 어머니를 따라갔다. 포구에 이르매 마침 영남의 싸움배로 물러나 돌아오는 배를 만나서 얻어 탔다. 그런데 이리 된 것은 강화도의 수령 김경징 등이 '오랑캐들은 걱정할 것이 없다'고 하고, 구원하러 온 삼남 수군에게 갑곶나루를 방비하지 말라고 하였기 때문이었다.
>
> 2월에 부군께서 배 위에서 태어났기에 어릴 적의 이름은 선생(船生)이라 하였다. 부군이 스스로 난리를 당한 때에 땅에 태어났으므로 나면서부터 아버지의 얼굴을 보지 못한 것을 종신토록 지극한 아픔으로 여겼다.[57]

서포 김만중의 부친 충정공 김익겸이 자결로 세상을 떠날 때에, 그의 형 만기는 다섯 살이었다. 그는 이 사건이 있은 지 한 달이 지난 후에 이 세상에 태어났다. 그는 이런 처절한 난리 속에서 유복자로 태어났기 때문에 부친의 얼굴조차 보지 못했음을 평생의 한으로 여겼다. 그러나 그런 상황에서도 모친 윤씨는 부친을 대신하여 헌신적으로 만기 만중 두 아들을 성공적으로 기르고 가르쳤다.

서포 김만중은 16세 때에는 진사시험에 합격하였다. 29세 때에는 정시 갑과에 장원으로 합격하였고, 그때 성균관 전적을 맡은 후로부터 벼슬생활이 시작되었다. 그는 30세 때에 정언, 사서를 역임하였

---

57 『서포년보』, 1637년 2월 10일, "皇明毅宗皇帝崇禎十年丁丑 仁祖大王 十五年 二月庚辰十日午時府君生 丙子十二月 建虜猝至 祖考參判公 與仲父滄洲公 扈駕南漢 皇考生員公奉祖妣徐夫人 入江都 (중략) 府君自以墮地於亂離之際 生不識嚴親面目爲終身之痛焉"

고, 그 이듬해에는 지평을 거쳐 수찬에 이르렀다. 32세 때에는 대신이 향리에 있을 때에 중사를 특별히 보내어 불러오게 하는 것에 반대하여 승지나 사관을 보내어도 좋다고 주장하다가 왕의 노여움을 사서 현종으로부터 질책을 받았다. 그때 서포와 의견을 같이하던 승지 이정과 함께 선파후추의 명을 받았다.

이처럼 서포 김만중은 강직한 성품에 대의명분을 중시했기 때문에 벼슬길에 나간 지 3년도 못 되어 왕의 노여움을 살 정도였다.

같은 해 8월에는 성균관 안에 경서 교정청을 두었는데, 그는 당대의 소장 문사들인 이단하, 박작, 김학배, 홍기 등과 함께 교정관으로 선발되어 재능을 인정받았다. 이때부터 현종의 시강관으로서 왕에게 경서 강론을 시작하였다. 그 후 계속해서 부교리, 교리, 수찬, 암행어사, 문학, 헌납, 이조정랑 등을 몇 차례씩 역임하였다.

37세인 현종 14년 9월에, 그는 현종을 모신 자리에서 천릉의 일로부터 시작하여 민업의 가사에 대한 상례 문제 등을 논하다가 허적을 공박한 송준길의 상소와 세간에 유포되고 있는 소문을 인용하여, 허적의 영달 뒤에는 모종의 불미스러운 일들이 개제하고 있다는 사실과 허적의 사람됨이 어질지 못함을 공박하였다. 이때 왕은 그가 당파에 치우친 말을 한다고 질책하였으나, 그는 굽히지 않고 대응하며 허적이 영상의 자리에서 물러나게 할 것을 요구하였다. 현종은 진노를 참지 못하여 그 자리에서 그를 파직시키고, 다음 날에는 우의정 김수흥을 불러 의논하여 금성으로 정배시켰다. 그 후 현종 15년 7월에 배소에서 풀려 나왔다. 그 후 교리, 사서, 헌납, 응교, 사간 등을 계속 역임하였다.

그는 숙종 원년에는 동부승지가 되었다. 그때는 서인에게 극히 불운한 판국이라 서인 거두들이 차차 거세당하는 반면에 영의정 허적을 위시한 남인들이 요직에 진출하는 남인 천하가 형성되던 시기였는데 과격한, 언사로 숙종의 마음을 거슬러 숙종 원년 윤 5월 27일에는 관작을 삭탈당하고 김자 성을 쓰지 못하게 되는 벌을 받았다. 그러나 43세 되는 숙종 5년에는 삭탈되었던 관작을 다시 받고 예조참의가 되었다. 그 후 대사간, 승지, 대사성, 홍문제학, 대사헌, 부제학, 예문제학, 도승지 등을 역임하다가, 47세 되는 숙종 9년 4월에 대제학의 자리에까지 올랐다. 그 후에도 공조판서, 대사헌, 우참찬, 예조판서, 좌참찬, 의금부판사 등을 역임하다가, 50세 되는 숙종 12년에는 두 번째 대제학이 되는 영달의 길을 걸었다.[58]

그가 선천으로 유배를 가게 되는 상황을 살펴보면, 경연이 있기 얼마 전인 숙종 13년 당시 정치 상황에 대한 작가 서포의 문제의식은 당시의 군왕이나 신하들은 공심으로서가 아닌 사의로서 편당 짓기를 예사로 하고, 궁인 장씨는 숙종의 특별한 은총을 입어서 급속한 승진이 거듭 일어나게 되었다. 이징명과 한성우가 이것이 잘못된 처사라고 거듭 진언을 하였고, 김창협은 숙종에게 이징명을 견책한 일이 잘못된 것이라고 진언하였다. 그 이후 숙종은 이 일로 상한 감정 때문에 김수항과 이단하를 몹시 박대하여, 결국 정승에서 물러나게 하였다. 이 사건에 연계되어 조사석이 숙종이 무리한 절차를 통

58 작가 서포 김만중도 시련의 고비도 있었다. 그는 정승을 탄핵하다가 금성과 선천에 유배되게 된 당론에 의한 것보다는 直言과 연관된 그의 성품에 기인했다고 볼 수 있다. 그 당시 승지 박태손도 "김만중은 사람됨이 옹졸하고 우직하여, 그의 본뜻을 따진다면 생각하고 있는 것이 있으면 반드시 전달하는 의리에서 한 말"이라 한 것도 서포의 강직한 성품의 일단을 규지할 수 있게 한다. 그러므로 서포 김만중의 태도를 역사서에서는 의미 있는 직언으로 평가하였다. (『숙종실록』 권18, 9월 12일, "김만중은 일찍이 현종조에 허적이 정승에 적합하지 않음을 말하다가 귀양 갔었고, 이번에 또 조사석의 일 때문에 귀향 가게 되었으니, 세상에서 모두 그의 과감하게 언한 것을 칭찬했다.")

하여 정승으로 임명하자, 궁중에서의 이러한 상황은 바깥에까지 알려져서 일부에서는 조사석이 정승으로 임명된 것은 궁인 출신 장씨를 배경으로 한 연줄이 덕분이라는 소문이 퍼졌다. 그래서 조사석이 감히 직무를 맡지 못하고 있는 상태에 이르렀다.

이런 분위기 속에서 숙종 13년인 1687년 9월 11일[59]에 경연이 있었다.

서포 김만중은 대제학과 의금부판사의 직위를 가진 채 지경연관으로 희정당에서 하는 경연에 나아갔다. 이날 경연은 주강으로 정오에 개최되었다. 경연에 참여한 사람은 숙종을 비롯하여, 8인의 신하들, 즉 지사인 김만중을 중심으로 하여 특진관인 신완, 참찬관인 임홍망, 사독관인 황흠, 검토관인 홍수헌, 지평인 이정익 무신부호군인 김단하, 주서인 최중태, 기사관인 송상기였다. 강독할 내용은 계속 강독하고 있던 책인『주역』중에서 함괘 부분이었다. 경연관들은 먼저 주역 함괘를 강론하였고, 이어서 한석조 부친의 가좌와, 능행 때 마편을 잘못한 관원의 처벌 문제, 그리고 김수항과 이단하 등에 대우가 달라진 것이 김창협의 상소 때문인가의 여부 등에 대하여 논의가 진행되었다.[60]

59『숙종실록』권18, 13년 9월 12일에 의하면, 서포가 선천으로 유배된 것이 9월 12일로 되어 있는데 비하여 서포년보에는 9월 14일에 원찬의 명이 내린 것으로 되어 있어 차이를 보이는데, 이는 9월 14일이 타당한 것으로 보인다. 즉 숙종실록 권 18, 13년 9월 13일의 가록에는 "김만중을 오늘 성문이 열리기를 기다렸다가 내어 보내게 하였는데, 반드시 지체하며 관명하려고 즉각 나가지 않는 것이다"라고 하였고, 서초의 시〈구월십삼일출금부선천배소〉에서도 13일에 금부에서 나왔다고 했으니, 이로 미루어 볼 때, 9월 12일에는 유배의 명이 내렸으며, 그동안 금부에 구금되었다가 9월 13일에 출옥하여 9월 14일에 선천에 유배되었음을 알 수 있다. 그런데 기존의 연구에서는 9월 13일에 선천에 정배된 것이라 하였다. (손찬식,「金萬重의 流配詩에 表象된 情緖」,『西浦文學의 새로운 探究』, 중앙인문사, 2000, 100쪽)

60『승정원일기』

이때의 궁중 상황을 작가 서포 김만중이 겪었던 역사적 사실을, 지경연사 서포 김만중을 주축으로 한 경연관들과 국왕 숙종이 주고받은 발언들의 핵심 내용을 중심으로 갖추려 보면, 다음과 같다.

서포 김만중이 숙종에게 다음과 같이 아뢰었다.

"요사이 전하께서 김수항과 이단하에 대한 대우가 그전보다 크게 달라지셨는데, 김수항에 대해서는 외부 사람들 모두의 말이 '김창협의 상소 때문이다'라고 합니다. 어찌 전하께서 그의 아들이 한 일 때문에 그의 아비에게 화풀이를 하시겠습니까? 이는 김수항의 죄명이 분명하지 않기 때문에 이런 의심을 가지는 말이 외간에 마구 퍼지게 되는 것이 아닐 수 없습니다. 지금 전하께서도 신료들에게 마치 의심이 쌓여 풀리지 않으시는 것 같은데, 그렇다면 아래에서도 성상께 의심이 없을 수 없게 되는 것은 또한 당연한 일입니다. 대사헌 이익의 상소 내용에 이른바 '의아스러운 마음이 날로 생겨나고 있습니다'라고 한 것이나, '조사석이 불안해진 것은 민진주 때문이 아닙니다'라고 이수언의 상소에서 말하게 된 것도 또한 이런 때문입니다. 지난번 한성우의 상소는 한 말이 매우 광망하여 진실로 성상의 마음을 개오하기에 부족한 것이기는 했습니다마는, 비답하신 말씀이 매우 엄격하였고 신자로서는 차마 들을 수 없는 말씀이 있기도 했기에, 항간에서는 더러 송 인종 때 온성의 일과 같은 것이라 하고 있습니다. 유언은 옛적부터 대내에서 총애 받는 궁녀가 있을 적에 생기는 수가 많았습니다. 만일 시경 맨 첫 장의 시로서, 부부의 도가 잘 행해져 가정이 평화로움을 뜻하는 관저장 같은 시가 생긴 문왕 때라면 그런 말들이 어디에서 생겨나게 되겠습니까? 바라건대, 전하께서는 반성하시면서 더욱 수신하고 제가하는 도리를 닦으소서." 하였다.[61]

또 김만중이 아뢰기를 '후궁 장씨의 어미가 평소에 조사석의 집과 친밀했었습니다. 대배가 이 길에 연줄을 댄 것이라고 온나라 사람들이 모두 말하고 있습니다마는, 유독 전하께서만 듣지 못하신 것입니다. 임금과 신하의 사이는 마땅히 환하게 트이어 조금도 간격이 없어야 하는 것인 데다가 전하께서 물으시는데 신이 어찌 감히 숨기겠습니까?' 하였다.[62]"

임금이 크게 화를 내며 이르기를, "나와 같이 재주도 없고 덕도 박한 사람이 임금의 자리에 있으면서 이러한 말을 듣게 되니 진실로 여러 신하들을 대할 면목이 없다. 김창협이 한 일은 비록 해괴하기는 했지만 어찌 죄를 그의 아비에게 옮길 리가 있겠는가? 이단하는 정승의 직책에 합당하지 못함을 내가 본래 알고 있었거니와, 속담에 '차례로 하는 대간이다'라는 말이 있듯이, 또한 어찌 차례로 하는 대신인들 없겠느냐? 조사석을 이미 연줄을 대어 정승이 되었다고 했으니, 광해군 때에 값을 바치고 벼슬을 얻게 된 일과 같은 것인데, 금을 받은 것이라 여기느냐, 은을 받은 것이라 여기느냐? 분명히 말의 근거를 대라. 결코 그만두지 않겠다." 하였다.[63]

이때의 상황을 『조선왕조실록』에서는 "이날 승정원에 전교하기를, "김만중을 잡아다가 문초하라는 전지를 즉시 써서 입계하고, 의금부로 하여금 따져서 물어보고 아뢰게 하라." 하니, 승정원에서는

---

61 『조선왕조실록』, 숙종 13년(1687) 9월 11일.

62 『조선왕조실록』, 숙종 13년(1687) 9월 11일.

63 『서포년보』에서는 "서포는 신이 비록 신하답지 못하다 해도 언근을 밝힐 수 없다"고 첫 번째로 거부한다. 상감은 "말을 지어낸 자를 분명히 아뢰라"고, 세 번째로 명한다. 서포는 "이것을 가지고 신의 죄를 삼으신다면 신은 진실로 형륙을 달게 받겠습니다마는 이것은 곧 상감께서 신을 형륙에 빠트린 것"이라고 두 번째로 거부한다. 상감이 "청을 받고 정승을 제배했다는 말은 지극히 무례한 말이니, 언근을 분명히 아뢰라고 네 번째로 명한다"고 하였다. (『조선왕조실록』, 숙종 13년(1687) 9월 11일)

연중에서 대간이 이미 도로 거두도록 논계한 것을 들어 전지를 봉입할 수 없다는 뜻을 여러 차례 아뢰었으나, 마침내 들어 주지 않고서 "단지 대각이 있는 것만 알고 군부가 있음은 알지 못한다." 하는 등의 분부를 내리기까지 했다. 승지 신양은 세 차례 아뢴 뒤에 말하기를 "이만했으면 또한 족하게 되었는데, 어찌 다시 논쟁할 수 있겠는가?" 하며, 동료들과 연명하지 않아 나타나게 책임만 면하려는 뜻이 있었다. 대개 신양은 평소에 조사석과 친후했기 때문에 비록 일의 대체에 따라 당초에는 복역하지 않을 수 없었지만 그의 본뜻은 아니었기 때문인 것이다. 임금이 또 비망기를 내리며 지난겨울의 이인정의 일을 끌어대어 말하기를 "여러 신하들이 군부 보기를 일개 시종하는 신하만도 못하게 여기었다." 했다. 특별히 승선 이인징이 김몽신을 모함한 것을 추국할 적에 승정원에서 말의 근거를 캐물어 중벌에 따라 죄를 과하기를 청하여, 드디어 형벌을 받고 멀리 귀향가게 되었었기 때문이다. 임금이 승정원에서 마침내 전지를 봉입하지 않으므로, 탑전에서 강박하여 써 오게 하고자 하여, 입직한 승지들에게 인견을 명했었다.

이에 옥당과 사헌부에서도 또한 청대하여 함께 들어가니, 임금이 이르기를 "승정원에서는 어찌하여 이제까지 전지를 봉입하지 않느냐? 김만중이 비록 그 자신이 지어낸 것은 아니지만 반드시 들은 데가 있을 것이기 때문에 내가 따져서 물어보고 처리하려 하는 것이다. 이를 그대로 둔다면 다만 대신이 불안하게 될 뿐만 아니라, 장차는 반드시 일마다 의심하게 되어 임금이 수족을 놀릴 데가 없어지고 단지 헛된 자리만 끼고 있게 될 것이다." 하고, 이어 승지에게 시급히 전지를 쓰도록 명하였다. 여러 신하들이 모두 아뢰기를 "김만중이 진달한 말은 뜬소문에서 나온 것인데, 어찌 근거를 찾을 수 있겠습니까? 하물며 대관의 논계가 나온 다음에는 무릇 일을 그대로 거행하지 못하는 것이 본래부터 조종조의 옛 준례이므로, 결코 오늘날부터 무너뜨릴 수 없습니다." 하였다. 교리 남치훈이 아뢰기를 "요사이는 당론이 지극히 해괴하고 놀랍습니다. 김만중의 그 말도 당론에서 나온 것입니다." 하므로, 여러 신하들이 밤이 깊도록 논쟁했었다. 임금이 꾸짖다가 타이르다가 하면서 전지를 봉입하라고 재촉하니, 승지 유명일이 할 수 없이 붓을 가져다 장차 쓰려고 할 적에, 가주서 최중태가 유명일을 돌아보며 말하기를 "생각하고 있는 바를 다시 전달해야 합니다." 하였다.

임금이 화를 내어 이르기를 "주서가 어찌 감히 승지를 지휘하느냐? 즉각 파직을 명한다." 하니, 최중태가 추창하여 나갔다. 유명일이 붓이 없다는 핑계로 말을 하니, 임금이 사관에게 붓을 주도록 명하자, 사관 송상기는 아뢰기를 "사필은 줄 수 없습니다." 하였으나, 사관 윤성준이 아뢰기를 "사필은 진실로 중요한 것이기는 하지만 성상의 분부가 이러하신데 어찌 감히 주지 않겠습니까?" 하였다. 유명일이 드디어 전지를 써 내려가 임금이 구두로 부르는 대로 쓰기를 끝내어, 즉시 김만중을 의금부에 하옥하게 된 것이다.[64]

---

64 여기에 덧보태어, 『조선왕조실록』에서는 이 사건을 평하기를 "이때 천위의 진동이 겹치게 되므로 사람들이 대부분 황송하고 두려워하여 어찌하지를 못하였다. 유명일은 해방 승지로서 마침내 승순하는 것을 면하지 못하였고, 윤성준은 사관으로서 다른 사람에게 붓을 주어 버렸는데, 물의가 모두 그들이 직분을 잃은 것을 허물했었다. 삼가 살펴보건대, 임금의 직책은 정승을 논정하는 것보다 큰 일이 없는 법이다. 만일 임금이 이단하가 합당하지 않음을 알았다면, 비록 아래에서 추천하더라도 오직 마땅히 쓰지 않으면 될 뿐이지 어찌 억지로 제배할 필요가 있겠는가? 이미 제배한 뒤에는 비록 더러 직무에 알맞지 않더라도 또한 마땅히 예를 차려 퇴진시켜야 할 것인데, 이번에 김만중의 말에 격분하여 모욕하고 업신여기는 말을 하여서 노예 보듯이 하였으니, 어떠하겠는가? '번갈아 하는 대관'이란 말은 진실로 야비한 상말 중에도 심한 말이다. 임금이 대신에게 대해서 체모가 어떠한 것이라고 이런 말을 할 수 있겠는가? 참으로 '한 마디 말이 나라를 잃게 되는 것이다.' 한 것과 같은 일이라

또, 남인 쪽의 역사 서술자들이 바라본 『숙종실록보궐정오』에서는 서포 김만중이 이날 경연에서 한 발언을 아주 비판적으로 평가하고 있다. 즉 "김만중이 주강 때에 항간에서 조사석의 대배는 후궁에게 연줄을 댄 것으로 의심하고 있다는 뜻으로 진달했다가, 임금이 진노하여 말의 근거를 힐문하게 되었는데도 주대하지 않았기 때문에 하옥하도록 명하게 된 것이다. 신하된 사람이 임금을 섬길 적에는 은휘하지 않기에 주력하는 법이니, 김만중이 아뢴 말은 진실로 우직한 듯하나 실지는 그렇지 않은 점이 있다. 대개 이때에 당인들이 훈척들을 끼고서 오랫동안 국가의 권병을 쥐고 있으며 반석 같은 세력으로 여기고 있었는데, 임금이 갑자기 훈구인 신하들을 싫어하여 박대하게 되고, 조사석이 사류 중의 사람으로서 갑자기 은권을 입어 가복하게 하여 정승을 제수하게 되었던 것이다. 대개 임금이 바야흐로 내폐가 있었고, 장차 크게 출척이 있게 되므로 권한을 아랫사람들에게 맡겨 두지 않고 싶었던 것이다. 그래서 구차를 핑계로 이번의 특별한 제배가 있었던 것이고, 조사석에게 사정을 두어서 그런 것이 아니었다. 이에 당인들 가운데 일종의 무뢰한 사람들이 이미 시기하고 미워하는 사심이 있었던 데다가, 또한 자신들이 위태해질까 하는 마음을 가지고서 조사석이 국척의 처지에 있으며 폐종과 결탁했다고 그럴듯한 말을 갖다 붙이고 흉악한 말로 허풍을 쳐, 사람들의 마음을 현혹시키고 사류들을 더럽히는 술책을 부렸던 것이다. 이는 실로 이사명과 홍치상의 무리 한두 사람의 입에서 나온 말

하겠다. 당론의 폐단은 진실로 남치훈의 말과 같은 수가 있기는 했지만, 조사석의 일이 이미 의심스러운 자취가 많았고, 김만중이 논계한 말이 반드시 사심에서 나온 것이 아니고 보면, 어찌 당론으로 돌릴 수 있는 것이겠는가? 기회를 틈타 발동하여서 모호할 계책을 부리려 한 것이 가릴 수 없게 되어 있다"고 기록하였다. (『조선왕조실록』, 숙종 13년(1687) 9월 11일)

이고 원래 온 나라 대중이 비방하는 것은 아니었는데, 김만중이 이 사명의 가까운 인척으로서 그의 속이는 말을 받아들여, 길거리에 떠도는 말이라고 핑계하며 군상에게 진달하게 된 것이다. 자기와 의견이 다른 사람들을 모함하기에만 급급하여 임금을 속이는 것이 됨을 알아차리지 못했으니, 어찌 은휘함이 없는 아주 정직한 선비에게 견줄 수 있겠는가? 형벌과 화를 입어 종사를 망치게 되더라도 불행한 일이 아니다.[65]"라고 기록하고 있다.[66]

이러한 경연 현장에서 일어난 사건[67]은 서포와 숙종이 중심이 된 경연에서 서포가 보여준 상감의 면전에서 장시간에 걸쳐서 전개된 폐부를 찌르는 비판이었기에, 숙종으로서는 이치로는 감당하기 어려우므로 분노 어린 태도로 거듭거듭 언근을 밝히라고 협박에 가까운 명령을 내리게 된 것이다. 그런데 서포로서는 이러한 면전 직언은 조사석을 정승에 제수할 때 일어났던 의망을 무시한 특명에 대한 비판이면서, 숙종이 총애하는 장숙원의 모친과 조사석과의 연계설에 대한 입체적인 문제의 표출이기도 하였다. 그러기에 이 직간 사건은 강직한 서포가 목숨을 걸고 벌인 군신간의 진검 승부적인 충신의 논리가 정연한 발언이었다. 즉, 서포의 직간은 과감하고 논리적인데 비하여, 숙종은 감정적이었다.

이런 현실 상황 속에서 젊은 숙종은 자신이 후궁 장씨에 대한 총애가 조정에 혼란을 가져오는 단초가 되고, 그것이 서포의 경연에서의 숙종 면전 직간이라는 대사건으로 이어졌고, 경연 현장에서 충직

65 『숙종실록보궐정오』 13년(1687) 9월 10일.

66 설성경, 『윤씨부인의 삶과 그 정신』, 지식과 교양, 2011, 113-114쪽.

67 경연에 참가한 여타 인물로, 세 명이 토론에 적극적으로 개입하였고, 토론은 논쟁화하면서 장시간에 걸쳐서 진행되었다.

한 서포의 간언을 수용하지 못한 숙종은 군왕이라는 힘으로 군주로서 법도에 어긋나는 일을 자행하여, 직간한 충신 서포의 뜻을 수용하여 자신이 행하고 있는 문제들에 대한 각성을 하기는커녕, 끝내 자신의 화를 참지 못하고 선을 넘어선 분노 끝에, 경연의 대표였던 경연관 서포를 언근을 밝히지 않는다는 죄로 선천으로 유배를 보내는 실책을 하게 된 것이다.

작가 서포에게는 1687년은 50년 전에 있었던 1637년에 자신이 유복자로서 윤씨부인의 둘째 아들로 태어난 불행의 반복에 해당되는 상황이다.[68] 이는 곧 윤씨부인에게는 큰아들은 사별이요, 작은 아들은 유배라는 생이별이 되었던 것이다. 이러한 윤씨부인의 심정을 가장 잘 알고 있는 효자 서포로서는 「구운몽」 속의 인물들이 구축하는 충효의 주제를 통하여 모친의 울적한 심정을 위로해 드리고 싶었던 것이다.[69]

그러므로 작가 서포 김만중은 모친 윤씨부인이 평생을 통해 일관되게 바랐던 가정과 나라를 향한 간절한 염원이, 현실에서는 직간하는 충신인 서포가 유배를 가는 정의가 통하지 않는 상황과는 다른, 군주와 신하간의 갈등이 지혜롭게 해소되어 진리와 정의가 통하고

---

68 이 해는 자신이 유복자로 강화도 앞 바다에서 태어난 지가 꼭 50년이 되는 해이다. 동시에 자신의 부친 김익겸이 나라를 위해 순국 순사한 지가 꼭 50년이 되는 해이며, 당시의 조선국왕 인조가 삼전도에서 청태조에게 무릎을 꿇은 지가 꼭 50년이 되는 해이다. 작가로서의 서포 김만중은 이 50년이 지닌 다양한 의미를 「구운몽」 속에 표현해 내기로 작심을 하고 「구운몽」 속에서 자신의 이미지를 담은 영웅 양소유의 활동과 자기 모친의 이미지를 담은 양소유의 모친 현모 유씨부인에 연계된 50년 전의 추억을 특별히 부각시켰다.

69 『금강경』에는 복덕론을 펼치기를, 특히 『금강경』을 대표하는 사구의 게송만이라도 유통 보급하는 이에게도 무한 복덕이 주어진다고 하였기에, 모친에게 헌정할 「구운몽」에서는 이 사구의 게송을 육관대사의 두 이름, 즉 육관과 육녀로 표현하여 「구운몽」의 독자들이 접할 수 있도록 하였다.

충신의 간언을 수용하는 성군의 이야기를 창작하여, 모친과 세계에 당당히 소설이라는 이름으로 내어놓게 된 것이다.

(2) 제3층위의 주역 백능파가 양원수와의 백용담 결연에서 보여준 심정 토로

작가 서포 김만중이 거리에 떠도는 말이라며, 숙종이 조사석을 정승으로 제배한 데에는 궁인 출신 장숙원과의 연줄이 있었다는 직간에 대하여, 숙종은 경연관 서포에게 그 언근을 대라고 하였다. 그러나 서포는 끝내 이를 거부하다가 선천으로 유배된 처지에서 「구운몽」을 창작하였다. 그가 창작한 「구운몽」 중에서 가장 핵심적인 사건이 벌어지는 제3층위 속에서의, 백능파가 위기의 양원수를 초대하여 자신이 겪고 있는 상황을 고백하는 내용은 다음과 같다.

〈양원수의 말(1)〉

샹셰 왈 쇼유는 이 진셰 범샹흔 사름이오 낭즈는 놉흔 신녕이라 이제 녜도롤 이대도록 공슌이 흐니 쇼유의 아디 못흐는 배로소이다[70]

〈백능파의 말(1)〉

농녀 골오딕 쳡은 동졍농왕의 저근쏠이라 쳡이 곳 나며 부왕이

70 “尙書曰 楊少游塵世賤品 娘子水府靈神 禮貌何太恭也 此少游所未知也”

샹계의 됴회ᄒᆞ라 ᄀᆞᆺ더니 댱진인을 만나니 쳡의 팔ᄌᆞᄅᆞᆯ 므ᄅᆞ니 진인
이 니ᄅᆞᄃᆡ 이 녀ᄌᆡ 명이 젼셰예 션가로셔 ᄂᆞ려와 금셰예 뇽신이 되
여시니 다시 사ᄅᆞᆷ의 몸을 비러 인간의 크게 귀ᄒᆞᆫ 사ᄅᆞᆷ의 희쳡이 되
여 일ᄉᆡᆼ 부귀 번화ᄅᆞᆯ 누리고 나죵의도 블가의 도라가리라 ᄒᆞ니 우
리 뇽신이 비록 슈부의 웃듬이 되여시나 사ᄅᆞᆷ의 몸 엇기ᄅᆞᆯ 귀히 녁
이고 신션과 부텨ᄅᆞᆯ 더옥 공경ᄒᆞᄂᆞᆫ디라 쳡의 ᄆᆞᆺ형이 경슈의 셔방
마ᄌᆞ 가더니 ᄀᆡ가ᄒᆞ여 뉴진군의 안해 되니 구족이 다 공경ᄒᆞ여 대
졉ᄒᆞ믈 다ᄅᆞᆫ 형뎨로 ᄀᆞᆺ치 아니ᄒᆞ더니 쳡은 졍과ᄅᆞᆯ 어더 문호의 영
광이 쟝ᄎᆞᆺ 형의 우히라 부왕이 도라와 쟝진인의 말을 뎐ᄒᆞ니 궁듕
이 다 하례ᄒᆞ더니 남ᄒᆡ뇽왕의 아ᄃᆞᆯ 오현이 쳡의 곱닷 말을 듯고 제
부왕ᄃᆞ려 닐너 우리집의 구혼ᄒᆞ니 우리 동뎡이 남ᄒᆡ뇽왕의 관ᄒᆡ 되
엿ᄂᆞᆫ디라 뎌의 말을 거ᄉᆞ리면 욕이 이실가 저허 부왕이 친히 가 댱
진인의 말을 니ᄅᆞ니 남ᄒᆡ왕이 사오나온 아ᄃᆞᆯ의 말을 듯고 도로혀
부왕의 말을 허탄ᄐᆞ ᄒᆞ고 구혼ᄒᆞ기ᄅᆞᆯ 더옥 구지ᄒᆞ니 쳡이 부모 슬
하의 이신즉 욕이 일문의 미출가 ᄒᆞ여 부모ᄅᆞᆯ ᄯᅥ나 홀노 도망ᄒᆞ여
가싀덤블을 헤여고 외로이 오랑캐 ᄯᅡᄒᆡ 머므니 부모ᄂᆞᆫ 다만 회답ᄒᆞ
되 녀ᄌᆡ 원티 아냐 도망ᄒᆞ여 나가시니 오히랴 ᄇᆞ리디 아니ᄒᆞᆯ진대
녀ᄌᆞᄃᆞ려 므ᄅᆞ라 ᄒᆞᆫ대 이리 온 후 ᄀᆞᆺ초 핍박ᄒᆞ믈 보고 미친 아ᄒᆡ
스ᄉᆞ로 군졸을 거ᄂᆞ려 노략ᄒᆞ려 ᄒᆞ더니 쳡의 지극ᄒᆞᆫ 원통과 괴로온
졀이 텬디ᄅᆞᆯ 감동ᄒᆞ여 못믈이 변ᄒᆞ여 ᄒᆞᆫ빙디옥 ᄀᆞᆺᄒᆞ여 다ᄅᆞᆫ ᄯᅡ 슈
족이 드러오디 못ᄒᆞᄂᆞᆫ 고로 쳡이 시러곰 잔명을 보젼ᄒᆞ여 군ᄌᆞ을
기ᄃᆞ리더이이다 쳡이 귀인을 청ᄒᆞ여 더러온 ᄯᅡᄒᆡ 니ᄅᆞ시게 ᄒᆞ믄 ᄒᆞᆫ
ᄀᆞᆺ 쳡의 회포을 베플려 ᄒᆞ미 아니라 삼군이 믈이 업셔 우믈 파기ᄅᆞᆯ
슈고ᄒᆞ니 비록 ᄇᆡᆨ댱을 파도 믈을 엇디 못ᄒᆞ시리이다 쳡의 사ᄂᆞᆫ 못
믈이 녜ᄂᆞᆫ 청슈담이라 본ᄃᆡ 됴흔 믈이러니 쳡이 온 후 슈셩이 다ᄅᆞ
게 되니 이 ᄯᅡ 사ᄅᆞᆷ이 감히 먹디 못ᄒᆞ여 일홈을 곳쳐 ᄇᆡᆨ뇽담이라
ᄒᆞᄂᆞ니이다 이제 귀인이 이에 님ᄒᆞ시니 쳡이 죵신 의탁ᄒᆞᆯ 곳이 잇
ᄂᆞᆫ디라 죵젼의 괴로온 ᄆᆞᄋᆞᆷ이 님의 플엿ᄂᆞᆫ디라 그윽ᄒᆞᆫ 골의 양츈이

도라옴 ᄀᆞᆺᄒᆞ니 일노브터 믈마시 녜와 다ᄅᆞ디 어니ᄒᆞ리니 삼군이 기러 먹어도 해롭디 아니ᄒᆞ고 몬져 먹고 병든 사ᄅᆞᆷ도 능히 곳치리이다[71]

〈양원수의 말(2)〉

샹세 왈 낭ᄌᆞ의 말노 볼작시면 우리 냥인의 인연이 하늘이 졍ᄒᆞ션디 오라니 아ᄅᆞᆷ다온 긔약을 이제 감히 졈복ᄒᆞ리잇가[72]

〈백능파의 말(2)〉

농녜 ᄀᆞᆯ오ᄃᆡ 쳡의 더러온 ᄌᆡ질을 군ᄌᆞ긔 허ᄒᆞ연 디 오라거니와 이제 믄득 군ᄌᆞᄅᆞᆯ 뫼시믄 가치 아니미 세 ᄀᆞ디니 ᄒᆞ나흔 부모긔 알외디 못ᄒᆞ여시니 녀ᄌᆞ의 사ᄅᆞᆷ 조ᄎᆞ미 이러ᄐᆞᆺ 구ᄎᆞᄒᆞ미 가치 아니ᄒᆞ고 둘흔 쳡이 쟝ᄎᆞᆺ 사ᄅᆞᆷ의 몸을 어더 군ᄌᆞᄅᆞᆯ 셤길 거시니 이제 비

---

71 "龍女答曰 妾卽洞庭龍王末女凌波也 妾之始生也 父王朝於上界 逢張眞人 卜妾之命 眞人揲蓍曰 此娘子前身 卽仙女也 因罪謫降 爲王之女 而畢竟復得人形 爲人間貴人之姬妾 享富貴榮華之樂 悉耳目心志之娛 終歸佛家 永爲大禪矣 吾龍神爲水族之宗 而以幻人之形 爲大榮 至於仙佛 尤所敬戴也 妾之伯兄 初爲涇水龍君之侵夫妻反目 兩家失和 再適於柳眞君 九族尊之 一家敬之 而妾則將得正果 一身榮貴 必在於伯兄之上也 父王自聞眞人之言 愛妾之情 一倍隆篤 宮中大小侍妾 如待天上眞仙 及梢長 南海龍王之子五賢 聞妾略有恣色 求婚於父王 吾洞庭 爲南海龍王管下 故父王不敢峻斥 親往南海 諭以張眞人之言 强拒不從 卽南海之王 爲其驕悍之子 反以父王 爲惑於誕說 肆然喝責 求婚益急 妾自知若在父母膝下 則辱必及身 遠離父母 抽身循逃 披荊棘開窟宅 自蟄胡地苟送歲月 而南海之逼 益甚矣 父母但曰 女子不願歟 身遠走 終欲不棄 問之於渠 惟彼狂童 欺妾孤弱 自率軍兵 欲逼賤妾 妾之至寃苦節 感格天地 潴澤之水 居然變化 冷如寒氷 昏如地獄 他國之兵 不能輕入 故妾賴此全完 尙保危命矣 今日之幸邀貴人 臨此陋地 不惟欲訴衷情 目今王師 暴露旣久 水路莫通 井泉不出 堀土擊地 亦云勞止 雖遍一山 而穿萬丈 水不可得 而力不可支矣 此水本名淸水潭 水性甚美 自妾來居 其味苦惡飮之者生病 故改稱曰 白龍潭也 今貴人來此 賤妾得所 何羨乎 銀瓶之上井 陰谷之生春乎 妾旣托命於貴人 許身於貴人 則貴人之憂 卽妾之憂也 豈敢不效愚智 而助軍功乎 自此水味之甘 當如舊日 士卒皆牛飮 自無害矣 病水之卒 亦當自瘳矣"

72 "尙書曰 今聞娘子之言 吾兩人之意 天已定矣 神亦知之 月老之約 肆可卜矣 娘子之意亦如我否"

ᄂᆞᆯ과 진의 도든 몸으로 팀셕을 뫼시미 가치 아니ᄒᆞ고 세흔 남ᄒᆡ 태ᄌᆡ ᄆᆡ양 사ᄅᆞᆷ을 보ᄂᆡ여 이곳의 와 탐텽ᄒᆞᄂᆞ니 진실노 미친 계교ᄅᆞᆯ ᄂᆡ여 일당 요란ᄒᆞ미 이실가 ᄒᆞᄂᆞ니 낭군은 모ᄅᆞ미 ᄲᆞᆯ이 진의 도라가 삼군을 졍졔ᄒᆞ야 대공을 일온 후 개가ᄅᆞᆯ 브ᄅᆞ시고 경ᄉᆞ로 도라가셔든 쳡이 당당이 치마ᄅᆞᆯ 잡고 진슈ᄅᆞᆯ 건너리이다[73]

〈양원수의 말(3)〉

샹셰 왈 낭ᄌᆞ의 말이 비록 아ᄅᆞᆷ다오나 ᄂᆡ 뜻은 그러치 아니ᄒᆞ고 낭ᄌᆞ의 이리 오미 스ᄉᆞ로 뜻을 딕히미나 ᄯᅩᄒᆞᆫ 존부왕이 쇼유ᄅᆞᆯ 좃게 ᄒᆞ신 뜻이니 금일 일을 어이 부명이 업다 ᄒᆞ리오 낭ᄌᆞᄂᆞᆫ 이 신명의 ᄌᆞ손이오 녕ᄒᆞᆫ 죵뉴라 사ᄅᆞᆷ과 귀신 ᄉᆞ이의 출닙ᄒᆞ여 가티 아니미 업ᄉᆞ니 어이 비ᄂᆞᆯ 도드믈 ᄌᆞ겸ᄒᆞ리오 쇼유 비록 ᄌᆡ죄 업ᄉᆞ나 텬ᄌᆞ의 명을 밧ᄌᆞ와 ᄇᆡᆨ만 웅병을 거ᄂᆞ려 풍ᄇᆡᆨ이 젼을 인도ᄒᆞ고 ᄒᆡ약이 뒷진을 님ᄒᆞ얏시니 남ᄒᆡ 어린 아ᄒᆡᄅᆞᆯ 모긔ᄀᆞᆺ치 넉이ᄂᆞ니 만일 제 혜아리디 아니ᄒᆞ면 불과 나의 보검을 더러일 ᄲᅮᆫ이라 ᄃᆞᆯ이 ᄇᆞᆰ고 ᄇᆞ람이 ᄆᆞᆰ으니 됴흔 밤을 어이 허슈히 디내리오[74]

이렇게 대화를 나눈 후에, 양원수와 백능파는 드디어 은밀한 정을 나누며 하룻밤을 보내니, 그 음양 교합의 즐거움은 꿈인지 생시

---

73 "龍女曰 妾之陋質 雖已許之 徑待郎君 不可者三 一則不告於父母也 女子從人 非禮不可也 二則妾幻形變質而後 方可以侍貴人也 今不可以鱗甲之腥 鬐鬣之陋 以累貴人之床席也 三則南海龍子 每送邏卒於此地 暗暗偵深 不可激其怒 而挑其禍 以起一場風波也 貴人須早歸陣中 整軍殲賊 得遂大勳 奏凱還京 則妾當?裳涉溱 從貴人於甲第之中也"

74 "尙書曰 娘子之言雖美 我思之 娘子來此 雖爲守志 而亦父王欲使留待少游之來 而卽從之也 今日之相會 豈非父王之命乎 且娘子 神明之後 靈異之性也 出入於人神之間 無所往而不可 則豈以鱗?爲嫌乎 少游雖不才 奉天子之明命 掌百萬之雄兵 飛廉爲之導先 海若爲之殿後 視南海小兒 如蠛蠓 渠若不自量 妄欲相逼 則不過汚我寶釰而已 今夜明月淸風亦助我豪情 良辰豈可虛度 佳期何忍孤負"

인지 분간할 수 없었다. 이러한 상태는 성진이 8선녀와 석교상에서 나누던 수작과는 비교될 수 없는 즐거움일 뿐만 아니라, 토번과 당나라의 전쟁에서 백만 대군의 당나라가 패전을 하고 나라가 망하게 된 절대적인 위기에서 벗어나는, 국가적으로도 참으로 중요한 역사적 사건을 해결한 기쁨이 통합된 큰 기쁨이었다. 이러한 문맥의 이면에는 현종이 양귀비를 총애하다가 당나라가 망하는 길로 접어들고, 숙종 또한 후궁 장씨를 총애하고, 충신의 직간에 분노하고 유배를 보내는 상황은 자칫 나라가 망하는 길로 접어드는 길일 수 있다는 의미를 은유적으로 깔고 있는 것이다.

이러한 제3층위의 주역 백능파가 양원수와의 백용담 결연에서 보여준 심정 토로는, 작가인 서포 김만중의 1687년 9월의 11일의 직간 사건과, 백능파가 양원수와의 백용담 용궁에서 겪은 소회 진술을 함께 비교하면서 보면, 작가 서포도 자신의 직간이 적절하지 못하였음을 성찰하고 참회하는 일면이, 작품 속의 백능파가 양원수를 그야말로 최상의 예의로 모시는 언행을 통하여 확인할 수 있다.

그 이유는 문학적 전통으로 본다면, 중국의 굴원의 「이소」를 잇는 조선의 송강가사, 특히 「사미인곡」과 「속미인곡」에서 보여주는 '충신 연주(戀主)'의 문학 전통을 잇고 있음을 보여주기 때문이다. 즉, 「사미인곡」과 「속미인곡」에서는 군주로 비유된 천상의 님을 향한 연주의 심정을 만나려고 하지만 뜻을 이루지 못하거나, 꿈을 통하여 잠시 만나도 자신의 소화를 털어놓지 못한다. 그러나 이와는 달리 「구운몽」에서는, 군주로 은유된 양소유 앞에서 신하로 은유화된 백능파를 통하여 속내를 충분히 털어놓고 있다. 또 그 대화 내지 술회는 군주로 은유된 성진의 꿈의 꿈속인 비무상의 상태에서 백능파가 신하로 은유된 털어놓은 것이기 때문에, 가장 진지하고 순수한 심리 상태에서의 고백이라 할 수 있다.

(3) 은유적 주제는 선천에 유배 중인 충렬 신하에 대한 숙종의 각성 염원

「구운몽」의 주제를 성진을 중심으로 접근하는 것과는 달리, 8선녀, 그 중에서도 백능파를 중심으로 접근하게 되면, 「구운몽」의 표면적인 주제인 불가적인 주제의 뒤에 자리하고 있는 이면적인 유가적인 주제를 거쳐서, 다시 그 이면에서 은유적인 기법으로 생성되고 있는 숙종과 작가와 관련된 본질적인 주제를 만날 수 있다. 이러한 사실은 다음과 같은 이유를 통하여 그 논리성을 확보할 수 있다.

첫째, 동정용궁 회사로 변형된 유가적 화두에는 8선녀의 『예기』 인용이 음양이 뒤바뀐 유가적인 비례의 행동과도 관련이 깊다. 「관동별곡」의 '황정경 일자'로 적강하는 것이, 「구운몽」에서는 '예기 일구'로 적강한 것으로 해석할 수 있다. 즉, 8선녀는 성진과 석교상에서 수작할 때 다음과 같은 내용의 발언을 하였다.

> 팔션네 답녜하고 닐오되 우리는 위부인낭낭 시녀러니 부인 명을 니어 대ᄉᆞ긔 문안ᄒᆞ고 도라가더니 쳡등은 드ᄅᆞ니 도로의 남ᄌᆞ는 왼녁으로 말ᄆᆡ암고 부녀는 올흔 편으로 힝흔다 ᄒᆞ니 이 다리 심히 좁고 쳡등이 이믜 ᄇᆞ라시니 도인의 말ᄆᆡ아마미 심히 맛당티 아니니 청건ᄃᆡ 다른 길노 힝ᄒᆞ쇼셔[75]

75 "八仙女答拜曰 妾等卽衛夫人娘娘侍女也 承命於夫人 問候於大師 歸路適少留於此矣 妾等聞之 禮云 於行路 男子由左而行 婦女由右而行 此橋本來偏窄 妾等且已先坐 今道

위의 인용 중에서 "도로의 남자난 왼녁으로 말매암고 부녀난 올흔편으로 행한다"는 표현은 『예기』[76]에서 차용한 것이다. 즉, 『예기』의 내칙편에는 다음과 같은 내용이 있다.

> 남자는 집안의 일을 말하지 않고, 여자는 밖의 일을 말하지 않는다. 제례나 상례 때가 아니면 서로 그릇을 주고받지 않는데 제례나 상례 때 서로 주고받을 경우에도 여자는 광주리에다가 받으며, 광주리가 없으면 남자와 여자가 다 꿇어앉아 남자가 그릇을 땅에 놓은 뒤에 여자가 가져간다.
>
> 남자와 여자는 우물을 함께 쓰지 않으며, 욕실을 함께 쓰지 않으며, 잘 때 자리를 터놓지 않으며, 물건을 빌리거나 빌려 주지 않으며, 남녀가 의복을 함께 입지 않는다.
>
> 집안의 말이 밖으로 나가게 하지 않으며, 밖의 말이 안으로 들어오게 하지 않는다. 남자가 들어가면 휘파람을 불지 않고 손가락질을 하지 않으며, 밤에 어디를 갈 때에는 촛불을 밝히고, 촛불이 없으면 가지 않는다.
>
> 여자가 문 밖으로 나갈 때에는 반드시 그 얼굴을 가리며, 밤에 어디를 갈 때에는 촛불을 밝히는데, 촛불이 없으면 가지 않는다.
>
> 도로에서 남자는 오른쪽으로 가고 여자는 왼쪽으로 간다.[77]

이 내용은 『소학』의 내칙편에서도 『예기』에서 선별한 다음과 같은 표현이 거의 대부분 차용되고 있다.

人從橋而去 於禮不可 請別尋他路而行' (한글 원문은 규장각 소장본)

76 『소학』에서도 이 대목은 인용되고 있다.

77 『禮記』 內側 第十二, "男不言內 女不言外 非祭非喪 不相授器 其相授則女 受以篚則 皆坐 尊之而後取之 外內不共井 不共湢浴 不通寢席 不通乞假 男女不通衣裳 內言不出 外言不入 男子入內 不嘯不指 夜行以燭 無燭則止 女子出門 必擁蔽其面 夜行以燭 無燭則止 道路男子由右 女子由左"

남자는 집안에서 벌어지는 여자의 일을 말하지 않고, 여자는 밖에서 일어나는 남자의 일을 말하지 않는다. 제례나 상례 때가 아니면 서로 그릇을 주고받지 않는다. 제례나 상례를 치를 때처럼 부득이 하게 서로 그릇을 주고받을 경우에도 여자는 광주리에다가 받으며, 만약 광주리가 없으면 남자와 여자가 다 모두 꿇어앉아서 남자가 그릇을 땅에 놓은 뒤에 여자가 가져간다.

남자와 여자는 우물을 함께 쓰지 않으며, 욕실을 함께 쓰지 않는다. 잘 때 자리를 터놓지 않으며, 서로 물건을 빌리거나 빌려주지 않으며, 남녀가 의복을 함께 뒤섞이지 않도록 한다.

남자가 안채에 들어가서 휘파람을 불거나 하지 않고 손가락질을 하거나 하지 않으며, 밤에 어디를 다닐 때에는 촛불을 들고 다녀서 오해를 받거나, 남들을 놀라게 하지 않는다. 만약에 촛불이 없으면 나다니지 않는다.

여자가 문 밖으로 나갈 때에는 반드시 자신의 얼굴을 가리고 나가며 밤에 어디를 갈 때에는 촛불을 가지고 다닌다. 만약 촛불이 없으면 나다니지 않는다.

길을 다닐 때에는 남자는 오른쪽으로 가고 여자는 왼쪽으로 간다.[78]

이러한 『소학』의 내용을 『예기』의 내용 중에서 후반의 한 문장인 "집안의 말이 밖으로 나가게 하지 않으며, 밖의 말이 안으로 들어오게 하지 않는다는 문장을 제외한 것으로는, 첫 문장인 "남자는 집안의 일을 말하지 않고, 여자는 밖의 일을 말하지 않는다."에 이미 이와 대한 의미가 내포되어 있다고 판단하였기 때문이다. 즉, "남자는

78 『小學』, 〈明倫〉, "明夫婦之別 "男不言內 女不言外 非祭非喪 不相授器 其相授 則女受以篚 其無篚則皆坐 皆坐奠之而後取之 外內不共井 不共湢浴 不通寢席 不通乞假 男女不通衣裳 男子入內 不嘯不指 夜行以燭 無燭則止 女子出門 必擁蔽其面 夜行以燭 無燭則止 道路 男子由右 女子由左"

집안의 일을 말하지 않고, 여자는 밖의 일을 말하지 않는다."에는 "집안의 말이 밖으로 나가게 하지 않으며, 밖의 말이 안으로 들어오게 하지 않는다."의 의미가 포함되어 있기 때문에 어린이용으로 전환하면서 『예기』의 내용을 생략한 것이다.

앞에서 제시한 8선녀의 발언에서 "도로에서, 즉 길을 다닐 때에는 남자는 오른쪽으로 가고 여자는 왼쪽으로 간다."는 상식적인 내용을 서포는 「구운몽」에서 왜 『예기』에 있는 내용과는 정반대로 하여, "도로에서, 즉 길을 다닐 때에는 남자는 왼쪽으로 가고 여자는 오른쪽으로 간다."고 서술하였을까?

이러한 내용은 『예기』나 『소학』 중에서도 남녀 구분의 기본적이며 핵심적인 예의 문제를 거론한 대목이다.[79] 더 나아가 이는 효자 서포가 생이별의 고통 속에서 병든 몸을 지탱하면서 자식의 해배 귀환을 손꼽아 기다리는 자애로운 노모를 위해서 유배지에서 「구운몽」을 지어, 대표 독자요 최초의 독자가 될 한양의 모친에게 헌증한 「구운몽」의 핵심이다. 그러하기에, 모친이 어릴 때 직접 자신에게 가르쳐 준 『소학』의 대표적 구절, 예조판서를 역임한 최고 학자가 『예기』에도 실린 구절을 실수로 「구운몽」 속에 8선녀의 발언으로 서술하였다고 할 수는 없다. 서포는 의도적으로 『예기』와 『소학』에 있는 이 구절을 반대로 하여 작품 「구운몽」 속에 서술한 특별한 이유가 있다.

현재까지 학계에서 거론된 텍스트를 통해 이 대목에서 「구운몽」

79 『소학』의 이 부분은 작가 서포는 대제학 출신의 당대 최고 학자이면서, 『예기』에는 물론 유가사회에서 어린이들이 학문의 길로 들어설 때, 가장 먼저 접하는 『소학』에도 있을 뿐만 아니라, 서포가 이 『소학』을 유복자로 태어난 이후 어릴 때 모친 윤씨가 구송해 주는 것을 직접 배운 책의 핵심적인 내용이다.

의 원전 내용이 전해 오며 필사되는 중간에 오기가 생겼을 가능성이 있는지를 점검해 보자.

(가) 팔션네 답녜하고 닐오되 우리난 위부인낭낭 시녜러니 부인 명을 니어 대사긔 문안하고 도라가더니 쳡등은 드라니 '도로의 남자난 왼녁으로 말매암고 부녀난 올흔편으로 행한다'하니, 이 다리난 심히 좁고 쳡등이 이믜 바라시니 도인의 말매아아미 심히 맛당티 아니니 청컨대 다란 길노 행하쇼셔 (규장각 소장 필사본)

(나) 팔션녀 답배하고 가로되 쳡등은 곳 위부인낭낭의 시녀라 부인의 명을 이어 대사의게 문후하고 도라가난 길에 맛참 예셔 쉬더니 쳡등은 드르니 예 일으되 기를 행하매 남자은 유좌니 행하고 부녀난 유의이 행이라 하니라 다리 볼내 좁고 쳡등이 몬져 안자시니 이졔 도새 이 다리로 조차가미 가치 아니한지라 다른 길로 가소셔 (정규복 교수 소장 필사본)

(다) 承命於夫人問候於大師 歸路適小留於此矣 妾等聞之禮云 於行路男子由左而行 女子由右而行 此橋本來偏窄 妾等且以先坐 今道人從橋而行於禮 不可請別尋他路而行[80] (강전섭 교수 소장 필사본. 노존B본)

(라) 八仙女答拜曰 妾等卽衛夫人娘娘侍女也 承命於夫人問候於大師 歸路適少留於此矣 妾等聞之禮云 於行路男子由左而行 婦女由右而行 此橋本來偏窄 妾等且已先坐 今道人從橋而去於禮不可 請別尋他路而行 (목판본 을사본)

80 위에 인용한 〈강전섭본〉은 "妾等且以先坐"에서 타본과 달리 "以先坐"의 〈以〉가 원전의 〈已〉에 대한 오류이다. 그러므로 원본에서 벗어난 파생적 오류를 나타내난 텍스트이다. 〈슈〉으로 읽게 된다면, 이것도 〈今〉에 대한 오류이다. 결미의 『금강경』 인용 때처럼. 그러기에 이를 원전계 추정함은 석헌의 오판이다.

이 이본은 1725년[81]에 나주 지역에서 목판으로 출간된 한문본 텍스트이다.

(마) 八仙女答拜日 妾等卽衛夫人娘娘侍女也 承命於夫人問候於大師 歸路適少留於此矣 妾等聞之禮云 於行路男子由左而行 婦女由右而行 此橋本來偏窄 妾等且已先坐 今)道人從橋而去於禮不可 請別尋他路而行 (목판본 계해본)

(바) 八仙女答拜日 妾等卽衛夫人娘娘侍女也 承命於夫人問候於大師 歸路適少留於此矣 妾等聞之禮云 於行路男子由左而行 婦女由右而行 此橋本來偏窄 妾等且已先坐 令道人從橋而去於禮 不可請別尋他路而行 (하버드대학교 소장본)

(사) 八仙女答拜日 妾等卽衛夫人娘娘侍女也 承命於夫人問候於大師 歸路適t小留於此矣 妾等聞之禮云 於行路男子由左而行 女子由右而行 此橋本來狹窄 妾等且已先坐 今(?)道人從橋而去於禮不可 請別尋他路而行 (정규복 교수 소장 필사본)

위에 제시한 각종 이본 텍스트를 검토에서 보면, 「구운몽」 텍스트에서 이 대목은 한결같이 '남자유좌이행(男子由左而行) 부녀유우이행(婦女[82]由右而行)'으로 서술되어 있기에, 작가 서포가 창작 당시에 의도적으로 이런 방향의 역전을 만들어 놓은 것은 분명하다.[83]

---

81 영조 1년, 崇禎後再度乙巳.

82 또는 여자

83 이 부분에 대하여, 엄태식은 「구운몽의 이본과 전고 연구」(경원대학교 석사논문, 2004, 91-92쪽)에서, "강전섭본의 이 부분은 비원본계열의 것이 그대로 들어와 있기 때문에 어디서 잘못이 일어난 것인지는 알 수 없다. 김만중이 일부러 반대로 쓰지는 않았을 것 같고, 한글본의 필사 과정에서 착오가 일어났거나 김만중이 실수한 것으

작가 서포는 8선녀들의 언행이 보여주는 속성을 단적으로 제시하기 위하여 이러한 방향의 역전으로 8선녀가 발언한 것으로 서술하였다고 판단된다. 겉으로는 위부인의 제자로서, 그 용모 또한 주방의 미인도의 주역에 비견되는 미인들로서, 육관대사의 젊은 수제자로서의 성진을 한눈에 빠져들게 하는 선녀들이다. 그러나 그러한 8선녀의 언행, 특히 "듣기는 남자는 왼쪽으로 가고 여자는 오른쪽으로 간다."고 했다는 표현을 통하여, 그 선녀들이 표현하는 예론의 지식정보는 완전히 잘못된 정보요, 표현이라는 것을 부각시키기 위한 것이다.84

이처럼, 8선녀가 적강을 하게 된 이유 중에는 8선녀가 성진에게 한『예기』인용의 반대 내지 오독에 해당하는 결정으로 예법을 벗어난 언행이 지상으로 추방되는 본질적 이유의 하나가 된 것이다. 이

로 보는 것이 옳을 것 같다. 현재 발견된 이본만을 놓고 볼 때,「구운몽」에서 김만중이 실수나 착각을 했을 것으로 추정되는 부분이 몇 군데 있는데, 이는 김만중이「구운몽」창작시 대부분 자신의 기억 속에 있는 내용을 바탕으로 썼을 것을 생각해 보면 이상한 일이 아니다. 김만중이 전고를 찾아 일일이 확인하면서 소설을 쓰지 않았기 때문이다.「구운몽」이 선천 유배 시절에 지어진 것을 고려한다면, 비록 벌열 사대부의 유배 생활이 매우 고통스러운 것은 아닐지라도 김만중이 여유 있게 책을 찾아가면서 소설을 쓰기는 어려웠을 것이라고 생각한다." 하였다.

84 이 대목의 주석을, 선행 연구자들은, 1954년 출간된 이가원의『구운몽 역주』에서는 "【禮記·內則】에『道路, 男子由右, 女子由左』(이가원,『구운몽 역주』, 덕기출판사, 1954, 51쪽)"로 정확하게 제시하였으나, 작품 내에서는 왜 8선녀가 오류를 범하였는지에 대한 해설을 하지 않았고, 그 이후 1996년 출간된 정규복·진경환의『구운몽』의 주석에서는 "어행로 …… 여자유우이행:『예기(禮記)』'내측(內則)'의 '도로, 남자유좌, 여자유우(道路, 男子由左, 女子由右)'에서 인용된 구절로(정규복·진경환,『구운몽』(주석), 고려대학교 민족문화연구소, 1996, 22쪽)", 1972년 출간된 정병욱의『구운몽』의 주석에서는『예기』,「내칙」"道路男子由左而行, 女子由右而行"로, 2007년 출간된 김병국의『구운몽』의 주석에서는 "도로의 (중략) 행한다."『예기』,「내칙」에 나오는 "道路男子由左而行, 女子由右而行"을 인용한 말임. (김병국,『구운몽』, 서울대학교 출판부, 2007, 12쪽) 2008년 출간된 장효현의『구운몽』의 주석에서는 "道路, 男子由左, 女子由右"로,『예기』,「내칙」의 "道路, 男子由左, 女子由右"에서 인용된 구절(장효현,『구운몽』, 신구문화사, 2008, 22쪽)로 해설하여 한결같이 오류를 범하고 있다.

를 보다 구체적으로 지적하면, 서포가 송강가사에는 '『황정경』 한 글자'를 오독하여 적강한 것으로 설정하고 있기 때문에, 자신도 「구운몽」에서 이런 이치를 수용한 것이다. 유사한 기준의 적강이면서도, '『황정경』 일자'의 오독보다는 정도가 훨씬 심한 8선녀의 적강 이유는 8선녀가 성진과 석교상에서 수작을 할 때에 한 『예기』에 근거한 거짓의 말이다. 즉, 8선녀는 성진과 석교상의 수작을 할 때에, 『예기』에 의거한 말을 거짓말로 하면서 성진과 수작한 죄로 육관대사로부터 지상으로 윤회 환생하는 벌을 받게 된 것이다. 이런 벌을 씻는 길이 양소유의 8처첩이 되어서 양소유의 충과 효, 그리고 부귀와 영화를 누릴 수 있도록 도우면서, 자신들도 같이 누리게 되는 길인 것이다.

이런 사실로 본다면, 「관동별곡」에 나오는 '『황정경』 한 글자'의 오독으로 적강하는 것과 유사한 「구운몽」에서의 '『예기』 한 구절'의 오용으로 적강하는 사건은 작가가 특별히 배려한 서사적인 장치인 것이 보다 분명해진다. 즉, 얼핏 보면 석교상 수작 전체 때문이고, 성진 쪽에서만 적강 이유가 서술되지만, 전체 서사 속에 깔린 작가의 장치로 본 8선녀에 대한 적강의 이유는 『예기』의 음양을 거꾸로 인용한 유가의 기본 윤리를 모른 것에 있다. 이는 위부인 밑에서 『황정경』 공부로 유가 경전을 배우지 않아 모르면서도 아는 척하며, 성진에게 『예기』를 잘못 인용하였고, 성진 또한 8선녀의 이러한 유가의 『예기』에 대한 미학습 및 오용에 대한 잘못을 구체화하지는 않았지만, 『소학』과 『예기』에 나오는 가장 기본적인 음양 내지 남녀의 길에 대한 잘못된 발언을 한 죄다.

그래서 적강 윤회한 제2층위에서는 유가적인 윤리를 지켜서 전생의 원죄를 그 원죄에 대한 속죄로서의 벌로서 유가적인 행동을 행함으로 씻게 된다. 이런 8선녀가 제2층위에서 살아가면서 행하는 유가적 규범, 혼례를 비롯한 삼강의 윤리를 원칙대로 실천해 나가는 수준에서 가장 특출한 존재가 백능파이다. 백능파는 홀로 제3층위에서 출생하여 살아가면서, 유가적인 규법, 그중에서도 천정한 운수에 따라서 절개와 지조를 지키면서 천정 인연인 양소유를 위해 절개를 지키다가 위기 중의 양소유를 초대하여 자신의 위기 속의 절개를 확인시키고, 동시에 양소유의 위기도 극복하게 해 주는 가장 높은 수준의 결연을 하게 된다. 그녀는 천정의 인연에 따라 양소유에게 최고의 수준으로 기여하면서도, 제3층위에서 첩으로 결연을 시작하고, 제2층위에서도 첩으로 만족하면서 8인의 전체적인 균형과 조화, 차등 속의 질서를 통하여 행복한 가정을 유지하는 데에 결정적인 역할을 한다.

둘째, 작가 서포는 「구운몽」에서 송강가사의 「사미인곡」, 「속미인곡」의 연주가사로서의 특질을 백능파 대목에서 가장 심화시키고 있다. 송강이 가사를 통하여 자신의 연군의 정을 토로하였듯이, 서포 또한 자신의 역사적 소명으로 소설 속에서 연군의 정을 더욱 심화 발전시켜서 정치적인 갈등이 된 현안 문제에 대한 근원과 그 해결 방안까지 더욱 적극적이고 구체적으로 드러낸 것이다.

「사미인곡」의 작가이며 서정적인 자아인 송강과 연주의 대상인 선조의 관계를 보면, 서정적인 자아는 천상의 광한전에서 하계에 내려온 지가 3년이 경과하였다. 서정적인 자아는 4계절에 걸쳐서 1년간의 연주의 상황을 보여준다. 봄에는 달 같은 님에게 매화를 보내려 하지만 실패한다. 여름에는 산 같은 님에게 옷을 보내려 하고 험한 구름과 천리 길이 멀어서 실패한다. 가을에는 달과 북극성 같은 님에게 청광을 보내려 하지만 실패한다. 겨울에는 옥루고처의 님에게 해를 보내려 하지만 실패하고, 꿈에 보려 하지만 그것도 실패한다. 결국 향 묻은 날개로 님의 옷에 향기를 전하는 나비가 되어 만나고 싶어 한다. 그리고 서정적인 자아는 1인 홀로 연주의 정을 표현하지만, 끝내 연주의 대상인 님과 상면하지를 못한다.

또, 「속미인곡」에서 작가이며 서정적인 자아인 송강과 연주인 대상인 선조의 관계를 보면, 서정적인 자아는 천상의 백옥경에서 하계에 내려왔다. 서정적인 자아는 압축된 4계절과 조석에 걸친 연주의 심정을 보다 행동적인 동태적인 상황으로 보여준다. 산에 올라서 보려니 구름과 안개가 가려서 지척이 보이지 않아 천리 길의 일월을 볼 수 없어 실패한다. 강에서 배로 가려 하니 바람과 물결이 심하고 뱃사공이 없어 실패한다. 드디어 꿈속에 잠시 만난다. 그러나 눈물이 막아 소회를 풀지 못한다. 깨어 보니 허망하다. 결국 죽어서 낙조가 되어서 천상에서 님의 창밖에서 비추려고 한다. 그리고 서정적인 자아인 을녀는 상대인 갑녀와 2인이 대화를 하는 상황 속에서 연주의 정을 표현한다.

여기에 비하여 「구운몽」의 백능파 대목에서는 송강가사의 서정적인 자아인 송강에 대응되는 서사적인 자아인 서포를 통한 연주 대상인 숙종의 관계를 보면, 서사적인 자아와 님은 함께 천상의 형산에서 하계로 윤회 환생하여 내려왔다. 서사적인 자아인 백능파는 꿈에 들어가기 전에 심요연과 양원수와의 간접적인 대화를 2인이 하는 상황 직후에 양원수의 꿈속에서 백능파의 초대를 받아서 양소유의 꿈속이면서 백능파의 현실 속에서 하루 동안 연주의 대상인 님과 상면하게 된다.[85] 서사적인 자아인 백능파와 님인 양원수의 상

85 확대한 서사구조에서 보면, 성진의 참선 형식의 꿈속에서 양소유는 백능파를 비롯한 8처첩과 평생을 함께하게 된다.

면에서 백능파는 자신의 현실적인 처지를 포함한 소회를 임 앞에서 다 풀어내고 결연을 하고, 양소유와의 천정 인연을 지키려는 백능파를 괴롭히는 남해태자를 양소유가 싸워서 항복하게 함으로써 백능파가 품었던 한을 말끔히 씻어 준다.[86]

이러한 내용들을 종합해 보면, 「사미인곡」에서 「속미인곡」으로, 다시 「속미인곡」에서 「구운몽」으로 발전하면서 작가의 작품 내적 자아인 「사미인곡」과 「속미인곡」의 서정적인 자아와 「구운몽」의 서사적인 자아인 백능파는 동일한 연주의 상태를 표현하면서도, 「사미인곡」보다는 「속미인곡」이, 다시 「속미인곡」에서 「구운몽」으로 강화된다.[87] 그뿐만 아니라, 백능파는 곧 서포가 가장 즐겨하던 송강가사에서 보여준 송강이 군주 선조에 대한 연주의 심정처럼, 작가 서포가 군주 숙종에 대한 연주의 심정을 아낌없이 실현하는 행복한 세계를 은유적으로 표현하고 있음을 보여준다.

셋째, 현종이 꿈에 들은 능파의 「능파곡」과, 현종이 각몽 후에 능파와 「능파곡」을 수용하였듯이, 숙종이 꿈속의 이야기를 주축으로 쓴 소설에서 읽은 서포의 「능파곡」 고사를 확대 심화시킨 제2의 「신능파곡」으로 일컬을 수 있는 「구운몽」과, 숙종이 소설을 읽은 후에 서포와 「구운몽」 속의 주장을 수용하기를 『금강경』의 권위와 영험에 기대어 염원하고 열망하는 것이 창작의 동기이면서 본질적인 주제라고 할 수 있다.

이러한 이유 때문에, 백능파를 8선녀 중에서 유일하게 선택하여,

---

86 확대한 서사구조에서 보면, 서사적인 자아인 백능파, 선녀와 님인 양원수, 성진은 지상의 결연과 함께 40여 년의 걸친 행복을 누리고 각몽하고, 각몽 후에도 함께 대각하고, 대각 후에도 함께 중생을 구제한 다음에 함께 서방정토로 간다.

87 만나지 못함에서 잠시 만남으로, 다시 하루 동안 육체적인 관계를 맺고 결연하고 부친에게까지 함께 가서 혼인을 인정받고 축하받음으로 발전한다.

비무상의 경지인 제3층위에 등장시켰다. 즉 성진이 선몽을 통하여 양소유로 윤회 적강하여, 위기의 당나라를 구하는 대원수가 되어서 백만 군사를 이끌고 승전을 계속하다가 전쟁을 거의 마무리할 즈음에서, 뜻밖에 토번군의 작전에 따른 술수에 속아서 국경 근처의 반사곡에서 적군에게 포위된 양원수를 꿈에 구출한다. 백능파는 양원수가 패전 장군으로 죽게 된 절대절명의 순간에, 이런 상황을 예측하고 미리 그곳 부근의 백용담에 우거하여 이러한 상황을 지켜보고 있다가 백용담 수궁으로 초대하여, 자신과 양원수간에 정해진 천정인연과 이를 실현한다. 그리고 남해용자의 핍박을 피하여 백용담에 피신하고 있는 자신의 처지를 양원수에게 고백하고 첩으로서의 결연과 더불어 몸을 허락한다.

이러한 백능파와 양원수의 결연이 일어나는 제3층위의 백용담은 『금강경』에서 제시한 비무상의 경지다. 이는 곧 심성의 측면에서는 성진과 8선녀의 가장 순수한 마음자리이며, 정치적인 의미에서는 가장 소외된 공간인 유배의 현장이다.

또, 백능파와 양원수의 결연이 있은 이후에 그들은 남해태자를 물리친다. 그 다음에, 동정용왕의 초대를 받아 동정용궁에 가서 부마의 예로서 동정용왕에 인사를 하고, 환대를 받고 잠을 깬다. 이런 백용담 대목의 전반적인 전개 속에 위치한 백능파의 소회 내용을 경연장의 직간 사건과 연계시키고, 다시 『태평광기』의 「능파 고사」와 연결시켜 보면, 작가 서포가 의도한 은유적인 주제는 보다 구체화될 수 있다. 즉, 현종이 동도88에 있을 때, 대전에서 낮잠을 자다가 꿈속에 능파 연못에 사는 용녀를 만났다. 용녀는 현종에게 천상

88 동도는 낙양을 뜻함.

의 음률에 밝으니 자신을 위하여 곡 하나를 지어달라고 하였다. 현종은 호금을 타며 옛 소리와 새로운 곡을 모아서 「능파곡」을 지어 주었다. 현종은 깨어나서도 모두 기억이 났다. 그래서 그 곡을 기억하여 「능파곡」을 연주에 사용하였다.[89]

이러한 현종의 「능파곡」은 숙종의 사건을 은유하여 꿈속의 이야기를 주축으로 쓴 소설 「구운몽」을 읽은 것과 비의될 수 있다. 즉, 능파 고사에서는 동정용녀의 요청에 따라 현종이 꿈속에 동정용녀를 위하여 「능파곡」을 작곡해 준 것과는 달리, 작가 서포는 「구운몽」에서 백능파가 양원수의 꿈에 양원수를 백용담에 초대하여 자신을 괴롭히는 남해태자를 물리치게 한다. 양원수는 꿈을 깬 후에도 꿈에서 싸워 이긴 흔적이 그대로 있음은 동일하게 나타난다. 그러므로 능파 고사의 현종와 동정용녀의 관계는 양원수와 백능파의 관계로 비의가 되기 때문에, 양원수는 현종에 비의될 수 있고, 현종이 양귀비를 총애한 역사적인 사건은 숙종이 후궁 장씨를 총애하는 역사적인 사건과 비의되고, 이것은 다시 숙종과 작가 서포의 원활한 소통관계로 비의될 수 있다.

이러한 은유의 연결 고리를 염두에 두고, 양원수가 제3층위에서 백능파를 구출해 주는 내용을 연계시켜 보면, 다음과 같은 해석이 가능해진다. 즉, 성진은 윤회 환생한 양소유의 꿈속 세계인 제3층위의 세계에서 백능파의 초대를 받아 갔다. 양원수는 백용담 수궁에 가서 백능파의 가슴속에 맺힌 슬프나 매서운 열녀로서의 백능파의 절행과 엄청난 수난의 이야기를 듣는다. 양원수는 백능파가 남해태자로부터 핍박을 당하고 있는 생생한 현장을 목격한 다음에 꿈을

---

89 『태평광기』, “玄宗在東都 晝寢於殿 夢一女子 容色穠艶 梳交心髻 大披廣裳 拜於牀下 上曰 汝是何人 曰 妾是陛下凌波池中龍女” (하략)

깨어나서 백능파로 인하여 자신이 토번의 포위 작전을 벗어나게 된 것을 알게 되었다. 그 후에 양소유는 꿈을 깨어 다시 성진으로 환원하게 되었다. 이러한 사실을 성진은 육관대사의 『금강경』 설법을 듣고 대각하면서 백능파의 절개와 수난의 의미도 동시에 깨달게 되었다고 해석할 수 있다. 그 결과 성진의 대각은 단순히 불가적인 대각만이 아니라, 유가적인 차원의 대각 내지 각성의 의미도 포함되어 있으며, 그 유가적 대각 내지 각성은 곧 평안도 선천에 유배 중인 충신 서포에 대한 숙종의 대각 내지 각성에 대한 염원으로 해석할 수 있다. 그러므로 이러한 숙종의 대각 내지 각성은 성진의 대각에 대한 은유적인 주제이며, 작가 서포 김만중이 의도한 「구운몽」의 본질적인 주제로 판단할 수 있다.[90]

이러한 해석은 서포가 세상을 떠난 지 얼마 후에서부터 「구운몽」에는 굴원의 『초사』의 뜻이 담겨 있다는 평을 한 기록이 전하는 것에서도 뒷받침된다. 이재의 『삼관기』의 기록에 "그 요지는 '공명과 부귀가 일장춘몽으로 돌아간다'는 것이니, 대부인의 근심을 위로하고 풀어 드리기 위한 것이었다. (중략) 대개 석가세존의 말에 의지하였으며, 그중에는 초나라 이소에서 나온 뜻도 많다고 한다.[91]" 하였

---

90 일반적인 불가 승려인 대각과는 다른 한 승려와 8인의 선녀가 함께 대각한다는 특수한 상황으로서의 집단적인 대각의 의미는 그들이 석교상 수작으로 인하여 선몽상에서 환생하여 양소유와 8처첩으로 평생을 화목을 유지하였기에, 그때에 맺은 9인들의 집단적인 인연이 계기가 되어 그들이 9인이 함께 득도하여 불생불멸의 세계로 나아가게 된 것이다. 이러한 표면적인 서사의 의미망은 이런 표면적인 서사가 은유적인 의미망으로 전환될 때에는 아주 주요한 역할을 하게 된다. 즉, 불가적인 대각의 의미가 은유적인 의미망으로 전환될 때에는 성진에 대한 8선녀의 한 개체로서의 백능파가 숙종에 대한 한 신하로서의 충신 서포로서의 의미로 해석될 수 있는 것이다.

91 李縡, 『三官記』, 「耳上」 [稗林]에는 "稗說有九雲夢者 卽西浦所作 大旨以功名富貴 歸之於一場春夢 要以慰釋大夫人憂思 其書盛行閨閣間 余兒時慣聞其說 盖以釋迦寓言 而中多楚騷遺意云"

다. 그리고 이재를 직접 만나기도 한 바[92] 있는 심재[93]도 자신의 『송천필담』에 "그 요지는 '공명과 부귀가 일장춘몽으로 돌아간다'는 것이니, 대부인의 근심을 위로하고 풀어 드리기 위한 것이었다. 그 책은 여인들 사이에 성행하였는데, 대개 석가세존의 말에 의지하였으며, 그중에는 『초사』에서 나온 뜻도 많다고 한다.[94]"고 전하고 있으므로, 이들 평가는 내용이나 시기적으로 보아 신뢰성이 높은 단평이라 할 수 있다. 이들의 기록은 아주 단편적인 것이기는 하지만, "부귀공명이 일장춘몽"이라는 평가와는 작품을 바라보는 방향성이 아주 상이한 것으로, 「구운몽」의 은유적인 의미 내지 주제의 실마리를 제공해 준다. 물론 심재는 도암 이재의 『삼관기』에서 직접 인용하였다고 밝힌 글[95] 등이 있는 것을 고려해 본다면, 「구운몽」에 대한 평가도 이재의 『삼관기』의 글을 옮겨 쓴 것으로 판단된다. 그렇지만, 심재는 『송천필담』에서, 이러한 평가의 바로 앞에서 서포의 직언에 대한 사건도 함께 전하고 있다.[96]

---

92 『송천필담』에는 심재는 1744년 젊은 시절에 여주에서 글을 읽던 중 몇몇 사람과 도암 李縡(1680−1746)를 찾아뵌 일화가 전한다.

93 『송천필담』에는 심재는 1744년 젊은 시절에 여주에서 글을 읽던 중 몇몇 사람과 도암 李縡(1680−1746)를 찾아뵌 일화가 전한다.

94 심재, 『송천필담』 "稗史有九雲夢者 卽西浦所作 大旨以功名富貴 歸之於一場春夢 要以慰釋大夫人憂思. 其書盛行閨閤間 盖以釋迦寓言 而中多楚辭遺意云"

95 심재는 〈도암의 독서법〉에 대한 글을 직접 『삼관기』에서 인용(번역 49쪽)하였고, 〈임룩의 몽조〉를 책은 밝히지 않고 직접 인용하였고, 그 외에도 도암이 어릴 때 시를 짓던 일화, 총명함을 전하는 일화가 있다. 또 자신이 여주에 있을 때, 율곡의 『근사록』을 도암 이재가 빌려온 완상하는 것을 다시 섬촌 민장이 빌려와 베꼈다고 하는 사실을 전하고 있다.

96 당시에 후궁 장씨가 새롭게 은총을 입었으며, 종신인 이항도 막 은총을 입었다. 조사석도 또한 임금이 매우 가까이 하였기에 항간에서는 조사석이 큰 벼슬을 할 것이라는 말이 성행하였고, 이때부터 사사로운 연줄이 통하게 되었다. 대사헌 이상과 헌납 민진주가 각기 상소하여 경계할 것을 아뢰었는데, 대체로 근래의 일에 대하여 두루 언급하였으나 항간에서 논란이 생기는 이유에 대해서는 감히 직간하지 못하였다.

이재와 그의 글을 수용하여 다시 전하는 심재의 입장에서는 「구운몽」의 작가 서포가 조사석 등에 얽힌 항간의 소문을 직간한 것은 충신 서포의 강직한 성품에 의한 것이며, 이런 작가의 지조와 의리는 굴원과 상통할 뿐만 아니라, 「구운몽」 속에도 작가의 이러한 성향이 내재하고 있다고 판단하였음을 입증해 준다.

「구운몽」의 텍스트에서 찾아볼 수 있는 충신 굴원의 이미지는 제2부의 양소유에 대한 서술에서도 나타나지만, 제3부에는 유가에서 충신 굴원과 쌍벽을 이루는 열녀 아황과 여영에 대한 이미지로도 다시 부각된다. 즉, 제2부의 주역인 양소유가 대원수가 되어 토번의 공격을 막아내기 위해 출정을 하였다가 반사곡에서 토번군에 포위가 되는 위기를 맞았을 때 구제자로 등장한 동정호를 관장하는 용왕의 딸인 백능파는 강력한 열녀의 지조와 의리를 보여주기 때문이다.

또, 「구운몽」에서는 제3부 이외에도, 표제의 소재가 된 시어 '구운몽'의 '운몽'은 '동정호 지역을 지칭하고 있고, 서두에서는 형산을 중심으로 소상강과 구의산[97], 그리고 그 북쪽에 동정호가 자리하고 있다. 이런 설정은 백능파의 출생 및 생장지를 충신인 굴원이 투신한 곳, 그리고 순임금의 두 왕비인 아황 여영이 열녀로 죽은 곳과

서포 김만중 공은 평소 강직하여 과감하게 말을 하였는데, 이때 개탄하면서 말하기를 "우리 임금께서 거룩하고도 밝으신데 어찌 이런 일이 있는가? 그러나 여항에서 말들이 비등한데도 온 조정이 입을 닫고 있으니 끝내 거룩한 덕에 누가 될까 두렵구나."라고 하고는, 경연이 있다는 것을 알고 경연하는 곳에 들어가 소문대로 모든 것을 숨기지 않고 아뢰었다. (중략) 김공은 남이 하기 어려운 말을 한 것이라 하겠으며 영욕을 헤아리기란 참으로 어려운 일이다.

97 구의산은 두 공주를 아내로 맞으며 부마 출신의 순임금 및 두 왕비 아황 여영의 고사와 맥락을 같이하기 때문이다. 더구나, 구의산은 서두에서 강조된 소상강이 소상반죽(瀟湘班竹)과 이미지는 물론, 아황 여영이 남편이 순임금을 찾아 헤매었다고 하는 구의산은 군산이며, 동정호 속의 산으로도 일컬어지고 있기 때문에, 구의산과 동정호는 하나의 통합된 유가적 이미지로 작용한다.

연결시키려는 의도에서 나온 것이다.

백능파와 연계된 이러한 열녀 및 충신 이미지는 2부 중반에서 일어나는 양소유와 월왕의 낙유원 회합 때 백능파가 등장하는 대목의 발언으로도 제시된다.[98] 이러한 동정용궁 회사의 화두가 실현되는 제3부에서 양원수와 결연하는 백능파의 언행에는 결국 유가에서 충신 굴원과 쌍벽을 이루는 열녀 아황과 여영에 대한 이미지를 부각시킴에 작가의 의도가 있다. 즉, 제2부의 주역인 양소유가 대원수가 되어 토번의 공격을 막아내기 위해 출정을 하였다가 반사곡에서 토번군에 포위가 되는 위기를 맞았을 때 구제자로 등장한 동정호를 관장하는 용왕의 딸인 백능파의 이미지는 열녀 이비의 이미지와 강력하게 연계되어 있다. 그러므로 동정용궁 회사로 변형된 유가적인 화두가 실현되는 동정호를 주관하는 동정용왕의 둘째 딸인 백능파는 특히 열녀 이비의 성지에 태어나서, 이비의 정신을 물려받고 성장한 열녀이다. 그 때문에 백능파는 양소유과의 천정 인연을 실현하기 위하여 남해태자의 협박에 순응하거나 굴복하지 않고 인고하다

---

98 "小妾凌波 姓白氏 曾居瀟湘之間 不幸遭變避地西邊 今從相公而來耳 (중략) 妾家舊在湘水之上 湘水卽皇英所遊之處也 有時乎天高夜靜 月明風淸 則寶瑟之聲 尙在於雲霄間 故妾自兒時 倣其聲音 自彈自樂而已 而恐不合於貴人之耳也 (중략) 凌波自袖中 出二十五絃 輒彈一曲 哀怨淸切 水落三峽 雁號長天 四座忽凄然下淚 而已天林自振 秋聲乍動 枝上病葉 紛紛亂墜 越王大異之曰 吾不信人間曲律 能回天地造化之權 娘若人間之人 則何能使發育之春爲秋 使敷榮之葉自零也 俗人亦可學此曲乎" (쳡능파의 셩은 ᄇᆡᆨ시니 집이 동졍ᄉᆞ이의 이시니 환난을 만나셔 녁변방의 가사다가 양승샹을 조차 왓ᄂᆞ이다 (중략) 쳡의 집은 녜 아황 녀영이 노던 싸히라 ᄇᆞ람이 ᄆᆞᆰ고 ᄃᆞᆯᄇᆞᆰ고 ᄒᆞᆫ 밤이면 풍뉴소ᄅᆡ 이제도 운무듕의 잇ᄂᆞ니 쳡이 어려셔브터 그 소ᄅᆡᄅᆞᆯ 의방ᄒᆞ야 잇다감 스ᄉᆞ로 즐길ᄲᅮᆫ이라 (중략) 이십오현을 내여 ᄒᆞᆫ곡됴ᄅᆞᆯ 타니 ᄋᆡ원ᄒᆞ고 쳥졀ᄒᆞ야 산협의 믈이 써러지고 구츄의 기러기 브ᄅᆞ지더니 ᄉᆞ좌 아연ᄒᆞ야 슬픈빗치 잇더니 이윽고 일쳔 슈플이 삽삽ᄒᆞ야 ᄀᆞ올소ᄅᆡ 나며 병든 닙히 써러디니 왕이 크게 긔이히 너겨 ᄀᆞᆯ오ᄃᆡ 인간 곡되 능히 텬디 조화ᄅᆞᆯ 두루 현다ᄒᆞ믈 밋디 아니ᄒᆞᄂᆞ니 ᄯᅳᆺᄒᆞ건ᄃᆡ 낭ᄌᆞᄂᆞᆫ 인간사ᄅᆞᆷ이 아니라 이 곡됴ᄅᆞᆯ 능히 인간사ᄅᆞᆷ이 ᄇᆡ호랴)

가 양소유가 반사곡의 위기에 놓였을 때에 등장하여 구조한다.

이러한 사실들을 종합해 보면, 「구운몽」의 은유적 주제는 서포의 은유인 백능파와 숙종의 은유인 양원수의 화합과 대각성이라는 점에 본질적 의미가 자리하고 있다. 즉, 작가 서포는 자신이 숙종의 면전에서 행한 직간은 나라와 군주를 위한 충언이며 치열한 충성심임을 『금강경』과 태극설을 포괄하는 심성론적 근거 위에서 전개하였다. 그러므로 「구운몽」의 은유적 차원에서 구현되는 본질적인 특성은 굴원의 「이소」나, 송강 정철의 가사가 보여준 충신연주의 문학을 한 차원 높인 새로운 충신연주의 소설에 있음을 보여준다.[99] 이는 억울하게 축출당한 충신이 호소하던 소극적 형식의 호소를 넘어선 것으로, 작가 자신을 억울한 유배자로 만든 근원인 숙종이 지닌 혼미한 마음을 논리적으로 회오, 대각시키는 심성적 차원의 방안 제시와, 숙종이 충신들을 중용하는 환국을 통해 성군 정치를 열게 되기를 바라는 작가의 염원이 「구운몽」에 깊숙이 도사리고 있음을 보여준다.[100]

---

99 송강이 가사를 통하여 자신의 연군의 정을 토로하였듯이, 서포 또한 자신의 역사적 소명으로 소설 속에서 연군의 정을 더욱 심화 발전시켜서 정치적인 갈등이 된 현안 문제에 대한 근원과 그 해결 방안까지 제시하여 제시하는 더욱 적극적이고 구체적으로 드러낸 것이다.

100 백능파 대목에서는 동정용왕의 첫째 딸은 유의가 구출한 소박당한 딸이고, 백능파는 아직 혼인을 하지 않은 상태에서 하늘이 정해 준 인연인 양원수를 기다리며 남해태자의 황포를 견디고 있는 절개의 용녀이다. 이런 동정용녀의 백능파의 짝이 되는 양소유를 중국의 「능파 고사」에 나타난 현종과 능파 고사를 연계시켜서, 양소유의 이미지를 현종과, 다시 현종과 양귀비의 관계를 통한 숙종과 장희빈의 관계를 연상하게 현실과 「구운몽」을 연계시켜 놓았다. 즉, 양소유가 백능파와 결연하는 것은 총애로 인한 망국의 길이 아닌 구국의 길이며, 이는 나아가 조선의 역사에서는 지금 숙종이 처한 상황이 양귀비 같은 망국의 길이 아닌, 백능파 같은 위기를 극복하는 전환점이 되는 구국의 길로 전환 내지 선택을 하듯이, 숙종은 충신인 작가 서포를 선택해야 함을 뜻하는 전으로 연결되는 것이다.

제7장

마무리

서포 김만중은 학문적·정치적인 경륜을 가진 충신이지만, 젊은 숙종의 비빈 관리의 혼미에서 시작된 국정의 혼란상에 따른 거리의 풍문을 직간하고, 그 언근을 밝히라는 숙종의 명을 거부한 죄로 유배의 형을 받았다.

그는 평안도 선천 유배지에서 창작한 「구운몽」에서 양소유와 백능파를 내세워 부귀와 공명을 누리는 효자요 충신의 인간상을 부각시켜 자신이 품고 있던 굴원과 같은 충신의 순수 심정을 형상해 내었다. 이러한 「구운몽」의 은유적이고 본질적인 주제는 그간 「구운몽」 연구사에서는 주목하지 못한 것으로, 이 저술에서 비로소 밝히게 된 것이다.

이러한 주제는 지금까지 선학이나 동학들이 내세운 「구운몽」의 주제인 부귀공명 일장춘몽설이나, 『금강경』의 공사상설, 또는 사대부의 이념과 욕망 실현설 등과는 판이한 것이다. 그러나 필자의 새로운 주제 제시는 19세기의 단편적 비평에서 거론했던 「구운몽」에는 굴원의 「이소」가 남긴 뜻이 있다는 해석과는 맥락을 같이하는 주제론이다.

이런 해석을 할 수 있는 근거를 제시한 본론의 핵심은 다음과 같이 요약된다.

첫째, 표제의 소재적 근원과 의미 탐색에서는 '구운몽'이란 말은 중국이나 조선에서 한시의 시어로 사용되고 있었으며, 그 일반적인 의미로서는 도선적인 경향의 이상향을 뜻하였다. 필자는 소설 「구운몽」에서는 이러한 시어의 의미를 1차적인 소재로 삼으면서도, 그런 의미 위에 『금강경』의 비무상에 근거한 선몽구조 위에서 전개되는 불가적 차원과 유가적 차원에서의 최고 이상을 형상하는 2차적 의미를 뜻하는 것으로 재형상되었음을 밝혔다.

둘째, 창작 동기와 소재의 탐색에서는, 작가가 모친을 위로하기 위하여 창작하였다는 파한 효심설, 중국에 갔다 오는 도중에 창작하였다는 중국 사행 창작설과는 달리, 필자는 유복자인 서포 김만중이 유배지에서 대부인 윤씨에 대한 거대한 효심의 실현과 충군의 심정을 형상한 것임을 밝혔다. 이와 더불어, 서포 김만중은 이 작품을 통하여 조선인이 중국의 고전을 넘어서는 불가의 공관과 성리학의 심성철학이 기저에 깔린 세계 최초의 재도적인 충효소설이라 일컬어 질 수 있는 삼교사상을 융합시킨 조선형 세계적 명작 지향을 지향하면서 이 작품을 창작하였음을 밝혔다.

셋째, 주제망을 구축하는 선몽구조의 세 가지 소재 원천의 탐구에서는, 『금강경』의 비무상론에 근거한 다중적 시공간 세계는 『금강경』의 공관인 비무상론으로 선몽구조를 구축하여 3층위의 세계를 설정하였다. 이는 『태평광기』에 수록된 여옹 고사와 능파 고사를 접목시킨 것으로, 제3층위에서 양소유가 백능파를 핍박하는 부정적인 인물인 남해태자를 징벌하게 하였다. 그리고 꿈을 통한 세계이동에서는 「사미인곡」, 「속미인곡」, 「관동별곡」에서 꿈을 통한 천상계와 지상계의 이동을 실현하는 방식을 차용하여 보다 발전적인 기법으로 승화시켰다. 이를 근거로 필자는 이 세 가지 핵심적인 소재가 조화를 이루면서 주제망을 구축하는 선몽구조로 자리하고 있음을 밝혔다.

넷째, 『금강경』의 공관론과 선몽구조 속에 내포된 양소유의 유가적 세계에서는 『금강경』의 공관론의 비무상론에 근거해서 구축한 선몽구조에서는, 그 제2층위에서는 양소유가 보여준 유씨부인에 대한 지극한 효의 실현, 양소유가 보여준 황제에 대한 지극한 충의 실현과 혼사 갈등으로 일어난다.

그리고 제3층위의 시공간세계인 양소유의 선적인 몽유 속에서 일어나는 수난에서는 절개를 지키며 살아온 백능파와의 결연과, 양원수가 백능파를 괴롭히는 남해태자를 굴복시킨다. 그 이후에는 양씨 일가는 물론 당나라 조정은 유가적 행복과 평화를 이루어 중국은 천하의 이상사회를 만드는 중심이 된다. 양소유와 8처첩의 화합에서는 황태후의 공주인 이소화가 겸양의 미덕을 발휘하여 제2부인으로 설정되고, 가춘운은 상전인 정경패와의 관계에서 시종 주종의 관계를 넘보거나 질투를 하지 않는다. 양소유의 8처첩이 이러한 모범적인 윤리 도덕을 실현하는 것은 그들이 천상 또는 전생에 형산에서 함께 위부인 휘하에서 수련을 하였다는 점이 복선으로 자리하고 있다.

다섯째, 선몽의 서사체계와 동정용궁 회사 화두로 본 표면적인 서사와 은유적 주제의 탐색에서는, 육관대사가 제자 성진에게 부여한 변용된 화두인 '동정용궁' 회사에서 성진이 1차 동정용궁 회사는 평면적인 것이었고, 제2차 '동정용궁' 회사는 성진이 참선 속에서 실상으로서 행하는 입체적인 것이다. 그 의미는 불가적인 것보다는 유가적인 주제의 비밀을 담고 있는 것이다. 그래서 성진이 양소유로 환생하고, 그 양소유가 양원수가 되어 꿈속에 동정용왕의 사위가 되어 환대를 받았을 때에는 그것이 무슨 의미가 있는 사건인지를 인식하지 못한다. 그러나 양소유가 성진으로 환원된 다음에, 『금강경』 설법을 다시 들을 때에는 자신이 양소유가 되고, 꿈에 백능파와 결연하고 남해용자를 징벌하여 동정용왕의 안타까움을 씻어 주는 사위가 되어 동정용왕을 방문하고 환대를 받는 것이, 제2차의 참선을 통한 '동정용궁 회사'임을 인식하고, 동시에 『금강경』에 의한 불가적인 대각도 하게 된다.

여섯째, 「구운몽」의 주제에서는, 「구운몽」의 주제가 지닌 특징은 이중적인 것으로 복합적인 주제망으로 구축되어 있다. 그 표면적인 주제는 성진의 대각을 주축으로 전개되는 불교적인 것이다. 표면적인 서사에서 구현되는 불가적인 주제는 육관대사가 유일하게 지니고 있는 『금강경』에서 제시하는 공관에 따라서 현상적인 유위법의 세상은 모두 몽환과 같은 것임을 깨달아서 무명으로 의한 욕망 추구의 집착을 벗어난 성진이 대각하는 것으로 나타난다. 이는 성진의 참선과 '동정용궁 회사'라는 변용된 화두에 따라 전개된다. 이 화두의 참구를 통한 대각의 완성으로 수행승인 성진은 불가의 깨달음을 얻는 주제로 귀결된다. 그러나 표면적 서사에서 형상되는 불교적인 주제의 내면에는 은유적 기법에 의하여 형상화되는 심층적이고 본질적인 주제가 있다. 성진의 대각이라는 표면적인 주제 뒤에 숨겨진 은유적인 주제는 작가 서포의 우국충절에서 우러난 숙종의 깨달음에 대한 염원이 담겨 있다. 이는 서포에 비유되는 육관대사의 설법을 듣고 숙종에 비유되는 성진이 대각성하는 것으로 의미의 전환을 이루어 구현된다.

필자는 작가 서포가 의도한 8선녀로 인해 혼미해진 성진의 각성은 숙종이 일시적인 혼미로 인하여 일으킨 군신간의 소통 문제나 비빈간의 질서 문제에 대한 대각성의 필요성과, 그 각성으로 가는 큰 길을 소설 형식에 담아 제시한 것임을 밝혔다.

이렇게 검증된 여섯 가지의 사실들을 종합해 보면, 「구운몽」의 작가는 통속적 차원의 현상적인 주제를 넘어서는 은유적인 기법으로 형상된 본질적이고 심층적인 주제를 설정하였다. 그렇게 하여 그는 숙종을 중심으로 일어난 당대의 정치 및 비빈의 갈등의 원인과 해소 방식을 고급독자들에게 은유적으로 제공하였다.

주제론을 총괄해 보면, 「구운몽」의 주제는 선몽구조가 구축하는 다층적이고 복합적인 주제망에 위에서 표면적인 서사를 통하여 제시되는 불가적인 주제와 심층적인 서사를 통하여 제시되는 유가적인 주제가 있다. 그리고 중국 배경의 보편적인 유가적인 주제를 근거로 구현되는 서사적 의미의 기저에서 은유적인 기법에 의하여 생성되는 본질적인 주제로서 자리하고 있다. 그렇지만 이러한 은유적인 주제는 작가가 작가의 당시의 군주 숙종의 각성만은 겨냥한 것은 아니다. 옳고 의로운 길을 추구하는데, 이를 방해하는 세력들의 각성은 어느 시대에나 필요한 것이기에 이런 정치 상황에서 돌파하는 지혜로서의 깨달음은 현재에나 미래에 두루 통할 수 있는 주제이다. 그러므로 「구운몽」은 이런 시대가 사라지지 않는 한에 있어서는 초시대적 공감을 얻을 수 있는 개방형 고전이라는 점에서 여타의 평면적인 서사구조나 단순형의 주제만을 가진 소설과 구분되는 세계적 명작이다.

참고문헌

간호윤, 『아름다운 우리 고소설』, 김영사, 2010.

강상순, 「〈구운몽〉과 영웅소설의 소설사적 상관성」, 『김만중 문학연구』, 국학자료원, 1993.

_____, 「구운몽의 상상적 형식과 욕망에 대한 연구」, 고려대학교 박사학위논문, 1999.

_____, 「김만중 소설 다시 읽기」, 『배달말』 27호, 2000.

구본혁 외, 『한국문학신강』, 개문사, 1978.

김균태, 『한국고전산문연구』, 동화문화사, 1981.

김기동, 『이조시대소설론』, 정연사, 1959.

_____, 「국문학상의 불교사상연구」, 『불교학보』 2집, 1968.

김대현, 『조선시대 소설사 연구』, 국학자료원, 1996.

김동욱, 『국문학사』, 일신사, 1976.

_____, 「김만중의 문학세계」, 『김만중연구』, 새문사, 1983.

김무조, 『서포소설 연구』, 형설출판사, 1974.

김병국, 「구운몽 연구의 현황과 문제점」, 『한국학보』 5집, 일지사, 1976.

_____, 「구운몽, 그 연구사적 개관과 비판」, 『김만중연구』, 새문사, 1983.

_____, 『서포 김만중의 생애와 문학』, 서울대학교출판부, 2001.

_____, 『구운몽』, 서울대학교출판부, 2007.

김병국·최재남·정운채(역주), 『서포년보』, 서울대학교출판부, 1992.

김석회, 「서포소설의 주제 시론」, 『선청어문』 18집, 서울대학교, 1989.

김선기, 「서포 김만중의 우리말 시가 옹호론」, 『서포문학의 새로운 탐구』, 중앙인문사, 2000.

김열규·신동욱(편), 『김만중 연구』, 새문사, 1984.

김일렬, 『조선조소설의 구조와 의미』, 형설출판사, 1984.

_____, 『고전소설신론』, 새문사, 1991.

김장환(역), 『태평광기』, 학고방, 2000.

김정숙, 『조선후기 재자가인소설과 통속적 한문소설』, 보고사, 2006.
김종군, 『남녀 애정결연 서사 연구』, 박이정, 2005.
김춘택, 『조선고전소설사연구』, 김일성종합대학출판사, 1999.
김태준, 『조선소설사』, 학예사, 1939.
김현룡, 「사씨남정기 연구」, 『문호』 5집, 건국대학교, 1969.
김현양, 『한국 고전문학사의 거점』, 보고사, 2007.
림호권, 『구운몽』, 겨레고전문학선집, 문예출판사, 2007.
무비, 『금강경오가해』, 불광출판사, 2000.
문상득, 「구운몽소고」, 『피천득선생화갑기념논총』, 1971.
문일환, 『조선고전문학사』, 민족출판사, 1997.
박병원, 「구운몽 연구사적 고찰」, 『고전문학연구』 3집, 한국고전문학회, 1986.
박성의, 『한국고대소설사』, 일신사, 1958.
_____, 『구운몽·사씨남정기』, 정음사, 1959.
_____, 『구운몽의 사상적 배경연구』, 동아출판사, 1970.
배영희, 『구운몽의 역학적 분석』, 원용문예, 1995.
_____, 『구운몽과 동·서철학의 만남(상)』, 민속원, 2001.
사재동, 『한국고전소설의 실상과 전개』, 중앙인문사, 1999.
사재동(편), 『서포문학의 새로운 탐구』, 중앙인문사, 2000.
서대석, 『군담 소설의 구조와 배경』, 이화여자대학교출판부, 1985.
설성경, 「구운몽의 구조적 연구(1) — 시간론」, 『인문과학』 27·28호, 연세대학교 인문과학연구소, 1972.
_____, 「구운몽의 구조적 연구(2) — 소재와 시간적 요소」, 『국어국문학』 58-60호, 1972.
_____, 「A Structural Study on Kuunmong」, 『한국학연구』 2집, 1974.
_____, 「구운몽에 나타난 시간 인식의 양상」, 『배달말』 6호, 1981.
_____, 「구운몽에 구현된 사상과 주제」, 『고소설의 구조와 의미』, 새문사, 1986.
_____, 『구운몽 연구』, 국학자료원, 1999.
_____, 『서포소설의 선과 관음』, 장경각, 1999.
_____, 「구운몽의 주제와 표제의 의미망」, 『한국민족문화』 19·20집, 부산대학교 한국민족문화연구소, 2002.
_____, 『구운몽의 통시적 연구』, 새문사, 2007.
_____, 「구운몽의 창작 동기와 주제의식」, 『한국고소설의 이해』, 박이정, 2008.
_____, 『윤씨부인의 삶과 그 정신』, 지식과 교양, 2011.
설성경·유영대, 『북한의 고전문학』, 고려원, 1990.

성현경, 『한국소설의 구조와 실상』, 영남대학교출판부, 1981.
_____ , 「구운몽과 김만중의 삶 의식」, 『김만중연구』, 새문사, 1983.
송성욱, 『구운몽』, 민음사, 2003.
신재홍, 「구운몽의 서술원리와 이념성」, 『고전문학연구』 5집, 한국고전문학연구회, 1990.
안창수, 「구운몽 연구」, 영남대학교 박사학위논문, 1989.
유병환, 「구운몽 연구에 대한 반성적 연구」, 『김기동박사화갑논문집』, 1986.
_____ , 「구운몽 연구」, 동국대학교 박사학위논문, 1989.
_____ , 『구운몽의 불교사상과 소설미학』, 국학자료원, 1998.
유종문, 『이야기로 풀어쓴 조선왕조실록』, 아이템북스, 2008.
이가원, 『구운몽 역주』, 연세대학교출판부, 1970.
이강옥, 「구운몽의 환몽 경험과 주제」, 『고소설연구』 28호, 한국고소설학회, 2009.
_____ , 『구운몽의 불교적 해석과 문학치료교육』, 소명출판, 2010.
이능우, 「구운몽 분석」, 『숙대논문집』 42집, 숙명여자대학교, 1972.
이래종, 「사씨남정기 김춘택 한역본 연구」, 『서포문학의 새로운 탐구』, 중앙인문사, 2000.
이문규, 『고전소설 비평사론』, 새문사, 2002.
이복규, 『우리 고소설 연구』, 역락, 2004.
이상구, 「사씨남정기의 작품구조와 인물형상」, 『김만중문학연구』, 국학자료원, 1993.
이재수, 『한국소설연구』, 선명문화사, 1969.
林明德, 「韓中夢幻小說研究 — 그 功名·逃避사상을 중심으로」, 서울대학교 박사학위논문, 1975.
장효현, 「구운몽의 주제와 그 수용사에 대한 연구」, 『김만중문학연구』, 국학자료원, 1993.
_____ , 『구운몽』, 신구문화사, 2008.
전형대, 「구운몽에 나타난 비평의식」, 『한국고전비평연구』, 책세상, 1987.
정규복, 『구운몽연구』, 고려대학교출판부, 1974.
_____ , 『구운몽 원전의 연구』, 일지사, 1977.
_____ , 『한국 고소설사의 연구』, 보고사, 2010.
정규복(편), 『김만중문학 연구』, 국학자료원, 1994.
정길수, 『한국 고전장편소설의 형성 과정』, 돌베개, 2005.
_____ , 『구운몽 다시 읽기』, 돌베개, 2010.
정병설, 「한국고전소설의 주제」, 『한국 고전소설의 세계』, 돌베개, 2005.
_____ , 『구운몽도』, 문학동네, 2010.
정병욱, 『구운몽』, 민중서관, 1968.

정인보, 「조선문학원류초본 제일편」, 『연희전문학교 연구논집』 제1집, 1930.
정주동, 『고대소설론』, 형설출판사, 1966.
_____, 「구운몽의 불교관적 고찰」, 『동양문화』 6·7집, 영남대학교 동양학연구소, 1968.
정출헌, 「〈구운몽〉의 작품세계와 그 이념적 기반」, 『김만중 문학연구』, 국학자료원, 1993.
조동일, 『한국소설의 이론』, 지식산업사, 1977.
_____, 「구운몽과 금강경, 무엇이 문제인가」, 『김만중연구』, 새문사, 1983.
_____, 『한국문학통사』 3집, 지식산업사, 1994.
조윤제, 『국문학사』, 동국문화사, 1959.
주왕산, 『조선고대소설사』, 정음사, 1950.
차용주, 『옥루몽 연구』, 형설출판사, 1981.
_____, 『한국한문소설사』, 아세아문화사, 2003.
최기숙, 『17세기 장편소설 연구』, 월인, 1999.
최창록, 『환몽소설과 꿈 이야기』, 푸른사상, 2000.
한태동, 「金剛經과 心經에 나타난 釋伽의 思想」, 『연세춘추』, 1982년 5월 24일.
홍림·안옥당, 『김만중작품집』, 북경 민족출판사, 1984.
홍인표 역주본, 『서포만필』, 일지사, 1990.
황패강, 『조선왕조소설연구』, 단국대학교출판부, 1986.
大谷森繁, 『한국고소설연구』, 경인문화사, 2010.
Gale, J. S., *The Cloud Dream of the Nine*, Published by Daniel, London, 1922.
RUTT, Richard & KIM Chongun, *A Nine Cloud Dream*, Korean National Commissin for UNESCO, Seoul, 1974.

찾아보기

ㄴ

ㄷ

ㅅ

ㅇ

ㅈ